多层综合交通枢纽防灾设计

李引擎　主　编
刘栋栋　副主编

中国建筑工业出版社

图书在版编目（CIP）数据

多层综合交通枢纽防灾设计/李引擎主编．—北京：
中国建筑工业出版社，2010.9

ISBN 978-7-112-12648-4

Ⅰ.①多… Ⅱ.①李… Ⅲ.①交通运输中心-防灾-
研究 Ⅳ.①U115

中国版本图书馆 CIP 数据核字（2010）第 226929 号

本书由中国建筑科学研究院建筑防火研究所、北京建筑工程学院、重庆大学和北京市市政工程设计研究总院共同编著。主要介绍我国地下交通枢纽防灾设计最新的研究成果、工程实践经验和建设发展方向，具体内容包括了烟气控制技术、紧急疏散设计、抗震抗爆设计、防水设计、防恐研究、安全监控设计及安全综合评价方法，内容新颖全面。

本书可为交通枢纽的防灾设计、改造和研究提供参考，也可作为在校本科生和研究生的教材。

* * *

责任编辑：王　梅
责任设计：赵明霞
责任校对：马　赛　张艳侠

多层综合交通枢纽防灾设计
李引擎　主　编
刘栋栋　副主编
*
中国建筑工业出版社出版、发行（北京西郊百万庄）
各地新华书店、建筑书店经销
北京红光制版公司制版
北京蓝海印刷有限公司印刷
*
开本：787×1092 毫米　1/16　印张：22¼　字数：555 千字
2010 年 9 月第一版　　2010 年 9 月第一次印刷
定价：**58.00** 元
ISBN 978-7-112-12648-4
（19947）

前　言

本书由中国建筑科学研究院建筑防火研究所、北京建筑工程学院、重庆大学和北京市市政工程设计研究总院共同编著。本书在参编单位多年科学研究和工程实践基础上，结合国家863课题《多层地下综合交通枢纽安全设计技术》、国家“十一五”科技支撑计划课题《既有建筑防火改造技术研究》等课题研究成果编著而成。本书反映了我国地下交通枢纽防灾设计最新的研究成果、工程实践经验和建设发展方向，可为交通枢纽的防灾设计、改造和研究提供参考，也可作为在校本科生和研究生的教材。

本书主编李引擎，副主编刘栋栋，各章执笔人是：

第一章　绪论：刘栋栋、李磊、周江天、赵东拂、张雷、庄鹏；

第二章　烟气控制技术：李磊、孙旋、刘松涛、王大鹏、华高英；

第三章　紧急疏散设计：刘栋栋、彭华、蒋方、曾杰、唐海；

第四章　抗震与抗爆设计：李英民、刘立平、王璐、王贵珍；

第五章　防水（灾）设计：周江天、刘立平、王贵珍；

第六章　防恐研究：赵东拂；

第七章　安全监控设计：张雷、王佳、李雁；

第八章　安全综合评价方法：庄鹏、刘松涛。

由于我国多层交通枢纽的防灾设计、建设和科研工作尚处于初级阶段，加之编写者水平有限，书中难免会有一些疏漏和不当之处，敬请读者提出宝贵意见。

本书在编著过程中参考了国内外大量的已有科技成果和相关枢纽工程设计、建设、使用与管理单位提供的资料，在此对他们的工作表示由衷的感谢。由于篇幅和其他条件限制，书中所列出的参考资料会有遗漏，特此说明。

目　录

第一章　绪　　论

第一节　我国交通枢纽的建设与发展

随着我国城市化进程的发展，一线大城市地铁建设方兴未艾，二、三线城市大规模建设地铁的浪潮已经到来，2010 年全国有将近 50 个城市都具备了地铁建设的需求和条件，22 个城市已经开展了地铁和轻轨的建设。为满足城市交通的组织和运营，多层地下综合交通枢纽的应用将越来越广泛。多层地下综合交通枢纽需采用立体空间布置方式，占据空间大，不同的交通方式沿高度分层布置，将车流和人流分开，同时，多层地下综合交通枢纽通常需要餐饮、商业等配套设施。因此，集民航、铁路客运、长途客运、城市轨道交通、公交、出租等不同交通工具于一体、人员密集、人员流动性大的多层地下综合交通枢纽已成为城市交通系统中的关键性节点。

根据《北京城市总体规划（2004 年—2020 年)》，中心城规划建设交通枢纽 33 处，其中大型综合换乘交通枢纽（公交与轨道、铁路）13 处；对外与铁路换乘接驳的综合交通枢纽 4 处；与省际长途客运换乘接驳的综合交通枢纽 4 处；其他综合换乘交通枢纽 5 处。其发展目标为建成完整、统一、协调的城市地上地下综合交通系统，上下部各种交通方式之间衔接、组合、换乘方便合理，逐步形成以地铁线网为骨架、以地铁车站和交通枢纽为重要节点、以中心城区为主体、包括地下停车系统和地下快速路系统的城市地下交通系统。在这个系统中，多种交通方式的换乘使得多层地下综合交通枢纽占有特别重要的地位。例如：北京东直门交通枢纽，有北京地铁 2 号线、首都机场轨道交通线及城市轨道交通 13 号线等三条轨道交通线之间的换乘，并与地上有公共交通枢纽进行地上与地下之间的交通换乘。在北京南站交通枢纽中，地铁 4 号线与北京南站地下一层的联通，使北京南站成为真正意义上的多层交通枢纽工程（图 1-1 1)。

图 1-1-1　北京南站多层地下综合交通枢纽

目前北京为解决交通紧张的状况，正在大力发展轨道交通，多条地铁线路处于设计建设中，如CBD、中关村等一批交通紧张区域，需要通过地上地下衔接组合的方式解决换乘等交通问题，故针对多层综合交通枢纽开展安全设计技术研究，具有十分重要的实用性和迫切性。

《上海市综合客运交通枢纽布局规划》在“十一五”期间建设完成综合交通枢纽60个，其中包括A类枢纽3个（虹桥综合交通枢纽（图1-1-2）、浦东国际机场枢纽和铁路上海站枢纽（扩建）），B类枢纽36个，C类枢纽16个，D类枢纽5个。加上目前已建成的枢纽24个，2010年上海市共建成综合交通枢纽84个。其中A类枢纽为规模最大，有对外交通功能，即以航空、铁路等大型对外交通设施为主，配套设置轨道交通车站、公交枢纽站等，将形成虹桥综合交通枢纽、浦东国际机场枢纽、铁路上海站枢纽等一体化市内外综合交通枢纽；B类枢纽是以轨交为主体的综合交通换乘枢纽，包括以三线及以上轨道交通换乘站为主体的大型枢纽；C类枢纽分布在外环周围，主要是轨道交通与机动车换乘，赋予便捷的换乘和优惠的停车收费条件；D类枢纽为公交换乘枢纽，为距离轨道交通站点较远的、多条常规公交始末线集中布局而形成的枢纽。

图1-1-2 虹桥综合交通枢纽

2010年已经投入运营的地下多层综合交通枢纽并不多，只有北京南站和上海虹桥交通枢纽属于此类交通枢纽。但是随着我国交通枢纽建设的高速发展，地下多层综合交通枢纽将如雨后春笋，破土而出。

公共交通系统的安全已成为国际社会关注的问题。作为城市交通的关键节点且集多种功能于一身的交通枢纽系统，由于人员密集、流动性大，极易受到攻击和损害。多层地下交通枢纽更是因空间较封闭、疏散较困难、救灾困难等，系统安全比较脆弱，一旦发生安全事故则可能发生重大的伤亡事故和巨大的财产损失，并可能导致交通瘫痪甚至影响到社会稳定。目前，虽然我国在城市防灾减灾、交通系统防灾减灾、城市公共安全与规划、公共场所的危险性评估、火灾危险性评估、建筑防火设计等方面进行了一系列研究，取得一定的成果，但是对多层地下交通枢纽防灾问题仍缺乏专门系统的深入研究，对多层地下交通枢纽的致灾因素及致灾机理尚不确定，没有专门的安全设计标准和抗灾设计理论，也缺乏安全综合评价、预警及应急决策方法，而目前通常借鉴传统建筑或地下空间的设计方法，安全防范和防灾减灾技术落后且无针对性。国际上已经开始重视地下交通枢纽的安全问题并开展了一些研究和应用，我国则刚刚起步，有许多亟待填补的空白。因此，有针对性地对多层地下交通枢纽开展安全问题的系统研究，是我国城市建设和安全保障之所需，对发展和完善多层地下交通枢纽防灾减灾理论、提高综合防灾减灾能力、促进安全保障技术发展等具有重要的理论意义和应用价值。

第二节　国内外交通枢纽防灾设计的发展现状与趋势

1987年11月18日，英国伦敦地铁King's Cross站发生火灾，导致31人死亡。2009年12月22日，上海地铁一号线列车侧面相撞，造成上海第一交通大动脉全线瘫痪长达4小时，乘客长时间不能下车，沿线大量乘客滞留。3天之后，上海地铁一号线列车再出故障。

1995年3月20日，日本东京地铁站发生沙林毒气投放事件，造成12人死亡，14人终身残疾，5000多人受伤；同年7月25日，巴黎地铁快线B线发生爆炸恐怖事件，造成8人死亡，150余人受伤；10月6日，巴黎地铁快线C线再次发生爆炸恐怖事件，造成30多人受伤。2000年12月，日本逮捕了一名在大阪地铁站施放放射性物质125I的人。2001年9月2日，加拿大蒙特利尔市中心地铁车站发生毒气袭击事件案，造成40多名乘客受伤。

2001年美国发生“9.11”恐怖袭击事件之后，西方国家成为恐怖袭击的对象。2003年2月28日，韩国大邱广域市的地铁车站因为人为纵火而产生火灾，12辆车厢被烧毁，192人死亡，148人受伤。2004年马德里市中心阿托查火车站的列车爆炸事件造成173人死亡，300多人受伤。2005年伦敦地铁和公交汽车相继发生多起爆炸，造成56人死亡，700多人受伤。2010年3月29日，俄罗斯莫斯科市地铁发生两次爆炸，造成41人死亡，100多人受伤。公共交通系统的安全成为国际社会关注的问题，世界各国的政府和研究机构对交通枢纽系统安全政策和技术开始进行全面的研究，并不断加大研究经费的投入。

交通枢纽系统安全的威胁因素有：恐怖袭击（包括炸弹袭击、化学武器袭击、生物武器袭击）、火灾（包括失火和纵火）、流行性传染病、环境空气污染、运营事故和社会犯罪等等。国外研究将交通枢纽系统安全技术归纳为三个支柱，即灾害的预防、灾害的对策、灾害后的恢复。

灾害预防的研究主要包括：交通枢纽系统安全政策与计划、交通枢纽系统安全性设计、安全与经济的相互影响、多媒体安全性提示（电话、电视、广播、互联网、布告）、灾害的调查与研究。

灾害准备与对策的研究主要包括：紧急疏散方案、旅客和行李的安全检查、巡视和盘查、电视监控系统、预警报警系统、保安和职工的安全培训。例如1998年美国华盛顿地铁联合能源部、全国检察院、联邦交通管理局开展了对生化恐怖袭击的研究（PROTECT），研制成能够对生化武器进行探测的传感器。

灾害后恢复的研究主要包括：抢救、评估和快速修复。

虽然以上交通枢纽系统安全技术的内容本书均有涉及，但是本书主要侧重于交通枢纽的烟气控制、人员安全疏散、地下结构抗震、地下工程防水、安全评价体系和安全监控系统。

一、多层地下综合交通枢纽防灾设计面临的挑战

多层地下综合交通枢纽往往会占据多层地下空间，建设总体规模较大，为了实现日常交通的流线组织，其建筑空间要求开敞、通透。为满足日常运营要求，需要大量的餐饮、

商业等配套设施。建筑形式非常独特，而现有建筑防火规范、地铁设计规范等设计标准不能完全涵盖。例如地下工程的总体建筑面积如果大于 20000m^2，按照规范对于地下商业的要求，应按照 20000m^2 的要求用防火墙进行完全分隔。而对于地下交通隧道等地下空间建筑，无法采用防火墙完全进行分隔。

（一）防火分区面积的划分

设置防火分区的目的是为了控制火灾的最大规模，限制火灾的大面积蔓延，从而减少由此而带来的财产损失和人员伤亡。为了实现上述目的，一种做法是严格依照现行消防规范进行设计，即“处方式”的方法；另外一种做法是根据建筑物的建筑结构形式、可燃物的分布、火灾的危险性等条件，具体分析火灾蔓延的条件、对人员疏散的影响等因素，来确定防火分区的范围及其分隔方式。

地下交通功能的开敞通透要求必然会引起建筑防火分区扩大的问题，按照现有规范的要求将要设置大量的防火卷帘或者防火墙，必然会影响建筑的设计理念。同时防火分区的划分也需要设置大量的直通室外的楼梯间，这在城市规划、现有城市地面建筑及交通道路上也是很难实现的。

（二）烟气控制

由于地下工程的内部空间比较封闭，发生火灾后，烟、热不能及时排出去，使热量集聚，内部空间温度上升很快，发生“轰燃”的时间也比较短。但发生“轰燃”后，由于通风量的限制，轰燃之后的燃烧速度比地面建筑慢，而且燃烧产物中的毒性成分、一氧化碳等浓度较高、散热慢，由烟、热造成的危害更大。

（三）人员安全疏散

对交通枢纽人员安全疏散分析尚缺乏大量的数据统计，缺乏能够准确反映我国交通枢纽行人流特征的数学模型，缺乏对交通枢纽内滞留人数进行估算的依据。对行人速度与密度和流率的关系、结伴同行的比例、携带行李多少、恐慌和从众心理的影响、年龄及性别差异、对环境的认知程度、火灾烟气的影响、指挥监控的实际效能、安全标识的优化等还不能准确把握。需要研发具有自主知识产权的人员安全疏散数值仿真软件，并综合考虑疏散人员在紧急情况下逃生的生理、心理和环境等因素的影响。需要综合理论研究和设计经验，建立适合我国国情的人员安全疏散设计标准。

（四）抗震与抗爆设计

根据地下空间的震害经验，城市地下交通系统的综合枢纽站，在进行抗震防灾时应考虑如下因素：（1）在建筑和结构上的各个细部应考虑边角连接处的开裂以及脆性材料的开裂，在结构上明显的不连续部分最容易发生破坏；（2）地下交通综合枢纽站的抗震应区别不同的围岩条件和施工方法，根据地下结构在地震作用下的受力和破坏特点有针对性地采取抗震措施；（3）抗震构造措施是提高大震时结构整体抗震能力、保证实现预期的设防目标、延迟结构破坏的重要手段，在一定条件下，适当的构造措施比单纯提高设防标准来提高结构抗震能力更为经济合理。目前我国在地下结构抗震设计中结构构件应采用的抗震构造措施还缺乏统一认识，有待进一步研究。

近年来随着世界各国地下空间得到大规模开发，地下交通系统及其枢纽站开始遍布各地，而与此相对应的是恐怖爆炸袭击越来越猖獗，使人们的生命财产安全受到极大的威胁。目前流行的抗爆设计方法是利用能量守恒原理将结构构件简化等效为单自由度体系，进行无阻尼弹塑性体系强迫振动的动力分析得出动力系数，将动力问题转化为静力问题进行结构设计，这种方法得到广泛的应用。在国内针对一般建筑（相对于人防工程和军事工程）的抵抗恐怖袭击的抗爆静力设计方法至今没有提出，其难点在于：（1）恐怖袭击不确定性；（2）抗爆设防目标设定困难；（3）抗爆设计造价高；（4）抗爆设计方法应用范围狭窄。这一局面造成地下建筑结构的抗爆储备极为有限，甚至没有。

（五）防水设计

由于位于地表以下，受大气降水、地表水系、地下水和市政设施影响，综合地下交通枢纽的水患危机不容忽视，因此，综合地下交通枢纽的防水，需要从宏观政策、局部治理、工程措施三个层面统筹协调、综合治理。

在城市总体规划制订时，应以完善的城市防洪规划为基准，确保特大洪涝灾害发生时，城市综合实体正常运行。在进行多层地下综合交通枢纽规划设计时，场站选址应结合地形、地貌、地质条件等因素，与区域市政设施和救援体系紧密结合，在地质灾害、洪涝灾害、火灾等灾害发生时，多层地下综合交通枢纽应仍能正常运行，为灾害条件下救援组织提供交通保障。在多层地下综合交通枢纽规划建设时，做到精心组织、精心设计、精心施工，确保工程安全、质量，为长期运营创造一个舒适的地下空间。当然，运行期间应严格按照预定的功能进行使用，定期维护保养，确保枢纽在正常使用期间持续保持安全、高效运行。

（六）安全评价体系

城市地下交通综合枢纽作为各种交通方式相互连接的中心环节，具有线路多、人员密度大、风险因素复杂等特点。针对枢纽的空间致灾机理及影响因素需要突破宏观概念，细化到具体指标环节；枢纽综合安全评价指标体系的完善需要大量的基本调研数据进行支持，对此需要进行深入的调研，从而避免所建立的指标带有较大的主观性；具体实施综合评价计算时是将多指标问题综合成一个单指标的形式，以便在一维空间中实现综合评价，为此，需要合理地确定评价指标的权重，同时，应采用多种计算方法，充实计算结果，完善计算软件，建立分级评价标准，对评估计算结果进行深入分析，并给出改进的建议和措施。

（七）安全监控体系

轨道交通安全监控系统是指对地铁设备进行监视和控制的计算机监控系统，是地铁安全可靠运行的重要保障。目前，多层地下交通枢纽内技术层面上的安全监控，仅局限于枢纽内单独个体的研究。伴随着枢纽内部交通规模越来越庞大，系统监控自动化水平越来越高，亟须针对区域范围内枢纽体系的协作发展以及枢纽体系的系统效应问题进行研究。

以轨道交通为主体的地下交通枢纽中，多线地铁同时运营，由于同一车站的不同站台分属于不同的线路，站台间安全警示系统的共享与联动是实现枢纽安全运行、防灾减灾的重要内容。因此，如何构建地铁综合监控系统及其子系统，在此基础上进一步构建适合多层地下交通枢纽的监测和控制系统，最大限度地减少各种灾害损失是研究的重点。

（八）交通枢纽反恐

交通枢纽人员密集、流动性大，因而也是恐怖分子在轨道交通方面进行恐怖活动的首选目标。目前，地下综合交通枢纽的防恐研究以及防恐设计都是枢纽防灾设计的薄弱环节，其面临的主要问题：首先，恐怖活动的发生与预防不对等，即恐怖活动是小概率事件，仅可能发生在少数城市的少数枢纽，发生的时间也很短暂，其形式也多种多样，比如纵火、爆炸、投放生物或化学试剂以及放射性物质、制造交通事故、绑架劫持人质、武装袭击、网络黑客等形式。因而恐怖活动具有突发性和不可预知性的特点，而防恐则必须针对所有的城市、所有的枢纽、所有的形式全天候予以考虑，这就需要在研究、设计以及人力、物力、财力等方面做大量的投入。其次，多层地下综合交通枢纽内可能存在的城市轨道交通、国铁、公交、商业企业等各部门之间在管理上的欠衔接、彼此壁垒，要建立有效的统一指挥、彼此联动的防恐应急体系和机制，还有很多问题有待研究和解决。

二、烟气控制的发展现状

近二十年来，火灾科学在推动火灾防护和防火灭火技术工程方面进步显著，特别表现在：

(1) 已经提出了工程中可以应用的许多计算机程序，如建筑物火灾模型，可用于计算火焰、烟气、毒气蔓延运动、逃生时间，计算结构的火灾承受能力和稳定性及作为火灾灾害评定的专家系统。

(2) 已建立了材料可燃性能和毒性测试的试验设备和测试方法，找到了一批新的耐火、阻火、灭火材料。

(3) 出现了火灾安全防护的新措施、新结构、新系统，而且对这些火灾安全防护工程有了计算机辅助的火灾火险或安全评估方法。

(4) 对城市、城市街区、建筑物制定了安全防护设计方法并进行鉴评。

(5) 在整个火灾统计、火灾评定，火灾安全防护工程中很重视谋求实效和经济效益。

火灾科学现在已发展到了应用现代科学技术进入定量分析的阶段，火灾科研在控制火灾损失方面已取得了明显效果。

英国、美国、澳大利亚等国家已经编写了性能防火设计规范及设计指南。尽管我国还没有相应的性能化防火设计规范，但我国在火灾科学的基础理论和防治原理方面开展了深入研究，也编写了相应的软件。在过去的十几年间，我国曾多次召开关于消防新技术的国际讨论会和报告会，会议的重要议题之一就是性能化防火设计。中国建筑科学研究院建筑防火研究所利用自身的优势，在广泛吸取英国、美国、澳大利亚、加拿大、日本等国的先进技术的基础上，开始将性能化防火设计的理念运用到工程中，是国内最早运用该项新技术的单位之一。我国加入 WTO 之后，许多国外知名的设计公司进入国内市场，其先进的设计理念也推动了我国性能化防火设计的发展。2008 年奥运会的众多场馆与配套设施，通过采用性能化设计的技术已经付诸实施。

多层综合交通枢纽立体交叉换乘的功能要求使交通枢纽的层间不能被分隔为传统意义上的防火分区，因此，必然会出现防火分区面积超大、人员疏散距离较长的问题。现行建筑防火规范已经不能有效指导多层综合交通枢纽的消防设计，为了定量地计算多层综合交通枢纽消防安全水平，必须采用性能化消防设计的方法。重点考虑划分防烟分区、防火单元，合理布置交通枢纽商业服务设施，严格限制商业服务规模，对这些火灾荷载较大的场所应重点控制，设置灭火及排烟措施将火灾控制在初期甚至被扑灭。应采取合理的消防措施将烟气控制在一定区域，避免对上、下层建筑内人员的影响。性能化防火设计根据防火安全评估目标，通过对多层综合交通枢纽各个建筑空间内部的火灾危险性的评估，选择合理的消防设施，确定其最佳排烟控制方案、人员疏散方案，应用CFD技术模拟计算火灾烟气的流动，对建筑内人员安全疏散进行定量的计算，在满足建筑的防火安全要求的前提下，确定最终建筑设计方案。

三、交通枢纽人员安全疏散的发展现状

地下交通枢纽的人员数量众多，并且地下交通枢纽由于受到条件限制，出入口少，疏散的距离较长；火灾时，人员疏散只能步行通过出入口或联络通道。当出入口没有排烟设施或排烟设施效果较差时，火灾时将成为喷烟口，由于高温烟气的流动方向与人员逃生的方向一致，烟气的扩散流动速度往往比人群的疏散逃生速度快得多，人们在高温浓烟的笼罩下逃生，能见度低，人群心理更加恐慌，同时烟气中的有毒气体，如氨气、氟化氢和二氧化硫等的刺激，使行人睁不开眼睛，可能会发生拥挤踩踏，造成严重伤亡。

随着研究的不断深入，研究内容已经呈现出多学科交叉的趋势，涉及系统仿真、人群心理学、人工智能、安全工程等，当前研究的热点之一是将人工智能与计算机仿真技术应用于交通枢纽人员疏散。然而到目前为止，还没有一个模型能完全把疏散群体所有的行为都能被充分认识和完全量化，因此在未来的发展中，新的模型或理论仍然会不断出现。

20世纪80年代，研究人员开始利用计算机技术模拟人员疏散运动，1982年发表了最早的一篇研究火灾紧急疏散模拟的论文。到目前为止，世界上已经开发出了多种用以描述建筑物中疏散模式的模拟方法，相应地出现了许多计算机疏散模型，如流体模型、元胞自动机模型、磁力模型、格子气模型、排队网络和社会力模型，归纳起来基本分为两类模式。

第一类模式仅仅考虑建筑物及其各部分的疏散能力，这类模型通常称为“水力”模型，或称“滚珠”模型。“水力”模型以人群整体运动作为分析目标，其典型的模拟方法为优化法，由Pauls和Fruin等人在实验调查的基础上提供的“经验公式”算法作为数学基础；对于建筑空间的构造通常为一节点和连接为单位的粗略网格模型。模型的特点是计算速度快，但无法描述疏散过程中人的行为细节，计算结果较实际情况偏差大。通过该模式开发的软件模型主要有：EVACSIM、EXITT、EVACNET、WAYOUT等。

第二类模式不仅考虑了建筑空间的物理特性，而且考虑到每个人对火灾信号的响应及其个体行为，这类模型通常称为“行为”模型。“行为”模拟以人员在人群中的个体特性作为分析目标，依靠某一特定算法来驱动人员向出口行走，人的行为受到环境间相互作用的影响。

按照疏散人员行走路径的方式，可以分为基于网格模型和基于网络路径模型两类。网格是将地铁的疏散空间划分为单位网格，每个网格设置为无人、有人和被建筑物占据等状态，根据算法制定的规则模拟疏散人员在相邻网格中的移动，网格模型建立的关键在于对疏散人员行为和群聚行为的充分理解上建立准确完善的移动规则。通过该模式开发出的软件模型主要有：STEPS、EXODUS、AEA EGRESS、SIMULEX等。

著名Helbing社会力模型（Social Force Model）将行人视为相互作用的粒子，将行人的运动视为在某种力的作用下的力学运动，从而利用牛顿力学方程给出行人的运动方程。社会力模型中行人会期望选择一条尽可能短的路径；一个行人的行为会受到其他行人的影响，离一个陌生人越近，越感到不舒服，离建筑物边界、墙壁、障碍物等越近，越感到不舒服；行人有时候会被其他人（如朋友、亲人、街道艺人等）或物体（如商品展销

等）吸引；在没有阻挡的情况下，行人会自主加速到期望速度。

疏散安全对策是在生命安全上的最后一道防线。决定疏散安全与否关键在于避难行动与火、烟气等危害之间的竞赛，避难者若能在容许时间内进入安全区即为避难成功。由于手算式的疏散时间计算已是经过了简略及概化的过程，并无法得知人员真正避难安全性有多少，选择适当的计算机评估软件作为评估避难安全的方式，不仅可以带给设计者较大的设计空间，同时也让消防安全主管机关与设计者在评估避难安全时，有明确而清楚的沟通界面和衡量工具。表 1-2-1 列出了若干疏散计算模拟软件。

然而无论采用何种先进的疏散仿真软件，首先必须掌握交通枢纽行人流的特征和数学模型，掌握行人速度与密度和流率的关系、结伴同行的比例、携带行李多少、恐慌和从众心理的影响、年龄及性别差异、对环境的认知程度、火灾烟气的影响、指挥监控的实际效能、安全标识的优化等，并能够对交通枢纽内滞留人数进行准确的估算。对滞留人数估算往往困难很大，例如在北京西站改造工程中，地下换乘大厅中有下火车的行人、换乘地铁的行人、买票的人、接站的人、穿行的人、休息的人、还有车站工作人员等，准确地确定滞留人数难度很大。因此，进行大量数据的调查和统计分析是必不可少的前提，也是行人疏散分析结果可靠性的保障。

考虑到疏散过程中存在的某些不确定性因素（实际人员组成、人员状态等），需要在分析中考虑一定的安全余量以进一步提高建筑物的疏散安全水平。安全余量的大小应根据工程分析中考虑的具体因素、计算模拟结果的准确程度以及参数选取是否保守，是否考虑了足够的不利因素（如考虑在火灾区附近的疏散出口被封闭）等多方面确定。

疏散模拟软件一览 **表 1-2-1**

数理方法	软件名称	设计开发者	应用特征
模拟方式	DONEGAN'S ENTROPY MODEL	Donegan 等	适用于单一出口的多层建筑物，可应用于调查建筑物避难上的相对复杂性问题
模拟方式	EXIT89	NFPA	模拟大量人员的移动（上限至 700 人），人员由区域移动至最近出口的方法是应用最短路径演算法
模拟方式	PAXPORT	Halcrow Fox	模拟大量旅客的移动（上限至 30000 人），设计航站大厦内的旅客容量与流量
模拟方式	EXITT	Levin	针对住宅避难者设计，模拟人在火灾中所做的决策和不连续行动的状态
模拟方式	EVACSIM	澳洲环境安全与危险工程中心（CESARE）	以不连续事件来模拟高层建筑物火灾的避难模式，可模拟大量人员情况，仍考虑人的行为特性
模拟方式	E-SCAPE	Kendik	模拟行动的结果成功与否，检验完成行动所需的时间
模拟方式	MAGNET MODEL	Okazakim 与 Matsushita	用库仑定律的磁场来代表避难空间，个体人依据磁场强弱来选择出口和逃生路径
模拟方式	SIMULEX	Edinburgh 大学设计	看重个体空间、碰撞角度及避难时间等生理行为，同时考虑个人在其他避难者、环境影响下的心理反应

续表

数理方法	软件名称	设计开发者	应用特征
模拟方式	BGRAF	Michigan 大学	利用图解的界面工具，来模拟避难时认知过程的一种随机模式
模拟方式	EXODUS	Greenwich 大学消防安全工程系（FSEG）	模拟大型空间内大量人员避难，对于避难者的避难时间、移动现象、人群摩擦冲突情形及逃生人数可在电脑中显示出来
模拟方式	EGRESS	AEA	以人工智能技术来计算单一或多层建筑物避难的模式，适用六角形坐标系统，在移动角度表现上更显精细
模拟方式	VEGAS	Colt VR	以虚拟现实技术所发展的逃生性能模式，适用于单一或多层建筑物，使用者必须提供每一避难者的指定路径
模拟方式	ASERT	德国法兰克福 Volker Schneider 开发	模型采用概率方法，不仅有疏散时间的平均值，还可以得到标准方差和置信区间，模型的设计还考虑了人员与环境之间的相互关系
最佳化方式	EVACENT＋	Florida 大学	以 FORTRAN 语言写成，分析多层建筑物避难模式，输出值有避难者流率、人群滞留长度及平均等待时间等
最佳化方式	TAKAHSHI'SMODEL	日本建筑研究所	流体模型，以 FORTRAN 语言写成，假设避难者以群流形态移动的概略网络模式，适用在个人电脑运算，其假设人群同质性且如流体般在每一空间内移动
危险度评估方式	WAYOUT	澳洲联邦科学即工业研究组织	消防安全工程套装软件 FIRECALC3.0 的一部分，合并交通流量的模式，可适用于单一或多层建筑物
危险度评估方式	CRISPⅡ	英国消防研究所（UKFRS）	运用区域火灾模式计算火灾生成物的传播，适用家庭空间的危险评估
模拟方式	SimWalk	Savannah Simulations AG	探究火车站行人的交通行为、机场的行人流以及体育场馆的疏散时间等
模拟方式	VISSIM	PTV	社会力模型，将城市和公路交通环境细致化描述的能力，其中包括行人、自行车和各种机动车
模拟方式	STEPS	Mott Mac Donald 设计	网格模型，确保在正常情况下的简单运输，在紧急情况下快速疏散，主要用于办公区、体育馆、购物中心和地铁站等地方的疏散
模拟方式	Legion	Crowd Dynaics Limited	Legion 能够模仿行人在行走时的细致行为，以及与周边设施和其他人群的互动联系。这些详细的分析可以被用作实现设计

四、交通枢纽安全评价的发展现状

安全评价最早起源于20世纪30年代的保险业。20世纪60年代，系统安全工程的发展大大推动了安全评价技术的发展。20世纪70年代以后，世界范围内发生了许多重大安全事故，造成严重的人员伤亡和财产损失，促使各国政府、议会立法或颁布规定，规定工程项目、技术开发项目都必须进行安全评价，并对安全设计提出了明确要求。20世纪50年代初期，安全系统工程引入我国，受到许多大中型企业和行业管理部门的高度重视。

早期的研究工作主要集中在事故机理和规律方面，研究目的主要是希望降低事故的突发性，事前采取有针对性的措施防止遭受损失。随着安全评价技术的发展，现在已经可以对简单工程系统中各种不确定性因素进行精确描述，评价的目的也从以前的“追求是否安全”，发展成为现在的“追求有多少安全和可以接受多少安全”，并将要发生的事件、事件的后果、影响进行精确地量化评估。20世纪80年代初，美国成立了风险分析协会，标志着这一技术的全面发展。

关于多层地下综合交通枢纽多灾种公共安全评价的研究成果罕见报导。但是早在20世纪70年代，国外就开始了关于地铁的风险评估，但主要是局限于对经济指标的研究。近年来，国内外的相关研究成果开始增加，但是基本局限于对地铁车站或地铁隧道的运营管理的评价，多侧重于宏观管理层面，缺乏对技术性安全因素的掌握和评价。也有研究涉及地铁火灾安全评估，参与评价的灾种较为单一。

安全评价研究中采用的方法很多，有技术经济分析法、多属性决策法、运筹学方法、统计分析法、系统工程法、模糊数学法、智能化评价法等，其具体方法见表1-2-2。随着其他学科的不断发展，不同知识领域出现相互融合和交叉的趋势，近些年来还产生了如系统模拟与仿真评价方法、信息论方法、灰色系统理论与灰色综合评价、物元分析方法与可拓评价、动态综合评价方法等其他综合评价方法，有些方法还在不断改进中。

目前，对多层地下综合交通枢纽安全问题仍缺乏专门系统的研究，对多层地下交通枢纽的致灾因素及致灾机理尚不确定，没有专门的安全设计标准和抗灾设计理论，也缺乏安全综合评价、预警及应急决策方法，而是通常借鉴传统建筑或地下空间的设计方法，安全防范和防灾减灾技术落后且无针对性。国际上已经开始重视地下交通枢纽的安全问题并开展了一些研究和应用，我国则刚刚起步，有许多亟待填补的空白。近年来我国一些大都市开发了大量的多层地下综合交通枢纽工程建设并开始运营，而且未来几十年会建设和投入使用更多的地下综合枢纽。因此，迫切需要针对多层地下综合交通枢纽多灾种综合安全评价，用于指导数量骤增的拟建多层地下综合交通枢纽工程综合防灾设计及运营管理。

常用的评价方法　　**表1-2-2**

方法类别	方法名称	方法描述	优点	缺点
技术经济分析方法	经济分析方法	通过价值分析，成本效益分析，价值功能分析，采用NPV，IRR，T等指标	方法含义明确，可行性强	建立模式比较困难，适用范围较窄
	技术评价方法	可行性、可靠性评价等		

续表

方法类别	方法名称	方法描述	优点	缺点
多属性决策方法	多属性和多目标决策方法	通过化多为少、分层排序，直接求非劣解，重排次序法来排序与评价	对评价对象描述比较精确，可以处理多决策者、多指标、动态的对象	刚性评价，无法涉及有模糊因素的对象
运筹学方法了（狭义）	数据包络分析模型	一相对效益为基础，按多指标投入和多指标产出，对同类型单位相对有效性进行评价	可以评价多输入和多输出的开发系统，并可用“窗口”技术找出单元薄弱环节加以改进	只表明评价单元的相对发展指标，无法表示出实际发展水平
统计分析方法	主成分分析	对原始和指标表示变量相关矩阵内部结构研究，找出影响某一过程的几个不相关的综合指标表示原来变量	全面性、可行性、客观合理性	因子负荷符号交替使得函数意义不明确，需要大量的统计数据，没有客观反映发展水平
统计分析方法	因子分析	根据因素相关性大小将变量分组，使同一组变量相关性最大	全面性、可行性、客观合理性	因子负荷符号交替使得函数意义不明确，需要大量的统计数据，没有客观反映发展水平
	聚类分析	计算对象或指标间距离，或者相似系数，进行系统聚类	可以解决相关程度大的评价对象	需要大量的统计数据，没有客观反映发展水平
	判断分析	计算指标间距离，判断所归属的主体		
系统工程方法	评分法	对评价对象划分等级，打分，再进行处理	方法简单，容易操作	只能用干静态评价
	关联矩阵法	确定评价对象与权重，对各替代方案有关评价项目确定价值量		
	层次分析法	针对多层次结构的系统，用相对量的比较，确定多个判断矩阵，取其特征值所对应的特征向量作为权重，最后综合处总权重，并排序	可靠度比较高，误差小	评价对象因素不能太多
模糊数学方法	模糊综合评价	引入隶属函数，实现将人类直觉确定为具体系数（模糊综合评价矩阵）并将约束条件量化，进行数学解答	可以克服传统数学方法中“唯一解”弊端，根据不同可能性得出多个层次的问题解，具备可扩展性	不能解决评价指标间相关造成的信息重复问题，隶属函数、模糊相关矩阵等确定方法还不完善
	模糊积分			
	模糊模式识别			

续表

方法类别	方法名称	方法描述	优点	缺点
对话式评价方法	逐步法	用单目标线性规划法求解问题，每进行一步，分析者把计算结果告诉决策者来评价结果，如果认为满意则迭代停止，否则继续迭代	人机对话的基础性思维，体现柔性化管理	没有定量表示出决策者的偏好
	序贯解法			
	Geoffrion 法			
智能化评价方法	基于 BP 人工神经网络的评价	模拟人脑智能化处理过程，通过 BP 法，学习和训练获取知识，并存储在神经元的权值中，通过联想把相关信息复现，能够"揣摩""提炼"评价对象本身的客观规律，进行相同属性对象评价	网络具有自适应能力、可容错性，能够处理非线性、非局域性与非凸性的发行复杂系统	精度不高，需要大量的训练样本等

五、地下工程抗震抗爆设计的发展现状

鉴于以往历次大地震中的伤亡主要由地面建筑的倒塌和破坏所致，因此，世界各国投入大量人力物力开展了地面工程结构的抗震研究。经过几十年的发展，国际工程界对于地面结构的抗震研究已经比较充分，各国政府纷纷制定了适用于各种地面结构物的抗震设计规范。而近年来结构抗震研究继续深入，取得了一系列成果，主要集中在建筑结构和桥梁结构的抗震设计理论方法、地基土一结构共同相互作用抗震分析、地震动多点输入和多维输入等。

与历次大地震中地面建筑的大量破坏相比，地下空间的震害相对较为轻微，例如：1976 年发生的唐山大地震，尽管地表的巨大破坏导致了 25 万人的牺牲，但是在地下空间（矿井）环境下工作的 2.5 万人却无一伤亡全部生还；同时，唐山市地下的人防通道、人防工程建设的地下发电站、小型水泵站、通讯中心、地下食堂等在地震乃至强余震的重复作用下，仍然能够正常使用。这样的事实表明，地下空间的抗震特性较之地面建筑有较大的不同。从定性来看，在浅层地下空间的建筑结构，与地面上的大型建筑物基础大致在一个层面上，受到的地震作用大致相同，但二者的区别在于，地面建筑上部为自由端，在水平力作用下高度越高则振幅越大，也越容易破坏；处于岩层或土层包围中的地下建筑，岩石或土对结构振动起到了阻尼的作用，减小了振幅。这种区别可以认为是在同一地点地下建筑破坏轻微，而地面建筑破坏严重的主要原因，同时也是地下空间抗震性能良好的明显表现。发生在地层深处的地震，其震波在岩石中传播的速度低于在土中的速度，因此，当地震波进入到岩石上部的土层后，加速度发生放大现象，在地表达到最大值。此外，以往的震害调查资料表明，在同一地震条件下，跨度小于 5m 的地下结构的抗震能力一般要比地面建筑高 2～3 个烈度等级；对于跨度较大的地下结构，其抗震能力至少也比同类地面建筑提高 1～2 个烈度等级。上述随深度增加地震烈度和强度趋于减弱的特点，使得处于次深层和深层地下空间的人和物，即使是在强震情况下，只要通往地面的竖井和出入口不

被破坏和堵塞，就基本上处于安全状态。另外，由于城市地下空间的开发相对较晚，受到中震、大震考验的机会也较少，因此，传统观点一般认为地震对于地下空间的影响很小，地下结构具有良好的抗震性能。

1995年发生的日本阪神大地震中，以地铁车站、区间隧道为代表的大型地下空间结构遭到严重破坏，这是世界地震史地下大型结构在地震中遭受严重破坏的首例。在神户市内2条地铁线路的18座车站中，神户高速铁道的大开站、高速铁道长田站以及它们之间的隧道部分，神户市营铁道的三宫站、上泽站、新长田站、上泽站西站的隧道部分及新长田站东侧的隧道部分均发生严重的破坏，这也对以往“地下空间在地震时是安全的”这一传统观点提出了挑战。日本阪神大地震后，许多国家加大了对地下结构抗震的研究投入。日本于1999年对铁道构筑物等重新制定了抗震设计规范，大阪市则对高速电气轨道8号线地下构筑物的设计制定了抗震设计标准及指南，使之可以对隧道和地铁的抗震设计做出改进。

需要特别指出的是，我国大部分地区为抗震设防区，根据地震烈度分布资料，在全国三百多个城市中，有一半位于地震基本烈度为7度或7度以上的地震区，23个百万以上人口的大城市中，有70%属于7度或7度以上的地区，北京、天津、西安等大城市均位于8度的高烈度地震区，因此，我国在开发和建设城市地下交通系统的过程中，始终贯穿抗震防灾的指导思想是十分重要的。

随地下空间开发规模的扩大，地下空间结构的抗震性能及其安全评价的重要性、迫切性越来越明显。地震对地下结构的作用与对面结构的作用有明显的差异，地下结构的震害主要取决于地震波传播所引起围岩变形的大小，其抗震分析方法不同于地面结构。而目前没有具体的针对地下空间的抗震分析方法，缺少地下深部地震动资料，也没有统一的地下结构抗震设计规范。因此重新具体评价地下结构的抗震安全性，加强研究地下空间结构的抗震性能，对地下空间结构抗震设计提出相应的建议和抗震措施，具有重要的理论意义和工程实用价值。

地下结构具有良好的抗外部爆炸性能，但随着地下空间的进一步开发与利用，地下空间内部的爆炸事故日益突出，对多层地下综合交通枢纽这种的重要地下空间会引起巨大的人员伤亡和财产损失。

在抗爆方面，由于结构上部覆盖的岩土介质和围岩的稳固保护作用，使得地下结构具有良好的抗外部爆炸性能。但是，随着地下空间的开发和利用，一些地下空间已经成为公共活动场所，特别是城市地下交通设施，一般处于大城市或特大城市的中心地带，人流比较集中，一旦遭到爆炸袭击，后果将不堪设想。而地下建筑结构内的常规（相对于核爆炸而言）爆炸，根据爆炸产物被限制的程度分类应属于完全密闭爆炸、接近密闭爆炸或部分泄压爆炸，爆炸对生命的伤害和对建筑结构的破坏比地上爆炸要更为严重。

我国在爆炸效应及其防护研究方面，在总参兵种部、国家人防办公室和军内外的一些其他部门领导下已经做过许多工作，如《人民防空地下室设计规范》（GB 50038—2005）与《平战结合人民防空工程设计规程》（上海市标准）、《地下及覆土火药炸药仓库设计安全规范》（GB 50154—92）等。然而，上述规范或规程是专门针对人防工程以及军事工程的，针对一般的民用建筑、公共建筑、地下建筑等建（构）筑物防恐怖爆炸的研究进展则相对滞后。提出并实施合理高效的反恐怖爆炸防护技术，尽可能提高地下交通系统中各种设施在突发爆炸事件中的生存能力和人员防护能力，消除不利影响和社会恐慌，才能够保障国家安全和社会稳定。因此，地下综合交通枢纽站点的建筑结构如何抵御突发爆炸荷载的袭击、最大限度地降低人员的伤亡和各种财产的损失、加强反恐怖爆炸防护的研究迫在眉睫，并具有十分重要的现实意义。

六、地下工程防水设计的发展现状

防水包括屋面防水和地下防水。屋面防水技术目前比较成熟，而地下防水的研究仍需深入研究。防水一般从结构自身和防水材料两方面入手，目前对防水材料的研究比较多。美国的地下防水材料比较先进，我国的地下工程也采用了不少美国的防水材料。20世纪60年代以来，许多发达国家的防水材料品种开发较多，速度较快。自从80年代以来，我国的新型防水材料发展迅速，形成了高聚物改性沥青防水卷材、合成高分子防水卷材、防水涂料、密封材料和刚性止水堵漏材料共5大类几百个品种，大量新型防水材料的出现为地下结构防水提供了可供选择的空间。结构自防水也是防水的重要措施，主要采用在结构中加入添加剂的方法提高结构的防水能力，目前在地下结构中也应用较广，如防渗混凝土等。而多数地铁区间隧道采用了复合式衬砌结构，防水一般共设三道防线，第一道是初期支护加背后注浆，第二道是设置封闭防水板，第三道是二次衬砌，并对施工缝、变形缝等作专门处理。对于地下结构而言，水往往具有一定的压力，压力水的渗流特性比一般水的渗流特性不同，但目前从理论上分析水的渗流特性的研究还很少。

日本比较重视水灾的防治，日本的防洪发展大致经历了三个阶段：19世纪中叶到20世纪中叶的治水阶段，主要表现为防洪为目的，大量修筑河道堤防，防止大河的洪水泛滥或海啸灾害；20世纪中叶到20世纪末的治水阶段，主要表现为以治水和水资源开发利用为目的，修建多功能水库；进入21世纪以来的治水、水资源开发和环境保护相结合的流域综合治理阶段，主要表现为注重减灾和保护环境，预防出现超标准洪涝灾害。我国制定有《防洪标》，用于指导防洪规划、设计、施工和运行管理工作，但主要是针对地面构建物或系统。建设部颁发的《六级人民防空地下室设计规程》中规定“防空地下室的防水、防潮设计，应根据场地地形、水文地质、施工条件及材料供应等因素综合考虑研究，要保证防水可靠、耐久，便于施工”，没有具体规定如何防洪设计，对于多层地下综合交通枢纽防洪设计目前国内还没有相关的规定。

七、交通枢纽安全监控体系的发展现状

多层地下综合交通枢纽安全监控系统是轨道交通安全可靠运行的重要保障，它包括列车自动监控系统（ATS）、电力监控系统（PSCADA）、火灾自动报警系统（FAS）、环境与设备监控系统（BAS）、屏蔽门系统（PSD）、防淹门（FG）以及与运行相配套的广播系统（PA）、闭路电视系统（CCTV）、车载信息系统（TIS）、车站信息系统（SIS）、自动售检票系统（AFC）、时钟系统（CIA）等。轨道交通监控系统经历了一个较长的发展历程：人工监控系统、分立监控系统、综合监控系统。

早期的地铁运营管理采用人工监控系统，由于当时技术的局限，供电、通信、信号等

专业的监控管理主要依靠人工进行，操作者与管理者之间的通信联系多以电话方式进行，运营、站务和设备运转并未实现自动化。

随着计算机技术和自动控制技术的进步，人工监控系统发展到分立监控系统阶段。分立监控系统根据控制功能、控制对象、控制范围、控制特点或操作管理上的分界，将全线系统划分为若干个子系统。每个子系统按照自身的技术特点，不同程度地应用计算机技术、网络技术实现控制，各计算机控制系统相互独立。在这种方式下，各控制系统独立运行，互不干扰，但同时也导致资源无法实现共享，子系统之间无法实现功能联动。广州地铁 1、2 号线、上海地铁 1、2 号线、上海明珠线一期工程，还有深圳地铁一期工程均采用了分立监控系统。

20 世纪 90 年代，随着计算机、自动控制系统、通信网络，特别是分布式计算机监控系统技术的长足进步，分立监控系统逐步过渡到综合监控系统。综合监控系统将地铁中已有的各自独立的自动控制系统组合成一个系统，利用一个公共的信息传输网络和一个综合的计算机信息平台，完成原独立系统所能完成的全部功能。综合监控系统在集成的网络平台上，将各专业信息有机地集成在一起，实现各专业资源的交互，改进了分立监控系统在功能上的不足，是轨道交通监控系统自动化发展的必然方向。

从国内外综合监控系统的发展现状来看，国外城市轨道交通的发展历史较长，发展规模较大，其中的自动化技术应用也较为成熟，有一些类似的系统已经建成。例如：西班牙毕巴尔巴额地铁、韩国的仁川地铁、首尔地铁 7 号线和 8 号线、法国巴黎地铁 14 号线等都采用综合自动化系统。香港地铁将军澳线（5 座车站）的机电设备和通信设备主控系统于 2002 年完成最终验收；新机场快线也采用了综合自动化监控系统。墨西哥城地铁 B 线（长 20km，设有 21 座车站）采用了以机电设备综合监控系统为基础并与信号系统互连的综合监控系统，该系统也于 2000 年 6 月投入了运营。一些著名的新线，如西班牙马德里地铁、新加坡东北线则进行了更现代化的综合自动化监控。新加坡地铁首次成功地实现完全无人驾驶、全部智能化运行，已正式投入运营，这在世界上尚属首次。

国内各地铁公司根据以前地铁线路建设和运营中积累的丰富经验，参考国内外轨道交通监控自动化的各种方案，在新建设的地铁线路中陆续采用综合监控系统。由于研发还处于起步阶段，目前仅能将关系比较密切的几个子系统进行综合和集成。例如，深圳轨道交通 1 号线工程将 BAS、监控与数据采集（SCADA）、FAS3 个系统集成在一起，同时也要求在综合监控系统中接入乘客信息导引系统、安全保卫系统及车站信息服务系统；广州市轨道交通 3 号线和 4 号线集成了全线变电所自动化系统、火灾报警系统、环境与设备监控系统、屏蔽门、防淹门 5 个子系统，同时与广播、闭路电视、时钟、车载信息、车站信息、自动售检票、信号等子系统进行互联。

在多层地下综合交通枢纽内，分属于不同线路的换乘车站站厅、站台分层设置，与外界的联系主要为站厅层的出入口。不管是站台还是站厅发生火灾，人员的逃生方向和烟气的扩散方向都是从下往上，疏散路线长，人员的出入口可能就是喷烟口。由于浓烟、高温、缺氧、有毒、视线不清、通信中断等原因，救援人员又很难了解现场情况，此时，各线路的救灾控制动作均由线路控制中心集中管理。牵涉到换乘车站，各线路的控制中心位于不同地点，线路之间的信息沟通与共享存在很大困难。一条线路的列车发生故障或火灾等状况，而另一条线的列车无法及时了解情况，仍然将大批乘客运送到车站，将会使情况进一步恶化。

多层地下综合交通枢纽是一个完整的地下建筑，除地铁换乘外可能还有公交、国铁，地铁层的救灾疏散必定要牵涉到其他几层交通系统的消防联动。目前，枢纽内各交通部门管理独立，各交通监控系统平台采用不同程度的计算机网络技术，每个系统的网络结构、服务器和工作站各自独立，系统之间很难实现信息互通，只能依靠人工电话方式知晓灾害情况。地铁线路控制中心将车站发生灾害的情况通报给轨道交通指挥中心，轨道交通指挥中心再联系公交中央监控中心，枢纽的公交车站才会得到公交中央监控中心的处理方案。同时，轨道交通指挥中心还会联系交通运输部，由交通运输部联系铁道部，铁道部再把情况通知枢纽所在的国铁管理部门，此时枢纽的铁路站区才能得到相应的处理措施。

八、交通枢纽反恐的发展现状

目前，针对多层地下综合交通枢纽防恐问题的基础研究还不够系统，已有的相关研究主要局限于常规防灾技术研究与防灾设计措施，这对于恐怖灾害虽然也有不同程度的作用，但是角度不一样，两者不能完全互相替代。

人们对地下多层地下综合交通枢纽可能进行的恐怖活动形式进行了归纳和总结，主要有纵火、爆炸、投放生物或化学试剂及放射性物质、制造交通事故、绑架劫持人质、武装袭击、网络黑客等恐怖袭击形式，并且对典型案例进行了分析，比如针对韩国大邱地铁纵火案，人们充分总结了消防救助中暴露的关于消防车辆及装备、消防活动指挥通信、现场出动指令体系、现场灭火工作条件、逃生过程等有关问题。

现有的防恐研究和技术措施明显跟不上国内外形势的发展。恐怖活动不仅形式多样化，而且还呈现集团化、网络化、国际化的趋势，恐怖活动的规模越来越大、破坏力越来越强。在构建防恐反恐系统过程中，相关立法是基础和依据。从 20 世纪 30 年代开始，陆续有国际防恐、反恐公约出台，区域及国家之间也签订了许多防恐、反恐协定、条约，多数国家已有反恐立法。其中美国的立法体系比较完备，分类细致。到目前为止，我国尚未形成专门、系统的反恐法律，现行反恐法制建设存在的主要问题有：立法格局不科学、反恐原则缺失、基础概念不明确、刑法反恐重心偏移、反恐程序立法空白、执法体系不完善、与国际反恐法接轨不充分等。

国内外专家学者在构建高效实用的防恐体系方面也进行了研究，为预防、处置、善后处理以及有力打击恐怖主义活动提供了有力保障。目前许多国家都有自己的反恐防范体系，美国已经建立了针对各种恐怖活动的应急反应体系，比如反爆炸恐怖活动应急体系等，同时，确定了灾难发生时各相关部门的救援职能。我国的反恐防范体系在理论研究上已有所发展，其中也涉及轨道交通防恐体系。但针对多层地下交通枢纽恐怖活动的特殊性，现有的防恐体系还有待于进一步完善。

对于交通枢纽恐怖活动的特点目前也有了比较充分的认识，比如其突发性、全线性、枢纽性、群体性、连环性、封闭性、通信不畅等。但是大空间多层地下综合交通枢纽的建筑空间复杂、逃生困难、救援条件差，并导致现场控制、统一指挥调度等难度倍增。多层地下交通枢纽的设计、监控、抢险救援、紧急疏散等技术环节还不能充分满足防恐应急的需要。枢纽及隧道的防恐设计不够完善，对于枢纽的交通换乘能力与线路运输能力相匹配、疏散路线与应急疏散时间限度及枢纽内人流交通特征参数相匹配、应急援救及逃生专用通道的设置、安全屏蔽门设置等防灾设施的考虑还不够充分。枢纽一体化综合监控警示系统设计尚不能充分满足防恐应急的需求，主要体现在综合监控系统、一体化安全警示系统、网络标准体系与可靠性水平等方面。专业化的地下空间抢险救援技术还不能很好满足防恐需求，对防恐紧急疏散的研究还不够深入，包括对复杂大空间枢纽内疏散和大区域枢纽外疏散的研究。

第二章 烟气控制技术

1985年在美国召开了第一届国际火灾科学研讨会，同时成立了国际火灾安全科学学会。那时，火灾学和火灾安全工程学两门交叉性学科已形成：火灾学侧重研究火灾基本规律；火灾安全工程学侧重从系统安全的角度研究如何实现建（构）筑物的总体安全。烟气控制研究作为火灾安全工程，也作为通风工程的一个重要分支而问世。

美国早在20世纪60年代就关注和研究加压送风、机械排烟系统，目前，对此系统的研究已较为成熟。而在20世纪80年代初才开始关注"建筑"的烟气控制，中庭作为典型的"大空间结构"，其烟气管理成为研究的重点之一。在烟气管理研究领域，以美国开展的研究最为广泛与深入，在美国消防协会（NFPA）、美国消防工程师协会（SFPE）、美国暖通空调工程师协会（ASHRAE）、美国标准技术研究院（NIST）以及有关大学和科研机构的参与下，采用全尺、缩尺实验和计算机模拟相结合的研究方法取得了大量的研究成果，并在90年代初制定了一系列烟气控制性能化设计规范（如：NFPA92B），代表着当前国际上该领域的前沿水平。从90年代中期以来，已经有许多文献针对烟气控制性能化设计规范的各个细节问题进行深入的分析探讨，如："规则模型"和"不规则模型"的烟层界面预测和产烟量的确定；William N. Brooks用LESCFD火灾模型和13个火灾实验测得的烟层界面与规范的烟层界面预测计算公式进行比较，指出计算公式应有不同的适用范围，以及提出依据中庭的纵横比（A/H^2，中庭横截面积与高度平方的比值）和火灾强度建立相应烟层界面预测的计算式的设想；喷淋系统的启动时间及其对烟气流动和排烟效率的影响；用两层区域模型和场模型（也称CFD模型）开发计算机模拟程序等。

20世纪80年代末以来，英国、加拿大、日本等国家的火灾研究机构也开展了大量的研究活动，如：英国建筑研究部（BRE）防火中心（FRS）的研究报告"Design Principles for Smoke Ventilation in Enclosed Shopping Centers"及"Design Approaches for Smoke Control in Building"等文献综合了建筑防排烟的研究成果；英国建筑设备师协会（CIBSE）开展了从烟气毒性、减光性和高温等方面来验证烟气控制性能化设计可靠性的研究。日本火灾科学与工程协会、加拿大的国家研究中心（NRCC）都展开了活跃的研究，取得了重要的研究成果。

由于经济水平的约束，国内在烟气控制系统这一领域的科研及实践应用均落后于美、日等发达国家的研究水平。烟气控制的实验与模拟研究也远远落后于美、日等发达国家。

目前国内关于烟气控制技术方面的主要研究成果有：

（1）国家重点科技项目：No. 96-918-05-03-《地下建筑与大空间建筑火灾预防与控制高新技术研究与开发》，承担单位：中国建筑科学研究院。主要研究成果：根据地下商业建筑的烟气流动规律，以及在保证火灾初期时能够使建筑内人员安全疏散为目的，采用性能化设计的概念来确定地下商业街建筑的防排烟系统设计方法，并编制出相应的设计计算程序，供设计人员使用。

（2）“九五”国家重点科技攻关计划：No. 96-918-04-02-《地下大型商场火灾特性》，承担单位：公安部天津消防科研所。主要研究内容：开展常见可燃材料、组件的火灾危险性参数的实验研究，并经分析、归纳后建立综合评价地下大型商场常见可燃材料、组件火灾危险性的关系型数据库，开展地下大型商场烟气流动特性计算机模化研究，编制了模拟软件。

（3）“九五”国家科技攻关专题：No. 96-918-04-01-《地下商业街火灾烟气流动特性实验研究》，承担单位：公安部四川消防科研所。进行烟气流动和防排烟的实体和模拟实验，自然排烟、自然进风与机械排烟、机械送风与机械排烟三种防、排烟方式组合实验，送风、排烟效果的判定等。

本章基于多层地下综合交通枢纽各功能区的火灾危险性，对各区域烟气流动进行分析研究，最后给出适用于交通枢纽的新型烟气控制方式。

第一节　火灾危险性分析

地下交通枢纽是几种运输方式或几条运输干线交会并能办理客货运输作业的各种技术设备的综合体，一般由地铁车站、火车站、地下商业、车行、人行交通系统等多种功能区域组成，是综合运输网的重要环节。因此关于地下交通枢纽火灾危险性的分析将围绕上述几个区域分别展开。

一、地铁车站火灾危险性分析

地铁车站一般包括站台、站厅、出入口楼梯、设备管理用房，其可燃物可能包括装修材料、广告牌、电线电缆等。

地铁站的墙、地面、顶面的装修一般采用不燃材料；广告灯箱、坐椅、电话亭和售检票亭所用的材料一般也为不燃材料，火灾危险性低。

电缆敷设在站台板下或区间侧墙墙托架上，高低压、交直流、强弱电分开敷设。较长的电缆沟槽及进入机房的沟槽端口，进行防火分隔和隔离处理。照明电缆敷设在站台和站厅顶棚内，电缆穿钢管和线槽敷设。低压电缆和电线选用阻燃型低烟无卤耐火电缆和电线。火灾时仍需运行的设备配套阻燃耐火型电线、电缆。因此，电线电缆不会产生较为严重的火灾。若电气设备选用无油型设备，则电器也不会发生严重火灾。

现代地铁列车一般按照英国 BS6853：1999《载客列车设计与构造防火通用规范》进行防火设计，所用的材料已经与从前列车所用的材料大不相同了，基本采用不燃或难燃材料制作，可减少有毒物质的产生，并使列车的整体耐火性能大大提高。车体材料采用轻型不锈钢材料，车体承载结构材料全部采用钢材。客室侧墙、端墙、内装饰板采用大型玻璃钢成型板材嵌装结构，材料具有良好的阻燃性。所有电线、电缆均采用难燃、阻燃型；地板采用在波纹钢板上面铺设陶粒砂和粘贴地板布的非木结构形式，地板布具有良好的抗拉强度、耐磨性、阻燃性和防化学腐蚀性。

列车内发生火灾概率较大的是乘客的行李燃烧，进而引起车厢内座位及车体材料的局部燃烧，根据香港地下铁路 LAR 线列车轰燃的测试数据，最大的火灾规模为 5MW 至 10MW。

综合以上分析，若地铁消防设计满足相关消防规范，控制商业设施（特别是站厅乘客疏散区、站台以及疏散通道内等区域应禁止布置），则其常规的火灾危险性应主要来源于旅客随身携带的行李及由其引起的列车火灾。

由于地铁内是一个相对密闭空间，一旦发生火灾，很容易形成烟毒危害，所以地铁内应采取可靠的防烟、排烟设施，通过设置挡烟垂壁、利用排风补风系统控制楼梯出口的防烟风速，保证人员安全；尤为重要的一点是在站台上设置防火屏蔽门系统，即在站台同轨道之间设置一道防火防烟的屏障，列车进站时，车门同屏蔽门同步开启，乘客登车后，车门同屏蔽门同步关闭。这样，当某轨行区列车发生火灾后，尽可能防止列车火灾影响站台及站台对向的列车。

二、地下商业火灾危险性分析

地下商业空间具有可燃物多、电气设备多、人员多、人员疏散难、火灾扑救难等特点。

商业建筑是人流和物流的聚集地，存在大量的可燃物，其可燃物荷载主要具有以下特点：

（1）大量商品集中布置；

（2）可能存可燃性柜台和货架；

（3）商店建筑装饰材料也多为可燃物。

地下商业位于地下，除包含以上商业建筑的共同特点外，还具有以下自身特点：

（1）地下空间层高较低，蓄烟能力差，需要疏散的人员多。

（2）地下商业建筑完全靠人工照明，当地下商业发生火灾后，正常电源被切断，人们寻找安全出口，主要依靠消防应急照明和疏散标志指示灯保证，这将给人员心里造成较大的压力。

（3）地下商业建筑一般经由风道与地面空间相连，排气换气主要通过机械换气设备进行。通风口和出入口的不足，会造成空间内空气流通不畅，发生火灾时一般供气不足（火灾开始时与地面建筑无多大差别），温度开始上升较慢（尤其是固体可燃物火灾），阴燃时间稍长，发烟量大。

（4）地下发生火灾时，外部救援条件差，容易造成大的损失。

综合交通枢纽内的商业空间一般设置在几个不同交通功能区的连接处，因此其一旦着火，影响面较大，涉及人员多。通过前面对烟气流动的分析可知，如想降低地下商业空间的火灾危险性，应尽量采用“防火舱”及“燃料岛”的概念，将火灾及烟气控制在小范围内，从而为人员疏散和消防救援提供安全的环境。

地下商业空间往往采用自动扶梯作为人员的垂直交通工具，而安全疏散楼梯都在四周，平时很少有人使用。一旦发生火灾事故，人员在火灾条件下会涌向经常使用的出入口楼梯及自动扶梯处，为了阻挡烟气和防止火势蔓延，自动扶梯四周的防火卷帘将会自动降下，再加上人员对火灾烟气的恐惧心理，在缺乏消防安全培训的情况下，疏散人员将很难通过疏散指示标志来寻找安全出口，极易形成疏散混乱，造成人员疏散困难。因此地下商业的楼梯应与枢纽的楼梯尽量分开设计，避免相互影响，并应适当增加其疏散宽度，应尽量采用防火分隔的方式与地下枢纽分隔开，以最大限度地减少烟气在不同空间内的流动，降低人员疏散难度。

三、火车站火灾危险性分析

火车站作为国内主要的交通枢纽，人员流动量大，其建筑一般分为以下部分：站台区、候车区、主商业区、进站大厅。

（一）站台区

站台区是旅客上车的主要区域，该区域包括站台、人员通道、办公设备用房等。潜在火源主要包括旅客随身携带的行李、流动售货商亭、列车。

（二）候车区

候车区为旅客候车场所，人员较多，面积大，一般分为若干个候车室，各候车室又可能包括普通候车区（室）、贵宾候车区（室）、小件寄存处、餐饮茶座、商业亭（摊）、办公设备用房等。

普通候车区（室）的火荷载包括休息用的坐椅、旅客行李；贵宾休息区（室）的装修档次一般较高，火荷载大；小件寄存处一般面积小，但内部行李、物品集中，火荷载大；餐饮茶座的火荷载为桌椅；商业亭（摊）根据售卖的物品不同，其火荷载可能包括食品、纸张、塑料用品、小电器、纪念品等，这个区域火荷载集中，火灾危险性大。

（三）主商业区

部分车站设置了较大规模的商业区，具有一般商业区的特点：

大量商品集中布置；可能存可燃性柜台和货架；商店建筑装饰材料可能为可燃物，若消防设计不到位则易产生大的火灾危险。

（四）进站大厅

火车站进站大厅有可能是包含中庭的大空间或类似航站楼的高大空间（如国铁北京南站）。

若为包含中庭的大空间且只作为人员进站通道，则其可燃物荷载可能包括：安检设备、电脑、办公桌椅、旅客行李等，由于进站大厅工作人员多，能及时发现并控制火灾，其火灾危险性较小。

若为类似航站楼的高大空间，则进站大厅与候车厅可能连为一体，此时其功能区将包括候车区、贵宾休息室（区）、小件寄存处、餐饮区、商业亭（摊）、办公设备用房等。此时整个大厅布局复杂，各处均可能分布有火灾荷载，火灾危险性大。

四、行人交通系统火灾危险性分析

行人交通系统主要包括联系各交通站点的行人通道，对于较大的交通枢纽，行人通道两侧可能设置较多商业，从而形成地下商业街。

对于无商业店铺只作为换乘通道的行人交通系统，火灾荷载较少，可能包括可燃装修材料、电线电缆、灯具、广告牌、行人随身携带的物品和行李等。若行人交通系统的墙、地面、顶面的装修采用不燃材料，广告灯箱为不燃材料，电线电缆进行防火分隔和处理，则其火灾荷载主要为行人随身携带的物品及行李。

对于地下商业街式行人交通系统，其空间一般较大、火荷载多、人流量大、人员复杂，火灾荷载除行人随身携带的物品外具有一般商业的特点：

（1）大量商品集中布置；

（2）可能存可燃性柜台和货架；

（3）商店建筑装饰材料可能为可燃物。

此外，地下商业街式行人交通系统本身具有如下特点：

（1）疏散难度大：人员多、组成复杂、人流密度大；人在地下发生危险时心理恐慌程度高；烟气可能进入行人通道，随人流一同蔓延。

（2）扑救困难，由于缺少自然光源，外部消防器材使用条件差，救援条件差。

（3）密闭性强，自然补风不充分。

可见，若发生火灾则这种地下行人交通系统的火灾危险性较大。

五、车行隧道火灾危险性分析

从使用功能上分，车行隧道可分为地铁区间隧道、铁路隧道、公路隧道等。隧道可燃物包括区间隧道内的电线电缆、照明灯具、广告牌等。照明灯具和广告牌一般采用不燃材料；电缆敷设在侧墙托架上，若经过防火处理则不易产生严重的火灾；照明灯具、广告牌等分布零散，若采用不燃材料火灾危险较小。

（一）地铁区间隧道

地铁区间隧道按规范可能建有区间风井，其可燃物包括区间隧道内的电线电缆。高低压、交直流、强弱电分开敷设，电缆穿钢管和线槽敷设，低压电缆和电线选用阻燃型低烟无卤耐火电缆和电线。火灾时仍需运行的设备配套阻燃耐火型电线、电缆，因此电线电缆不会产生较为严重的火灾；地铁区间火灾危险性的不确定因素为行驶中的列车火灾。

（二）铁路隧道

铁路隧道的不确定性火灾危险因素为行驶的火车。现代列车基本采用不燃或难燃材料制作，客室侧墙、端墙、内装饰板采用的材料也一般具有良好的阻燃性，所有电线、电缆均采用难燃、阻燃型，若列车满足相关规范则其本身发生严重火灾的可能性是极低的。列车内的不确定火灾因素为旅客的行李，由于铁路是我国主要的交通手段，特别是节假日期间旅客有可能携带大量行李，若发生火灾则可能引起较大的危险。

（三）公路隧道

公路隧道内的主要用途为汽车交通，其内部一般不设固定建筑，可能的固定火灾荷载为电线电缆、照明灯具、广告牌等。

公路隧道内的主要危险因素为行驶的车辆。行驶中的车辆可能由于电器线路短路、汽化器或启动系统故障、车辆撞击或车载物品起火，由于一般汽车都有油箱，汽车本身有很多可燃性材料，车载物品也可能是可燃物，一旦发生火灾将产生较大危险。

六、火灾危险性分析综合分析

通过对各场所主要火灾危险因素的分析可以看出，各场所在满足一定消防规范要求的前提下，其不确定性火灾荷载集中为旅客随身携带的物品、商品、车辆本身及车载物品。

多层地下综合交通枢纽可能包含了以上两种或多种交通方式或站点，它们通过行人交通系统或楼梯等联系在一起，形成复杂的网络。在这种情况下各区域本身存在一定的火灾危险性，各区域之间也不可避免地存在着相互影响，任何一处发生火灾都可能引起多方连锁反应。

第二节 烟气流动分析研究

烟气流动分析是针对火灾情况、烟控设计情况，分析火灾烟气的流动规律，进而预测其对人员疏散时间的影响和评价烟控系统的设计合理性。

目前在国外先进国家大都将烟控设计视为影响避难逃生的重要因素之一，有效的烟控设计可适当地防止或延阻烟气的扩散或沉降，当然也就相对增加避难安全所需的逃生时间。通过对烟气流动的分析研究，从而指导防排烟系统设计，有效地控制烟气流动以降低烟气造成的危害。

一、地铁烟气流动分析研究

随着大城市交通拥堵问题的日益严重，城市地下空间的不断开发与发展成为必然趋势，目前地铁交通枢纽成为各大城市解决交通问题的首要选择。地铁建筑位于城市地下，其空间相对封闭，而且地铁运营的客流量大，一旦发生火灾，人员疏散及消防救援较为复杂和困难，此时可靠且有效的消防、排烟系统则是人员安全疏散的有力保障。

（一）测试车站概况介绍

测试车站是典型的单层岛式车站，站台两端通过楼梯与站厅层连接，且共有 4 个结构一致的出入口通道与地面相连。车站站台有效长度为 112.5m，有效宽度为 13.1m，站台顶棚高 6m，站台候车区域的顶棚高度及排烟管的下皮高度为 4.5m，站厅层高为 2.8m。该车站的平面图及建筑剖面图可见图 2-2-1 及图 2-2-2。图 2-2-1 中站台左侧及右侧分别通过楼梯与北侧及南侧站厅连接，图 2-2-2 中站台上的排烟口设置于轨行区的上方。

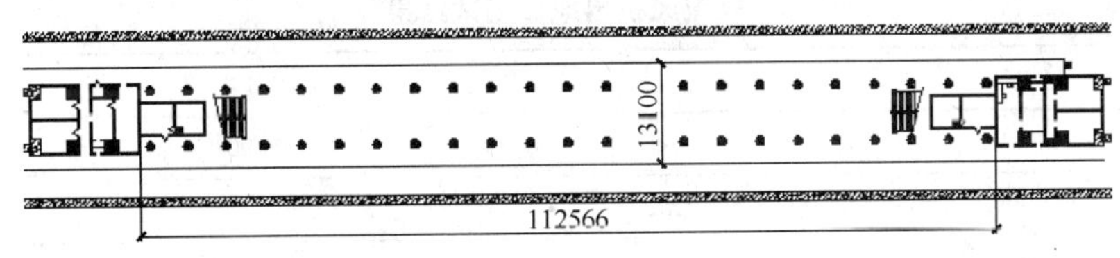

图 2-2-1 车站平面图

（二）测试车站排烟工况测试

1. 实验设计

1）实验设备

实验采用手持风速仪人工测量，测试断面 17 个，分布于总排烟管、站厅排烟口、隧道口、站厅出入口、楼梯口等位置。

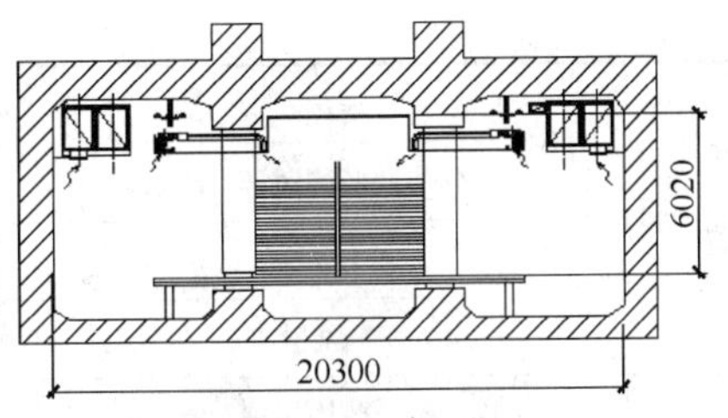

图 2-2-2 车站剖面图

2）实验工况

测试工况总共为 7 个，测试站台、站厅的排烟效果。具体实验工况如表 2-2-1 所示。

测试工况汇总 **表 2-2-1**

实验工况编号	排烟工况
工况 1	车站排风机开 1 台，公共区风管上各风阀开，两侧站厅上常闭排烟阀关
工况 2	车站排风机开 1 台，站台公共区风管上 DT 阀关，距风道平台远端站厅上常闭排烟阀开；距风道平台近端站厅上常闭排烟阀关
工况 3	车站排风机开 1 台，站台公共区风管上 DT 阀关，距风道平台远端站厅上常闭排烟阀关；距风道平台近端站厅上常闭排烟阀开
工况 4	车站排风机开 2 台，公共区风管上各风阀开，两侧站厅上常闭排烟阀关

3）实验编号

实验测试了岛式地铁车站主要位置风速，各个典型位置的编号如图 2-2-3、图 2-2-4 所示。

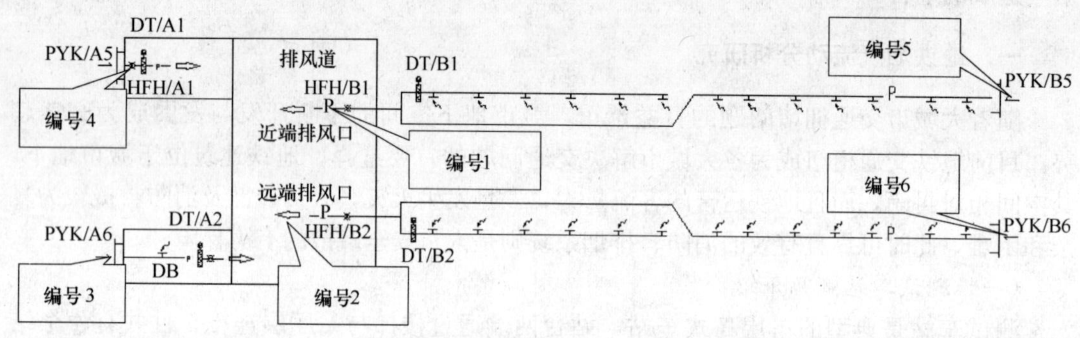

图 2-2-3 总排烟口位置

2. 实验测试结果

详细测试结果汇总于表 2-2-2～表 2-2-7。

轴流风机出风口测试结果 **表 2-2-2**

工况	1	2	3	4
平均风速（m/s）	4.72	3.89	3.90	10.51
面积（m^2）	9.00			
风量（m^3/s）	42.48	35.01	35.10	94.59

总排烟口测试结果 **表 2-2-3**

	工况	1	2	3	4
编号 1	平均风速（m/s）	4.93	6.21	6.07	11.46
	面积（m^2）	3.30			
	风量（m^3/s）	16.27	20.50	20.03	37.82
编号 2	平均风速（m/s）	5.95	4.48	4.36	9.52
	面积（m^2）	3.30			
	风量（m^3/s）	19.64	14.78	14.39	31.42

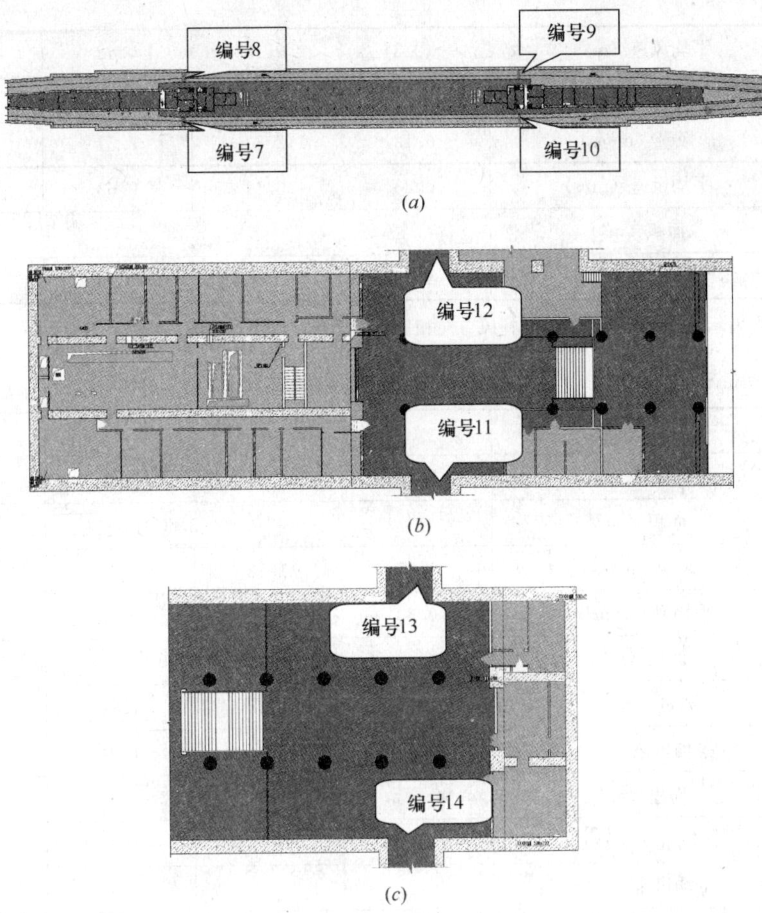

图 2-2-4　站厅出入口测点位置图
(a) 隧道洞口位置编号图；(b) 北站厅编号图；(c) 南站厅编号图

南端楼梯口测试结果（多点风速仪）　　　**表 2-2-4**

工　况	1	2	3	4
平均风速（m/s）	0.84	0.48	0.50	1.40
面积（m^2）	17.60			
风量（m^3/s）	14.78	8.45	8.80	24.64

隧道洞口测试结果（各个洞口综合风速）　　　**表 2-2-5**

平均	工　况	1	2	3	4
	各个洞口综合风速平均值（m/s）	0.13	0.16	0.45	0.31
编号 7	平均风速（m/s）	0.52	0.40	0.42	0.95
	面积（m^2）	18.00			
	风量（m^3/s）	9.29	7.07	7.58	17.08
编号 8	平均风速（m/s）	0.57	0.25	0.32	0.96
	面积（m^2）	18			
	风量（m^3/s）	10.21	4.50	5.67	17.30

续表

编号 9	平均风速（m/s）	−0.34	0.16	0.42	−0.37
	面积（m^2）	18			
	风量（m^3/s）	6.12	2.83	7.51	6.73
编号 10	平均风速（m/s）	0.23	0.14	0.63	−0.30
	面积（m^2）	18			
	风量（m^3/s）	4.19	2.54	11.36	5.47

注：表中"—"表示隧道洞口风速方向与补风方向相反，即风从站台往隧道洞口吹。

站厅排烟口测试结果 **表 2-2-6**

	工　况	1	2	3	4
编号 3	平均风速（m/s）	0.30	0.31	0.38	0.29
	面积（m^2）	3.60			
	风量（m^3/s）	1.08	1.12	1.36	1.05
编号 4	平均风速（m/s）	0.33	0.37	0.50	0.50
	面积（m^2）	3.60			
	风量（m^3/s）	1.17	1.33	1.81	1.81
编号 5	平均风速（m/s）			1.64	0.90
	面积（m^2）	3.60			
	风量（m^3/s）			5.90	3.24
编号 6	平均风速（m/s）			0.61	0.40
	面积（m^2）	3.60			
	风量（m^3/s）			2.20	1.44

风量汇总统计 **表 2-2-7**

工　况	1	2	3	4
平均风速（m/s）	42.50	35.00	35.10	94.55
面积（m^2）	35.90	35.30	34.40	69.20（封堵不严实）
风量（m^3/s）	32.90	30.00	46.50	79.90
风机效率	71.0%	64.0%	63.0%	74.4%

注：风机效率计算方法：轴流风机出风口处的风量与总排烟口风量的和的平均值与轴流风机额定风量的比值。

3. 实验测试结果分析

通过测试分析，可得如下结论：

1）比较工况 1—5 工况 4，可知开启 1、2 台排烟风机后，风机效率相近，为 70%以上。当风管上 DT 阀关闭时，即工况 2 与工况 3，风机效率降低至 63%左右。

2）在不同测试工况下，南端楼梯口处的风速较低，为 0.5～1.4m/s 之间，建议在楼梯口周边做封堵；

3）测试近、远端站厅排烟口的风量时，排烟口风速很小。

（三）测试车站热烟实验

1. 实验目的

地铁火灾事故中烟气是伤害生命的主要因素，设计合适的地铁防排烟系统、确定合理的防排烟方案具有重要意义。实验是认识火灾发展及烟气流动的重要方法。在一特定的建筑内，通过设置合理的火源，令烟气在现场条件下流动，可以清楚、直观地了解烟气流动状况，并可对烟气控制系统的工作状态进行检测，能够反映出数值计算难以解决的问题。对于建筑消防验收来说，现场实验是一种比较好的解决方案，这种方法真实可靠，实验效果直观，因而得到了广泛的应用。

就火源性质来说，现场实验又分为冷烟实验和热烟实验，冷烟实验是指没有辅助可控热源条件下的烟雾实验，不采用真实火源，完全依靠烟饼燃烧后产生的烟自身浮力在建筑内蔓延，可以测试报警系统的可靠度以及防排烟系统的排烟能力；热烟实验是对建筑烟控系统进行测试的方法。它利用受控的火源和烟源，产生接近真实火灾场景的模拟条件，呈现热烟在建筑内的流动情况，以及空调系统的关闭、排烟系统的启动等过程。测试人员可以实地观察排烟系统的效果，评估各个消防子系统的实际效能以及整个系统的综合效能。该实验以火灾科学理论为基础，实施方便、成本低廉，对建筑物无破坏作用，能够克服消防监督部门过去采用的测试方法的局限性。但是我国并没有形成统一的现场实验标准及规范，而且现场测试可能会对建筑造成不同程度的污染或破坏。澳大利亚在深入研究各种测试方法的基础上，推出一种新式热烟测试方法，并为该测试方法制订了相应的标准，该测试方法在澳大利亚得到了很好的应用，可以借鉴使用。

以往的研究中，对某些地铁站进行消防验收过程中，利用冷烟实验来模拟火灾，但是实验的过程中暴露出了两个严重的问题：

1）烟气沉降很快，实验开始后烟气迅速沉降，并充满整个车站空间。在站厅层进行冷烟实验时，烟气甚至沉降到了站台层。

2）排烟风机的排烟效果不理想，不能把烟气及时排出地铁站。

因此，选择热烟测试装置，验证在地铁站台或站厅层发生火灾时，消防系统能否有效地启动、能否控制火灾烟气在地铁站内的蔓延以保障人员的安全疏散。

2. 实验设计

1）实验装置

测试的烟气产生装置如图 2-2-5 所示，主要包括：水盘、油盘和发烟器等。水盘的使用是因为燃料燃烧时，油盘和周围环境会不断地吸热，使得燃烧产生的热释放速率不稳定，因此需要一个水盘冷却火盘，以减少误差。水盘中注入水应尽可能多，但不可使空油盘浮起来。热烟测试根据建筑的安全温度，即触发烟控系统的温度，选择合适的测试火源。因此，测试用的油盘有不同的尺寸标准，不同尺寸油盘对应不同的火源功率。燃料采用 95％的工业酒精。酒精是一种既干净又廉价的燃料，燃烧温度稳定在 850～900℃，因辐射损失的热量少于 10％，一次使用的燃料

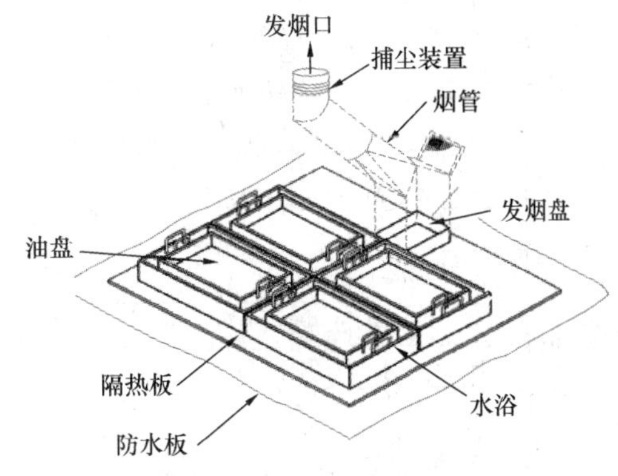

图 2-2-5 热烟测试装置

量应保证能够稳定燃烧 10min。考虑到火源存在着发展、稳定和衰退阶段，所需最少燃料量可按照火源 3min 发展、10min 稳定、3min 衰退来计算。酒精燃烧过程中产生极少的燃烧产物，是热烟测试方法的最佳燃料。发烟器用来产生示踪烟气，酒精燃烧产生的气流带动示踪烟气上升形成可观测到的烟气羽流。

参考澳大利亚的热烟测试标准（AS4391：1999，Hot SmokeTest），综合国内的一些实际实验，选取的火源是尺寸为 0.84m×0.60m 的油盘及其配套水盘；示踪烟气由任何无害可燃物燃烧或加热而产生，可以采用制造舞台效果的发烟机或者是烟饼。

实验中可根据现场实际情况选择火源大小，不同油盘数目对应火源功率如表 2-2-8 所示。

火源功率对照表 表 2-2-8

油盘个数（个）	相应火灾功率（kW）	油盘个数（个）	相应火灾功率（kW）
4	1500	1	340
2	700		

2）实验工况

实验中火源位置设于站台中部及站台南侧靠近楼梯口处。立柱编号见图 2-2-9。实验工况如表 2-2-9 所示。

实验场景设置 表 2-2-9

实验工况编号	火源位置	排 烟 工 况
工况 1	靠近南站厅楼梯口的站台处，即立柱 1 与立柱 2 中间（火源 1）	开启 2 台排烟风机，DT 阀开启，远端站厅排烟口关闭，近端站厅排烟口关闭，站台上的排烟口全开
工况 2		开启 2 台排烟风机，DT 阀开启，远端的站厅排烟口开启，近端站厅排烟口关闭，站台上的排烟口全开
工况 3		开启 2 台排烟风机，DT 阀关闭，远端站厅排烟口开启，近端站厅排烟口关闭，远端排烟管排烟口开启
工况 4	站台中部，即立柱 9 处（火源 2）	开启 2 台排烟风机，DT 阀开启，站厅排烟口关闭，站台排烟口全部开启

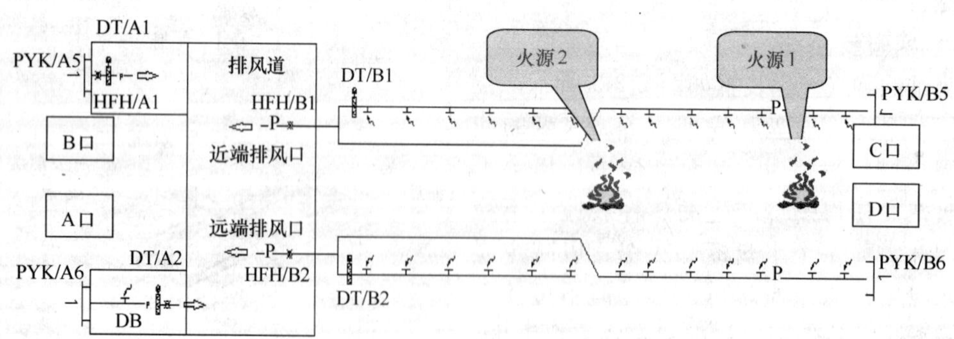

图 2-2-6 火源位置示意图（左侧为近端，右侧为远端）

3）实验编号

实验测试了该岛式地铁车站典型位置处的气流速度、烟气浓度及烟气下降高度。各个典型位置的编号如图 2-2-7～图 2-2-9 所示。测试编号、内容及仪器统计如表 2-2-10 所示。

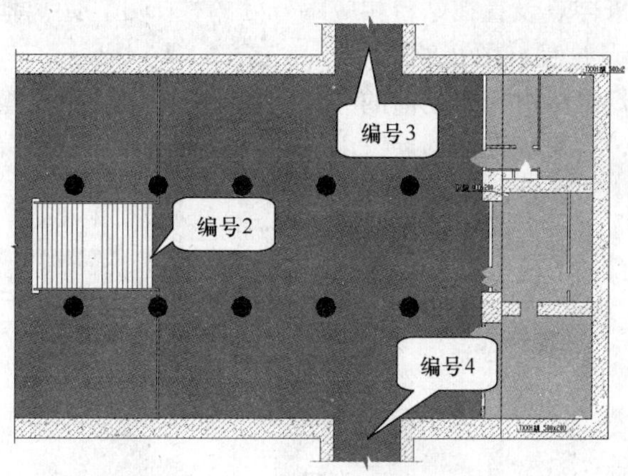

图 2-2-7　南站厅（C、D）编号图

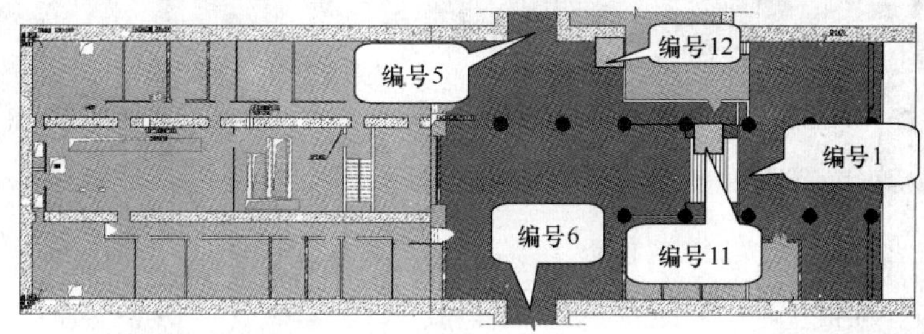

图 2-2-8　北站厅（A、B）编号图

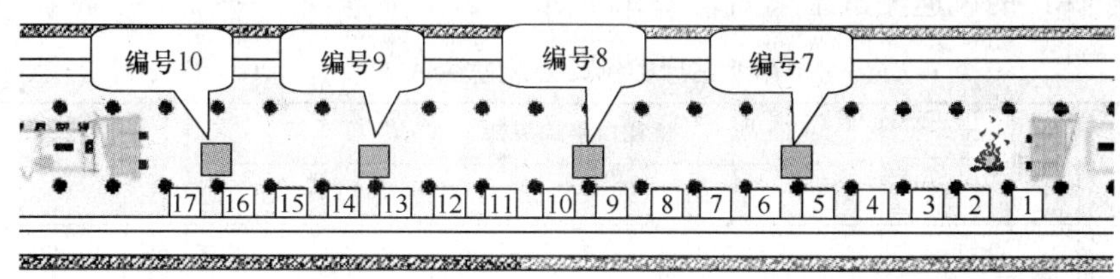

图 2-2-9　测试编号（左侧为北厅）

测试编号、内容及仪器统计　　**表 2-2-10**

编号	位置	测试内容	测试仪器	备注
1	北厅楼梯口	风速	手持风速仪	
2	南厅楼梯口	风速	手持风速仪	
3～6	站厅通道口	风速	手持风速仪	
7～12	站台、站厅	浓度	空气采样管	6 点
7～11	站台、站厅	温度	无线温度记录仪	5 台
7～10	站台	烟气下降高度	摄像仪（4 台）、标尺及秒表	
11	北站厅	烟气下降高度	摄像仪（1 台）、标尺及秒表	

测量站台的空气采样点设置在站台相应编号处的柱子处，距离地面 3m，用胶带固定。

3. 实验现场布置及过程（图 2-2-10）

结果分析：在排烟风机没有启动前的火灾初期，热烟很快上升至火源上方顶棚处，并在其两侧蔓延、扩散，直至远端的站厅。由于热浮升力的作用，烟气仅在顶棚内漂浮，始终没有降低至地面以上 2.1m 处（图 2-2-11）。

图 2-2-10 实验现场布置

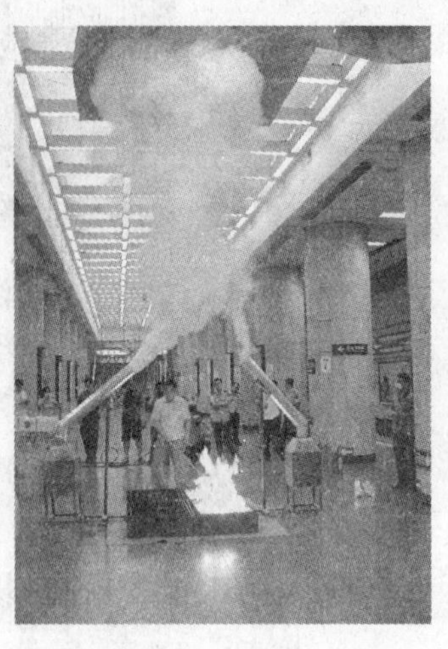

图 2-2-11 热烟试验烟气蔓延状态

4. 实验测试结果

1）风速测试结果

各个楼梯口的风速测试结果如表 2-2-11 所示。

南北站厅楼梯口处风速测试结果 表 2-2-11

工况编号	排烟方式	楼梯口平均风速（m/s）		测试时间
		南站厅	北站厅	
工况 1	热排	1.44	0.34	0：29～0：39
	冷排	1.23	0.56	0：41～0：44
工况 2	热排	1.62	0.68	0：46～0：53
	冷排	1.71	0.63	0：59～1：02
工况 3	热排	1.83	0.58	1：09～1：16
	冷排	1.70	0.74	1：20～1：26
工况 4	热排	1.92	0.94	2：01～2：08
	冷排	—	—	2：09～2：12

分析表 2-2-11 结果可知，4 个工况下南站厅楼梯口处的平均风速在 1.2～1.9m/s 之间，基本可防止烟气蔓延至站厅，而北站厅的风速为 0.3～0.9m/s 之间，不足以有效地防止烟气蔓延，因而北站厅人员的安全疏散存在一定的安全隐患。

另外对工况 4 中的隧道洞口风速也进行了测试，测试结果如图 2-2-12 所示。尽管站台通往地面的 4 个出入口的结构设计一致，但南、北两侧楼梯口及隧道洞口的风速分布却很不均匀，南侧楼梯口风速几乎为北侧的 2 倍。导致这一结果的主要原因是南侧隧道洞口的补风阻力比北侧洞口大。对于一个特定的车站，其隧道补风阻力与本车站、相邻隧道以及相邻车站的结构有关，因而存在不确定性。

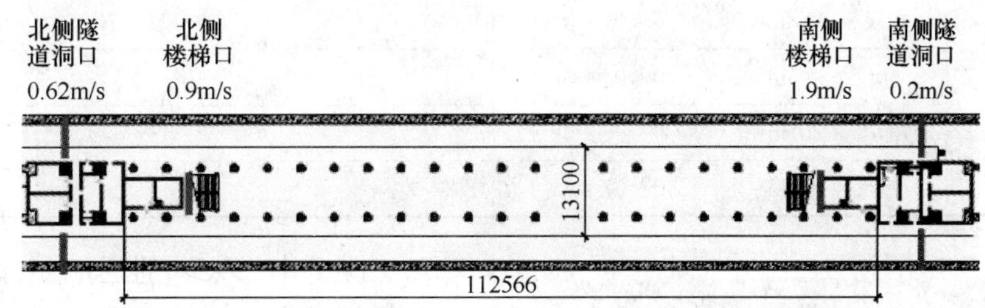

图 2-2-12 各个典型断面的平均风速测试结果，粗黑为测试断面

在测试时烟气始终没有蔓延至站厅，这说明在本试验中 0.9m/s 的补风风速可以起到防烟的作用。

2）烟气下降高度结果

烟气下降高度的测试也有助于量化分析烟气的分布状态，测试时通过目测烟气到达贴于立柱上标尺的时间，如表 2-2-12 所示，表中时间为每一次热烟实验工况开始后的相对时间。分析工况 4 的测试结果可知：着火 1min 后，烟雾蔓延至编号 10、编号 9、编号 7 的立柱 4.2m 高度处；之后编号 10、编号 9、二处的烟气始终在顶棚内蓄积，没有沉降；而编号 7 烟雾沉降至立柱 3.5m、2.7m、2.1m 等高度处的时间分别为着火后 4min、5min 及 7min；由于编号 8 的测试结果受到火源附近大量示踪烟气的干扰，因而其测试结果存在较大误差。

站台烟气下降时间统计 **表 2-2-12**

工况编号	标注位置	烟雾下降时间			
		编号 7	编号 8	编号 9	编号 10
工况 1	标尺 1～4.2m	0：03：46	0：02：13	0：01：16	0：00：43
	标尺 2～3.5m	—	0：02：20	—	—
	标尺 3～2.7m	—	0：02：34	—	—
	标尺 4～2.1m	—	—	—	—
工况 2	标尺 1～4.2m	0：06：19	0：05：43	0：05：34	0：05：28
	标尺 2～3.5m	0：08：09	0：06：00	0：06：16	0：06：20
	标尺 3～2.7m	—	0：06：50	0：06：51	—
	标尺 4～2.1m	—	—	—	—
工况 3	标尺 1～4.2m	0：02：40	0：04：53	0：03：17	0：02：50
	标尺 2～3.5m	0：04：09	0：08：04	—	0：05：30
	标尺 3～2.7m	0：05：59	—	—	—
	标尺 4～2.1m	0：08：50	—	—	—

续表

工况编号	标注位置	烟雾下降时间			
		编号 7	编号 8	编号 9	编号 10
工况 4	标尺 1～4.2m	0：01：07	0：00：08	0：01：10	0：01：23
	标尺 2-3.5m	0：04：32	—	—	—
	标尺 3-2.7m	0：05：38	—	—	—
	标尺 4-2.1m	0：07：23	—	—	—

图 2-2-13 工况 2 编号 10 的烟气沉降状态

工况 2 中靠火源的远端站厅排烟口开，站台排烟口全开，热烟实验开始 5min 时烟气在火源远端编号 10 处的沉降状态为：烟气下降至站台地面以上 3.5m 处，可见图 2-2-13。

工况 3 中靠火源的远端站厅排烟口开，站台远端排烟管排烟口开。与工况 2 的不同之处在于站台排烟口的开启范围不同，而排烟量一致。工况 3 中火源远端编号 10 处，只有少量烟气蔓延至站厅，但始终在站厅地面上方 4.2m 处悬浮。对比工况 2 与工况 3 的烟气蔓延状态，可知着火区域上方集中排烟，较有利于烟气的控制。

3）空气管采样仪烟雾减光度测试结果

烟雾减光度是通过空气采样管进行测试的，图 2-2-14 给出 4 个工况的测试结果。从工况 4 的测试结果可看出：①靠近北侧站厅的两个测点的结果始终在 0.2%/m 左右，实际测试时测点周围并没有烟雾，该值是之前试验残留在测试仪器中的烟雾的减光度值，可理解为空气的初始浓度值；②靠近火源的编号 8 与靠近南站厅的编号 7，其测试结果均出现了峰值，两者峰值都小于 1%/m，另外前者峰值到达的时间比后者约晚 1min 左右；③编号7 的测试结果出现明显上升的时刻几乎为热烟装置停止工作时的时刻。

通过采用空气管采样仪监测烟雾的绝对减光度，可换算出烟雾的绝对浓度，从而可准确了解烟气在车站内的分布状况，也可用于检验软件模拟结果的准确性。

5. 实验测试结果分析

综合分析烟雾减光度及风速测试结果，可发现：

1）在排烟风机没有启动前的火灾初期，热烟很快上升至火源上方顶棚处，并在其两侧蔓延、扩散，直至远端的站厅。排烟风机启动后，烟气在热浮升力以及轨顶机械排烟口的双重作用下，主要在顶棚内漂浮，始终没有降低至地面以上 2.1m 处。

2）通过工况 2 与工况 3 的比较，可知当火源发生在站台一侧楼梯口处时，开启站台上半排的排烟模式，较有利于烟气的控制。对于站台没有设置挡烟垂壁的顶棚，建议采取将整个站台作为一个防烟分区进行排烟设计。

3）烟雾减光度的整体测试结果均低于最低的报警阈值 2%/m，这表明站台地面以上 3m 处烟雾浓度极低，可视度非常好，为人员的安全疏散创造有利条件。这同时也体现了

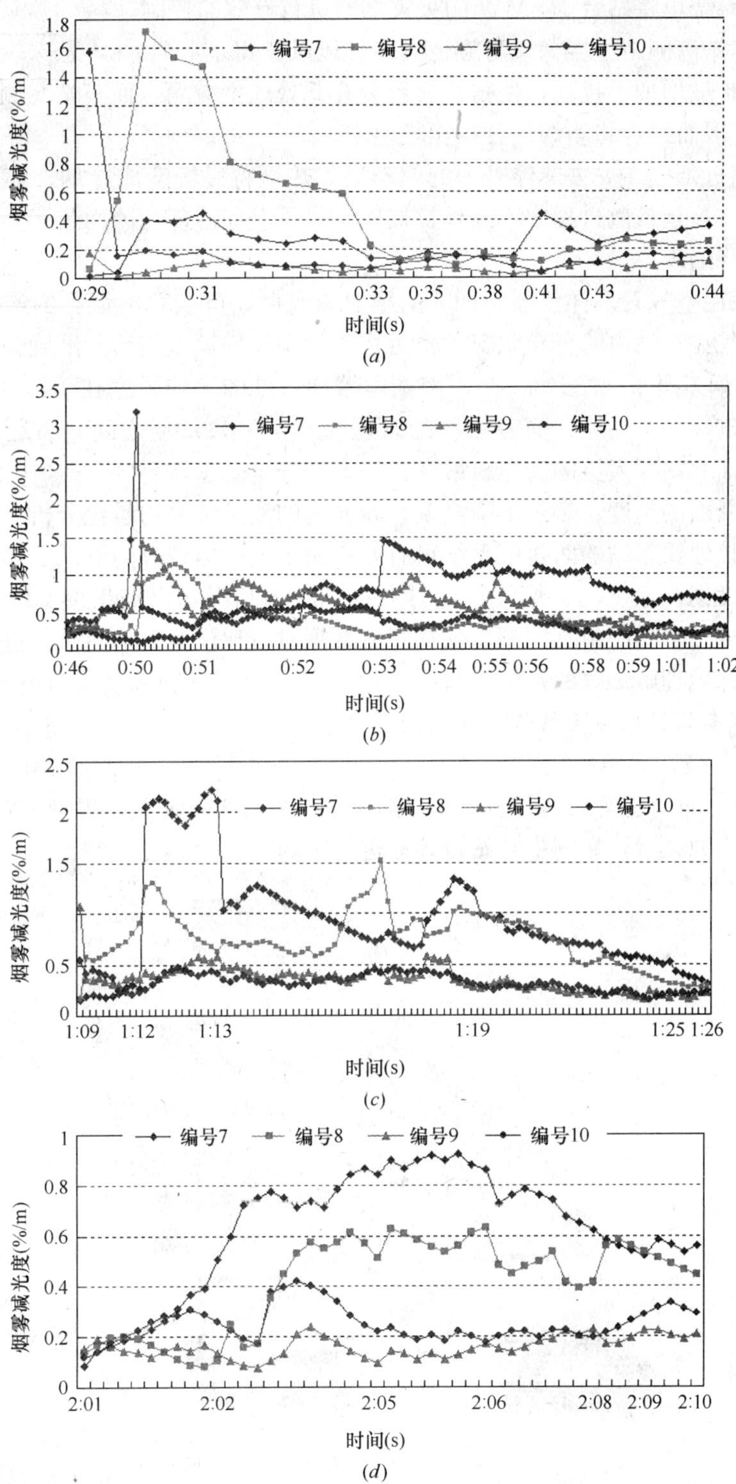

图 2-2-14　不同工况下探测器的测试结果

(a) 工况 1；(b) 工况 2；(c) 工况 3；(d) 工况 4

该车站的排烟系统可将站台 1.5MW 的火灾烟气进行有效的控制。

4）由于车站南侧站厅楼梯口与隧道洞口补风风速相差 1.7m/s，悬殊较大，从而对站台南侧烟雾的扩散增加了扰动，使得烟气容易在此处产生漩涡，而车站北侧的补风风速相差仅 0.3m/s，因而站台北侧烟气分布比较稳定。

5）火源附近烟气在失去热浮升力的驱动后，热烟将慢慢变成冷烟，随后出现沉降现象。另外烟气在蔓延扩散过程中不断地被周围空气及壁面冷却，因而位于火源远端的烟气呈现出较早沉降的现象。

6）通过采用空气管采样仪监测烟雾的绝对减光度，可换算出烟雾的绝对浓度，从而可准确了解烟气在车站内的分布状况，也可用于检验软件模拟结果的准确性。

7）4 个排烟工况下（站台全排），南站厅楼梯口处的平均风速在 1.3～1.9m/s 之间，基本可防止烟气蔓延至站厅，而北站厅的风速为 0.3～0.9m/s 之间，不足以有效地防止烟气蔓延，因而北站厅人员的安全疏散存在一定的安全隐患。

以上典型断面的速度、烟气下降高度、减光度的测试结果均量化分析了烟气的蔓延状况，也评估了该地铁车站的防排烟系统可有效控制烟气。但现有的测试工作无法全面反映车站内烟气温度场、速度场、烟气气体百分数的分布情况，仍需借助 CFD 仿真。因此，本文建立了阜成门车站的仿真模型，依据实测数据对所建模型的边界条件进行设置，模拟结果有助于更深地理解烟气的扩散、蔓延。

（四）测试车站热烟实验数值模拟研究

1. 模型建立及边界条件设置

采用 FDS 的辅助建模工具 Pyrosim 对测试车站进行实体建模，模型如图 2-2-15 所示。为了便于看清火源装置，在图中将站台顶棚进行了隐藏。

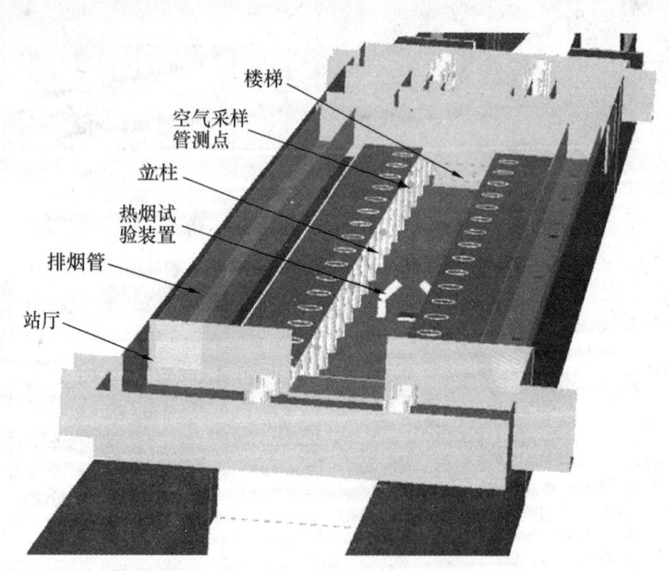

图 2-2-15　阜成门车站热烟试验模型

在模型中对火源、速度、压力边界条件及环境温度的设置如下：

1）火源：由于热烟试验时火源不是具有一定产烟量的燃烧物，而是热源与烟源的组合，因而模拟时在火源的设置上不添加燃烧反应，而是将油盘表面设置成 heater（软件本身提供）以代表热源，其对流热值为 1000kW/m^2，辐射率为 0.9。另外将发烟装置上表面设置成 supply 以代表烟源，烟源的成分为 CO_2。由于在试验时烟饼叠加在一起进行燃烧，其发烟效率与速率并不持续稳定、均匀，因而模拟中为了简化，将发烟速率设置为 0.05m^3/s。

2）排烟速度：轨行区上方排烟口的风速按照实际的总排烟量进行均匀分配。

3）站厅通道口：采用机械补风，补风量按满足楼梯口补风量进行设置。

4）隧道口：设置成自然开口。

5）初始环境温度：20℃。

2. 模拟结果分析

模拟计算时间设为 600s，热源及烟源的释放时间为 300s，排烟与补风的时间为 600s。在给定的边界条件设置下，在站台纵切面上温度场及示踪烟气 CO_2 体积分数的分布可见图 2-2-16。从图中可看出：

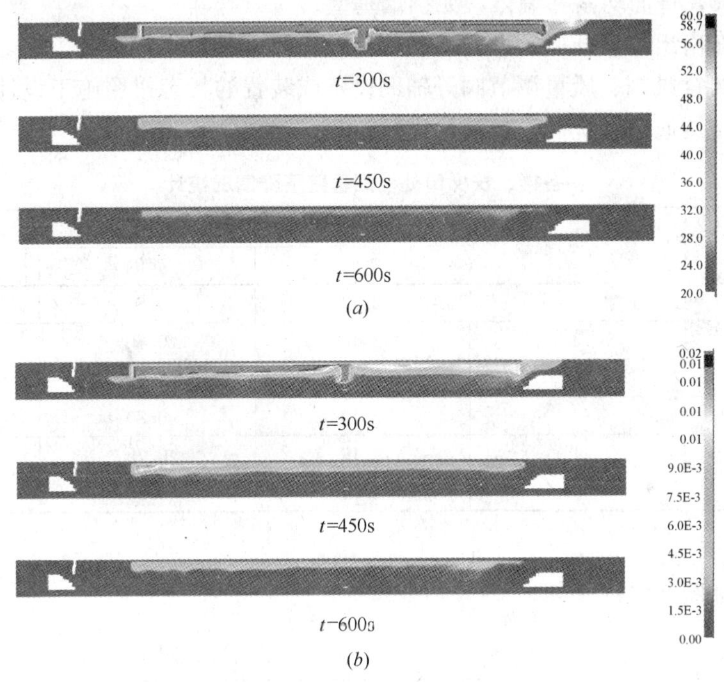

图 2-2-16　阜成门地铁热烟试验模拟结果

（*a*）纵切面温度场分布；（*b*）纵切面 CO_2 体积分数分布图

1）站台南侧靠近楼梯口处的烟气出现了明显的沉降现象，与实测结果一致；

2）烟气始终被控制在站台区域，没有蔓延至站厅，且站台上烟气的清晰高度达到 4m 以上，烟气的控制效果与实测结果基本符合；

3）由于南、北两侧楼梯口补风速度不均匀，导致了站台北侧的烟气浓度高于南侧。

另外，模拟中火源表面的温度及其上方顶棚温度分别接近 1000℃和 200℃，因而试验时在火源周围采取防护措施是有必要的。

现有文献关于热烟试验的数值模拟研究较少，本文对测试车站热烟试验进行了数值仿真，研究结果与实测结果基本一致，因而本文的模拟方法可为同类工程的研究提供参考。为了获得更合理可信的研究结果，边界条件中发热率与发烟率仍需结合更多详细的试验数据进行设置。

（五）地铁4号线排烟工况测试

对地铁4号线中的白石桥站、马家楼站、双榆树站、学院南路站，在站台排烟工况下，对站厅通往站台楼、扶梯口的气流速度进行测试。测试仪器采用多点风速测试仪、激光测距仪、钢卷尺、手持式风速仪等。以下以白石桥站为例，介绍测试情况及测试结果。

1. 白石桥站试验设计

1）测试工况

（1）风机启动：站台层公共区火灾排烟工况下（模式代码15C），送风机TVF（F）-215-Ⅰ，TVF（F）-215-Ⅱ-1、TVF（F）-215-Ⅱ-2，排风机TVF（E）-215-Ⅰ、TVF（E）-215-Ⅱ-1、TVF（E）-215-Ⅱ-2联合运转；

（2）挡烟垂壁下降高度：站台层公共区各楼、扶梯正面及侧面挡烟垂壁均下降，距地距离见表2-2-13，背面均紧邻墙体，无挡烟垂壁；

（3）车站东南出入口开放，东北口、西北口、西南口封闭；

（4）电动组合风阀、风量调节阀等辅助设备或装置的状态按照施工设计图纸《白石桥站公共区全年空调通风系统操作控制》进行控制。

各楼、扶梯口处挡烟垂壁下降情况统计　　**表2-2-13**

位置	楼、扶梯编号	挡烟垂壁下降至距地距离（m）		
		正面	西侧	东侧
西侧站台	1	2.47	0.84	0.74
	2	2.45	0.80	0.80
	5	2.38	1.04	1.04
东侧站台	3	2.40	0.80	0.80
	4	2.48	0.75	0.75
	6	2.50	0.60	1.03

2）测试编号

测试编号如图2-2-17所示。

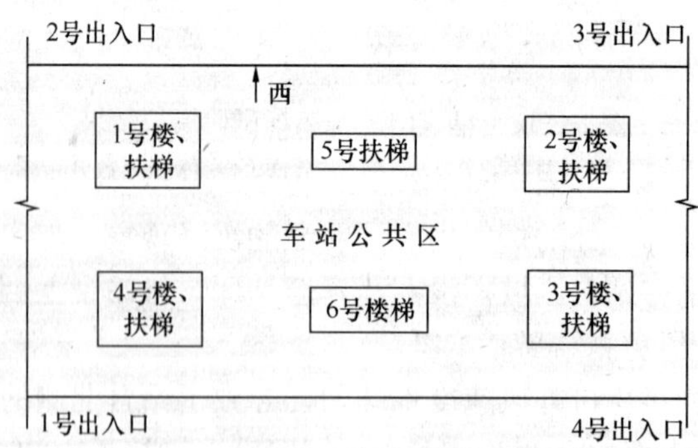

图2-2-17　白石桥站公共区楼、扶梯位置分布及编号示意

3）测试位置

测试位置断面编号如表2-2-14所示，其布置示意如图2-2-18所示。

测试位置断面编号 表 2-2-14

断面编号	断面位置	断面形状	断面尺寸	
			宽度（mm）	高度（mm）
BSQ-A	西侧站台 2 号楼扶梯的扶梯口处（站台层，挡烟垂壁正下方）	矩形	1720	2450
BSQ-B	西侧站台 2 号楼扶梯的楼梯口处（站台层，挡烟垂壁正下方）	矩形	2600	2450
BSQ-C	西侧站台 5 号扶梯口处（站台层，挡烟垂壁正下方）	矩形	2090	2380
BSQ-D	东侧站台 6 号楼梯口处（站台层，挡烟垂壁正下方）	矩形	2600	2500

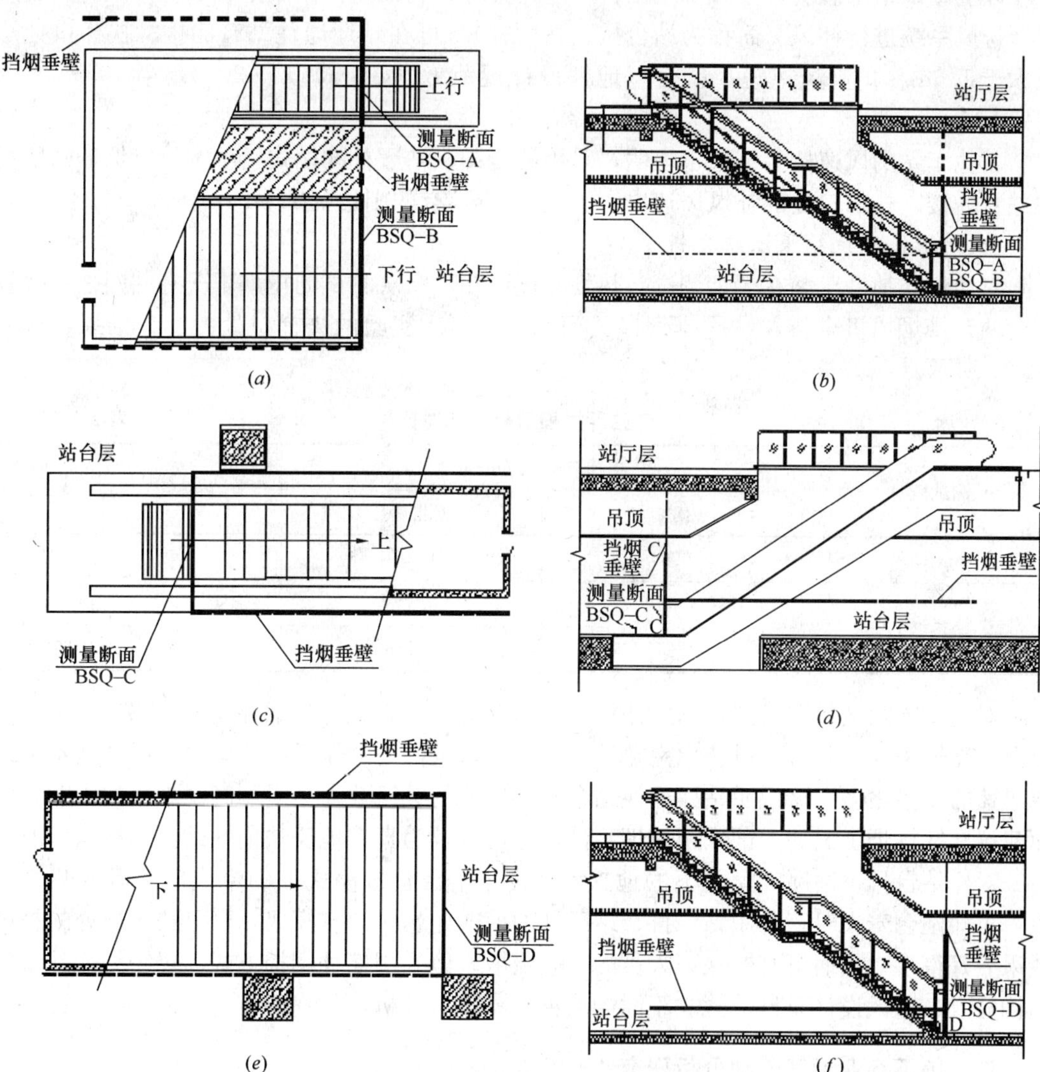

图 2-2-18 测试断面布置示意图

(*a*) BSQ-A、BSQ-B 示意平面图；(*b*) BSQ-A、BSQ-B 位置示意剖面图；
(*c*) BSQ-C 位置示意平面图；(*d*) BSQ-C 位置示意剖面图；
(*e*) BSQ-D 位置示意平面图；(*f*) BSQ-D 位置示意剖面图

在测量断面 BSQ-A、BSQ-C 分别设 12 个测点，测量断面 BSQ-B、BSQ-D 分别设 20 个测点，测点基本为均匀布置。

4）测试结果及分析

对多点风速仪的测试结果进行分析，可得各楼、扶梯口的气流速度的平均值为：

（1）站厅层至站台层 2 号楼扶梯的扶梯口处（站台层）气流速度为 1.85m/s，楼梯口处的气流速度为 1.87m/s；

（2）站厅层至站台层 5 号扶梯口处（站台层）的气流速度为 1.58m/s；

（3）站厅层至站台层 6 号楼梯口处（站台层）的气流速度为 1.96m/s。

5）结果分析

以上测试结果说明：白石桥站站台发生火灾时，利用站台机械排烟系统排烟，并利用站厅送风系统进行补风（简称为站台排、站厅补），可在站厅通往站台的楼、扶梯口处形成大于 1.5m/s 的补风风速，符合《地铁设计规范》（GB 50157—2003）第 19.1.39 条规定。

其他车站的风速检测结果也表明，采用站台排、站厅补的模式，基本可以保证站厅通往站台的楼、扶梯口处的补风风速也大于 1.5m/s，有的则达到 2.6m/s。

（六）地铁测试结果汇总分析

对比岛式地铁车站在无烟测试与热烟测试可知，两次测试的排烟工况有共同之处，及站台两台排烟风机全排，站厅排烟口关闭。比较两次实验的楼梯口处的测试结果，如表 2-2-15 所示。

南站厅楼梯口处风速对比　　**表 2-2-15**

测试概况	楼梯口风速（m/s）		备　注
	南端	北端	
无烟	0.84	1.07	—
热烟	1.442	0.343	火源位于南侧楼梯口附近
	1.917	0.936	火源位于站台中部

对比实验测试数据可知，站厅楼梯口处的风速，在无烟与热烟环境下的测试结果并不一致，无烟条件下北端的风速比南端的大，而热烟条件下却相反，且南端的风速基本为北端风速的 2 倍之多。这说明站厅通往站台楼梯口处的补风效果会受到高温烟气的影响。因而建议地铁排烟工况的测试采用热烟测试，这可以较为真实地反映地铁站台的补风状况。

对比站台排、站厅补模式下的地铁 4＃线与站台全排模式下的阜成门两者的测试结果，可知站台着火时，采用站台排、站厅补的模式比站台全排模式，楼、扶梯口处的补风效果要好得多，从而可有效保证人员的安全疏散。但采用何种烟控方式，仍需结合站台的结构特点、通风设计条件，建立不同的火灾场景进行分析，最终确定合适的烟控方案。

二、地下商业烟气流动分析研究

其地下商业空间具有可燃物多、电气设备多、连通空间大、人员多、人员疏散难、火灾扑救难等特点，因此地下商业烟气流动分析对于研究地下交通枢纽的火灾安全性有着重要的意义。

（一）烟气流动常规控制概述

在地下商业建筑物内常采用水喷淋装置以限制火灾的规模，然而烟气仍然会在整个建筑物内蔓延开来。为扑灭这种建筑火灾，消防队首先要进行屋顶排烟，借此改善其地面附近的能见度。现在建筑物中常装有与火灾探测器联动的自动排烟装置。一旦发生火灾，这种系统可自动打开面积适当的排烟口，使建筑物内不出现烟气积累，于是消防队员可以较容易地接近起火点。此外热气层的存在可以促使火灾燃烧向轰燃发展，及时排出烟气能够减缓火势的发展。

在地下商业营业区，主要采用机械排烟和机械补风相结合的烟气流动控制系统。进行防烟分区划分后，挡烟垂壁可在建筑物顶棚下形成小的蓄烟池，进行有效排烟所需要通风口的数目、大小和位置的计算时，必须考虑火区的规模、建筑物的高度、屋顶的形式和屋顶上面的压力分布等因素。

在很多大型地下商业建筑中，由于地面建筑使用功能需要或地面上没有市政广场等形式，地面提供的疏散楼梯不满足要求时，往往在地下商业中设计若干的安全通道供人员疏散时使用。出现这种情况时，可采用在安全疏散通道内送风维持通道内正压的设计方案。

一般按照安全通道使用要求，其可以作为人员疏散使用，则在建筑发生火灾初期，人员在通道内的安全是不会受到火灾威胁。为了保证火灾时烟气控制在防火分区内而不扩散到安全通道内，可以在着火防火分区内进行排烟，而通过防火分区与安全通道的开口进行补风。则安全通道空气压力大于防火分区内空气压力，保证在防火分区与安全通道开口处有一定的断面风速，以控制烟气向安全通道内蔓延，从而实现保证安全通道内的人员安全的目的。

采用这种防排烟方式保证建筑安全通道的疏散安全一般都是大型的地下商业建筑，建筑内设计的安全疏散通道规模也是很大的，则在安全通道内存在的漏风面也是巨大的。这就意味着为保证安全疏散通道内的正压（压力大于着火防火分区）需在安全通道内设计有较大的送风量。所以在能提供大型送风机房的情况下，可以采用这种防排烟方法实现安全通道的作用。

在地下商业建筑中很容易出现疏散宽度不够的现象，为了解决这个问题，在性能化防排烟设计中现在也出现了扩大前室正压送风方案。其原理就是利用扩大前室的空间，对该空间进行正压送风，保证该区域不会有烟气蔓延进入，从而提供给由于疏散宽度不足时临时在此滞留人员一个安全区域，保证人员在进入该扩大前室后生命安全能得到保证。采用这种防排烟方案做法是：不按照通常前室正压送风的设计方法，而是通过对扩大前室的空间体积大小、与建筑其他部位的漏风面积和疏散门开口面的断面风速来计算其需要的送风量。

（二）烟气流动控制优化分析

本部分以某地下商业为实例进行烟气流动控制优化的相关分析，以研究其在地下交通枢纽内的烟控技术和方法。

该工程项目分成东、西两部分（Ⅰ段、Ⅱ段）（图 2-2-19），总建筑面积约 23.3 万㎡。下沉花园与地下商业相互依托、互为补充，下沉花园为地下商业提供室外购物休闲广场，同时地下商业为下沉广场提供商业、后勤服务。Ⅱ段商业为地下两层，与室外景观地面高差 0.6m，地下一层设计标高 36.2m，地下二层标高 30.7m。Ⅰ段、Ⅱ段商业总建筑面积约 22.5 万 m^2，西侧Ⅰ段建筑面积：5 万 m^2，东侧Ⅱ段建筑面积：17.5 万 m^2。

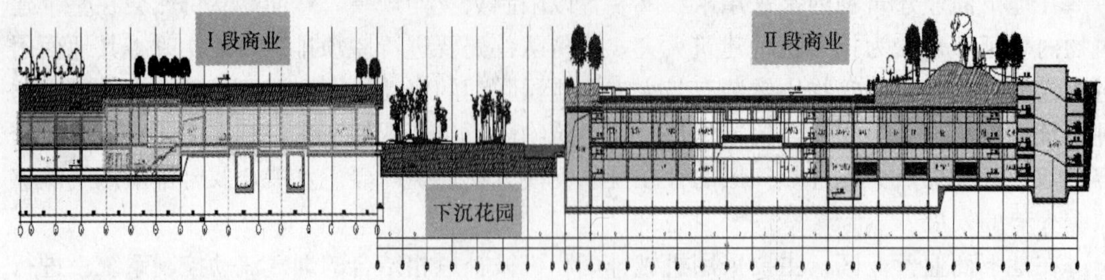

图 2-2-19 Ⅰ、Ⅱ段地块剖面示意图

地下一层和地下二层商业业态示意如图 2-2-20 和 2-2-21 所示。

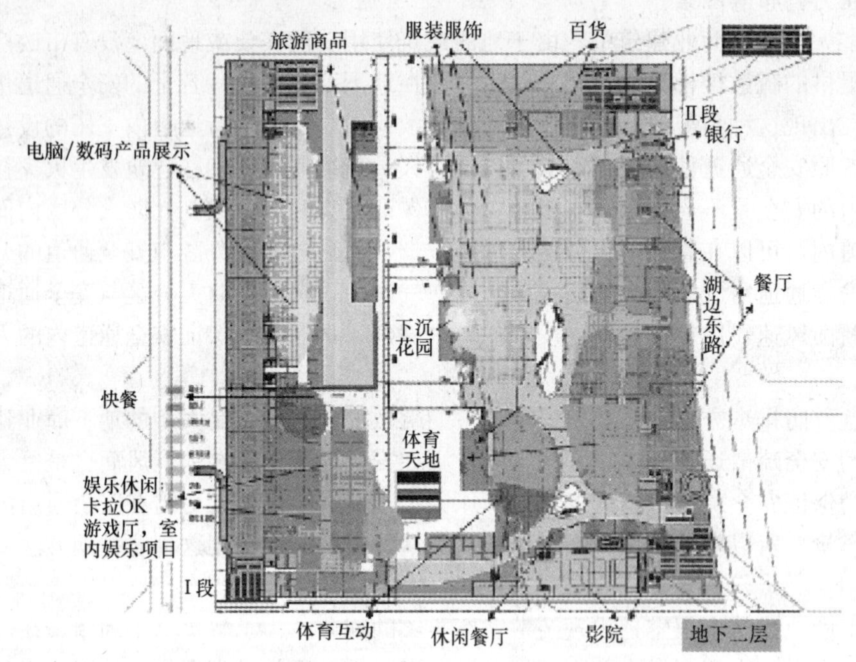

图 2-2-20 地下一层商业业态示意图

对该地下商业进行性能化分析时，以《高层民用建筑设计防火规范》（以下简称《高规》）、《建筑设计防火规范》、NFPA92B 以及上海市工程建设规范《建筑防排烟技术规程》DGJ 08-88—2006 为依据进行烟气控制系统的初步设计；然后通过 CFD（Computational Fluid Dynamics）软件对火灾发展过程及烟气控制过程进行数值模拟计算，验证初步设计所达到的烟气控制效果，并及时对初步设计的烟气控制系统及其参数进行调整，以满足安全要求，同时对烟控系统设计进行优化。

该项目商业区初步设计方案为：地下二层商业区层高 5.5m，格栅吊顶高度为 3.2m，每个防火分区划分为 2 个防烟分区。对于不具备自然排烟条件的防火分区，其每个防烟分区均设置独立的机械排烟和机械补风系统，按照设计院提供的烟控系统设计图，排烟管道和排烟口与空调回风管道和回风口共用，回风口设在管道下壁，补风管道和补风口与空调送风管道和送风口共用，送风口设在管道下壁。依据《高规》，每个防烟分区排烟量设为

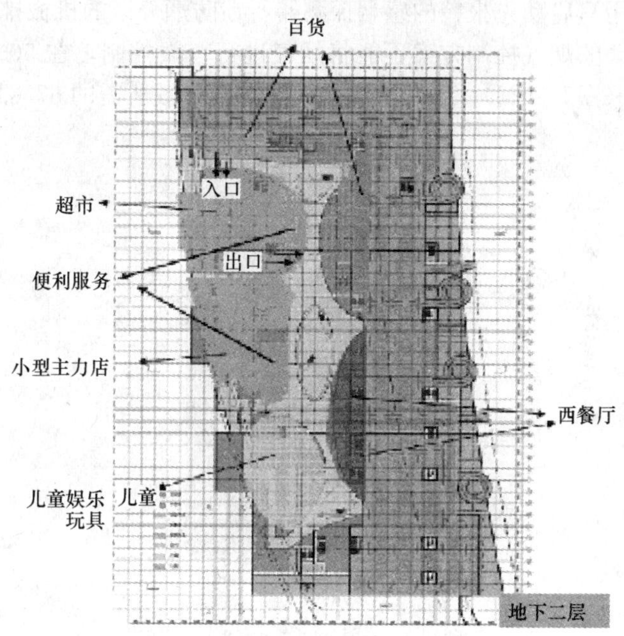

图 2-2-21　地下二层商业业态示意图

$60000m^3/h$，补风量为 $30000m^3/h$。

（三）排烟控制模式的优化研究

1. 排烟模式一

场景 1 火灾发生在地下二层原 C04 号防火分区内，火灾位置在挡烟垂壁正下方，如图 2-2-22 所示，火灾规模为 3MW，快速 T^2 火。该防火分区划分为两个防烟分区，每个防烟分区均设置独立机械排烟和机械补风系统。各防烟分区为独立的排烟系统且有效排烟量为 $60000m^3/h$；火灾发生时，只启动先报警的感烟探测器所在防烟分区的机械排烟，相邻防烟分区的机械补风同时启动。

烟气模拟结果表明当位于挡烟垂壁正下方的火灾发生时，由于烟气会同时向两个防烟

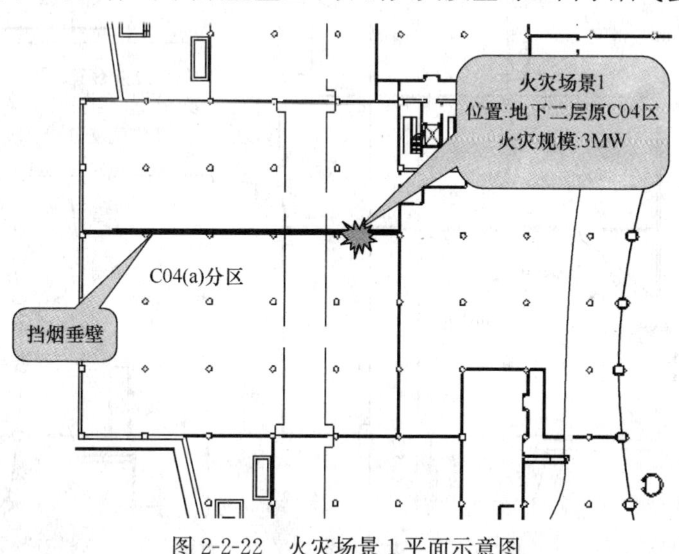

图 2-2-22　火灾场景 1 平面示意图

分区进行蔓延，采用只启动先报警的感烟探测器所在防烟分区的机械排烟及相邻防烟分区的机械补风同时启动的烟气控制方案不能将烟气进行有效控制，在500s的时间内所有出口烟气能见度超标（图2-2-23），不能够满足人员安全疏散所需的675s时间。

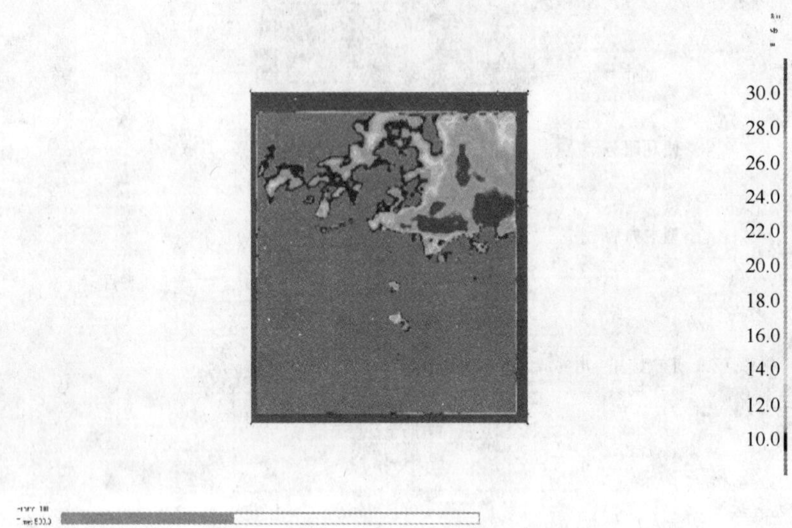

图2-2-23 t=500s时能见度云图

2. 排烟模式二

场景2火灾发生在地下二层原C04号防火分区内，火灾位置在挡烟垂壁正下方，如图2-2-24所示，火灾规模为3MW，快速T^2火。该防火分区划分为两个防烟分区。各防烟分区为独立的机械排烟系统且有效排烟量为60000m^3/h；火灾发生时，由感烟探测器报警后启动火灾所在防烟分区的机械排烟，当烟气蔓延到相邻防烟分区后，启动整个防火分区的机械排烟系统；各防烟分区为独立的机械补风系统；火灾发生时，感烟探测器报警后补风系统启动非火灾防烟分区的机械补风，当烟气蔓延到相邻防烟分区后，启动整个防火分区的机械补风系统。

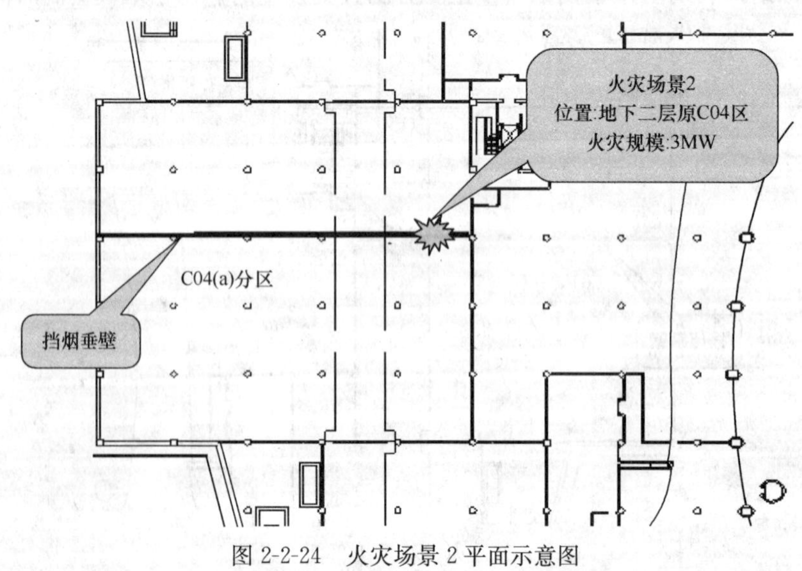

图2-2-24 火灾场景2平面示意图

烟气模拟结果表明（图 2-2-25），当位于挡烟垂壁正下方的火灾发生时，烟气同时向两个防烟分区进行蔓延，整个防火分区的机械排烟系统和机械补风系统均被联动启动的情况下，烟气控制效果比场景 2 的控制效果好。

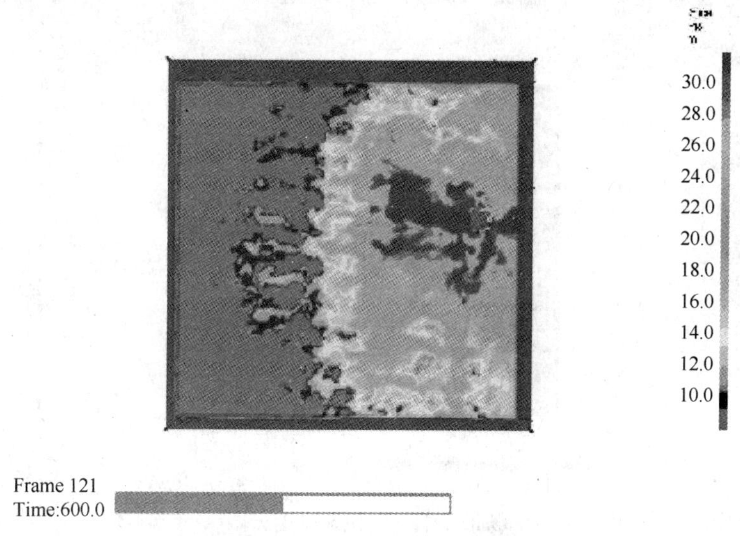

图 2-2-25 t=600s 时能见度云图

（四）镂空吊顶及排烟口设置优化研究

1. 排烟口朝下

场景 2 火灾发生在地下二层 C04 号防火分区内，火灾位置在楼梯间附近，如图（2-2-26)所示，火灾规模为 3MW，快速 T^2 火。该防火分区划分为两个防烟分区，各防烟分区为独立的机械排烟系统且有效排烟量为 60000m^3/h；排烟管道和排烟口与空调回风管道和回风口共用，回风口设在管道下壁。

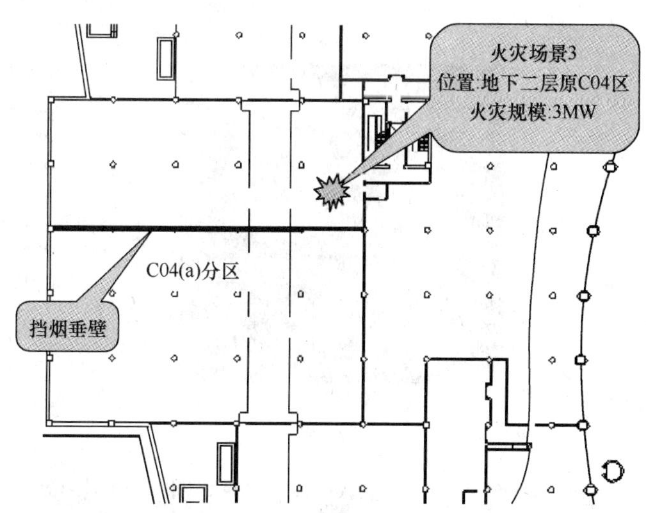

图 2-2-26 火灾场景 1 平面示意图

烟气模拟结果表明（图 2-2-27)：烟控系统与空调系统共用，由于补风口与排烟口紧邻，因此烟控效果不理想，且当烟层下降到补风口以下时，补风系统将烟层扰乱。当火灾发生到468s时，南侧的借用疏散出口处烟气能见度已完全低于10m，即危险来临时间为468s。而人员安全疏散所需的时间为675s，可见危险来临时间小于疏散时间，烟控系统初步设计不能够保证人员安全疏散，需对其进行改进。

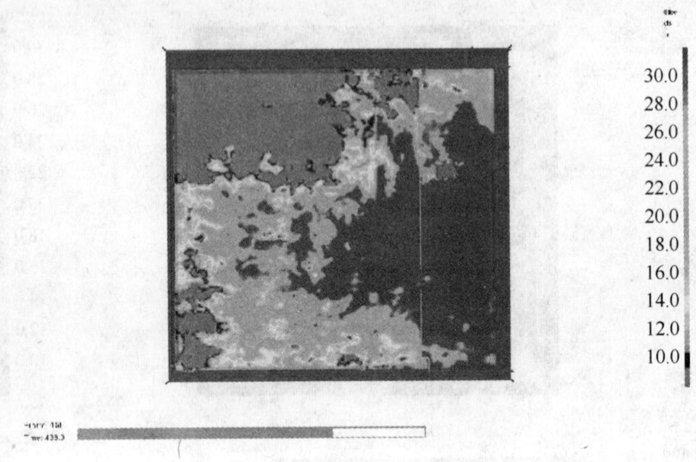

图 2-2-27 场景1烟气模拟能见度云图（t=468s）

2. 排烟口侧开

火灾发生在地下二层C04号防火分区内，火灾位置在楼梯间附近，火灾规模为3MW，快速T^2火。该防火分区划分为两个防烟分区，各防烟分区为独立的机械排烟系统且有效排烟量为60000m^3/h；将排烟口开设在排烟管道侧壁面。

模拟结果表明（图2-2-28），将排烟口开设在管道侧壁后，排烟效果有所改善，南侧借用出口的危险来临时间延长到651s，不过与人员安全疏散所需的时间675s相比，仍然不能够满足人员安全疏散需要。

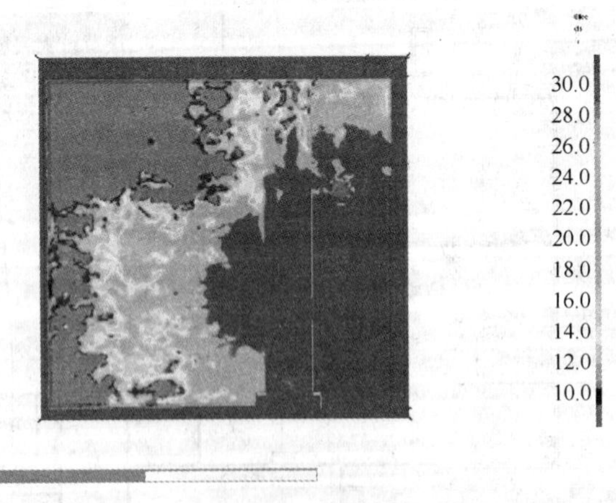

图 2-2-28 场景1-b烟气模拟能见度云图（t=651s）

3. 排烟口朝下

火灾发生在地下二层C04号防火分区内，火灾位置在楼梯间附近，火灾规模为3MW，快速T^2火。该防火分区划分为两个防烟分区，各防烟分区为独立的机械排烟系统且有效排烟量为 60000m^3/h；将排烟口开设在排烟管道上壁面。

模拟结果表明（图 2-2-29），将排烟口开设在管道下壁改为开设在上壁后，提升了排烟口的位置，排烟口的排烟效率大大提高，烟控效果得以改善，南侧借用出口的危险来临时间为 873s，能够保证人员安全疏散需要。

图 2-2-29 场景 1-b 烟气模拟能见度云图（t=873s）

因此对于商业区的排烟方案最终确定为：排烟量 60000m^3/h，排烟口开设在管道上壁。

通过以上设定的多个火灾场景的烟气流动 CFD 模拟计算，对不同排烟模式下的烟气流动进行了分析，进行了地下商业的排烟模式优化调整，使得烟气蔓延得以有效控制，最终将该商业区的烟气控制方案确定为：每个防火分区划分为 2 个防烟分区，每个防烟分区均设有独立的机械排烟系统和机械补风系统，且其有效机械排烟量不低于 60000m^3/h，排烟口朝上。当探测器探测到火灾发生时，联动启动火灾所在防烟分区的机械排烟系统，其有效机械排烟量不低于 60000m^3/h，同时启动相邻非火灾防烟分区的机械补风系统。若烟气蔓延到相邻防烟分区，相邻防烟分区探测器也探测到火灾时，则整个防火分区的排烟系统和补风系统均联动启动。

（五）研究结论

为了保证地下商业的消防安全水平，对其排烟模式进行了优化研究，考虑发生火灾后，补风会扰乱烟气的流动，使危险来临提前，因此，通过多种排烟组合的分析研究提出了优化排烟设计方案。

通过对实际工程中的烟气流动分析研究，针对地下商业建筑中的烟气控制系统设计提出以下结论：

（1）对于枢纽中地下商业建筑，由于火灾危险性较大，人员疏散较为困难，为了增加烟气的蓄烟空间，延缓烟层下降时间，建议尽可能地采用镂空吊顶形式。在采用镂空吊顶的情况下，排烟口可朝上设置，其烟气控制效果比向下排烟口的控制效果好。

（2）发生火灾防烟分区排烟，相邻防烟分区补风。若烟气蔓延到相邻防烟分区，探测器探测到火灾时，则两个防烟分区的排烟系统和补风系统均启动。

第三节 烟 气 控 制 方 式

一、挡烟垂壁及活动挡烟垂帘设置分析及研究

火灾时产生的热烟气的危害问题现在已是人所共知，建筑物内如何更好地防烟、排烟，最大限度地减少这种热烟气的危害，早已引起各国消防机构以及所有关心消防的人士的极大重视。火灾时物质燃烧产生大量的烟和热形成炽热的烟气流，这种烟气流和周围常温空气容重不同，产生的浮力使其首先垂直上升直至顶棚，然后沿水平方向向四周蔓延扩散。如果不对烟气加以控制，火灾初期，它将在水平方向以 0.1～0.3m/s 的速度自由扩散，然后对流扩散；在火灾中期以 0.5～0.8m/s 的速度对流扩散。在电梯、楼梯等竖井内，热烟气流将以 3～4m/s 的速度迅速地垂直扩散。一幢 20 层的大楼，如果烟气不加控制，仅需 20s 左右的时间，烟气就会从底层上升到顶层。火灾时产生的烟气在建筑物内的这种流动和扩散，必然会浸入疏散通道，造成非火灾房间的人员因烟气而窒息死亡，或者找不到疏散通道，或者因烟气阻挡视线脱离不了危险区而造成人员伤亡，同时也严重地影响了火灾的扑救工作。

从烟气的危害及蔓延规律人们清楚地认识到，室内发生火灾时首要任务是把火场高温烟气控制在一定的区域范围之内（即形成防烟分区），并迅速排出室外。消防设计规范表明，机械排烟通常需要形成相应的防烟分区以提高排烟效率。对于防烟分区的形成，除了主要利用建筑物固有的分隔墙外，下垂不小于 500mm 的挡烟垂壁是最普遍采用的挡烟设施形式。

在火灾时，尤其在火灾初期，阻止热烟在顶棚下沿水平方向流动蔓延，将热烟阻挡在垂壁保护区内，在该保护区形成蓄烟池，以便加速启动排烟装置，及时有效地将热烟排除，从而延长疏散时间。在装有自动喷水灭火系统的建筑物中，由于挡烟垂壁限制了烟气和热量向四周蔓延，挡烟区内热烟温度相对较高，从而加速了喷水喷头动作，还可防止无需开启的位于远处的喷头动作，有效地保护人身和财产的安全，减少火灾损失和水渍损失（图 2-3-1）。

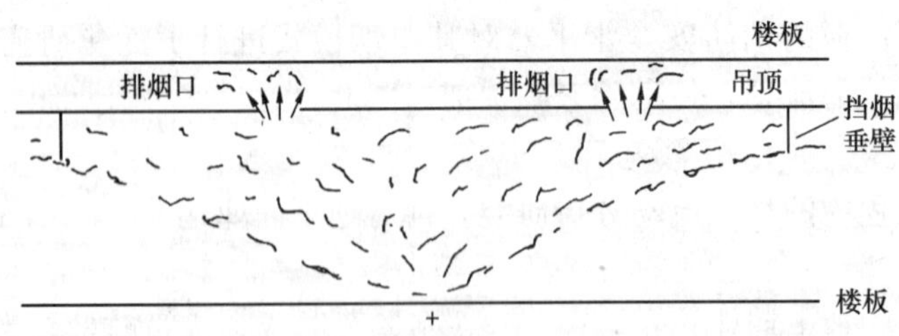

图 2-3-1 挡烟垂壁的阻烟作用

（一）挡烟垂壁的分类

挡烟垂壁分固定式与活动式两种类型。

固定式挡烟垂壁采用混凝土或其他不燃材料，如夹丝玻璃等制成梁或挡烟幕板，从顶棚向下突出 50cm 以上，长期地固定在顶棚面上。这类挡烟垂壁只有在建筑装修要求不高

且不影响通行的情况下才采用，如某些要求不高的车库、仓库建筑等。活动式挡烟垂壁，按照垂壁挡烟板的材质不同可分为硬质和软质两种，按照垂壁动作原理的不同又可分为转动式和卷帘式两种类型。

（二）国内外研究现状

挡烟垂壁作为一种防烟装置在国内外的法规中对其安装使用早有明确规定。日本《建筑法规执行条例》第 126 条 2 款、128 第 3 款规定下列建筑必须设置挡烟垂壁：

（1）对列于该规范附表规定的各类建筑，总面积大于 500m^2 的建筑物；

（2）三层以上，总建筑面积大于 500m^2 的建筑；

（3）总建筑面积大于 1000m^2 的建筑中，面积大于 200m^2 的大型房间；

（4）对于排烟有效的开口面积小于 1/50 室内面积的居室（无窗居室）；

（5）地下建筑。

该条例第 126 条 3 款及《建设省通知》第 1730 号，分别就上述五项建筑中设置的挡烟垂壁作了相应的规定：前四项建筑每 500m^2 以内，设置挡烟垂壁高度 50cm 以上，第五项地下建筑每 300m^2 以内设置挡烟垂壁高度 80cm 以上。

美国《热烟通风指南》对工业和仓库建筑等顶棚高度大于或等于 15 英尺（4.57m）的大面积建筑物内设置挡烟垂壁作了如下规定：挡烟垂壁高度最小为顶棚高度的 20%，挡烟垂壁之间的距离不应超过顶棚高度的 8 倍。

我国《高层民用建筑设计防火规范》第 5.1.6 条规定：需设排烟设施的走道、净高不超过 6m 的房间，应采用挡烟垂壁、隔墙或从顶棚下突出不小于 0.5m 的梁划分防烟分区。每个防烟分区的建筑面积不宜超过 500m^2 且防烟分区不应跨越防火分区。

（三）活动挡烟垂壁研究

活动式挡烟垂壁按照垂壁挡烟板的材质不同可分为硬质和软质两种，按照垂壁动作原理的不同又可分为转动式和卷帘式两种类型（图 2-3-2）

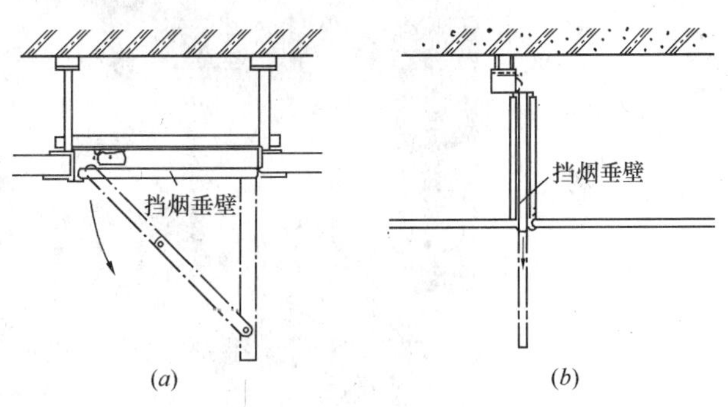

图 2-3-2　挡烟垂壁分类示意

（a）转动式；（b）卷帘式

1. 转动式

按照防火规范的要求，自动挡烟垂壁打开时需要及时迅速，且挡板与墙体、挡板之间不能有缝隙，挡板必须与吊顶垂直成 90°，以阻挡烟气沿通道蔓延，利于人员疏散，减少烟气直接对人员造成的危害。如挡烟垂壁不能及时打开，或挡板与墙体、挡板之间存有缝隙，或挡板与吊顶垂直度不成 90°时，挡烟垂壁都不能充分发挥挡烟作用。挡烟垂壁开启需要有两种方式，一种是自动，一种是手动。正常情况下，挡烟垂壁处于关闭状态，自动释放开关将安装在挡板上的卡钩锁住，挡板被关闭。当火情发生后，报警器及时发出信号，并将信号通过电路传输到自动释放开关，自动释放开关将安装在挡板上的卡钩释放，在开启器的摇臂和转杆的作用下，脱离垂壁体内，旋转开启至最大挡烟角度 90°。挡烟垂壁开启的手动方式，是通过直接拉动挡板，使卡钩脱离自动释放开关，使挡板开启。

2. 卷帘式

卷帘式活动挡烟垂帘是地下大空间建筑防排烟系统中的关键设备。平时，挡烟帘布卷绕在专用电动滚筒上并置于装饰吊顶内，当消防控制中心发出火警信号或接受烟感、温感信号后，挡烟垂壁在电动滚筒的驱动下垂落，以形成若干烟区分隔，然后排烟风机将高温烟气迅速排出室外，为人员的疏散与救生创造环境和争取时间（图 2-3-3，图 2-3-4）。一般情况下，其下垂有效高度≥500mm，升降速度≥0.20m/s；垂壁布帘材料的燃烧性能等级为 B1 级（GB 8624）；在 5m/s 风速中，垂壁偏角≤15°。它具有三套驱动系统：电动驱动、备用电源驱动、手动驱动，可保证在任何紧急状况下的正常使用。

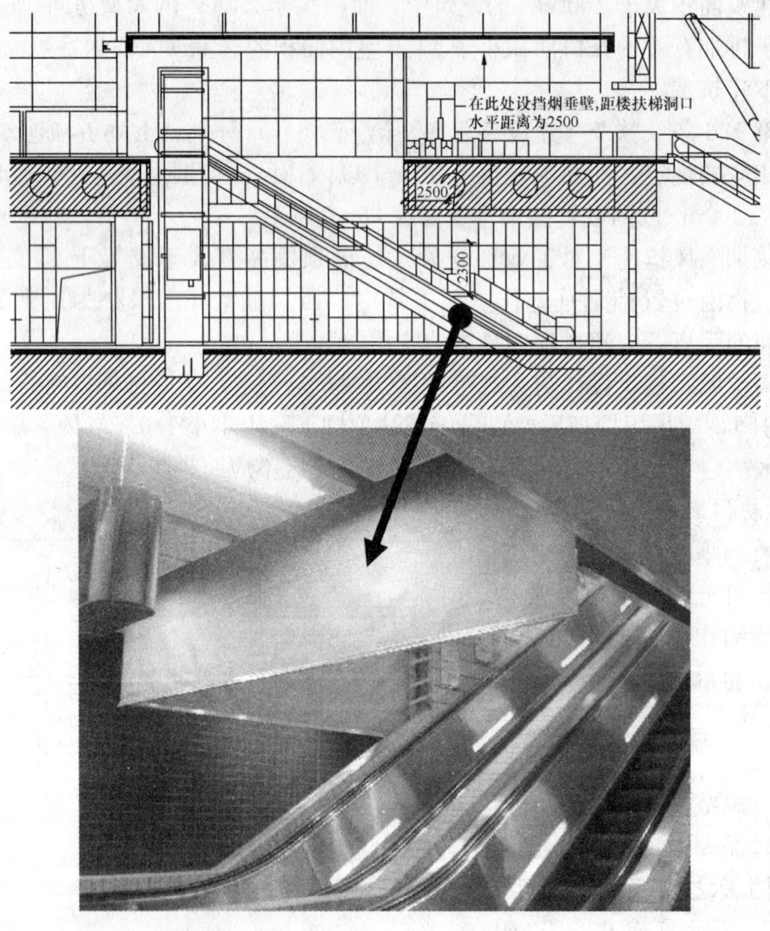

图 2-3-3　某交通枢纽内挡烟垂帘使用示意

（四）使用注意事项

1. 地上部分空间相对比较高大和开敞，对人员疏散和烟气排出较有利，可根据各自空间的不同特点进行防烟分区划分和防排烟系统设计；地铁空间人流密集，一旦发生火灾，对人员疏散影响较大，因此应采取措施及时将烟气在本层排走，减少对人员疏散的影响，并控制新风进入方向与人员疏散方向相反。

各层相连的开敞楼梯使用挡烟垂帘/壁进行围合，根据其高度不同设计合适排烟量控制烟气不向上蔓延。

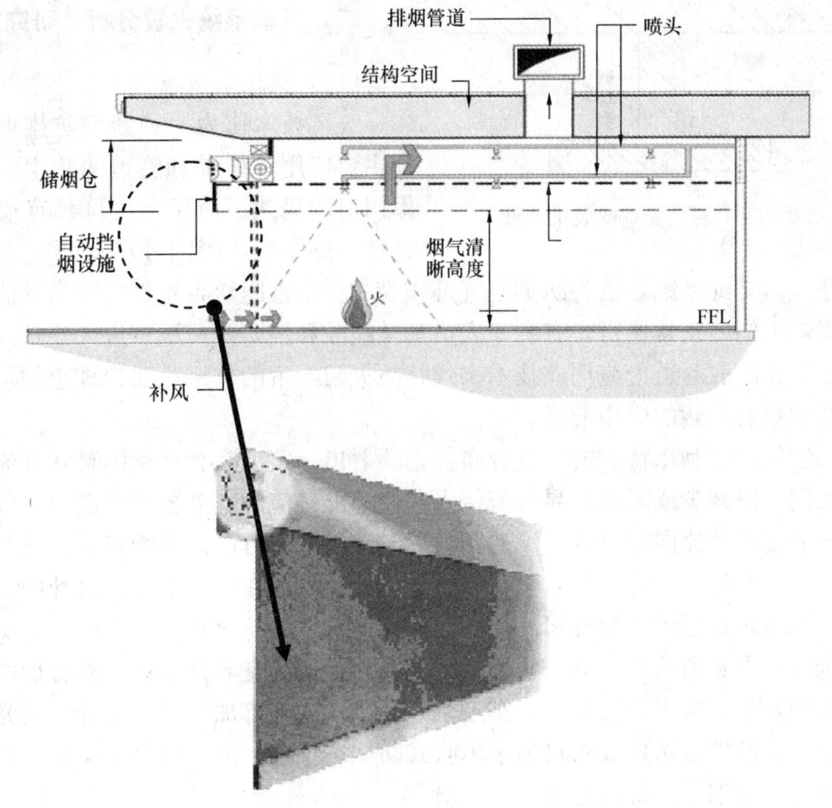

图 2-3-4 适合用于综合交通枢纽内防火舱中的活动挡烟垂帘

2. 在起火房间围护结构热物性参数相同的条件下，热烟气层厚度主要取决于火灾的热释放速率、房间面积、高度和机械排烟量。在目前规范规定的排烟量条件下，热释放速率 $Q \geqslant 2.0$MW 时，绝大部分计算条件下热烟气层厚度大于 0.5m，说明目前规范中规定的挡烟垂壁高度 0.5m 偏小。如果以房间火灾热释放速率 2.0MW 为限，将挡烟垂壁最小高度定义为 2.0m 是可行的，但考虑人员平时通行的需要，宜采用活动挡烟垂壁。

3. 当防烟分区间以挡烟垂壁作为挡烟措施时，由于反浮力射流的形成，就有可能导致烟气漫过挡烟垂壁的下缘，而造成烟气在防烟分区之间的蔓延，这对于地下综合交通枢纽的防烟控制极为不利（图 2-3-5）。采用倒 T 形挡烟垂壁可提高挡烟效果，但其具体的构成形式还有待深入研究与设计。在工程设计中可以利用建筑的具体围护结构，有意识地形成倒 T 形挡烟设施（图 2-3-6）。

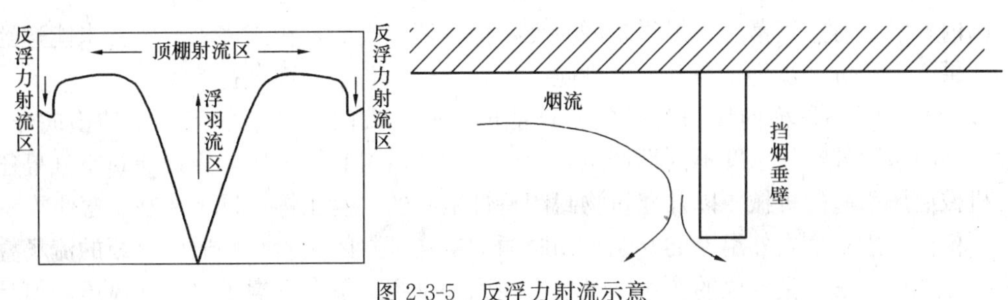

图 2-3-5 反浮力射流示意

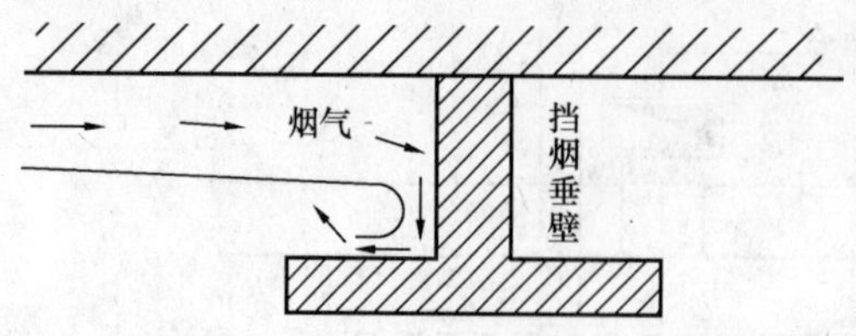

图 2-3-6 倒 T 形挡烟垂壁效果示意

二、气幕系统设置分析及研究

（一）概述

气幕技术作为一种新型防排烟技术，早期主要应用于矿井和隧道的防尘、商场和仓库门口的隔热。由于空气幕具有较好的隔断特性，近年来，国内外已有研究人员建议将其应用于建筑防排烟系统，认为防烟空气幕作为一种柔性阻碍，不仅能阻挡烟流的扩散蔓延，又不影响人们的正常通行，有利于人员安全疏散和消防队员顺利进入建筑内部实施火灾扑救工作，在疏散通道上应用此技术来代替防火门卷帘的作用是比较理想的，因此，气幕防排烟技术具有广阔的应用前景。

传统的空气幕是利用特制的空气分布器，喷射出一定温度和速度的幕状气流，借以封闭建筑物大门，以减少或隔绝外界气流侵入或使外部气流和空气幕气流混合，以改变外部冲入气流的温度或使流向门口的气流遇到喷射气流而改变方向，以维持室内或某一工作区域内一定的气象条件，也可阻挡灰尘和有害气体的侵入。在防排烟工程设计中，空气幕通常设置在高层建筑每层无直接外窗的疏散楼梯间前室、消防电梯前室和内走道交界处；避难区或避难层与内走道的交界处；防排烟分区在内走道的交界处。用于防排烟的空气幕主要有两种类型，即：吹吸式气幕加防排烟系统、单吹式气幕加防排烟系统。研究表明：吹吸式防烟空气幕虽挡烟防烟效果略高于单吹式防烟空气幕，但是效果不明显，从实用性的角度来说单吹式防烟空气幕具有较大的优势。

（二）研究现状

防烟空气幕是防烟和排烟相结合的防排烟系统，作为一种新型的防排烟技术，目前国内外研究人员已对其开展过一些数值模拟和实验研究。日本消防协会在防烟空气幕的研究已走在世界的前列。日本从 20 世纪 80 年代初开始防烟空气幕的实验研究，并取得了较为满意的效果；从 80 年代中期开始应用，将其安置于高层建筑内。美国的高层建筑多，火灾人员伤亡重，于 90 年代初开始研究防烟空气幕，并在高层建筑防烟实验中取得了一定成绩，但理论研究目前尚处于起步阶段。欧洲国家在这方面的研究也处于起步状态。

国内对防烟空气幕的研究起步较晚，至今尚无比较完整的知识体系。

国内外学者在防烟空气幕的研究方面取得了一定的成绩，但仍存在很多的不足，大部分研究停留在探究防烟空气幕理论模型上，未对防烟空气幕应用于工程实践提出较好的建议。

（三）应用与展望

国内外学者对空气幕进行了很多的研究，但是调查表明，相当多的空气幕未能达到应有的效果，为了进一步优化空气幕的性能，可以从以下几个方面进行探索：

1. 全面考虑各种横向压力对空气幕性能的影响。大门空气幕射流承受的横向压力，一般包括因室内外空气温度不同而产生的热压、室外风引起的风压，空调建筑空气幕还承受着机械通风引起的机械压以及建筑物封闭特性引起的平衡压等。Hayes 基于弯曲模量的理论，仅仅考虑了室内外温差的影响；汤晓丽的空气幕封闭实验和手册中介绍的流场叠加理论，也仅仅考虑了室外风的作用；虽然李强民和王绍瑞综合考虑了热压和风压，但是分析的基础依然是 Hayes 的弯曲模量图。

2. 研究圆形喷射多股射流空气幕特性。目前的大门空气幕是单一的条缝型空气幕，空气幕从本质上说，就是属于空气射流，而且属于湍射流。湍射流场通常是一个复杂的非定常非线性动力学系统，流场中充满着各种大小不同的旋涡结构，整个湍射流流场的特性都取决于这些旋涡结构的不断产生、发展和消亡。从旋涡演化的角度看，射流的发展主要特征是射流边界层内涡层的卷起，以及卷起旋涡的配对与合并，在横流的作用下还会发生明显的扭曲变形，甚至撕裂，最后因展向涡的二次失稳而导致流向涡的形成。如果空气幕的出流结构是一些圆形射流喷口的组合，各小股射流之间相互卷吸和干扰，可能会提高空气幕的阻断能力，圆形喷射多股射流空气幕特性值得关注。

3. 探索多层条缝型射流的空气幕特性。两层射流已经在商品陈列柜中应用，收到了很好的效果。陈列柜中的两层射流内部一层是冷射流，外部一层是等温射流，但是对于大门空气幕来说，受结构的限制，可以做成两层同样物性的射流，两道射流之间留有一定的距离，空气幕运行时，两层空气幕之间因为边界层的卷吸形成一定的负压区或回流区，可能会大大削弱横流压力的影响，以提高空气幕的性能。

三、正压送风系统设置分析及研究

连接各功能区域的联系通道在地下交通枢纽中非常重要，其内部人流密度大、疏散难度大、扑救困难、空间相对密闭，在这种区域内可探索使用正压送风系统。

（一）前言

目前一些体型庞大、功能复杂的建筑，在设计防火分区的安全出口时，往往不能满足现有消防规范的规定。通常的解决办法是在建筑中设置正压送风的疏散通道，可称其为“正压送风通道”。对于其送风量的合理确定，目前国内还没有可直接引用的规范，且已有文献对此研究也较少，因而有必要对此进行探讨和研究。

国内的一些消防规范，如 GB 50016—2006（简称为《建规》)、GB 50045—2005（简称为《高规》)、GB 50098—2001（简称为《人防》)、Dgj 08-88—2006（简称为《沪规》）等，提出了关于防烟楼梯间及其前室，以及封闭式避难层的机械加压送风量的计算方法，这些资料可作为“正压送风通道”送风量的计算参考。本文以某拟建实际工程为例，提出了其送风量计算时各参数的确定方法，并探讨了气流组织的影响效果。研究方法与结果可作为其他类似工程的设计参考。

（二）正压送风通道的特点

“正压送风通道”的特点是：

（1）采用正压送风进行防烟，从而保证人员的安全疏散；

（2）通道多为水平布置，烟气的扩散方向与人员的疏散方向一致；

（3）可被多个防火分区共用，且与每个防火分区相连接的疏散门可能多于 1 个；

（4）与安全出口相连，主要为对外出口。

“正压送风通道”的特点与无自然排烟条件的防烟楼梯间有相似之处，如特点（1）及特点（4），但仍有所不同，如整个防烟楼梯间为垂直式通道，且一个楼梯间一般只与一个疏散门相对应。因而“正压送风通道”的防烟设计要求更高，也更复杂。

（三）正压送风通道送风量的计算方法分析

1. 防烟楼梯间及其前室的正压送风量计算方法

《建规》、《高规》以及《人防》推荐采用"压差法"与"风速法"作为防烟楼梯间机械加压送风量的计算理论依据。"压差法"是当疏散通道门关闭时，为了保持疏散通道需要有一定正压值，"风速法"是按开启着火层疏散通道时要保持该门洞处的风速。另外《沪规》推荐的方法与之前的规范有所不同，但也是从"压差法"与"风速法"的角度进行考虑。

为便于对各规范推荐的方法进行分析和比较，本文将其统计于表 2-3-1。

各规范机械加压送风量的计算方法 **表 2-3-1**

规范名称	风量计算方法（m^3/s）		说　明
	压差法	风速法	
《建规》	$l=0.827\times A\times \Delta P^{1/n}\times 1.25$	$l=nfv\ (1+b)\ /a$	门洞风速不小于 0.7m/s
《高规》		$l=f\times v\times n$	
《人防》		$l=nfv\ (1+b)\ /a$	门洞风速不小于 1.2m/s
《沪规》	$l=L_1+L_2+L_3=0.827\times A\times \Delta P^{1/n}\times 1.25\times n_1+f\times v\times n_2+0.083\times A_F\times n_3$		L_1—"压差法"； L_2—《高规》"风速法"； L_3—常闭送风阀门总漏风量

公式中常用符号意义：

l——加压送风量（m^2/h）；

n——对于压差法为指数；对于流速法为同时开启门的数量；

A——总有效漏风面积（m^2）；

ΔP——压力差，对于前室为 25～30Pa；

V——门洞断面风速（m/s）；

f——每个门的开启面积（m^2）；

b——漏风附加率；

0.827——漏风系数；

a——背压系数，与加压间的密封程度有关；

1.25——不严密处附加系数。

从表 2-3-1 中可以看到：

1）《建规》、《高规》以及《人防》推荐采用的"压差法"公式是一致的；

2）《建规》和《人防》推荐采用的"速度法"公式一致，均考虑了漏风附加率 b 与背压系数 a，而《高规》却没有；

3）《沪规》推荐的公式包含 3 个计算项：L_1，L_2 及 L_3，这表明机械加压送风量的计算，不仅要满足开启门洞处的风速要求，还需考虑一定的漏风量，如非开启门处（还需保持一定正压值）及常闭阀门处。该设置与《建规》和《人防》中对漏风附加率 b 与背压系数 a 的考虑是一致的，因而两者的最终计算结果相差不大。

通过综合比较以上各个规范推荐的方法，并结合正压送风通道的特点，同时为了估算的简便，"正压送风通道"机械加压送风量的计算可参考《建规》推荐的"速度法"。

2. "速度法"公式中计算参数的选用

1）门洞面积

由于每个疏散门洞的面积并不一致，因而公式中采用$\sum f_i$代替$n \times f$，即公式变为$l=\sum f_i \times v$。

2）疏散门的开启数量

对于采用常闭阀门送风口的情况，现有消防规范对文章中疏散门开启数量的设定值为1，2或3。结合文章第1节的分析可知，"正压送风通道"疏散门开启数量的设定，应综合分析通道与所连接的疏散门的所处位置、功能、建筑物的疏散条件等进行确定。本文建议采用如下原则确定疏散门的开启与否：

防烟楼梯间出口：由于防烟楼梯间本身有正压送风，因而其疏散出口在计算时可认为关闭；

平时很少利用或无人进出的出口：如储藏室出口及配电箱室等，在计算时可认为关闭；

位于不同防火分区边界上的走廊出口：假设疏散通道周围的某个防火分区发生火灾，计算中可认为，着火的那个防火分区与疏散通道相通的疏散门必须开启，而其他防火分区的人员，如果可通过其他方式进行疏散，则其疏散门可认为关闭，否则也应开启；

为了安全起见，应对通道同时开启的疏散门数量及面积进行统计计算，取其中的面积最大值作为正压送风量的设计参数。

3）疏散门洞处的风速

疏散门洞处的风速v越大，则防烟性能越好，然而所需的送风量就大，设备投资也增多。关于v的取值各国的规定并不一致，见表2-3-2。

不同国家对疏散门洞处的取值要求 **表2-3-2**

国家及本国消防规范	疏散门洞处的风速v（m/s）	备　注
英国	0.5～0.75	—
法国	0.5	楼梯间的门洞风速
澳大利亚	1.0	仅对楼梯间加压送风
新加坡	1.0	楼梯间的门洞风速
《建规》	0.6～1.0	—
《高规》	0.7～1.2	—
《人防》	0.6～1.0，通常取0.7～0.8	—
《沪规》	0.7～1.2	—

由于火灾时烟气的水平扩散速度可达0.3～0.8m/s，为了阻挡烟气进入正压送风通道，则疏散门洞处的风速应高于烟气的水平扩散速度。综合比较国内外的相关要求，文章建议疏散门洞处的最低风速为0.7m/s。

4）其他参数

其他参数，如漏风附加率b与背压系数a的取值，建议参考《建规》的相关要求。

3. 避难层正压送风量的计算

《高规》和《沪规》提出，封闭避难层（间）的机械加压送风量应按避难层净面积每平方米不小于30m^3/h计算，即按通风量6～7$m^3/h \cdot$人，5人/m^2计算。为与"速度法"相对应，该方法可称之为"面积法"。

综合以上分析与比较，为了安全起见，建议采用"速度法"及"面积法"分别计算

“正压送风通道”的送风量，取其较大值作为最后的设计取值。

（四）工程案例研究

对于地下交通枢纽内联系通道正压送风系统的设置、设计与计算，本部分通过一个工程案例进行说明，以供设计人员参考。

某建筑为了满足走廊疏散门至安全出口的距离，设计了一条“正压送风通道”，其建筑概况设计可见图 2-3-7 中的阴影部分，建筑尺寸为长 60.3m、宽 7.2m、高 4m。该通道的两侧相邻区域均为其他防火分区（图中的上、下侧），且各自边界处的疏散防火门数目为 3 个及 2 个。其中位于上侧最左边的防火门与仓储室相连，其他均为与走廊相连接的疏散防火门，可称其为“走廊门”，且上、下侧“走廊门”的面积分别为 $8.5m^2$ 与 $6.25m^2$；另外左侧边界采用防火卷帘进行分隔，右侧为直通室外的出口。需要指出的是，该通道上、下侧的防火分区还有其他的安全出口可供疏散时利用。

图 2-3-7 正压送风通道建筑概况

1. 正压送风量的理论计算

1）疏散门开启面积的确定

本工程案例中右侧的直通室外出口，建议参考防烟楼梯间的设置方法，即在该处设置防火疏散门，称为“外门”，门的大小为 1.5m×2.2m（$3.3m^2$），从而与室外环境进行隔断。按人员 60m/min 的步行速度计算，可知人员从“走廊门”到“外门”的疏散时间小于 60s，即“走廊门”与“外门”开启时间的间隔很短，可忽略不计，因而在送风量计算时，应将两者的面积叠加。确定案例中送风量计算所需开启的疏散门面积总共为 $11.82m^2$（$8.52m^2+3.3m^2$）。

2）送风量理论计算结果

分别采用“速度法”和“面积法”计算正压送风量，其中“速度法”计算时假定 b 与 a 的取值分别为 0.15 与 0.8。通过计算，确定该正压送风通道的送风量为 $42818m^3/h$。

2. 气流组织影响研究

“正压送风通道”内速度场的分布与送风口的设计、疏散门的位置以及通道内外的环境有关。为能保证与通道相邻的任一防火分区着火时，所需开启的疏散门洞处的速度均能达到不低于 0.7m/s 的要求，通道内的气流组织应合理设计。即在疏散门已确定的前提下，应合理布置送风口位置以及送风口大小。研究方法可采用 CFD 软件对正压送风通道进行建模，比对不同的送风口布置方案，然后优选出合理的方案。

3. 速度场模拟工况

结合本案例，在风道内设计送风管 2 根，风管上皮距离吊顶 200mm，风管本身高 400mm、宽 1200mm，从室外引风。为比较不同送风口的布置方案对速度场的影响，考虑两种风口布置方案，如图 2-3-8 所示。

方案 1：集中布置——送风口位于风管左侧边界处。由于对外出口在右侧边界处，因

图 2-3-8　正压送风通道内风管设计，黑色与灰色各为 1 组

而将送风口尽量布置于远离对外出口的位置处，且每个风管上设置 1 个送风口，风口有效面积为 1.882m^2；

方案 2：均匀布置——送风口在风管上均匀布置，同时略偏向左侧，每个风管上均设置 3 个送风口，风口有效面积为 0.627m^2。

本案例中，疏散门开启的方案共有 2 种（图 2-3-9），即方案 1——走廊门 1 与 2 开启，方案 2——走廊门 3 与 4 开启，另外 2 种方案下外门始终开启。结合风口布置方案，共设置 4 种工况进行模拟研究，如表 2-3-3 所示。

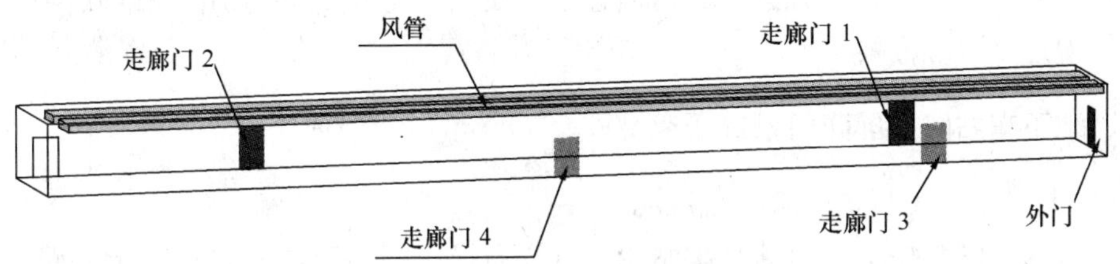

图 2-3-9　疏散门开启方案，黑色与灰色各为 1 组

数值模拟工况表　　**表 2-3-3**

工况编号	送风口设置	疏散门开启方案	风速大小（m/s）
工况 1	集中布置	方案 1	3.16
工况 2		方案 2	
工况 3	均匀布置	方案 1	
工况 4		方案 2	

4. 速度场模拟设置及结果分析

1）网格设置及模拟假定

整个模型的体网格采用非结构化网格，网格最大尺寸为 0.6m，总的网格数为 85833 个，其中送风口及开启的门洞采用长方形网格，大小分别为 0.2m 与 0.4m。

模拟中不考虑“走廊门”的漏风影响及背压影响，认为其开启后，与“外门”的边界条件一致，即均为压力出口边界条件。

2）不同工况下的模拟结果分析

对案例中“正压送风通道”的速度场进行数值模拟，不同工况下疏散门平均风速值的比较结果见图 2-3-10。从图中可以看出：2 种送风口布置方案下，各“走廊门”的平均风速值均大于 0.7m/s；另外每个工况下“走廊门”处的风量分配基本比较均匀，即在本案

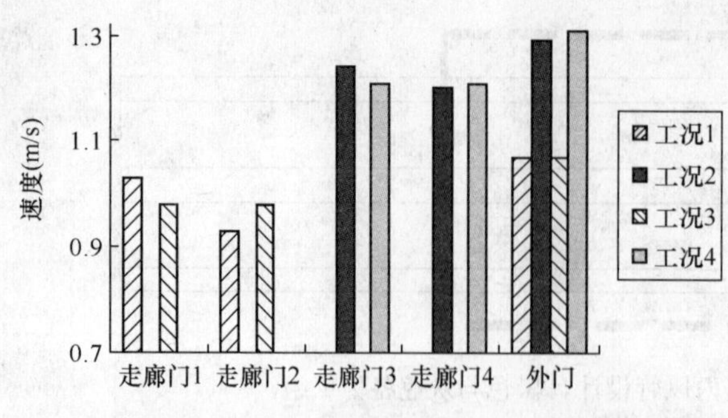

图 2-3-10 不同工况下疏散门处的平均风速值

例中送风方式的改变对结果影响较小，这可能是由于通道本身结构较为简单的缘故。但为了安装方便，仍建议选择将送风口集中布置的方案。

（五）结论与建议

通过对目前消防规范中对机械加压送风量的计算方法的分析和比较，以及对“正压送风通道”送风量的计算研究，提出如下设计建议：

（1）采用《建规》中的“速度法”作为相应的理论计算公式，并且提出了疏散门是否开启的确定方法；

（2）“速度法”的计算结果应与“面积法”进行比较，取其较大值作为送风量的设计值；

（3）送风口应合理布置，从而确保与通道相邻的任一防火分区着火时，所需开启的疏散门洞风速都能满足规范要求；

（4）不同的送风口布置方案对通道内速度场的分布影响，可采用 CFD 软件进行模拟分析，从中选出合理方案。

四、地下车站防火屏蔽门系统研究

（一）宋家庄站及相邻区间隧道概况

地铁宋家庄站为换乘枢纽站，车站位于规划石榴庄路和宋家庄路相交十字路口。5 号线、10 号线二期和亦庄线在此站换乘，其中 5 号线宋家庄站已经建成，处于试运营阶段；10 号线二期宋家庄站平行设置于 5 号线宋家庄站北侧，为三线双岛车站形式，与 5 号线形成平行换乘；亦庄线宋家庄站位于 5 号线宋家庄站南侧，垂直于 5 号线宋家庄站布置，为一岛两侧车站形式，与 5 号线、10 号线宋家庄站形成“T”形换乘。其中 5 号线、亦庄线宋家庄站均为终点站。

10 号线二期宋家庄站与 5 号线宋家庄站站厅公共区及站台层为一个防火分区，两线在共用站台处设置有作为疏散通道用的防火卷帘门。亦庄线公共区及站台层为单独为一个防火分区与 5 号线分开设置。5 号线的站厅的两端的设备管理用房为两个单独的防火分区；10 号线两端的设备管理用房为两个单独的防火分区。

5 号线、10 号线二期共用一个车站控制室，已建成使用，并预留了 10 号线二期设备布置空间。亦庄线设置独立的车站控制室。

10 号线二期在宋家庄站两端均连接有区间隧道；5 号线在车站西端连接区间隧道，东端连接停车场出入线隧道；亦庄线仅在车站南段连接有区间隧道，北端与五号线车站连接。

（二）宋家庄站及区间隧道安全消防设置与运营模式的确定

宋家庄站是一座集地铁、轻轨功能并与宋家庄综合交通枢纽换乘的大型车站。套用现行相关规范，按定性方法基于场所类型进行设计，会面临如何将车站和区间隧道安全消防设置的建设和运营管理模式有机结合取得最佳效果的问题。

消防设计难点如下：

(1) 宋家庄站为三线换乘车站，虽然通过设置防火卷帘将亦庄线与其他两线分开，但是该站公共区防火分区的面积仍然大大超过了常规车站。5、10 号线公共区的防火分区面积高达 20484m²，亦庄线的防火分区面积高达 18801m²。虽然《地铁设计规范》没有对公共区防火分区面积进行明确限制，但是由于防火分区面积大、疏散客流大、疏散路线复杂，一旦发生火灾，人员疏散与常规车站相比复杂程度将大大提高。

(2) 5 和 10 号线共用站台纵向靠近 10 号线一侧设有防火卷帘，为了满足 10 号线部分侧站台部分的人员疏散，需要在防火卷帘隔断处设置疏散防火门。楼梯口靠近 10 号线一侧为实墙，实墙的设计影响了 5 号线整个站台通透性的美观效果，且增加乘客的压抑感。现设计在 5 号线与 10 号线交接的轨道处设置全高的防火屏蔽门作为防火分隔，该屏蔽防火隔断设计及其耐火极限要求需进行详细研究。

(3) 由于车站规模大，站台、站厅楼梯的数量多，当站台层发生火灾时，如果按照防烟分区（2000m²）进行排烟，由于排烟风量小，无法满足《地铁设计规范》中规定的楼梯口大于 1.5m/s 风速的要求。要达到楼梯口大于 1.5m/s 风速，可以采用开启全部车站站台排烟风机的方法，但排烟面积将扩大到 4000m²，与现行的设计规范矛盾。

上述具体问题的核心是：

(1) 如何保证人员在车站和区间隧道中的疏散和灭火救援不受火灾烟气影响。

(2) 地铁车站与区间隧道内防排烟系统运行设计方案如何确定。

(3) 地铁车站和区间隧道疏散方案的确定。

(4) 火灾工况下运营模式的确定。

(5) 防火分区防火分隔设施的选型。

（三）防火屏蔽门系统

宋家庄站是集地铁、轻轨功能并与宋家庄综合交通枢纽换乘的大型车站，为三线换乘车站，现设计通过设置防火卷帘将亦庄线与其他两线分开。在设计中采用防火分隔将不同线路分开是比较合理的做法，可以防止火灾扩大蔓延，尽量减少火灾对不同线路的影响，有利于火灾后迅速恢复运营。

在现有方案中，为了将 5，10 号线分隔开，在共用站台纵向靠近 10 号线一侧设有防火卷帘，并且为了满足 10 号线部分侧站台部分的人员疏散，需要在防火卷帘隔断处设置疏散防火门。该方案在防火分隔方面的做法可行，但是对于站台的建筑效果有较大影响，并且会给共用站台区域的设备的运营管理带来不便。

为了克服上述方案的缺陷，现拟采用在 10 线轨行区将安全门设计为防火屏蔽门的方案。

设计方案一：将轨道两侧的安全门均设计为防火屏蔽门，耐火极限为 1h；

设计方案二：将轨道一侧的安全门设计为防火屏蔽门，耐火极限为 1h（探讨增加耐火极限的可能性）。

如果需要划分防火分区，防火分隔的耐火极限应为 3h，设计方案一设置了双道防火隔断，且中间隔着轨道区，其耐火极限可大大提高，增大了防火分区的安全性，但是由于双道屏蔽门将轨行区完全分隔，其设计方案将会影响现有通风排烟设计系统。

如采用设计方案二，需针对轨行区的列车火灾进行详细分析。当发生火灾的列车进站后，应打开另一侧的屏蔽门疏散乘客，防火屏蔽门应关闭，防止火灾烟气的蔓延。该方案最不利的情况是列车停车后发生火灾，且同时两道屏蔽门都打开的情况，此时可能会有烟气同时进入5号线、10号线区域。即使是两道防火屏蔽门也有此种工况，但不同的是《地铁设计规范》8.7.12条规定，屏蔽门不作为车站防火分隔设施，因为要作为防火隔断需要其内部都应为阻燃材料，制作复杂、造价高，主要体现在双扇滑动门位置要求上。在我国滑动门一般不要求防火性能，很难见到相应的检测报告。

此外，为满足屏蔽门的安全要求，其选择的防火玻璃也应经过安全计算才能够选用。根据北京市地方规范《防火玻璃框架系统设计施工及验收规范》（DBJ 11-624—2006），其选用的框架也需要满足相应的耐火极限要求。

通过查阅相关资料，可以查到滑动门防火的相关资料，有相应产品，见图2-3-11。

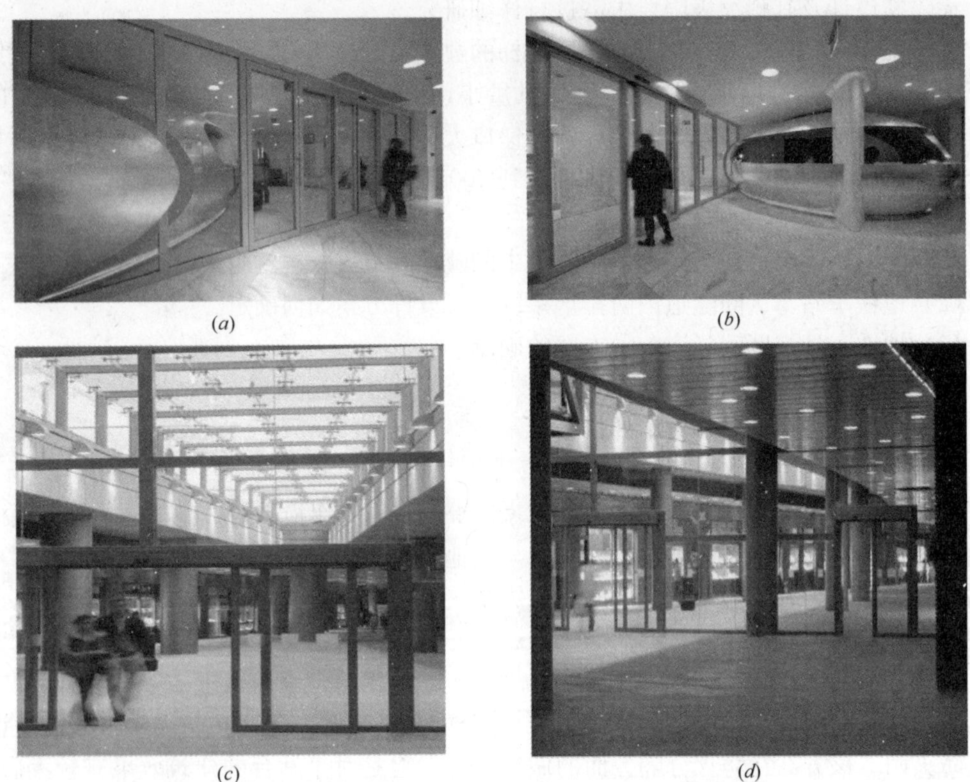

(a) (b) (c) (d)

图2-3-11 滑动门防火

该产品如何满足地铁屏蔽门的相关要求需与相应的设计人员讨论。

为了提高单道防火屏蔽门的耐火极限，可探讨采用高压细水雾冷却防火玻璃的方案。高压细水雾具有汽化吸热、高效降温的作用，当发生火灾时由火灾报警联动开启高压细水雾开式系统，细水雾喷向防火玻璃，可大量吸热而蒸发，降低现场环境及防火玻璃的温度，提高防火玻璃的耐火等级，对车厢的火灾发展也有一定的抑制作用。目前南方的地铁部分线路已经采用，该方案需仔细研究地铁10号线的受电方式及联动控制的方案。

1. 防火屏蔽门系统简要介绍

地铁站台长130m、高5.82m，隔断由固定防火玻璃、防火玻璃自动门、防火玻璃逃生应急门组成一道防火屏障，其防火时限达到1h。在防火隔断中有24个自动感应防火门，6个防火应急门，其余部分为固定防火玻璃隔断。我们将一组自动感应防火门、应急门，及固定防火隔断作为一个单元，详细设计了该单元防火施工方案。在火灾发生时自动感应防火门应处于自动关闭状态，如果是另一侧站台失火，这一道防火屏蔽墙将阻挡火焰窜到另一侧列车轨道中；如果是列车或轨道中发生火灾，自动感应防火屏蔽门也应处于关闭状态，列车上人员应迅速通过应急门疏散到站台上，人员疏散完毕应急门自动处于关闭状态，既保障了人员安全撤离，又阻止了火焰的蔓延。

2. 防火门、防火隔断详细说明

1）防火隔断及防火门主框架选用专用防火钢制型材制作，型号为01564、76694（图2-3-12（*a*）），外扣不锈钢装饰，其结构详细设计见图2-3-12（*b*）、（*c*）、（*d*）。

2）由于自动感应防火门及应急门都是双开门，其中缝隙处理是保障防火门不窜火的关键，这里采用了比利时梅瓦赫公司特殊的防火密封系统，在火灾发生时，防火密封条就会迅速反应膨胀，将火焰封堵，保证无火焰窜出。

3）自动感应防火门，其感应系统采用TORMAX德国公司的产品。由于既要保障其防火性能，又要保障在使用中频繁开启无故障，门体总重量不超过85kg，所以此门玻璃可选用防火稳定性好、密度又相对较小的硼硅防火玻璃。6mm硼硅玻璃：尺寸为904×1919、重量为24.46kg。

4）防火应急门加装自动闭门器逃生推杠锁，以适应人员疏散及防火应急自动关闭的需要。

5）防火应急门及固定防火隔断中的防火玻璃采用单片防火加一层防火胶及双层玻璃结构，总厚度12mm。既保证达到1h完整性的防火要求，又能在火灾中由于防火胶阻燃性的功效减少热辐射和人们的恐慌心理，同时又降低了全部选用硼硅防火玻璃的成本。

6）防火门及隔断上方采用防火板封堵，既防止了火焰的蔓延，又能保护电源等控制系统在火灾中免受损坏。

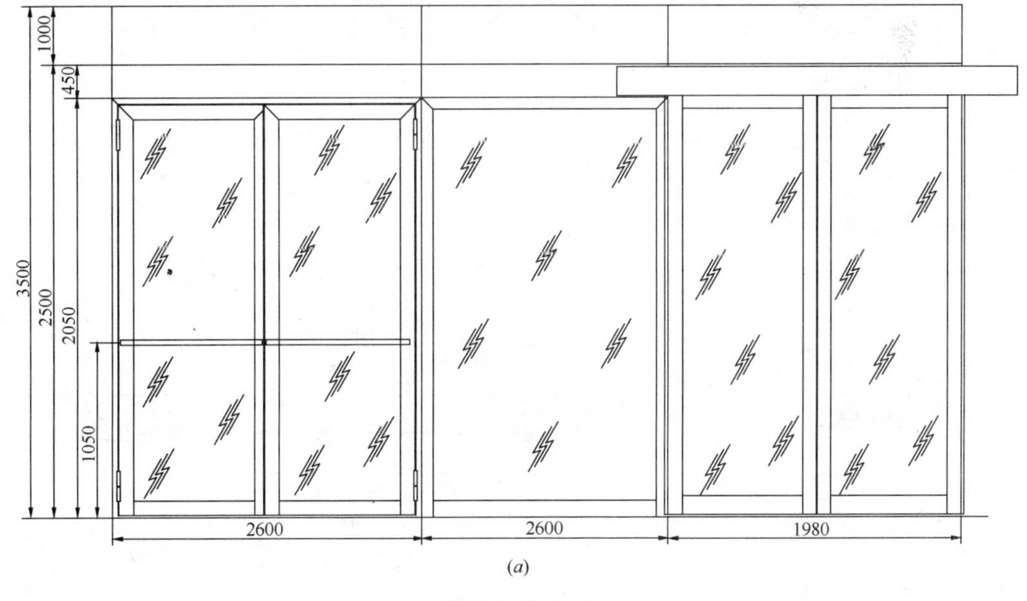

图2-3-12（一）

（*a*）滑动门防火

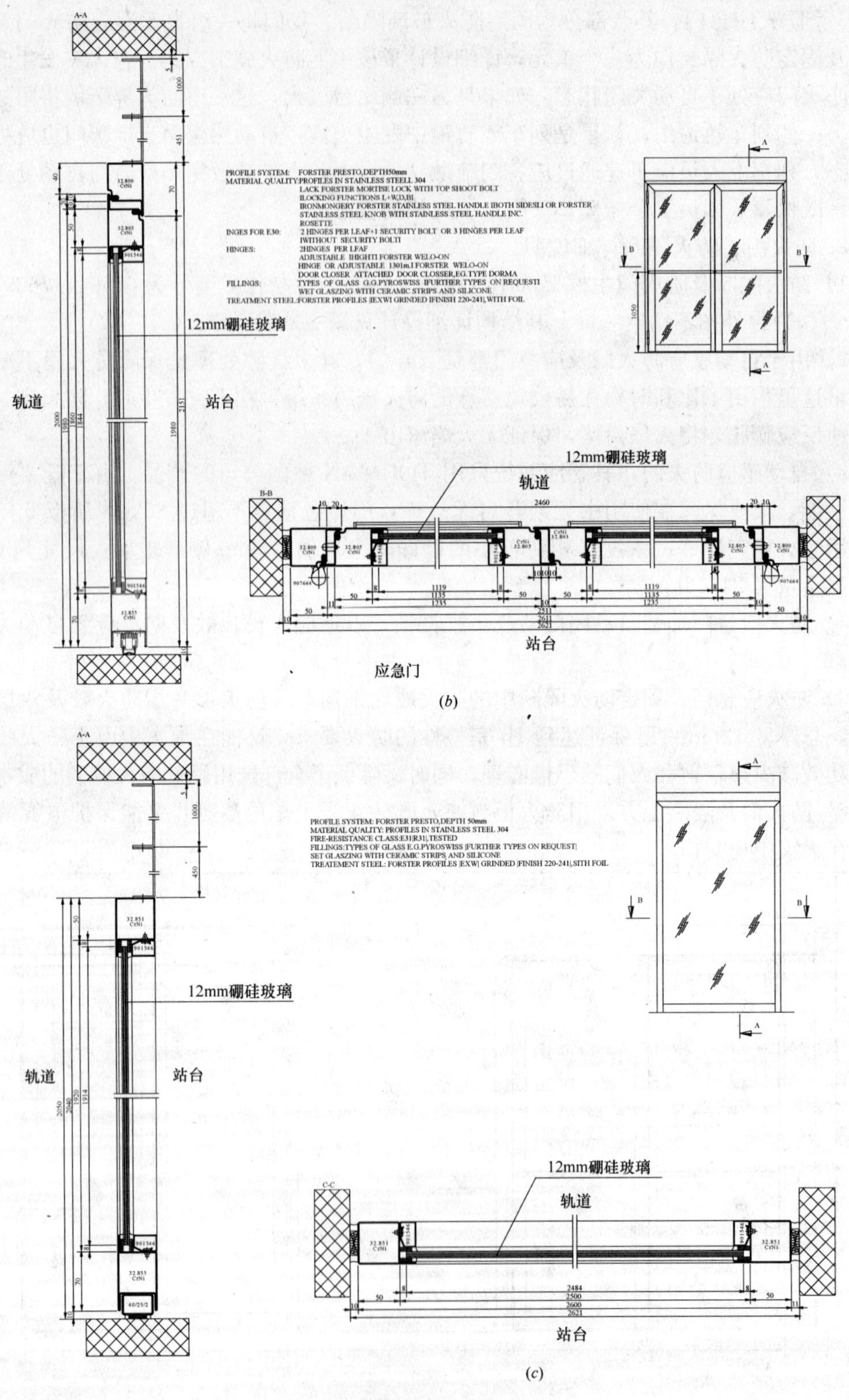

图 2-3-12（二）

（b）滑动门防火；（c）滑动门防火

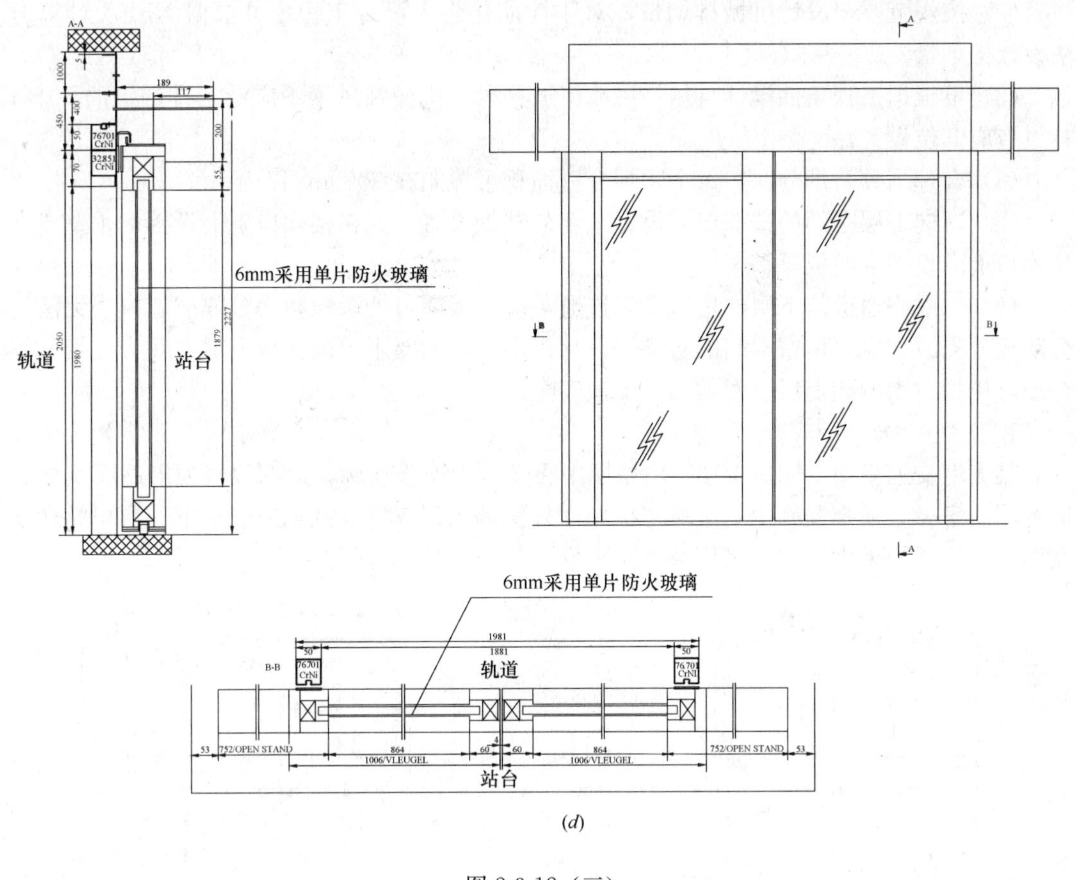

(*d*)

图 2-3-12（三）

（*d*）滑动门防火

五、交通枢纽地下联系通道防排烟设计

（一）概述

在现代交通枢纽中，地下交通联系通道得到广泛的应用，成为设计连接各功能空间交通流线的必要手段。联系通道的应用形式也多种多样，有的作为连接城市交通枢纽两侧广场的联系通道，有的作为国铁出站通道，有的作为地铁交通换乘通道，更多的情况下，地下交通联系通道兼顾城市联系通道、国铁出站通道、地铁换乘通道以及地下停车场、出租车通道和公交换乘等综合用途。

在交通枢纽的地下联系通道的消防设计中，防排烟设计是重点需要考虑的问题之一。地下人行交通转换通道作为地下空间，一般采取机械排烟方式，在满足一定的条件下，也可考虑采取自然排烟方式。

（二）采取机械排烟方式应遵循的设计原则

当通道内采取机械排烟方式时，防排烟设计的具体措施包括：

（1）控制通道内的火灾荷载，通道公共区采取不燃装修装饰材料；通道内应严格限制商业经营活动；将具有较高火灾荷载的设备、办公和商业用房与公共区之间进行严格的防火分隔；

(2) 按规范要求设计机械排烟量，对于性能化防火设计工程，可根据 NFPA 计算方法设计排烟量；

(3) 可根据工程条件设计自然补风或机械补风，机械补风量不应低于排烟量的 50%，补风口应低位设置；

(4) 合理划分防烟分区，每个防烟分区面积可控制在 2000m^2 以内；

(5) 通向上层空间的楼梯口应设置一定的挡烟设置，如在楼梯口下沿设挡烟垂壁或在楼梯口上沿设玻璃栏板等；

(6) 如联络通道与下层的地铁空间连通，应在楼梯口处采取防火分隔措施，当无法进行防火分隔时，应对地铁空间的防排烟设计提出严格的要求，确保楼下层空间火灾烟气不会通过楼梯口影响到上层空间的人员疏散安全。

1. 案例一

某大型交通枢纽（图 2-3-13）出站层中央部位为换乘通廊，通廊两侧为出站厅及旅客服务附属房屋，换乘通廊中间区域与出站厅外侧的出租车待客区相通。地下一层出站通道在南侧与地铁换乘大厅之间采用特级防火卷帘与防火玻璃分隔。

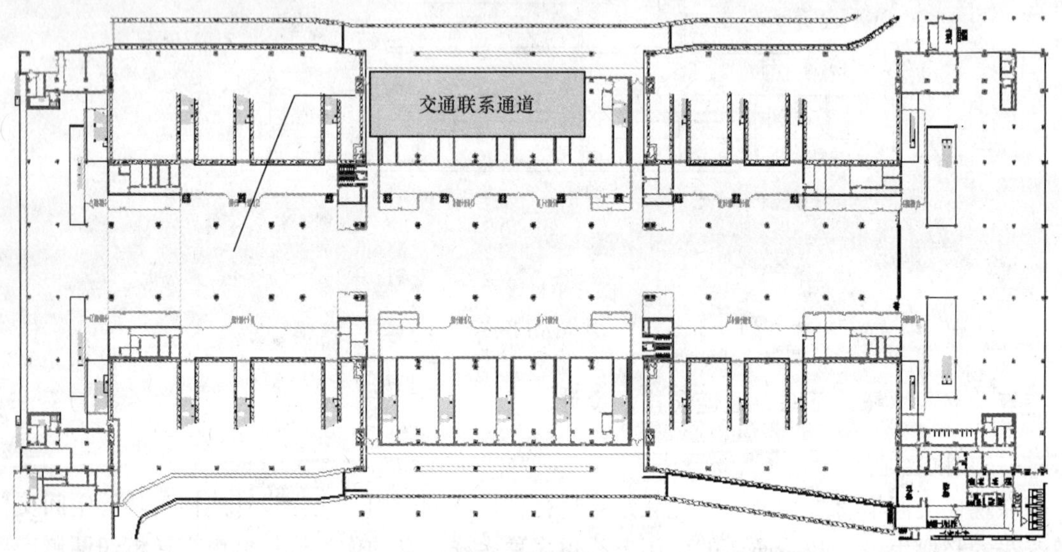

图 2-3-13　案例 1 平面图

出站通道及其内部的旅服用房设置机械排烟系统，出站通道内拟设置 6 个防烟分区，出站通道和北侧大厅内的机械排烟量为 15.2m^3/s，由通往站台的通道补风。

出站两侧的出租车通道设置机械排烟系统，机械排烟量为 32m^3/s，由通道两侧通往地面的开口补风。

南侧大厅与 6 号线换乘大厅相连通的部分设置机械排烟系统，排烟量按 4 次换气设计。

2. 案例二

某综合交通枢纽（−11.55m）地下一层主要包括商业区、出站厅、地铁付费区、设备用房、人行通廊、出租车道及上客平台，人员可以进入该层进行候车，或经过该层进入地下二、三层搭乘地铁，如图 2-3-14 所示。

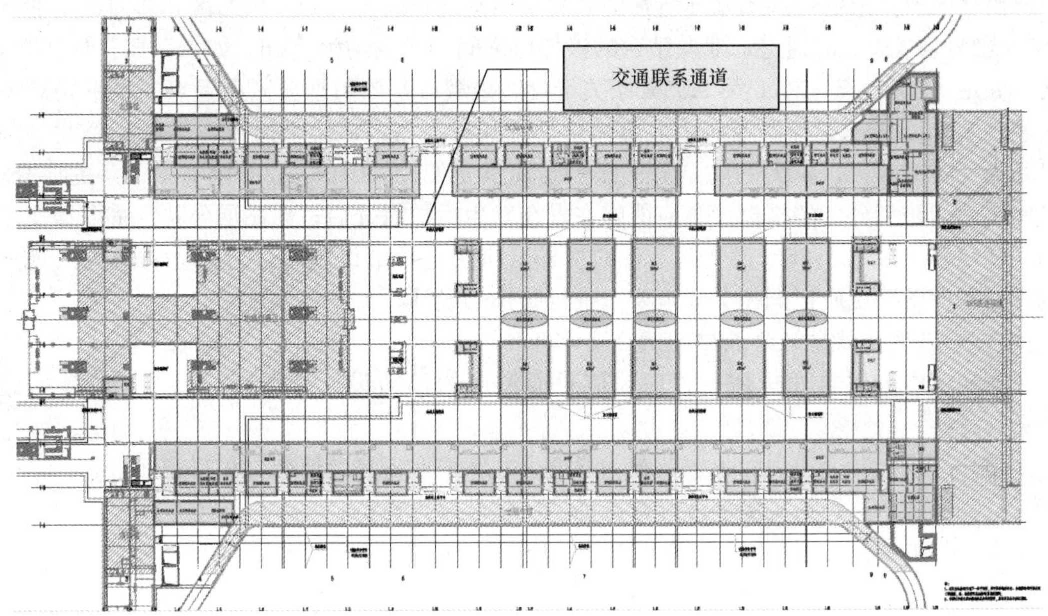

图 2-3-14 案例 2 平面图

该地下通道采取机械排烟方式，公共人行通廊共划分为 20 个防烟分区，每个面积小于 2000m²，长边小于 60m。

根据各个火灾模拟场景，核定相应火灾的大小，计算出各个区域需要的排烟量大小。

3. 案例三

某交通枢纽地下一层通过地下空间的综合利用，解决旅客出站、集散和换乘功能。出站通道靠东侧部分及东侧出站厅设置多个通向地铁站厅层的楼扶梯，使地铁与铁路做到无缝换乘。在东西出站厅南北两侧及夹层部位分别设置了站房及站场设备及办公用房（图 2-3-15）。

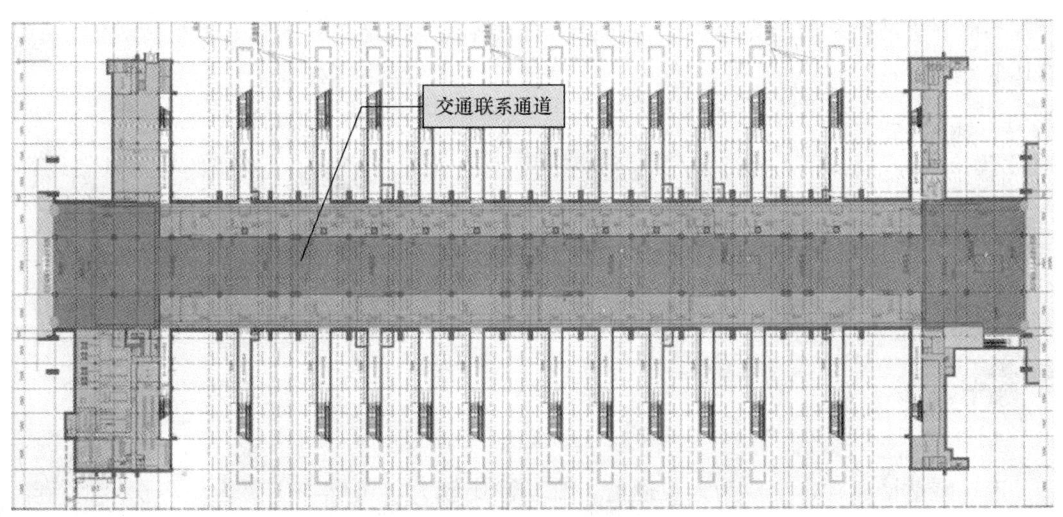

图 2-3-15 案例 3 平面图

出站区、换乘通道和出站厅所在的公共空间南北宽度为54m，出站区到通向站台的楼梯口要经过约30m的通道，通向站台的楼梯口之间的距离约为17m。如果采取自然排烟，无法满足GB 50016—2006第9.2.4条关于自然排烟口距该防烟分区最远点的水平距离不应超过30m的要求，该区域应采取机械排烟方式；出站区、换乘通道和出站厅公共空间可不划分防烟分区，扩大的防烟分区排烟量应满足GB 50016—2006第9.4.5条的要求，同时扩大的防烟分区的排烟设备应能够在发在发生后同时开启；出站层公共区采取镂空吊顶，镂空率不应低于25%；通向站台的楼梯口应设置挡烟设施；进行独立防火分区划分的办公和设备区域应根据相关规范要求进行防排烟设计。

（三）采取自然排烟方式应遵循的设计原则

当通道内采取自然排烟条件时，应对通道内的消防设计作严格的要求，具体措施包括：

（1）严格控制通道内的火灾荷载，通道公共区采取不燃装修装饰材料；

（2）通道内应严格限制商业经营活动，严禁堆放可燃物；

（3）将具有较高火灾荷载的设备、办公和商业用房与公共区之间进行严格的防火分隔；

（4）通道应该具有良好的疏散条件，可直接或经开敞大楼梯通向下沉广场或其他室外开敞空间；

（5）通道应该具有足够可被利用的自然排烟口，通道内任一点到自然排烟口距离不得大于30m；

（6）采取自然排烟的通道应满足一定的层高要求，通道上部应具有一定的蓄烟能力；

（7）自然排烟口应尽量均匀布置，有足够的开窗面积并具有低位自然补风条件；

（8）通道内可不划分防烟分区，充分利用顶部或侧面通向室外空间的开敞楼梯进行自然排烟。

1. 案例一

某地下车站换乘通道为连接车站和机场的旅客换乘通道，其间只有水平传送带，不设置其他可燃物，设置A1、A2对外出口，独立划分防火分区（图2-3-16）。

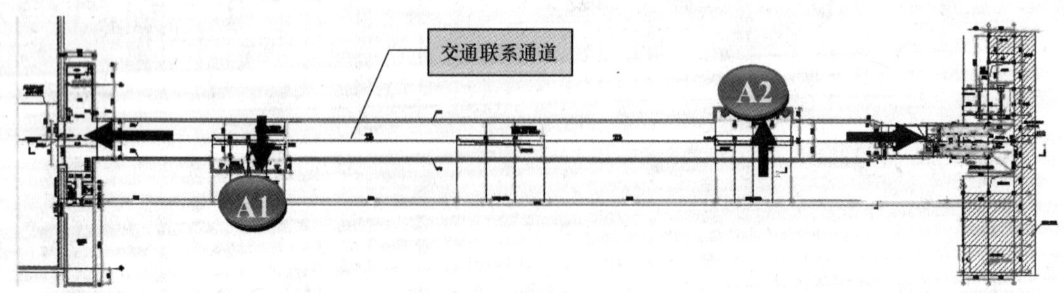

图2-3-16　案例一平面图

连接航站楼通廊，主要为人员通道，流动性比较大，可燃物主要为旅客携带的行李，火灾规模为1.5MW。

排烟方式为自然排烟，根据《建筑设计防火规范》（GB 50016—2006）要求，排烟口面积为地面面积的2%。需要考虑一定补风，补风口为两个下沉式广场的楼梯口。

应严格控制该区域的固定可燃荷载，同时保持通道的畅通，该区域的装修和装饰应严格采用不燃材料。

2. 案例二

某综合交通枢纽地下交通通道以出站空间、自由联系通道、地铁换乘厅和设备机房为主，广场层中部为旅客出站厅及南北广场自由联系通道，南北侧均设出口，广场地面层南北侧两翼为出租车、公交车辆停车场、社会车停车场（图2-3-17）。

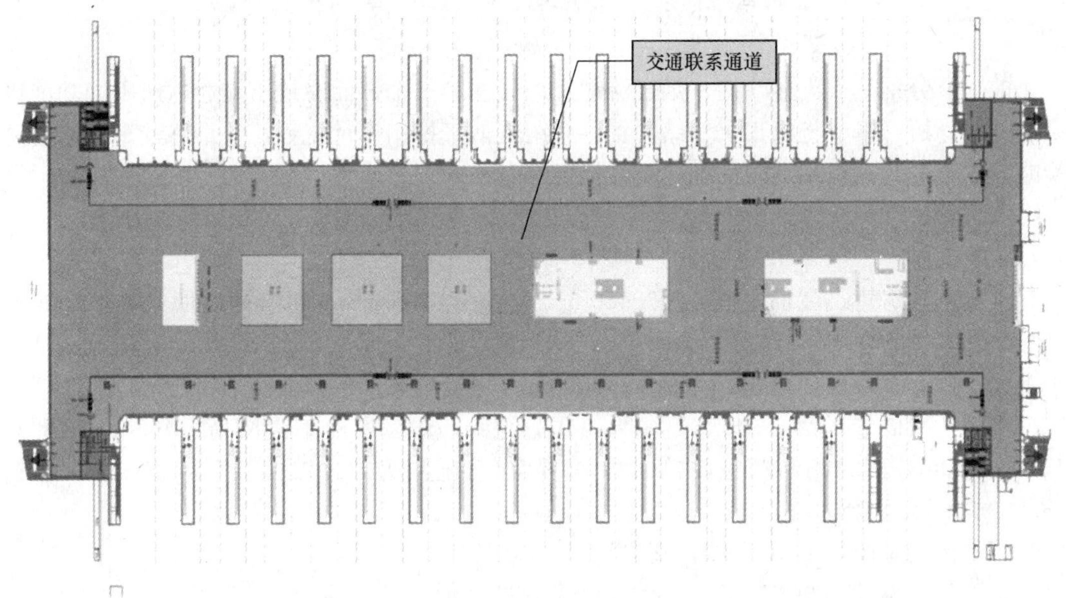

图2-3-17　案例二平面图

出站层出站通道和自由联系通道功能为人员集散空间，其内无固定可燃荷载（自动扶梯应采用不燃材料制作），室内装修采用不燃材料装修。

该通道采用自然排烟，不划分防烟分区严格限制固定可燃荷载；扶梯采用不燃材料制作；内装修采用不燃材料。

3. 案例三

某交通枢纽（图2-3-18）地下出站通廊和城市通廊功能为人员集散空间，其内无固定可燃荷载（自动扶梯应采用不燃材料制作），室内装修采用不燃材料装修。

将出站通廊、城市通廊作为一体空间考虑，将其定位为疏散过渡安全区，该空间应与

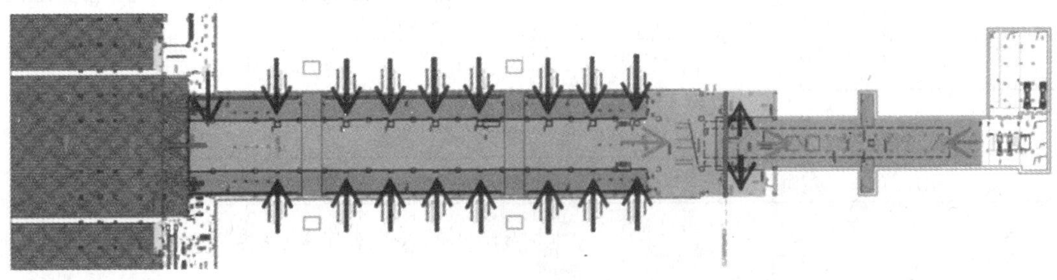

图2-3-18　案例三平面图

地铁空间进行防火分隔；该空间内的设备用房、卫生间按防火单元处理，与公共空间进行防火分隔。

出站通廊、城市通廊作为疏散过渡安全区，人员在紧急情况下可向北站前广场疏散，或向南侧通过开敞大楼梯向上疏散至±0.000m层换乘大厅进行疏散。

该通道采用自然排烟，不划分防烟分区严格限制固定可燃荷载；扶梯采用不燃材料制作；内装修采用不燃材料。

第四节 烟 气 控 制 设 计

前三节分别从火灾危险性、烟气流动及烟气控制三个方面对地下交通枢纽不同功能区域进行了分析。本节将以某火车站为例，介绍其烟气控制设计流程，并最终给出具体消防策略。本节可为火车站消防性能化设计提供参考。

一、某火车站概况

本案例站房建筑屋面最高点43.430m、最低点32.575m；建筑楼层面最高26.530m（轨道交通4、6号线）；站房屋面面积411.416m×208.000m=85574.528m^2；屋盖为“上平下曲”形态；最大柱跨85.750m×81.000m。

雨棚：屋面最高点18.983m、最低点15.660m；雨棚屋面东西长272.460m、南北总长259.480m，南北侧雨棚屋面总面积75071m^2；雨棚为“波浪曲线”形态；最大柱跨43.000m×28.000m。

车站建筑总面积181035m^2，其中：

(1) 房屋建筑面积74573m^2：站台层13211m^2，站台层夹层3295m^2，高架候车层52589m^2；

(2) 站前平台34146m^2：±0.000m站台层人行平台7503m^2，9.000m高架层人行平台26643m^2；

(3) 主体屋面南北侧悬挑4292m^2；

(4) 无站台柱雨棚75071m^2；

(5) 轨道交通27125m^2（不计入建筑面积）。

具体建筑信息和耐火等级详见表2-4-1；各区域概况详见表2-4-2。

建筑概况和耐火等级表 表2-4-1

站房建筑面积	建筑主体层数	建筑高度	建筑等级	耐火等级
74573m^2	2层	屋面最高点43.430m 建筑楼层面最高26.530m	二类高层建筑	不低于二级

建筑各区域概况表 表2-4-2

建筑位置		标高（m）	概况说明
东站房	站台层	±0.000	基本站台候车室、贵宾候车室、售票厅和办公用房、设备机房等
	夹 层	4.450	

续表

建筑位置		标高（m）	概　况　说　明
西站房	站台层	±0.000	设备用房和宿舍
	夹层	4.450	
站房上部	站厅层/高架候车层	9.000	口岸候车厅、口岸进出站厅、普通旅客候车厅、普通旅客进出站厅、售票厅、管理办公、设备机房、商务候车等
	夹层	15.000	预留商业

二、站房各区域概况

（一）站房第一层——站台层（±0.00m）

站台层（±0.00m）共分为3个区域，即东站房、西站房以及站台区，另外在东、西站房外侧分别设置有东、西平台（图2-4-1）。

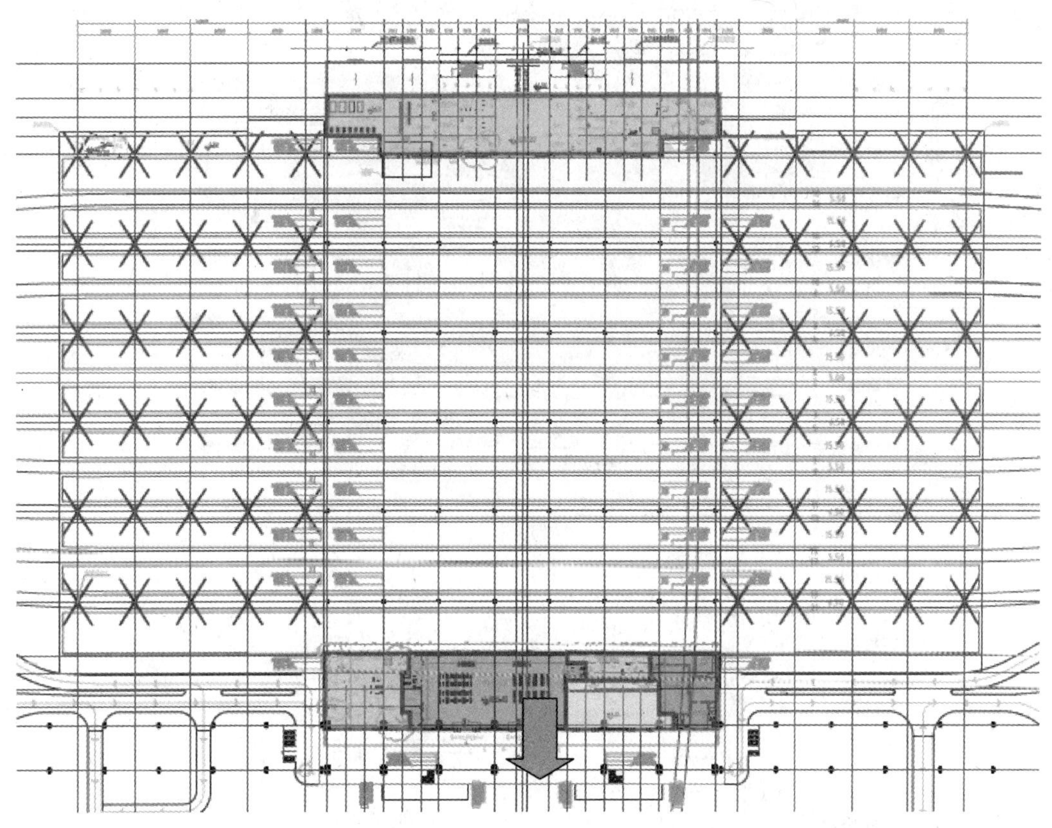

图2-4-1　±0.00m层平面图

站台层地面标高为±0.00m，并含一个4.450m夹层。站台层平面主要功能包括站台、售票厅、基本站台候车以及后勤服务用房、办公、设备用房等。

（1）东站房（部分区域带一个4.450m夹层）设置有基本站台候车室、售票厅（室）、3个贵宾候车室以及办公和配套服务用房。

（2）西站房（部分区域带含一个4.450m夹层）主要功能为办公及设备机房，外部与城市地下停车库相邻。

（3）东、西平台分别通过楼、扶梯与上部东、西广场人行平台相连通，东进站平台与下沉广场相接；西落客平台与地下车库相通。

（4）站台区共有 11 个站台，每个站台分为 3 段，两端为雨棚区，为半室外空间；中间部位长约 189m，处在高架候车层下方。

（二）站房第二层——高架候车层（9.00m/15.0m）

高架候车层地面标高为 9.00m，该层主要功能为进站广厅、普通候车厅、售票厅以及出站通道和出站厅，此外还设置有商务候车厅、辅助用房、机房等（图 2-4-2）。高架候车层夹层位于 15.0m，功能为商业服务。东、西站房外部分别为东、西步行平台，并分别与东、西广场相接。

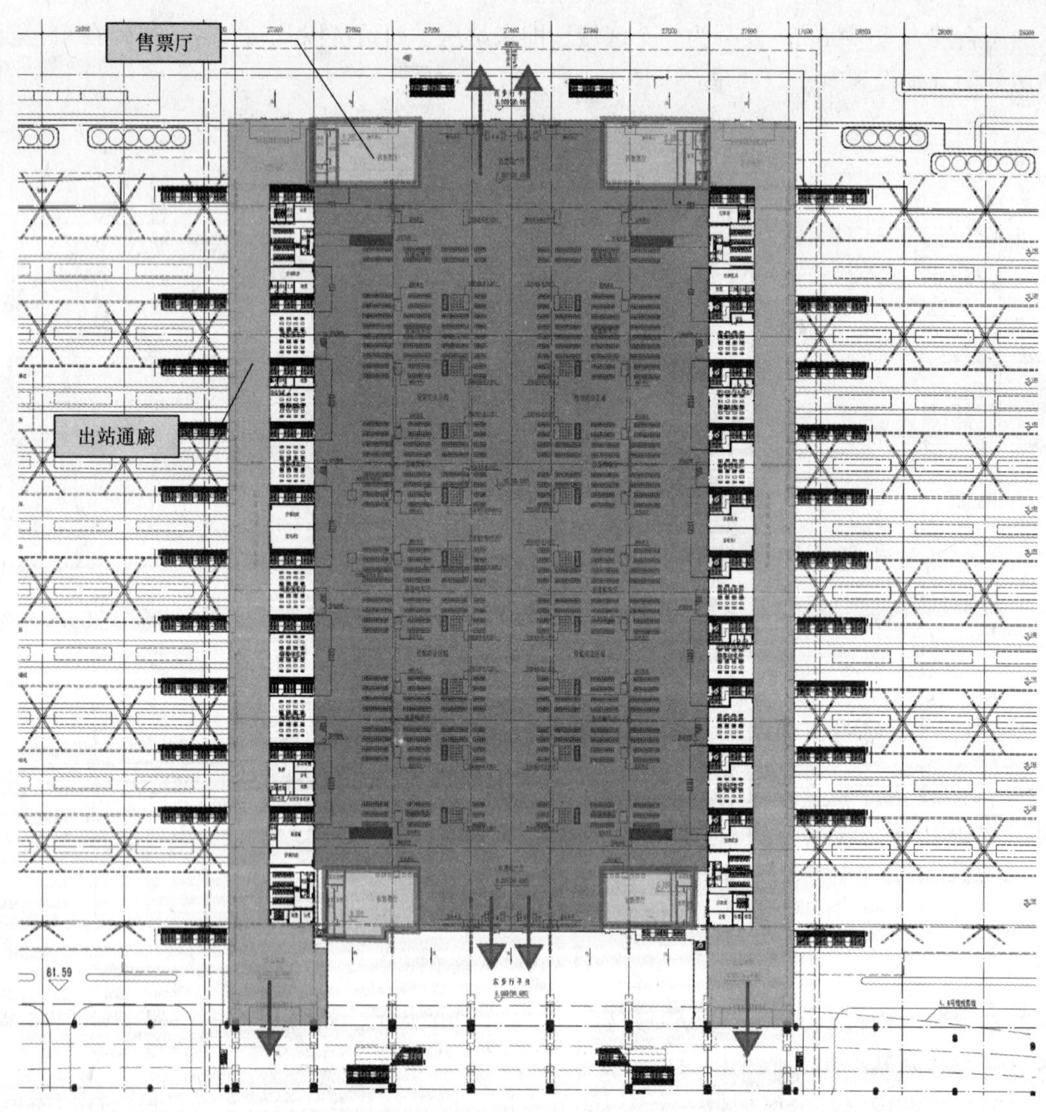

图 2-4-2　9.00m 层平面图

三、烟气控制方案研究

（一）站台层在高架层楼板下区域（±0.000m）

本区域与半室外空间的雨棚相连，尽管该区域顶部有盖，仍属于敞开车道和站台空间。按 NFPA130 第 7 章要求，本区域不需设置机械排烟系统。为保证本区域的人员疏散安全和防止火灾烟气向上层蔓延，设计应满足如下要求：

（1）利用站台与轨道上方边缘结构作为挡烟设施（结构底面距离站台地面约为 6.3m），如图 2-4-3 所示。并利用列车上方围合区域作为储烟舱，延缓烟气向站台扩散时间。

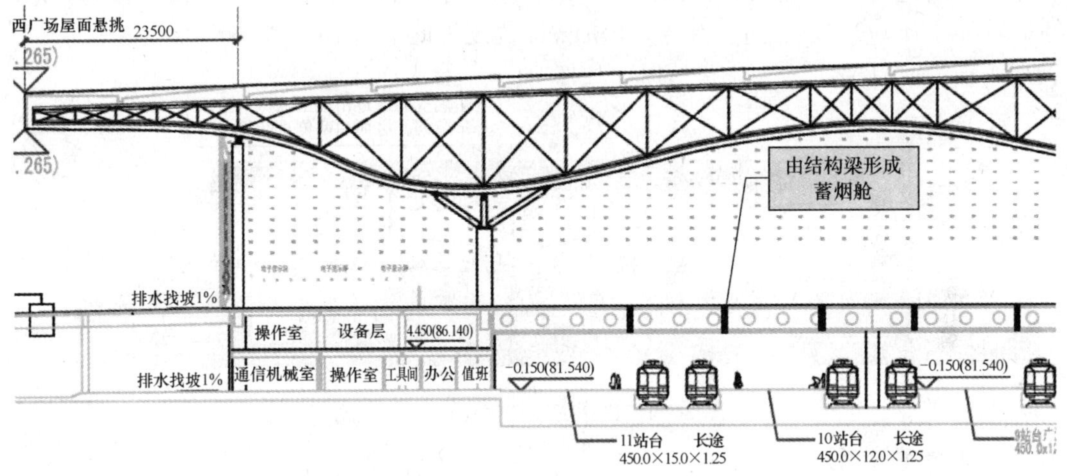

图 2-4-3 站台层有盖区域剖面图

（2）对于雨棚下通向高架层出站通廊的楼扶梯口，在其与出站通廊相接的口部设置风幕系统，以阻挡站台层火灾烟气进入出站通廊。风幕的进风应取自高架候车空间。

（二）高架候车层（9.000m）

高架层采用自然通风排烟方式，利用通风百页将上升的烟气排出室外。本区域烟控系统设计策略见表 2-4-3。

高架层烟控系统设计策略一览表 **表 2-4-3**

消防设计类别	消防策略	实施依据/要求
防烟分区与排烟系统	高净空区域设置自然排烟系统	（1）吊顶上的排烟开口有效面积应不低于地面面积的 1.5%，且在火灾时保证处于开启状态；（2）吊顶上部与外界相通部分的有效开口面积应不小于地面面积的 25%
	出站通道：与大空间可为一体空间（应采取防烟分隔措施，防止站台层火灾烟气进入出站通道）	
	功能用房：当面积大于 100m² 时设置机械排烟	GB 50045—95
	商务候车厅及按“防火舱”设计区域：设置机械排烟	根据火灾荷载（2.0MW）和清晰高度（3.0m）确定排烟量，确定所需系统排烟量为：13m³/s
	夹层：控制其下层火灾烟气不直接向本层蔓延	在夹层与下部空间边缘楼板上设置高度不低于 1.1m 的挡烟设施

高架层大空间地面面积约为 50000m²，所需最小总排烟面积为地面面积的 1.5%，约为 750m²。所需最小补风总面积为 375m²，现有直通室外空间的门及其他缝隙面积可以满足补风要求。

四、高架层进站广厅烟控设计与分析

（一）基本情况

进站广厅拟采用自然排烟的方式排出火灾烟气：广厅地面或商业夹层发生火灾后产生的烟气先由吊顶空隙进入吊顶空间，进而由吊顶空间两侧的百叶排出（图 2-4-4）。为防止标高 9.00m 地面火灾产生的烟气对 15.00m 人员产生影响，建议在 15.00m 楼板边缘采用挡烟隔断对烟气蔓延路径进行疏导，挡烟隔断高度不低于 1.1m。

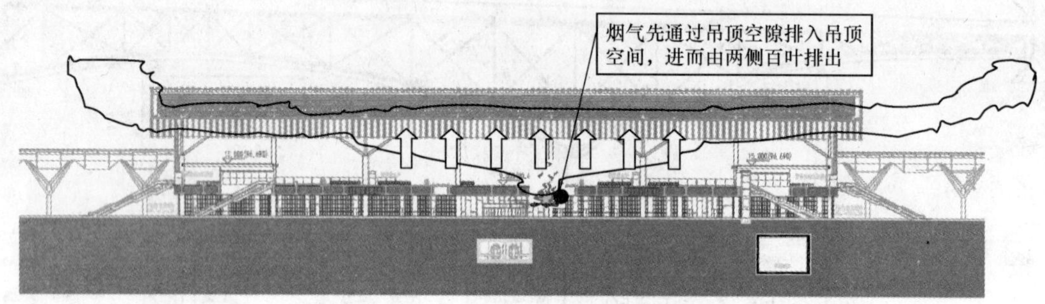

图 2-4-4　进站广厅烟气排出路径示意

（二）初步分析

采用 NFPA92B 区域模型进行分析进站广厅火灾时的烟气生成量以及设计自然排烟口的面积。

1. 基本参数设定

假定火灾位于+9.0m 标高广厅地面上，有人活动空间位于 15.0m 标高处的地面上，即有人活动空间高于火源面 6.0m，烟气临界高度按空间净空高度 27.0m 分析，得到：

$$z = 1.6 + 0.1(H - h) = 1.6 + 0.1 \times 21 = 3.7\text{m}$$

即临界高度应至少距离火源地面高度 6m+3.7m=9.7m。基本参数设定见表 2-4-4。

基本输入参数　　　　**表 2-4-4**

变量	参数说明	单位	参数值	备注
H	顶棚高度	m	27	
z	无烟高度（烟气清晰高度）	m	9.7	
Q	火源最大热释放速率	kW	2000	快速 T^2 火
Q_c	对流部分的散热率	kW	1400	
d	烟雾层深度	m	21.8	
q	燃料每单位面积的散热率	kW/m²	500	
T_0	周围环境温度	℃	26.0	
ρ_0	空气密度（T_0 时）	kg/m³	1.18	
g	重力加速度	m/s³	9.81	
CP	空气或烟雾的比热	kJ/（kg·K）	1.02	

2. 设计火源限制高度分析

设计火源限制高度见表 2-4-5。

设计火源信息 **表 2-4-5**

变量	参数说明	参数值	备注
D	火源直径（m）	3.6	
H_f	火焰限制高度（m）	4.3	

3. 烟气生成量及温度分析

烟气生成量及温度分析见表 2-4-6。

烟气生成量及温度分析 **表 2-4-6**

变量	参数说明	参数值	备注
M	烟雾质量产生速率（kg/s）	53.9	不考虑虚点情况
ΔT	烟气羽流温升（超过周围环境）（℃/K）	63.7	不考虑喷淋降温作用
T_m	烟气羽流平均温度（℃）	83.7	未考虑喷淋的降温作用
V	z 高度烟雾体积生成速率（m^3/s）	54.4	

4. 所需最小排烟量分析

所需最小排烟量分析见表 2-4-7。

所需最小排烟量分析 **表 2-4-7**

变量	参数说明	计算值	备注
M_{crit}	临界质量烟气排放速率（m^3/s）	2987	
N	最小排烟口个数（个）	1	
V_o	所需最小排烟口面积（m^2）	21.9	
V_{in}	所需最小补风口面积（m^2）	10.9	

5. 初步分析小结

进站广厅空间发生火灾时，每 2000m^2 地面面积上空需至少有 22m^2 自然排烟口面积，才能保证火灾烟气及时有效排出，不影响人员安全疏散，相应所需最小补风面积不宜小于 10.9m^2。

经以上计算，所需自然排烟口面积约占地面面积的 1.1％，考虑一定的安全系数，建议吊顶开口面积不小于地面面积的 1.5％。

广厅地面面积约为 50000m^2，故吊顶所需有效总排烟面积为 750m^2，所需最小补风总面积为 375m^2，现有直通室外空间的门及洞口面积可以满足补风要求。

（三）烟气控制 CFD 模拟分析

为验证上述排烟方案能否满足所有火灾情况下排烟要求，本文首先利用火灾动力学软件 FDS 对深圳北站站房进行整体建模，选取 1 个典型场景进行模拟，然后对模拟结果进行分析，给出验证结果和模拟结论。

整体模型如图 2-4-5 所示。

场景 GJ1 发生在高架层候车广厅大空间区域内，火源位于广厅地面候车坐椅区，地面标高＋9.00m，空间净高度为 21m；高大空间区内不设防烟分区，不小于地面面积 1.5％的开口在吊顶上均布，有效总排烟面积为 750m^2。模型及位置图见图 2-4-6。

1. 计算参数的设置

1）火灾为快速 T^2 增长型，最大热释放速率 2MW；

2）可燃物的产烟量设置考虑了燃烧物 50％为塑料和 50％为木材。

2. 模拟结果分析

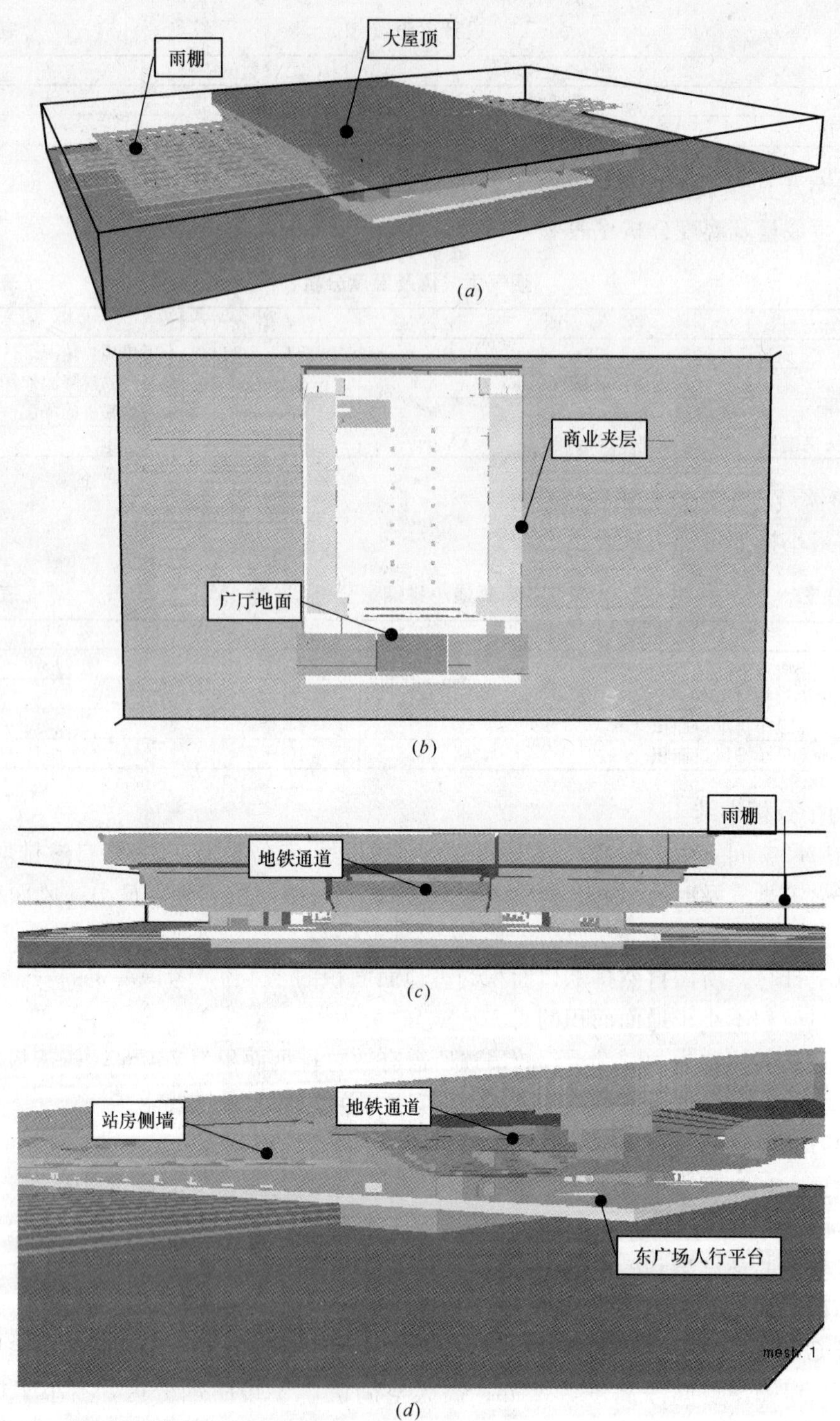

(a) (b) (c) (d)

图 2-4-5 深圳北站模型

当地面层发生规模为 2MW 的火灾时，火灾产生的烟气由于自身浮力作用不断上升，产生的热烟气达到波浪形顶棚，一部分由自然排烟口排出，其余烟气积蓄于顶棚下。CFD 模拟结果表明：

图 2-4-6 场景 GJ1 模型及位置图

火灾发生后 1200s 时，距商业夹层地面 2.0m 高处的平面上的温度，除火源上空外最高不超过 30℃；

火灾发生后 1200s 时，距商业夹层地面 2.0m 高的平面上的 CO 浓度，除火源上空外未高于 0.5ppm。

火灾发生后 1200s 时，距商业夹层地面 2.0m 高的平面上的能见度，除火源上空外未低于 30m。

因此，当场景 GJ1 火灾发生时，大厅的烟控系统初步设计能够满足人员安全疏散的要求，故将其确定为最终的烟控设计方案。

以下是部分计算模拟结果：

1. 烟气三维分布视图

由图 2-4-7 可以看出很清晰的烟气运动路径，进站广厅的高大空间为烟气的蓄积和排出提供了有利条件，因此烟气层下降至人员活动区域需要很长时间。本场景的火灾规模较小，烟气在上升过程中又得到了很好的稀释，故场景危险性不大。

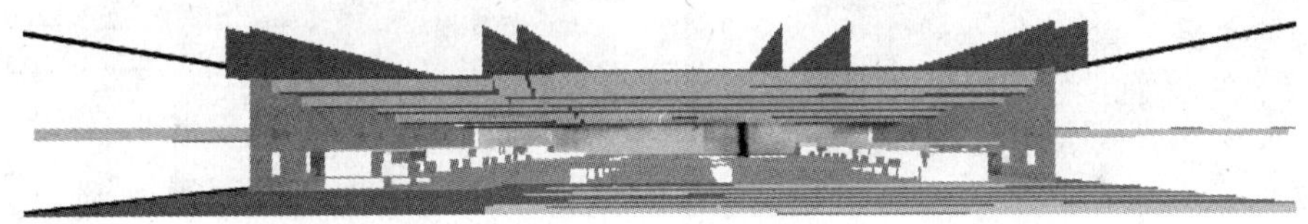

图 2-4-7 烟气分布三维视图（200s）

2. 穿过火源的能见度切面

由图 2-4-8 可以看出，火灾初期低空区域的能见度较高，人员可以正常疏散。

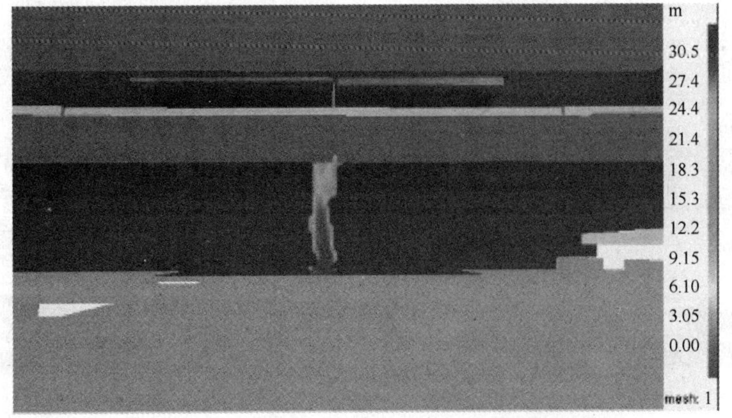

图 2-4-8 穿过火源的能见度切面示意（200s）

3. 温度分布（图 2-4-9）

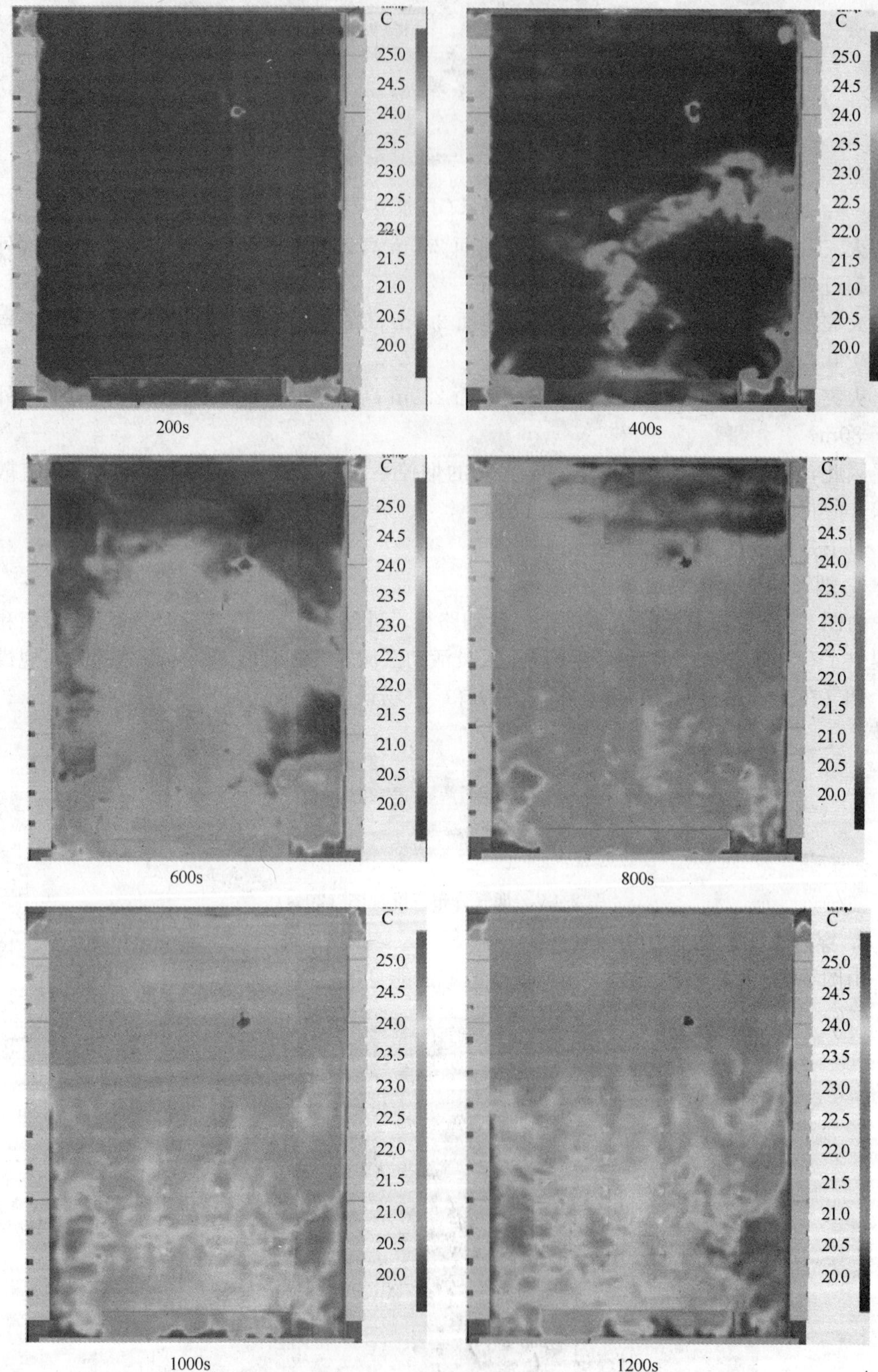

图 2-4-9 距人员最高活动地面 2m 处温度切面示意

4. CO 浓度分布（图 2-4-10）

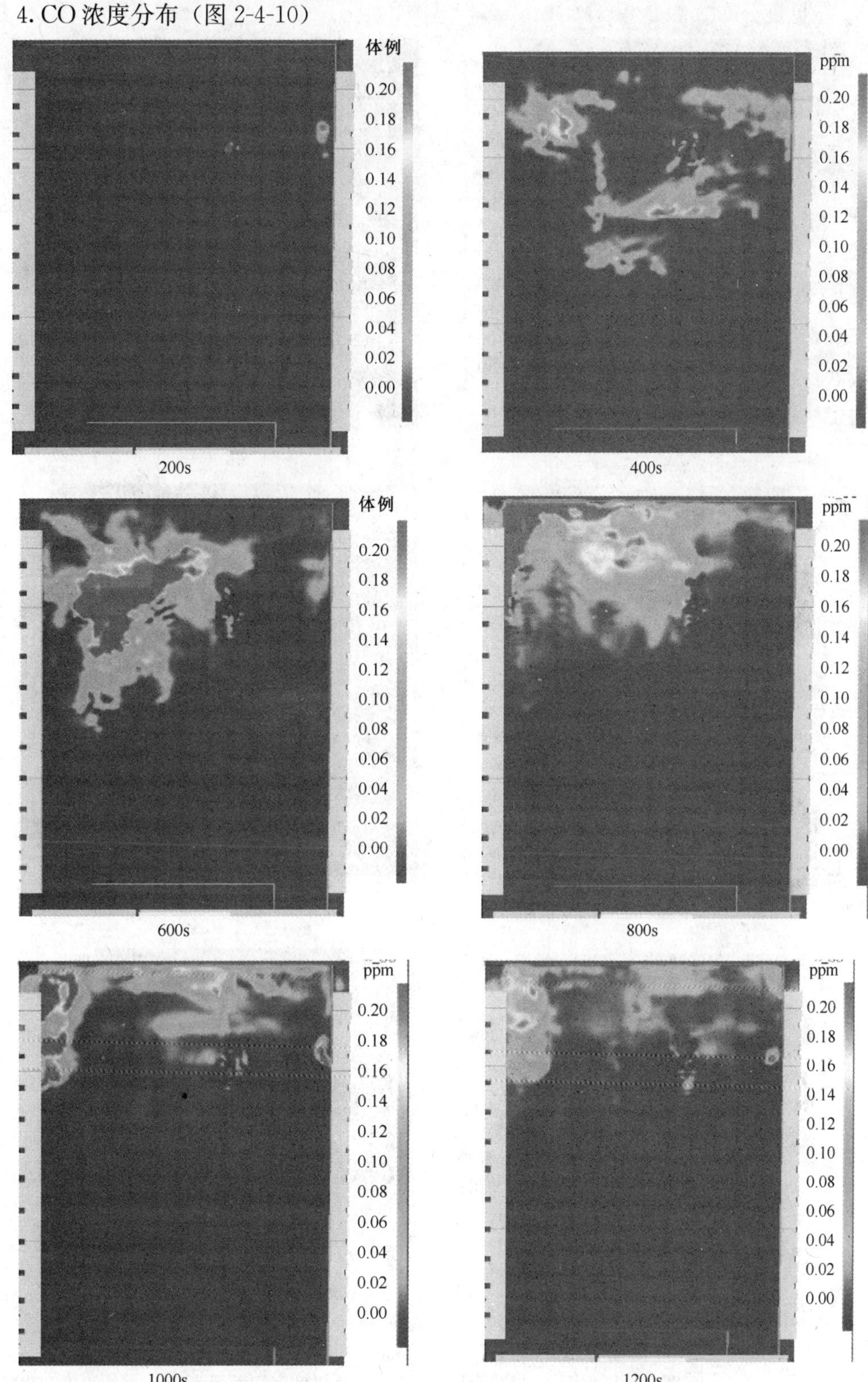

图 2-4-10　距人员最高活动地面 2m 处 CO 浓度切面示意

5. 能见度分布（图 2-4-11）

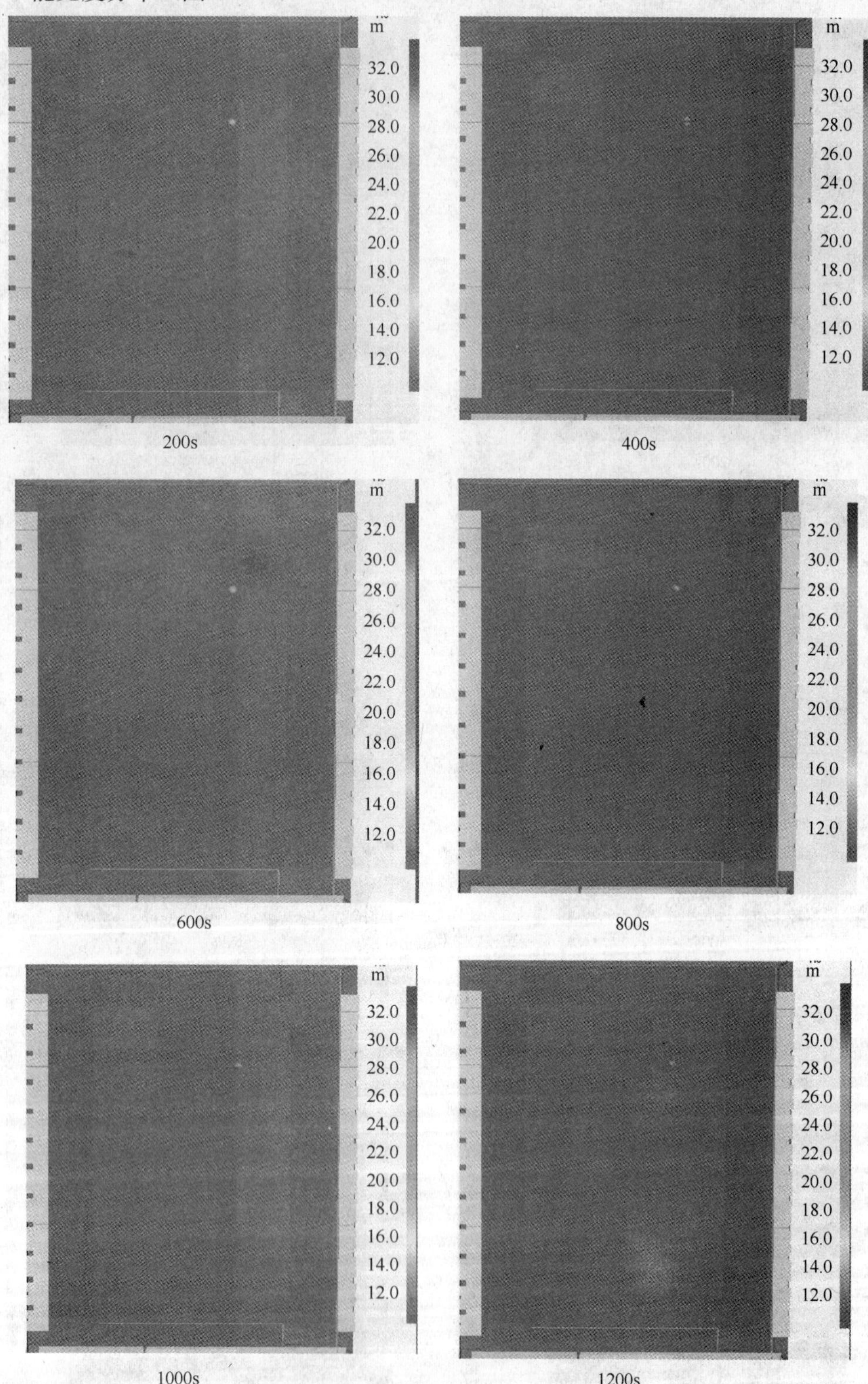

图 2-4-11 距人员最高活动地面 2m 处能见度切面示意

第三章 紧急疏散设计

第一节 国内外紧急疏散研究现状

一、国外研究现状

未来的交通系统将是一个整合度更高、集成度更强的大系统。为了组织和协调不同层次的公共交通网络系统，为出行者提供更加集中的换乘服务，作为最主要的换乘系统，多层地下综合交通枢纽在未来城市公共交通系统中，将成为各交通子系统整合的核心。无论在规划中还是在建设中，交通枢纽将成为城市公共交通系统中的控制性工程。作为城市交通的关键节点且集多种功能于一身的地下交通枢纽系统，由于人员密集、流动性大，极易受到攻击和损害。多层地下综合交通枢纽更是因空间较封闭、疏散和救灾困难等，系统安全比较脆弱，一旦发生安全事故则可能引发重大的伤亡事故和巨大的财产损失。为了保证多层地下综合交通枢纽安全疏散的要求，安全紧急疏散研究就成为迫切需要研究的课题。

影响交通枢纽系统安全的威胁因素有：恐怖袭击（包括炸弹袭击、化学武器袭击、生物武器袭击）、火灾（包括失火和纵火）、流行性传染病、环境空气污染和社会犯罪等。国外研究报告将交通枢纽系统安全技术归纳为三个支柱，即灾害的预防、灾害的对策、灾害后的恢复。

疏散的人群中潜藏着极大的安全隐患，一旦发生拥挤践踏的事故，必然导致十分惨重的结果。为了防止在人群中这种潜在的危险以灾难性的方式释放，需要研究人群运动的规律，了解其动态，特别是地铁交通枢纽，在人员的安全疏散中，尤其要考虑疏散人流的运动。地铁交通枢纽的研究由于其在诸多方面的重要应用价值，在最近几十年引起了学术界越来越大的兴趣。对聚集在一起的人群的运动规律及建筑物内人员疏散动态的了解，可以优化建筑物的内部结构和疏散路线，从而加快紧急情况时的疏散速度，减少人员的伤亡。

对于性能化的人员疏散研究，经历了几个不同的阶段。20 世纪 50 年代，从 John Bryan 开始研究火灾中人员行为起，到 1977 年 NBS 出版的《建筑中紧急疏散评估的技术手册》，通常认为是该问题研究的初期阶段。在 80 年代以后，随着计算机数值模拟技术的发展，以 Canter 为代表采用计算模拟的方法在研究火灾后人员的疏散问题中得到广泛应用。1998 年在爱尔兰 Belfast 召开第一届国际火灾中人员疏散问题研讨会后，人员疏散问题的研究进一步加深。现阶段，随着虚拟实现技术的不断发展，并在模拟火灾中人员的疏散问题上得到应用。虚拟实现技术不但可以模拟真实感的火灾场景，还可以模拟到心理层面。

国外学者围绕人员安全疏散行为和模型进行了一系列的研究。初级阶段主要是以观察、访问和调查研究，以及实验、录像研究等形式为主。从 70 年代末到本世纪初，国际上很多学者都提出了计算疏散时间的方法和公式，并进行了很多步行能力、出口流动系数的研究。如日本的 Togawa、加拿大的 Pauls、前苏联的 Predtechenski 和 Milinski、美国的 J. Fruin，Stahl，Nelsona MacLennan，B. Poyner、英国 D. A. Purser 等针对不同建筑类型提出了相关的疏散时间计算公式，这些计算公式能够估算一般建筑物的疏散时间，且使用方便、应用广泛，但是对于现在的各种各样形式的建筑物，特别是现在超高层、无障碍大空间的布局，传统的办法都无法估计疏散时间，也不能反映在人员众多的情况下可能发生拥挤的现象。

在进入计算机数值模拟技术阶段以后，我们可以直接模拟人员在建筑物内的移动过程，并且记录不同时刻人员的几何位置变化，同时可以得到人员的疏散时间。当前国外这个方面做得比较好的有英国爱丁堡大学的 Thmpson、英国格林尼治大学的 Galea、美国的 Fahy 以及澳大利亚的 Shestopal 等。另外，英国的 Sime 等人在对阻塞状态下人员心理进行研究的基础上，提出了 ORSET 模型的概念，即把心理学、建筑学、管理学以及火灾报警和疏散指示设施在建筑内的分布特征统一研究和分析，从而计算最小疏散时间，指导紧急情况下人员的急时疏散。同时英国研究人员开发出大量的人员疏散模型，如 LEGION、STEPS、Building Exodus、SIMULEX、EGRESS 等，这些模型能较真实地反映疏散时人员所选择的逃生路线和所做出的决定。美国研究人员的研究围绕最短疏散时间的计算、最优化疏散模型的建立、火灾中人员的决策以及对环境的反应、火灾对人员影响的评估方法等，详细地讨论了火灾期间人员的心理反应。日本方面则较注重把火灾人员行为统计、人员疏散安全评估方法、火灾危险性评估和性能化设计结合起来进行研究，提出 Togawa 经验公式，并开发出粗糙网络模型——水力模型。匈牙利交通专家 Helbing 在 1995 年把人员的行为反应量化为作用力，即社会力，添加到人员疏散模型中，取得了重大进展，成功地再现了群体效应等经典的人员疏散行为。

二、国内研究现状

我国在人员安全疏散领域的研究起步比较晚，与发达国家相比相对落后，但是近年来也取得了一些研究成果，并已在实际工程中应用。

1988 年东北大学温丽敏、陈全等提出了一种群集人员疏散模型，并且采用计算机仿真的方法计算出疏散时间。该模型把所有疏散人员看做是没有区别的群体，并且人员的疏散是按照设计人员设定好的路线井井有条地进行，最后对总的疏散时间进行折减，以考虑人员的各种不利特征（如惊慌）对整个疏散时间的影响。

2001 年武汉大学以陆君安、方正、卢兆明等为代表开发了空间网络网格疏散模型，该模型在总体框架上采用网络模型，建筑物由各个网络单元连接而成。在对各个网络单元进行描述的时候采用网格模型，把各个网络单元划分成能够容纳一个人的一个个小网格，采用拉格朗日法描述每个人员的几何坐标和疏散速度。充分考虑了某疏散个体在疏散过程中受到其他疏散个体的影响，还考虑到疏散个体所处的位置对于安全疏散的影响。同时又从人员在建筑物紧急疏散时同前后及左右人员拥挤对人员启动加速度的影响机理出发，建立了人员疏散动力学方程，并推导出人员在拥挤环境下的移动速度公式，进一步得到了人员移动速度与人员拥挤密度的对数关系。该模型可以求出总的疏散时间、每个单元的疏散时间等，但是该模型对于人员在疏散过程中的行为以及火灾场景中灾害本身的描述甚少。

2001 年东北大学和沈阳建筑工程学院的陈宝智、张培红利用离散系统分析动力学的方法，首先对建筑物火灾时人员疏散群集流动中的疏散个体的动力学特征进行分析，建立了群集流动的运动状态方程。对不同空间特征的疏散通道上群集流动的规律进行了研究，同时建立了计算机仿真模型，预测紧急疏散时群集流动的性状。

2002年中国科学技术大学的范维澄、杨立中研究开发了元胞自动机模型和格子气模型，该模型借鉴了交通科学工程里面元胞自动机理论，用一个个元胞来代替疏散人员，可以准确地表示建筑平面空间的几何形状及其内部障碍物的位置，还可以通过对疏散过程的可视化演示来评估建筑物的设计及内部布局结构的合理性。这种模型可以考虑环境中各种因素对于疏散人员的影响，使得疏散人员模型具有智能体的特点，但是该模型适用的建筑物类别少，疏散人员的各种特性也不能在模型中得到很好的反应。

2003年中国科学技术大学宋卫国等采用 Helbing 的分子模型研究了不同出口条件对疏散时间的影响。采用社会力模型（多粒子自驱动模型）对紧急情况下（如火灾发生时）的人员疏散现象进行了模拟，重现了实际疏散中出现的典型现象，着重研究了出口宽度、出口厚度等建筑结构特征以及期望速度等人群特征与疏散时间之间的关系。模拟了实际疏散中出现的某些现象，如“快即慢”效应的形成、阻塞现象、间歇性人流等。

2004年北京化工大学谢灼利分析了地铁站台火灾时火灾临界危险条件和人员的疏散特点，提出了地铁站台火灾中人员安全疏散模型，确定了人员安全疏散时间的计算方法。研究与计算结果表明：站台至站厅的楼梯是整个疏散过程的瓶颈，而楼梯的疏散能力主要受人员流量和楼梯的有效宽度所制约。

2006年西安建筑科技大学张树平等根据空气动力学模型和燃烧学基本原理，应用CFD数值仿真软件分析了地铁系统在火灾模式下温度场和烟气场的分布，对火灾蔓延的数值模拟、安全判据和人员安全疏散进行了研究。

2006年南京工业大学的周汝等用火灾动力学 FDS 软件对轨道中央列车车厢和站台层左侧两楼梯中间位置着火情况下烟气扩散情况进行模拟，比较屏蔽门对站台层火灾烟气扩散的影响，并制定相对应的自动门开启数量后，至少能保证 6min 的安全疏散时间。排烟风机对站台层的抽吸作用更加集中，站台层内温度也随着排烟效率的提高而显著降低。

2008年北京工业大学任福田、陈艳艳、史建港针对大型人群活动，研究了行人交通特性和行为特点，通过调查问卷分析行人集散特性、交通流特性和行为特性，建立了达到和散场的集散模型和行人流量、速度、密度关系模型，研究了行人设施的通行能力，对北京奥运会地铁运营管理和行人交通组织提出了建议。

2009年北京交通大学袁振洲、曹守华对北京市的地铁站进行了乘客交通特性数据采集，建立了行人流量、速度、密度关系模型，分析了乘客在站台的分布规律和候车位置，研究了出入口处人员拥挤的产生和演化的规律，确定了服务水平的划分标准。

另外，上海交通大学、西南交通大学、广州大学、同济大学、清华大学等高等院校和相关科研机构都对此进行不同方面的进一步研究，也相应地开发了一些软件。但总的说来，我国在这个方面起步比较晚，还是比较落后。

目前，人群的运动及疏散动态研究的主要内容可以分为三大部分：

（1）对行人、人群及疏散的观察和试验，其主要目的是得到具体的数据以给建筑设计、疏散方案的制订等提供参考，如行人的速度、密度、流量、速度与密度的关系等。目前我国的《建筑设计防火规范》、《地铁设计规范》等国家标准均未提出我国的行人特征参数设计值。

(2) 对人群行为数学模型的研究，目前以建立社会力人群疏散模型为主。社会力人群疏散模型把人员的行为反应量化为社会作用力，这方面的研究可以解决人员疏散中连续的、非线性复杂行为，对人群行为和疏散过程的进行计算机仿真。这方面的研究由于功能强大的计算机的普及，在最近十几年成为该学科研究的重点。

(3) 对交通枢纽系统在火灾模式下温度场和烟气场的分布的研究，掌握火灾中温度、烟气扩散的规律，以及温度、烟气、能见度等与人员安全疏散的相互关系。

第二节 人员安全疏散分析的性能判断标准和规范要求

一、人员安全疏散分析的性能判断标准

人员安全疏散分析的目的是通过计算可用疏散时间（ASET）和必需疏散时间(RSET)，从而判定人员在多层地下综合交通枢纽内的疏散过程是否安全。人员安全疏散分析的性能判定标准为：

可用疏散时间（ASET）必须大于必需疏散时间（RSET）

计算 ASET 时，应考虑火灾时多层地下综合交通枢纽内影响人员安全疏散的下列因素：

(1) 烟气层高度；(2) 热辐射；(3) 对流热；(4) 烟气毒性；(5) 能见度。

这些参数可以通过对建筑内特定的火灾场景进行火灾与烟气流动的计算模拟得到。各定量参数的计算应按下列要求确定：

(1) 在疏散过程中，烟气层应始终保持在人群头部以上一定高度，人在疏散时不必要从烟气中穿过或受到热烟气流的辐射热威胁。

(2) 人体对烟气层等火灾环境的辐射热的耐受极限为 2.5kW/m^2，即相当于上部烟气层的温度约为 180～200℃，见表 3-2-1。

(3) 高温空气中的水分含量对人体的耐受能力有显著影响，见表 3-2-2。人体可以短时间承受 100℃环境的对流热。

人体对辐射热的耐受极限 **表 3-2-1**

热辐射强度（kW/m^2）	＜2.5	2.5	10
耐受时间	＞5min	30s	4s

人体对对流热的耐受极限 **表 3-2-2**

温度和湿度条件	耐受时间（min）	温度和湿度条件	耐受时间（min）
＜60℃，水分饱和	＞30	140℃，水分含量＜10％	4
100℃，水分含量＜10％	12	160℃，水分含量＜10％	2
120℃，水分含量＜10％	7	180℃，水分含量＜10％	1

(4) 火灾中的热分解产物及其浓度与分布因燃烧材料、建筑空间特性和火灾规模等不同而有所区别。在设计和评估时，可简化为：如果空间内烟气的光密度不大于 0.1OD/m，

则视为各种毒性燃烧产物的浓度在30min内达不到人体的耐受极限，通常以CO的浓度为主要定量判定指标。在设计与评估中，应根据空间高度与大小以及可能的疏散时间来确定该光密度的大小。表3-2-3为人体在5min和30min内所能忍受的各种燃烧产物的最大剂量及浓度。

(5) 可视度的定量标准应根据建筑内的空间高度和面积大小确定。表3-2-4给出了适用于小空间和大空间的最低光密度和相应的可视距离。

人员安全疏散计算分析的定量判定标准为空间内的火灾环境应同时满足以下两个条件：

(1) 2m以上空间内的烟气平均温度不大于180℃；

(2) 2m以下空间内的烟气温度不超过60℃且可视度不小于10m。

人体所能忍受的各种燃烧产物的最大剂量及浓度　　表3-2-3

火灾产物	5min暴露时间		30min暴露时间	
	暴露剂量（浓度×时间）%min	浓度最大值（%）	暴露剂量（浓度×时间）%min	浓度最大值（%）
窒息				
CO	1.5	1	1.5	1
CO_2	25	6	150	6
LowO_2	45（耗尽）	9（耗尽）	360（耗尽）	9（耗尽）
HCN	0.05	0.01	0.225	0.01
刺激性气体				
HCl	—	0.02	—	0.02
HBr	—	0.02	—	0.02
HF	—	0.012	—	0.012
SO_2	—	0.003	—	0.003
NO_2	—	0.008	—	0.003
内烯醛	—	0.0002	—	0.0002

建议采用的人员可以耐受的可视度界限值　　表3-2-4

参　数	小　空　间	大　空　间
光密度（OD/m）	0.2	0.08
可视度（m）	5	10

二、人员疏散分析的规范要求

在我国现行的设计规范中，《建筑设计防火规范》、《铁路旅客车站建筑设计规范》和《地铁设计规范》规定了相关的防灾设计内容。在国际上，比较著名并被广泛参考和借鉴的交通类建筑设计规范，如美国消防协会制定的《NFPA130 固定导轨运输和有轨客运系统标准》，已经成为美国国家标准，其中对于地铁或者铁路建筑的防火设计做出了系统规定。

多层综合交通枢纽内包含了铁路、航空、地铁等交通建筑设计，虽然在各自的建筑类型范围内都有相应的规定，但多层综合交通枢纽将多种类型建筑集成到一起，各个区域之间相互连通、相互影响，人员客流存在交叉交汇现象，在建筑结构和系统设备上难以进行完全的分割。因此，简单依照各自类型建筑的设计规范单独进行设计，可能会导致在建筑和设备上难以实现，或者使建成后的多层综合交通枢纽的整体安全水平往往难以达到人们设计初衷要求。可以看出，多层综合交通枢纽建筑设计绝不是传统单一功能建筑设计的简单叠加得到的，在设计中将会遇到问题，需要针对多层综合交通枢纽的建筑特点和内部功能区组织对设计中产生的新问题进行研究，利用现有防灾、减灾技术措施提出一套与其相适应的设计方法和技术指标，使多层综合交通枢纽建筑的整体安全水平得到提升，既实现了现代交通设施方便、有序、快捷的目标，又能够满足安全性的要求。

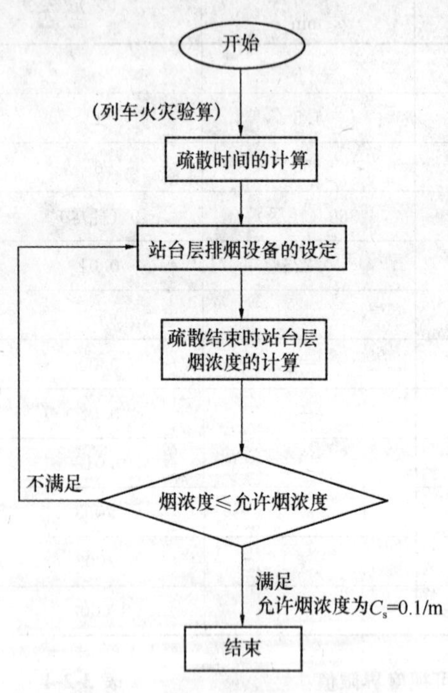

图 3-2-1 疏散安全性的检查步骤图

(一)《地铁设计规范》(GB 50157—2003)

《地铁设计规范》(GB 50157—2003) 19.1.19 规定：出口楼梯和疏散通道的宽度，应保证在远期高峰小时客流量时发生火灾的情况下，6min 内将一列乘客和站台上候车的乘客及工作人员全部撤离站台，其中报警时间和预动作时间为 1min。

(二) 日本规范

1. 疏散时间

1975 年制定的地铁火灾对策标准为：在列车火灾的情况下，从站台层到站厅层的疏散时间一律为 7min；站厅火灾的情况下，从站台层到地面的疏散时间一律为 10min；并进行排烟能力的设计。

2. 疏散安全性的检查

主要步骤：(1) 火灾位置；(2) 疏散时间的计算；(3) 排烟设备的设定；(4) 疏散结束时烟浓度的计算；(5) 判断是否满足烟浓度要求（图 3-2-1)，并考虑车站形态和疏散路径等方面影响（参考《地铁防火规范详解（日）》)。

图 3-2-1 中 C_s 为光衰减系数，表示烟对透过光的衰减程度（无烟时 $C_s=0$)，$C_s=0.0\sim0.1$ 为发烟性极少。单位为 1/m，即 C_s 每米的值。

(三) 美国规范

《NFPA130》规定：站台疏散时间应该有足够的疏散能力保证安全疏散站台上的人员，应该有充足的出口容量，在 4min 或更短的时间内，将站台上的人员疏散完毕。疏散到安全地点的时间：车站从站台最远端到安全地点的疏散时间小于 6min。

（四）德国规范

《德国铁路基础设施设计手册》规定：疏散要求首先根据美国标准 NFPA130 进行计算。其中人的平均行走速度：1m/s；扶梯行走速度：0.25m/s；人的行走宽度：60cm。狭窄路段通行时间按不同情况分析，Predtechenskii/Milinski 方法应该作为对比验证的补充方法。为了比较发生火灾的适宜疏散时间，考虑火灾开始和疏散开始之间的时间段也有决定意义，这个时间与列车的运行时间和车站的运营时间有关，有时还与报警时间有关。

（五）英国规范

通过 ASET 计算和 RSET 计算，其简化对比见图 3-2-2。

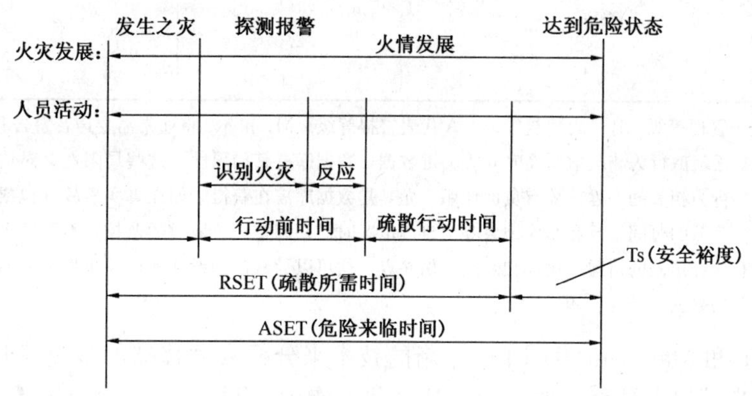

图 3-2-2　疏散时间与可用安全疏散时间对比简化过程图

Δt_{RSET}通过计算获得，并且一般分为三种情况，不同情况的取值不同。例如：取预动时间可查表 3-2-5。Δt_{trav}是处于建筑或围护中乘客的行进时间。处在这两种环境下的每一个人的行进时间都需要在设计审查中得到认识和评估，并且包含在行为评估当中。

行进时间、速度和流率可参考以下研究建议。

1. 行进时间有两个主要部分

1）乘客通过疏散通道到达出口所需的时间——行走时间［Δt_{trav}（walking)］。行走时间可以表示成个人时间的分配或代表一个单一时间（如走到出口所需的平均时间或最后一个人走到出口所需的时间）。进而，这个时间取决于每个乘客行走的速度以及此时他们距出口的距离。行走时间由建筑形状、乘客分布情况及他们的行走速度所决定。它表示走到出口所需的最短时间，因为在高密度下缓慢行走的这种可能性在准则中还未得到结论。

2）乘客通过出口和撤离线路所需的时间——流动时间［Δt_{trav}（walking)］。流动时间由出口的流通能力决定。这同样由乘客个人情况所评估，或者由乘客通过出口所需总的时间所描述。假设在乘客可以自由地选择出口的情况下，流动时间就作为撤离所需的时间。

2. 行进速度和流率的规定

（1）水平行进速度

无阻碍行走速度确定在 1.2m/s 左右。例如：Pauls 取 1.25m/s，这个数值取决于经验估计。Nelson and Mowrer 取 1.19m/s，他们的理论来源于 Fruin、Pauls、Predtechenskii 和 Milinskii 的成果。Ando 等研究火车站乘客情况，并发现无阻碍时的行走速度由于年龄和性别有所不同，按 20 年划分为一个年龄段，每个年龄段男女速度也是不同的。男性速度大约为 1.6m/s，女性速度大约为 1.3m/s。

预动时间取值表 **表 3-2-5**

场景、等级及组合	第一种人员 Δt_{pre}（1stpercentile）	人员比例 Δt_{pre}（99thpercentile）
E：运输工具（例如：铁路、汽车站或者飞机场）		
醒着的和不熟悉的		
M1B3A1 - A2*	1.5	4
M2B3A1 - A2	2.0	5
M3B3A1 - A3	>15	>15

注：(1) M 代表管理等级；B 代表建筑等级；A 代表警报等级。M1 和 M2 将通常需要声音警告和广播警报。

(2) 由于缺乏疏散行为和疏散所需时间等关键数据，数据库有其局限性，这些局限性会对估计或设计应用于与人的行为相关的工程计算有负面作用。尤其是数据库需在获得诸如在真实事故（包括火灾）发生的情况下，疏散的时间记录和影像记录等信息的情况时需要调整。疏散时的监控资料要适当的详细程度，其中要有各种预先的情况，比如在晚间的居住点。这可以为软件的设计和进一步发展人的疏散行为模型提供重要的数据。

Thompson 和 Marchant 发明了一个新的技术来分析人群移动的步速，并且形成了按人们之间距离来模拟人员移动的理论。从这些工作中，Thompson 和 Marchant 认为限值是 1.6m，因为当人们之间的间距大于 1.6m 时，他们的行走速度将不会受到影响。他们取无阻碍时男性行走速度为 1.7m/s，女性为 0.8m/s。当人员之间的间距减小时，人们移动的速度也随之下降。当人们密度非常大时，它就接近于 0。

Nelson 和 Mowrer 描述了由于密度影响速度的规定。如果在出口通道处，人员密集度低于 0.54 人/m^2，人们可以按自己的速度前进，并不受其他人的影响。当人们的密集度超过 3.8 人/m^2，行走将会停止。当在这两者中间时，速度由下列公式确定：

$$S = k - akD$$

式中 S——行进速度；

D——密集度；

k——对于水平行进为 1.4；

a——0.266。

(2) 竖向行进速度

Ando 等将无阻碍行走的上楼速度定为 0.7m/s，下楼速度定为 0.8m/s。根据年龄和性别，Fruin 描述了在走楼梯时行进速度的数值范围。对于下楼来说，这个范围从 30 岁以下男性 1.01m/s 到 50 岁以上女性 0.595m/s。对于上楼来说，它包括了从 30 岁以下男性 0.67m/s 到 50 岁以上女性 0.485m/s。上下楼的速度会随着楼梯的高度下降而变快。

Nelson 和 Mowrer 描述了对 4 种不同形式楼梯的行进速度，他们得到行进速度的范围在 0.85m/s～1.05m/s，并随着梯板高度的下降而上升。上下楼的速度并未有任何区别，年龄和性别对其影响也不大。

（3）最大流率

利用ADB设计流动率。在最大设计出入口的情况下，人员流动出设计围护所需的时间为2.5min，对于有4个可利用的1.125m宽的出口和900名乘客的情况下，Nelson和Mowrer的理论给出设计流动时间为3.5min。

在最大流量的情况下，流动率取决于人员密集度和行进速度，具体计算式如下：

$$Fs = SD$$

式中　Fs——具体流量；

D——人员密集度；

S——速度。

当人员密集度增加时，具体流动速度也会增加，直到最大密集度（1.9人/m²），当人员密集度更大并达到3.77人/m²，流动速率将变为0。

（4）安全富裕时间（Margin of safety）

对具体可利用的安全撤离时间和逃离所需时间来说，安全富裕时间由下列公式确定：

$$t_{\mathrm{margin}} = t_{\mathrm{ASET}} - t_{\mathrm{RSET}}$$

为了确保每一步计算不确定性在允许范围内，它在计算中会引进一个安全因子（参考《PD 7974-7》）。

第三节　基本原则和方法

一、制定疏散策略分析

疏散策略分析包括确定必要的疏散分析场景、疏散规模、疏散范围，确定疏散开始顺序、疏散达到的安全区域、疏散过程中需要达到的指标等。所谓疏散安全地点，是指避免受到火灾影响的区域，在交通枢纽内部，通过防火分隔等消防措施，人为制造出某些区域免于受到其他区域火灾和烟气的影响，可以将这些区域作为相对安全区域提供人们暂时的避难场所（图3-3-1）。这些区域如疏散通道和防烟楼梯间等，一般应具有保护不受火灾热和烟气影响不低于30min，防火分隔物的耐火时间不低于1h等要求。

图3-3-1　疏散阶段示意

交通枢纽人员疏散方案分析的重点在于出口系统能够在一个可接受的时期内为人们提供安全的疏散通道，避免出现拥挤和惊惶。管理运营方应保证计划安全的路线并实施有效管理，为枢纽内人员提供顺畅、避免出现拥堵的通道，使枢纽内人员到达枢纽边缘，或在紧急情况下到达安全地点。为达到此目的，管理方应确保：

（1）应提供足够的出口数量并合理安置其位置；

（2）在所有出口路径上，都应提供足够的宽度和高度；

（3）人们离开交通枢纽的疏散距离不应过长；

（4）应对人员通过出口系统的过程加以控制；

（5）所有出口在正常情况下和紧急情况下都应是容易识别的。

二、分析疏散出口系统与路径分析

分析疏散通道的可用性、疏散路径上的通道构成，包括：各层的疏散主通道、楼梯、出入口、坡道、集散厅及其他通道走廊等。确定可能导致人员聚集的关键部位，分析疏散过程中通道情况的变化以及人员实际选择不同疏散路径的差异性。

由于在出口处排队的时间延长而导致出口的人群压力增大，因此通过出口的排队时间一定要加以限制，同时注意出口（如楼梯、护栏、各层过道）构件在设计细节上的人流控制。为实现出口系统的平滑、无拥堵，最好应保证出口系统沿线上不变窄。如果出口沿线上存在变窄的部分，就会产生收缩，导致人员聚集在窄点。

在进行出口系统的设计与管理时应考虑：

（1）运动：当人员进入出口系统时，他们能够始终保持移动；

（2）多条出口路线：一旦出现意外事故导致通常的出口路线受阻，人员应有另外的出口路线可供选择；

（3）复杂出口路线或网络：对于含有多条出口路线的复杂出口系统，应以网络的形式进行分析。

检测出口路线是否能接纳从各层到交通枢纽出口路线上的自由疏散人流。对于含有分支出口的情况，应对每条分支路径上的人流量比例进行评估，例如临近铁路和公共车站的出口将吸引更高比例的人群。具有复杂出口系统的交通枢纽应具有清晰、明确和完备的出口网络疏散计划，明确出口路径的能力。这些计划应与交通枢纽各部分的相关图纸保持一致。

除了正常出口外还应提供用于紧急情况使用的疏散通道，应考虑以下几点：

（1）各层每个区域应设有 2 个以上的紧急疏散通道；

（2）楼梯或通道应采用至少 1h 的防火材料进行分隔；

（3）紧急疏散通道应通向一个安全地点，最好是室外；

（4）对于必经紧急疏散通道，应考虑提供缓冲区内人员与可燃物的分隔。

疏散出口的人员通过能力可由出口人流流率与出口宽度的乘积确定。疏散路径上不同组成单元的最大人流流率为：

（1）在所有带有座位的区域（包括过道、集散区和坡道）以及交通枢纽内所有楼梯上最大人员流量为 73 人/（mmin）；

（2）交通枢纽所有其他区域（包括站立各层区内）最大人员流量为 109 人/（mmin）。

研究与经验表明，疏散过程中出口只能在较短一段时间内保持最大人员流率，因此在出口通过时间和紧急疏散时间分析过程中应对人员流率进行一定的折减。另外，影响通道人流率的因素有：

（1）有儿童、行动不便或残疾人在场；

（2）商业用途的位置和等级，疏散沿线的餐饮和其他枢纽内人员服务设施；

（3）出口系统的设计和物理条件，如楼梯数量、方向标志水平、光照水平和脚下条件。

三、确定疏散人数与容量

（一）疏散人员数量的确定方法

对建筑物内疏散人数的确定，是影响建筑物疏散安全性评价结果的重要因素，是建筑防火疏散设计的基础。过低估计建筑物内可能的疏散人数，将会为建筑物疏散安全留下隐患；而过高估计建筑物内的疏散人数，则又会造成建筑物内疏散通道和防火设施设备的浪费，提高消防成本。因此，对于特定建筑物，总是寻求尽量接近实际情况的最大疏散人员数量指标，建筑疏散楼梯、出口等都应满足最大人员数量疏散的要求。如果不满足就应采取措施，加大出口宽度或者限制建筑物内的人员荷载。

在对疏散人员数量的确定中，应根据不同建筑场使用功能和具体环境不同，而采用不同的确定方法。

（1）一般建筑场所按建筑面积乘以密度指标进行确定，首先要根据建筑类型或者建筑内的使用区域确定不同功能区域下的最大平均人员密度。疏散人数拟采用功能区域内的平均人员密度和功能区域面积对疏散人数进行核算。如航站楼集散大厅取平均人员密度为：0.1 人/m^2；管理用房、办公用房等区域取 0.108 人/m^2（参照 NFPA101）。疏散人数则可由功能区域面积与平均人员密度的乘积得到。该方法更为便捷和利于设计及监督人员控制。

（2）对于固定坐位占决定因素的场所应按照固定座位数选取。

（3）对于既有固定坐位又有站立面积的场所，应按面积指标或人员密度指标计算，并按固定座位数进行校核，应取其中的较大值。

（4）在业主方和设计方能够确定未来建筑内的最大容量时，则按照该值确定疏散人数。否则，需要参考相关的统计资料，由相关各方协商确定。

（5）如果建筑可能有多种用途，一定要考虑疏散人数最大的情况进行分析。对于一些新建的、大型的公共建筑或某些区域人员疏散数目的确定，在没有任何资料的情况下，可以通过实际观测调查的方法得出。

（6）对于人员流量较大的建筑，如航站楼、火车站、地铁等交通类建筑可以按高峰时期客流量及平均停留时间确定人员荷载。

（二）地铁换乘站疏散人数确定

站厅、站台、出入口通道、人行楼梯、自动扶梯、售检票口（机）等部位的通过能力应按该站远期超高峰客流量确定。超高峰设计客流量为该站预测远期高峰小时客流量（或客流控制时期的高峰小时客流量）乘以 1.1～1.4 超高峰系数。

确定疏散范围内可能的最大容纳人数，在不利情况下疏散人数达到最多。由于人员具有流动性，可能导致在某一瞬间大量人员聚集某处的情况，这就需要根据实际设计方案对场景内的最大可能疏散人数进行评估，制定出充分的、有代表性的疏散场景。其中涉及人员密度确定问题应以国内提供数据为主，在缺乏数据的情况下可参考当前国际上权威机构提出的通用数据。

安全疏散设计时，每个站台只考虑一辆列车，一列列车的乘客数为 1860 人，每个站台 1000 人，每个站厅 100 人，每个换乘通道 100 人。

（三）铁路换乘站疏散人数确定

按照《铁路旅客车站建筑设计规范》（GB 50226—95）中的规定，铁路旅客车站的建筑规模，应根据旅客最高聚集人数（以下简称最高聚集人数）分为四级：

特大型车站最高聚集人数 H，$H \geqslant 10000$ 人；

大型车站最高聚集人数 H，$2000 \leqslant H < 10000$ 人；

中型车站最高聚集人数 H，$400 \leqslant H < 2000$ 人；

小型车站最高聚集人数 H，$50 \leqslant H < 400$ 人。

旅客最高聚集人数是指旅客车站全年上车旅客最多月份中，一昼夜在候车室内瞬时（8～10min）出现的最大候车（含送客）人数的平均值。

通常，旅客最高聚集人数的计算方法为：按设计年度的平均日旅客发送量乘以相应的百分比计算。对于 7000～10000 人次车站为 12%～10%，对于 10000 人次以上的车站为 10%。

普通候车室设计每人使用面积不应小于 1.1m^2；小型站的综合候车室的使用面积宜增加 15%。

对于进行过专门中远期旅客流量分析的新建车站，可以根据车站中远期高峰客流经过处理得到车站旅客最大人数。再结合候车室内一定比例的送客人数、出站口外一定比例的迎客人数以及车站内的工作人员数量，综合得到车站内的疏散人员数量。

以高峰时刻客流量下站房中的预测旅客人数为基础，来确定疏散人数适合用于计算交通类建筑物内公共区域的旅客人数：设定每个主要客流区域的人员平均停留时间，并由此转换成瞬时流量，这就是旅客在该空间所停留的平均时间。结合高峰小时客流量数据中的波动变化，在计算瞬时出现的最大人数时选取一个高峰波动系数，则瞬间的楼内人员数量可以由以下公式计算：

$$P = p_{\text{h}} k T_{\text{s}}$$

式中 P——楼内人员数量；

p_{h}——高峰每小时人数；

k——高峰波动系数；

T_{s}——停留时间（min）/60。

考虑不确定情况下人员裕量，可能存在火车误点或由于其他原因人员会滞留在站内，以及站内的迎送人员，因此在疏散分析中考虑的迎送或者滞留人员在此基础上又 20%～30%的人员安全裕量，将以上总计作为疏散人数是合理的且较保守的。

站台上人数的预测需要掌握客车的承载能力数据。对于设有多个站台的车站需要结合车辆调度方案，考虑多个站台上同时有满载乘客的列车卸下旅客，而同时其他站台的旅客正在等待上车的情况。但是在缺乏承载能力数据的情况下，也可利用出发和到达双方向旅客高峰小时客流数据再加上高峰波动系数得到。

四、疏散分析要求

（一）疏散设计的一般原则

针对多层地下综合交通枢纽特点提出疏散设计原则：

1. 各自独立、分区域疏散原则

减少产生大规模影响，降低存在大量依赖借用疏散的倾向。

2. 避免疏散方向与正常人流运动方向冲突原则

对于综合交通枢纽，特别注意换乘、换线、换交通形式人流方向与疏散方向之间的冲突。

3. 双向疏散设计原则

每个单独组织疏散的区域内，一旦其中一条疏散路径被火灾阻断，保证至少还存在一条疏散路径不会同时受火灾影响，提供疏散。

4. 疏散报警联动控制系统统一高效原则

统一设计（同样应统一管理、统一指挥），应急控制方案宜简洁、明确，提高应急预判性要求，减少对临时应变机动性的依赖。

5. 疏散照明、疏散指示设计，信息量充足、连续、到位原则

（二）疏散距离要求

控制建筑内到达安全出口的疏散距离目的在于使建筑内人员能够较容易发现疏散出口方位并于较短时间内到达安全出口。疏散距离过大则导致人员寻找安全出口困难，陷入在发生火灾的建筑内盲目走动，增加恐慌导致出现危险程度增加，同时疏散距离的增大使人员在行走路程中增加遭遇险情的可能性并延长人员处于危险环境的时间增加了人员伤害的几率。

我国《地铁设计规范》（GB 50157）中对地铁站台上的疏散距离做出了规定，要求站台公共区的任一点，距疏散楼梯口或通道口不得大于 50m；对人行通道长度做出了规定，要求地下出入通道长度不宜超过 100m，如超过时应采取措施满足人员疏散的消防要求。

美国 NFPA101《生命安全规范》中要求对于公共建筑出口的布局安排应使该区域内任意一点到达出口的疏散距离总长应不超过 61m（200 英尺），而对于按规定要求安装了自动喷水灭火系统实施全保护的公共场所，疏散距离应不超过 76m（250 英尺）。

美国 NFPA130《固定轨道运输和客运系统标准》中要求从站台平台上任意一点到出口的最大行程距离应不超过 91.4m（200 英尺）。

综合考虑地铁站台通常空间高度较低、到达疏散楼梯或通道的距离较远，但站台空间布局简单、较容易判断出口的位置。站台火灾初期，人员疏散到上层区域就能够保证一定的安全性，再考虑疏散到室外出口，因此站台内任一点到达疏散楼梯或通道的最远距离应控制在 50m 以内。

而对于火车站集散厅、候车大厅，以及机场航站楼值机大厅等属于开敞高大区域。烟气通常在上空聚集，火灾初期烟气不会影响到地面人员的情况下，配合疏散指示和管理方的有效疏导，可以适当延长疏散距离。可以考虑将空间内任意一点到安全出口的最远直线距离控制在 60m 以内。

（三）疏散宽度要求

在进行疏散计算时，疏散通道或出口的宽度应采用其有效疏散宽度。有效宽度为疏散通道或出口净宽度减去人员行走时在疏散通道边界部位所需要的边界层宽度。表 3-3-1 是各类通道或出口的边界层宽度值。

疏散通道或出口的净宽度应按下列要求计算：

（1）走廊或过道，为从一侧墙到另一侧墙之间的距离；

（2）楼梯间，为踏步两扶手间的宽度；

（3）门扇，为门在其开启状态时的实际通道宽度；

（4）布置固定座位的通道，为沿走道布置的座位之间的距离或两排座位中间最狭窄处之间的距离。

边界层宽度　　**表 3-3-1**

疏散路线因素	边界层宽度（cm）
楼梯-梯级的墙壁或面	15
栏杆、扶手	9
走道、斜坡墙	20
障碍物	10
宽阔的场所、过道	46
门、拱门	15

（四）流量系数及流量

流量系数（p/m·s）为单位时间内通过单位宽度疏散路线上一点的人数，流量为单位时间内通过疏散通道某一截面处的人数：

$$f = Dv\,(\mathrm{p/m})$$

$$F = f \times W_e = DvW_e\,(\mathrm{p/s})$$

式中　f——人员比流量（p/m·s）；

D——人员密度（$\mathrm{p/m^2}$）；

v——人员行走速度，m/s；

F——人员流量（p/s）；

W_e——有效疏散宽度（m）。

（五）穿行时间及通过时间

穿行时间是指人员从初始位置行走至疏散出口或安全出口所需要的时间。用下式计算：

$$t_w = L/v$$

式中　t_w——穿行时间（s）；

L——人员从初始位置行走至疏散出口或安全出口的距离（m）；

v——人员行走速度（m/s）。

通过时间是指人员通过疏散出口或安全出口所需要的时间，用下式计算：

$$t_p = \frac{P}{F}$$

式中　t_p——通过时间（s）；

P——总人数（人）；

F——流量（人/s）。

当计算交通枢纽内某区域的疏散时间时，需要考虑穿行时间 t_w 和通过时间 t_p 之间的关系。

当 $t_w < t_p$ 时，说明人员从区域内的最远一点到达出口时，人员并没有全部通过出口，因此人员将会在出口处出现滞留现象，此时人员从该区域内疏散出去的时间即为通过出口的时间 t_p。

当 $t_w > t_p$ 时，说明位于区域内最远点的人员在到达出口时，其他人员已经通过了出口，因而不必再在出口处排队等候，因此人员疏散时间就是最远点的人员步行至出口的时间 t_w。

多层地下综合交通枢纽特性主要应分析多层地下综合交通枢纽的布局与几何尺寸、多层地下综合交通枢纽功能与用途、疏散设施、火灾报警系统的类型与方式、建筑消防安全管理等。

（1）与多层地下综合交通枢纽布局与尺寸有关的参数主要有：多层地下综合交通枢纽的外形尺寸和内部空间尺寸、交通枢纽高度与室内空间高度、顶棚形式、内部平面分隔与布置、内部空间之间的连接、疏散距离、门、楼梯及疏散走廊的宽度、多层地下综合交通枢纽与周围建筑之间的空间关系及室外消防给水和消防道路等城市消防设施情况等。

（2）疏散设施应分析各段疏散通道的长度、宽度、坡度；各段疏散通道之间的连接关系；疏散出口和安全出口的位置、宽度及其流量；楼梯（间）的位置与梯段宽度、坡度、防烟楼梯间前室的面积、疏散通道及楼梯间的防火保护措施、人员对各疏散走道、楼梯和出口的熟悉程度、最终安全地点的位置、疏散指示的类别及应急照明的设置位置和照度等。

（3）报警系统的类型应同时考察报警设施的类别和所发出的报警信息对警醒和诱导、提示人员实施疏散的有效性。

（4）交通枢纽消防安全管理包括硬件管理和软件管理。硬件管理包括多层地下综合交通枢纽内的火源、可燃物、运行的管理、消防设施维护与管理等。软件管理包括交通枢纽员工与使用人员的管理与培训、消防制度建设与落实应急方案等。

对于人员特性应考虑人的行为、人员类型、人员在火灾时所处位置、人员对火灾等应急事件的反应能力等。对于人的行为，应考虑人员在遵循火灾报警通知时所可能采取的行动及其行为能力，包括寻找或者救助家人、朋友、整理并携带贵重物品以及群体行为、对烟火的反应、恐惧心理的扩展与加强等。对于人员类型，宜考虑六种人员类型：由相互熟悉的人构成的小群体（家庭或朋友）、老年人、儿童、成年男子、成年女子、残疾人。当然，实际中还可进一步细化并考察各类人员的数量占交通枢纽内总人数的百分比，以获得更准确的分析结果。但是，并不是所有交通枢纽都需要同时考虑这些人员类型，而可以根据不同类型人员所占比例大小，采用近似的方法略去较次要的人员类型，使分析得到简化。

对于人员的位置，可只需考虑其初始位置，如：火源房间、火源所处楼层、其他楼层。

对于人员的反应特性，宜考虑其敏感性、反应能力、灵活性、警觉性、感知不正常迹象并采取行动的能力、人员在报警之前专注于正在进行的活动的程度、人员注意力集中的点、对建筑和疏散程序的熟悉性、与周围人群之间的关系以及其他生理和心理状态等人体基本特性，并应反映所设计建筑类型内使用人员的预期分布特性。

五、常用人员疏散分析方法及其适用性

（一）经验公式法

在北美地区、英国、瑞典以及大洋洲地区普遍采用 Pauls 和 Fruin 等人提出的基于有

效宽度和密度-速度模型的疏散分析算法。日本《避难安全检证法》提出了基于有效流动系数的疏散分析算法。经验公式算法的特点是：计算速度快、易于掌握和使用，适于进行结构简单场所的疏散容量分析和疏散时间预测。但无法描述疏散过程中人的行为细节，对于结构复杂的场合计算结果较实际情况偏差大。

1. 计算疏散时间的经验简化公式

1）Togawa 公式（用楼梯的建筑物的最短疏散时间）

$$T_e = \frac{N_a}{N'B'} + \frac{K_s}{v} \tag{3-3-1}$$

式中 T_e——疏散运动时间；

N_a——建筑物疏散人员总数；

N'——最终出口处的人员流量；

B'——最终出口处的宽度；

K_s——最终出口到人流起始端的距离；

v——人流移动速度。

2）Melink 和 Booth 公式（高层建筑物的最短总体疏散时间）

$$T_r = \frac{(n-r+1)Q}{(N'b)} + rt_s \tag{3-3-2}$$

当$Q/(N'b) \geqslant t_s$，则 $r=1$ 时 T_r 为最大值，疏散时间 $T_e=nQ/(N'b)+t_s$；

当$Q/(N'b) < t_s$，则 $r=n$ 时 T_r 为最大值，疏散时间 $T_e=nQ/(N'b)+nt_s$。

式中 T_r——是第 r [$r \in (1, n)$] 层以上人员疏散下来的最小时间；

n——建筑物层数；

r——第 r 层；

Q——每层楼层人数；

N'——单位宽度楼梯通过的流量；

b——每层的楼梯宽度；

t_s——在不受阻情况下人员下降一层所需的时间，一般取 16s；

T_e——最短疏散时间。

3）Paul 公式（多层建筑物的最短总体疏散时间）

人流流量在楼梯处的经验拟合公式

$$f = 0.206p^{0.27} \tag{3-3-3}$$

式中 f——单位有效宽度楼梯所能通过的人流流量；

p——单位有效宽度楼梯；

$T=0.68+0.081p^{0.73}$，当单位楼梯宽度通过的人数少于 800 人时；

$T=2.00+0.011p$，当单位楼梯宽度通过的人数多于 800 人时；

式中 T——经楼梯疏散所用的最短时间，以分钟计算；

p——相邻出口层上面的楼层测得的每米有效宽度楼梯所能容纳实际人数。

4）我国《地铁设计规范》站台事故疏散时间

$$T = 1 + \frac{Q_1 + Q_2}{0.9[A_1(N-1) + A_2B]} \tag{3-3-4}$$

式中 T——站台事故疏散时间（min）；

Q_1——列车载客人数（人）；

Q_2——站台上候车乘客和站台上工作人员（人）；

A_1——自动扶梯通过能力［人/（min・m)］；

A_2——人行楼梯通过能力［人/（min・m)］；

N——自动扶梯台数（台）；

B——人行楼梯总宽度（m）；

1——人员的反应时间（min）；

N-1——计算中应考虑1台自动扶梯损坏不能运行的几率（台）；

0.9——（N-1）台自动扶梯和人行楼梯通行能力按9折折减。

5）NFPA130标准

（1）步行行走时间 T 的计算

$$T=\sum_{i=1}^{n}T_{xi}=\sum_{i=1}^{n}\frac{L_{xi}}{v_{xi}} \tag{3-3-5}$$

式中　T——出口路线上总的行走时间（min）；

T_{xi}——在第 x_i 段行走的时间（min）；

L_{xi}——第 x_i 段的距离；

v_{xi}——在第 x_i 段上人员的行走速度（m/min）。

（2）每个流动区的流动时间 F_{Yi}的计算

$$F_{Yi}=\frac{N_{Yi}}{C_{Yi}} \tag{3-3-6}$$

式中　F_{Yi}——Yi 流动区的流动时间（min）；

N_{Yi}——Yi 流动区的人员负荷（人）；

C_{Yi}——Yi 流动区的最大通行能力（人/min）。

（3）每个流动区的等待时间 W

$$W_p=F_p-T_p \tag{3-3-7}$$

式中　W_p——站台出口的等待时间（min）；

F_p——站台出口流动的时间（min）；

T_p——站台上步行行走的时间（min）。

$$W_N=F_N-\max(F_{Yi}) \tag{3-3-8}$$

式中　W_N——其他流通区的等待时间（min）；

F_N——流通区的流动时间（min）；

F_{Yi}——此流通区之前 Yi 流通区流动时间（min）。

（4）总的疏散时间 T_{total}（min）：

$$T_{total}=T+W_p+\sum_{i=1}^{N}W_N \tag{3-3-9}$$

（二）动态模拟法

在交通枢纽设计中，疏散通道上的回转和拐角、楼梯的级数和坡度对疏散分析结果都会产生影响。对于复杂结构的疏散场景，房间、大厅与通道之间相互连通与交汇，疏散过程中自由度的大大增加，导致疏散分析变得十分复杂，有些情况下通过逻辑分析得到令人满意的疏散分析结果几乎是不可能的。

我国《地铁设计规范》(GB 50157—2003)的实行，为近几年地铁疏散设计起了决定性的指导作用。但作为设计规范，只能是对一般性、普遍性的问题给予规定说明，不可能对每一个具体的细节都考虑得面面俱到。特别是在消防紧急疏散设计措施方面，与国外相比还有一定的差距。

《地铁设计规范》(GB 50157—2003) 19.1.19 规定："出入口楼梯和疏散通道的宽度，应保证在远期高峰小时客流量时发生火灾的情况下，6min 内将列车乘客和站台候车的乘客以及工作人员全部撤离站台"，并给出的站台事故疏散时间的计算公式。使用这种方法计算疏散时间，实际上只考虑了疏散楼梯及自动扶梯的通行能力对疏散时间的影响，没有考虑行人疏散速度和密度对疏散时间的影响，也没考虑检票口、出入口、疏散通道通行能力的影响及车站疏散线路长短的区别，因此，用这种方法计算，只要楼梯及自动扶梯总宽度不变，不管车站内部的空间布局，甚至总面积怎样变化，疏散的时间都是一样的。

而借助计算机软件对疏散过程中人们的行动过程进行模拟成为最佳选择。模型中考虑了建筑结构因素、人员自身类型条件、人群相互作用因素，甚至心理因素和环境变化因素，综合多种因素可以实现人员疏散在具体场景下的仿真模拟，得到更为可信的疏散分析结果，达到安全性评价的目的。因此计算机动态模拟法越来越普遍应用于新型建筑人员疏散性能化分析中。

利用计算机模拟人员在建筑内部的行走，实现对建筑设计方案疏散情况的预测与仿真分析。当前世界各国都对人员疏散动态模拟技术进行了大量研究工作，已开发或正在开发的疏散动态模拟软件多达二十几种。其中在工程分析上比较流行并普遍应用的疏散模拟软件有：

(一) 由英国 IES 公司开发 Simulex 软件，用来模拟大量人员在多层建筑物中的疏散。它基于精细网格算法，采用二维平面图形模拟三维图形。Simulex 将人员分为男、女、老、幼四种类型，每种人员的水平投影大小和正常行走速度各不相同。在此基础上根据一定的比例可以设置商店购物者、办公室工作人员等人群组成。在 Simulex 中，人员的行走速度范围为 0.8m/s～1.7m/s，在楼梯上的行走速度为水平面行走速度的 50%。人群的行进速度不仅与设定的正常行走速度有关，还与行进过程中人群密度有关，采用等距图和人群拥挤处理作为核心行走驱动算法。

(二) 由 Mott MacDonald 设计的 STEPS 是一个三维疏散模拟软件。该软件是专门用于分析建筑物中人员在正常及紧急状态下的疏散状况。适用建筑物包括：大型综合商场，办公大楼，交通枢纽，地铁站等。此模型的运作基础和算法基于细小的"网格系统"，模型将建筑物楼层平面分为细小系统，再将墙壁等加入作为"障碍物"。模型中的人员则由使用者预先设定，模型内的每个个体行走驱动决策将会针对所知疏散出口计分，计分愈低，人员愈会选择此出口作为疏散方向。人员疏散出口的计分考虑了许多因素，包括：人员到出口的疏散距离、人员对此出口的熟悉程度、出口附近的拥挤程度及出口本身的人员流量，同时考虑人员的心理耐性程度上的差异。此人员疏散出口的计分是以每人每时段计算。此计算机模型需要以下三点相互关联构成要素的详细叙述：楼层平面及人员疏散途径的网格系统、个别人员特性及模型中人员的行动。此计算机模型采用人员决策及网格系统的组合来分析各样几何建筑物。建筑物的楼层平面被细分为网格系统，网格大小取决于人员密度的最大值。建筑物中的楼梯则用倾斜面或连结接通，提供人员在层间行走。详细的人员特性输入包括：人员种类、人员体积参数、人员行走速度等，适当地运用此种人员界定方法可以便捷地分析多种火灾情况。此计算机模型以三维立体的图像呈现建筑物中的模拟人员疏散情况，使用者可以随意转变视觉角度并生成疏散过程动态演示文件。

（三）英国开发的行人仿真软件 LEGION，利用微观的行人行为模拟活动人群的行为，软件在行人特性研究基础上建立计算模型，能够实现活动人群在公共空间的流动。可被应用于多种环境之中：包括火车站的不同层面、地铁站、飞机场、大型运动场和综合体育馆、人行组织交叉口以及零售商业区等。LEGION 能够模仿行人在行走时的细致行为，以及与周边设施和其他人群的互动联系，这些详细的分析可以被用作实现设计，管理的最优化，以及最大限度地提高公共空间的安全性能。从而减少了工程费用，改善需求预测、安全控制以及遇到紧急事故需要疏散时的情况预测。最近英国的地铁公司（LUL）已确认 LEGION 为他们地铁站改善工程的专业行人模型软件。大部分地区的城市发展项目亦可用 LEGION 的行人预测模型，如北京、伦敦的奥运场馆及周边设施的设计、大型屋苑、商场式商厦的设计等。

（四）中国建筑科学研究院防火研究所研制了具有自主知识产权的人员安全疏散数值仿真计算软件 Evacuator V1.0，采用人员疏散模拟的社会力模型，并将社会力模型的原理和提高计算效率的技巧编制成模块，已经实现了预定的功能。针对 UC-WIN/ROAD 软件开发了插件，实现了三维展示功能，软件应用于地铁交通枢纽进行的仿真计算，并与其他国外同类软件进行了对比，计算分析效果良好。

（五）Exodus 软件是由格林尼治大学的火灾安全工学小组（FSEG）开发的，是一个模拟个人、行为和封闭区间的细节的计算机疏散模型，模型包括了人与人之间、人与结构之间和人与环境之间互相作用。它可以模拟大建筑物中的上千人并且包括火灾数据，分为 Building Exodus（建筑模型）、air Exodus（航空器模型）、maritime Exodus（舰船模型）和 vr Exodus。

Building Exodus 尝试着考虑人与人之间、人与火之间以及人与结构之间的交互作用。模型跟踪每一个人在建筑物中的移动轨迹，他们或者走出建筑物，或者被火灾，例如热、烟和有毒气体所伤害。Building Exodus 由 5 个互相交互的子模型组成，它们是人员、移动、行为、毒性和危险子模型。该软件用采用面向对象技术的 C＋＋编写，是基于规则的，每一个人的前进和行为由一系列启发或者规则决定。

Building Exodus 中，空间和时间用二维空间网格和仿真时钟（SC）表示。空间网格反映了建筑物的几何形状、出口位置、内部分区、障碍物等。多层几何形状可以用由楼梯连接的多个网格组成，每一层放在独立的窗口中。建筑物平面图可以用 CAD 产生的 DXF 文件，或者用交互工具提供，然后存储在几何库中以备将来之用。网格由节点和弧线组成，每一个节点代表一个小的空间，每一段弧代表节点之间的距离，人员沿着弧线从一个节点到另外一个节点。

基于一个人员的个人属性，行为子模型决定了人员对当前环境的响应，并将其决定传递给移动子模型。行为子模型在两个层次起作用，这就是众所周知的全局和局部行为。全局行为包括实现这样一个疏散策略，导致人员采用最近的可用疏散出口或者最熟悉的出口来逃生。人员对一个特定的建筑物的熟悉程度取决于用户之前是否来过，可以分配给人员一项任务，例如参观一个预先确定的地方，这个任务必须在疏散之前完成。

（六）Path Finder 模型

Pathfinder 是由美国 RolfJensen & Associates 公司（RJA）开发的人员疏散软件，与传统的以流体流动为计算基础的软件和以离散网格为基础的模型不同，Pathfinder 是一种基于 Agent 的解析算法疏散仿真工具。在主要应用于游戏开发、图形图像技术领域的计算机科学的基础上，Pathfinder 实现了对每个个体的运动方式准确预测。

Pathfinder 为建筑师在建筑布局、建筑防火系统设计领域提供了很好的解决方案。多种模拟方式及可以自定义的人物属性，可以轻松实现不同的预测情景模拟，计算火灾发生时疏散时间的保守值及最优值。该软件是一个人物为基础的模拟器，通过定义每一个人员的各种参数来实现模拟过程中的各自独特的逃生路径和时间模拟。软件不仅有强大的人物运动模拟器，还有综合的用户操作界面，模拟结果的三维动态效果呈现，实现了更快的疏散模拟评估，同时具有其他模拟软件无法比拟的动态演示效果。

第四节 地铁交通枢纽行人特征的调查与分析

一、地铁换乘站行人特征参数调查

目前，我国对地下交通枢纽尚无系统、全面的调查研究，课题组通过对北京市三个地铁换乘站行人的摄像观测和数据统计，共采集了 313h 的摄像资料，获得数据样本 48304 条，是目前针对城市轨道交通枢纽数据样本量最大、数据最齐全的调查数据（交通部科技信息研究所成果查新报告，编号 09160）。

视频采集行人数据是通过对现场摄像，采集摄像画面，应用辅助软件对摄像画面进行处理，获得行人特征数据。这种方法具有准确性高、数据采集时间长、数据全面和可重现等特点，是目前常用的方法。

行人特征参数调查使用视频观测法，调查视频数据通过有两个渠道采集获得，一方面，利用地下交通枢纽内部现有的监控系统采集录像；另一方面，在适当的位置架设数码摄像机采集录像。2008～2009 年我们采用视频观测法对复兴门、西直门和雍和宫地铁换乘站行人进行了观测，分别按工作日和非工作日进行观测，共获得了 313h 的摄像资料。

（一）地铁换乘站行人特性调查内容

1. 流量、密度、速度

主要调查地铁内不同条件下，行人的流量与密度、速度与密度、速度与流量之间的关系。

2. 行人组成

行人组成是指行人中，各种类型人员的性别、年龄、结伴同行、携带行李等。为便于研究行人交通流特性，将行人依据性别、年龄划分为 8 个组别，具体如表 3-4-1 所示。

行人分组　　表 3-4-1

性别	年龄组	备注	性别	年龄组	备注
男性	未成年	18 岁以下	女性	未成年	18 岁以下
	青年	19～40 岁		青年	19～40 岁
	中年	41～60 岁		中年	41～60 岁
	老年	61 岁以上		老年	61 岁以上

（二）地铁换乘站行人调查地点

根据调查内容，将调查对象分为三种类型：（1）换乘通道，主要包括换乘通道上各种类型的楼梯、平面通道、坡道；（2）站台，各地下车站内各轨道交通线路的站台；（3）出入口通道，包括出入口的平面通道、楼梯。

复兴门地铁站观测位置的视频截图如图 3-4-1 所示。

（三）地铁换乘站行人调查时间

地铁交通枢纽内部行人出行目的较为单一，尤其是在早晚高峰时段，行人出行目的以上下班为主。由于早高峰出行人群上班时间较为集中，容易形成行人高峰，因此摄像的时间安排见表 3-4-2。

地铁调查时间表　　　　**表 3-4-2**

地铁站	日　期	时 间 段
复兴门	2008 年 6 月 12 日	6:30～ 9:30
	2008 年 6 月 14 日	8:30～11:30
西直门	2008 年 7 月 16 日	6:30～ 9:30
	2008 年 7 月 19 日	8:30～11:30
雍和宫	2009 年 3 月 19 日	6:30～10:30
	2008 年 3 月 21 日	7:30～11:30

二、地铁换乘站行人参数统计分析

（一）录像数据统计方法

由于本课题调查的所有数据均为视频数据，采用 Premiere ProCS3.0 软件进行处理。如图 3-4-2 内框线所示，并以次此作为观测区域（如图内两条横线之间区域为观测区域）。处理中逐帧播放视频，并记录行人进入观测区域和离开观测区域的准确时间，根据观测区域的长度计算行人的步行速度。在记录速度的同时，还记录被观测行人的性别、年龄、周边行人密度、对应时刻的行人流量、行人的身高估计值、体型估计值和身宽估计值，并将所有数据信息录入数据处理表格中，供后续数据处理使用。地铁调查时间如表 3-4-3 所示。

图 3-4-1　复兴门地铁站 1 号线换乘 2 号线换乘通道

图 3-4-2　数据处理界面

地铁调查时间表 **表 3-4-3**

地铁站	日期	时间段
复兴门	2008 年 6 月 12 日	6:30～ 9:30
	2008 年 6 月 14 日	8:30～11:30
西直门	2008 年 7 月 16 日	6:30～ 9:30
	2008 年 7 月 19 日	8:30～11:30
雍和宫	2009 年 3 月 19 日	6:30～10:30
	2008 年 3 月 21 日	7:30～11:30

（二）数据统计分析结果

通过对复兴门、西直门和雍和宫地铁换乘站不同位置的摄像资料进行分析，可以获得乘客的基本特征数据，包括乘客的特征、乘客的年龄分布、群体关系特征、乘客携带行李状况、乘客步行速度和行人交通流模型，这些行人的基本数据对于研究地铁人员疏散具有重要的意义。

1. 行人步行速度的统计

在非工作出行则无固定时间，乘客出行不会太集中，行人较为自由，心情放松，步行速度较快。在工作日出行时间较为集中，通道内发生拥挤排队现象，步行速度较慢。非工作日的速度比工作日的速度快。由表 3-4-4 调查数据可以看出，通道、上坡、下坡平均步行速度有较大差异。

工作日与非工作日相同平均步行速度对比 **表 3-4-4**

	工作日（m/s）（样本量）	非工作日（m/s）（样本量）
换乘通道	1.26（554）	1.40（329）
上坡	1.16（923）	1.11（686）
下坡	1.59（3579）	1.49（2966）
上楼	0.71（506）	0.69（450）
下楼	0.75（385）	0.97（339）

2. 行人交通流模型

行人交通流模型是指行人的流量、密度、速度模型，三个参数相互联系、相互制约，其相互关系与行人所处场地、设施、行人的组成与行人出行目的相关，相同条件的行人、流量、密度、速度模型具有一致性。在地铁交通枢纽内，乘客换乘通道主要是由平面通道、楼梯和自动扶梯构成的。

以平面通道内的行人交通流模型为例，图 3-4-3 和图 3-4-4 为平面通道内行人密度与步行速度的散点图。

图 3-4-3 平面通道内行人密度与步行速度建模，考虑格林希尔治线性模型，如式（3-4-1）所示：

$$u = b_0 + b_1 k \tag{3-4-1}$$

曲线估计结果为 $b_0 = 1.507$，$b_1 = -0.383$，检验值 $R^2 = 0.307$。由此得到平面通道行人步行速度与密度模型，如式（3-4-2）所示：

$$u = -0.383k + 1.507 \tag{3-4-2}$$

式中 u——行人步行速度；

k——行人密度。

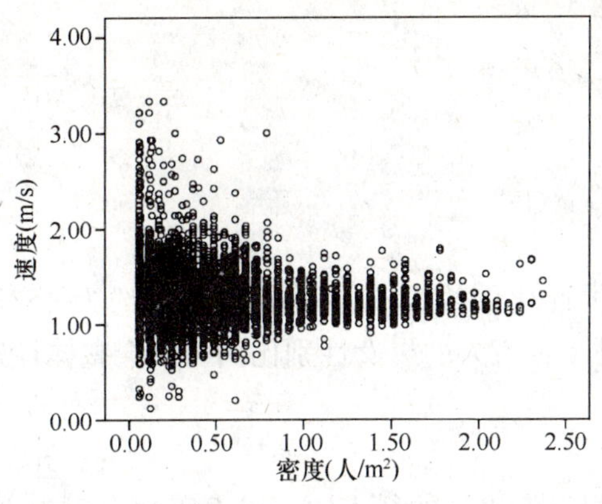

图 3-4-3　平面通道密度与速度关系散点图

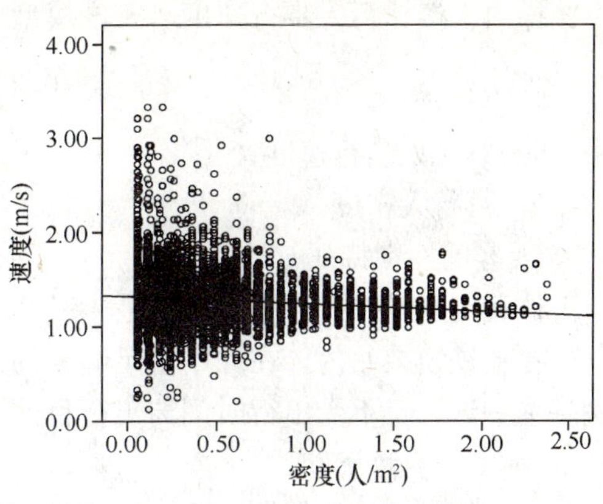

图 3-4-4　线性模型曲线估计

图 3-4-5 为平面通道内行人密度与流率模型。针对以上情况，选用有格林希尔治线性模型，建立行人步行流率与密度的抛物线模型，估计平面通道内行人步行流率与密度关系，见式 3-4-3：

$$q = b_0 + b_1 k + b_2 k^2 \qquad (3\text{-}4\text{-}3)$$

曲线估计结果为：$b_0 = -0.007$，$b_1 = 1.556$，$b_2 = -0.393$，检验值 $R^2 = 0.914$。由此得到平面通道行人步行流率与密度关系模型，见式（3-4-4）：

$$q = -0.007 + 1.556k + (-0.393k^2) \qquad (3\text{-}4\text{-}4)$$

式中　q——行人步行流率；

k——行人密度。

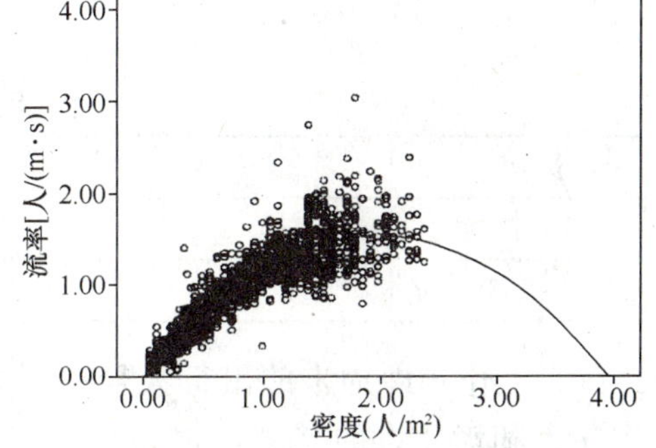

图 3-4-5　平面通道内行人流率与密度关系曲线估计

以同样的统计方法得到楼梯内下楼梯行人步行速度与密度模型，见式（3-4-5）：

$$u = -0.383k + 1.507 \qquad (3\text{-}4\text{-}5)$$

式中　u——行人步行速度；

k——行人密度。

楼梯内下楼梯行人步行流率与密度关系模型，见式（3-4-6）：

$$q = 0.149 + 0.774k + (-0.145k^2) \qquad (3\text{-}4\text{-}6)$$

式中　q——行人步行流率；

k——行人密度。

楼梯内上楼梯行人步行流率与密度关系模型，见式（3-4-7）：

$$q = 0.056 + 0.717k + (-0.082k^2) \qquad (3\text{-}4\text{-}7)$$

式中　q——行人步行流率；

k——行人密度。

楼梯内上楼梯行人步行速度与密度模型，见式（3-4-8）：

$$u = -0.221k + 0.939 \tag{3-4-8}$$

式中 u——行人步行速度；

k——行人密度。

3. 乘客的性别特征

工作日与非工作日男女比例均保持一致，男性比例约为54%，女性比例约为46%。因此，在地铁换乘站内，在样本量足够大的条件下，行人的男女性别比例与社会整体性别比例基本一致，且不受出行时间与出行目的影响。

4. 乘客的年龄分布

行人的年龄结构比例见表3-4-5。在工作日早高峰出行的行人中，以青年和中年为主，分别占出行总量的64%和25%，老年人占9%，未成年人极少。分析其原因，主要是由于未成年人出行目的是上学，学生就近入学不需要长距离的轨道交通出行。老年人仍然占有一定的出行比例，老年人集中出现的时段为7：30至9：00之间，为工作出行时间，且老年人中男性占84.5%，因此，可以认为老年人有一部分仍然在工作，且男性占绝大多数。

行人年龄结构比例 **表3-4-5**

状态	未成年	青年	中年	老年
工作日	2%	64%	25%	9%
非工作日	2%	81%	16%	1%

在非工作日即周末的出行人群中，青年人所占比例大幅上升，占总量的81%，而中年人和老年人的比例，相比于工作日则大幅下降，仅占16%和1%，其原因是周末出行目的主要为休闲。另外，未成年人因外出学习、游玩比例较平时为高，所以未成年人数量增长较大，但由于行人总量增长也较大，所以未成年人所占百分比没有明显变化。

5. 群体关系特征

行人结伴比例见表3-4-6。调查发现非工作日结伴行走的比例比工作日明显提高，由于结伴出行的目的多为娱乐休闲，也有全家一起结伴出行的情况，这类行人所占比例在工作日中较低，而在非工作日中则大幅上升。在所有结伴步行的行人中，2人结伴占绝大多数，是主要的结伴方式。

行人结伴比例 **表3-4-6**

状态	结伴比例	结伴人数	总人数
工作日	2.4%	937	38763
非工作日	9.8%	3026	30844

6. 乘客携带行李状况

携带行李的行人行走速度慢，占用空间大，对行人流步行速度有很大影响，尤其是携带行李的行人比例较高的情况下，尤为明显。乘客携带行李比例见表3-4-7。

行人携带行李比例　　**表 3-4-7**

状态	携带行李比例	携带行李人数	总人数
工作日	1.2%	462	38763
非工作日	1.4%	433	30844

三、对比国内其他研究成果

香港理工大学的 W. H. K. Lam 于 2000 年对香港交通枢纽 MTR、KCR 进行了行人流特性观测，观测地点包括了各种类型的行人设施，如通道、上下楼梯、站台、自动扶梯等，时间选择在高峰时段进行，收集了大量数据，是目前国内对轨道交通枢纽研究较为详细的一次调查。

上海大学的陈然、董力耘于 2003 年对上海市人民广场交通枢纽和南京路步行街进行了观测，该研究分别分析了行人不同年龄段以及不同性别对步行速度的影响，但研究未涉及不同设施对步行速度的影响。

北京为了迎接第 29 届夏季奥运会，展开了大量关于行人特性的研究，对北京市行人各种特性进行了广泛观测。北京工业大学陈艳艳教授及其课题组对奥运场馆内行人交通流特性进行了详细的观测与仿真，研究地点包括场馆室内与室外各种步行设施内行人步行特性参数。

1. 对比香港观测数据

香港理工大学的 W. H. K. Lam 对香港交通枢纽 MTR、KCR 的观测地点选择多样，采用了自由流速度和通行能力对应的速度来描述行人步行速度特性。下面就相同类型的行人设施内，北京地铁换乘站调查观测与香港的观测中通行能力对应速度进行对比，如表 3-4-8 所示。

北京地铁换乘站调查观测数据与香港 2000 年观测数据对比　　**表 3-4-8**

步行设施	达到最大流量时的速度（m/min）			最大流量模型估计值（p/min・m）		
	本项目观测	MTR	KCR	本项目观测	MTR	KCR
上行楼梯	27.4	25.6	25	74	80	73
下行楼梯	29.1	36.1	34.2	71	70	70
换乘通道	44.9	36.8	36	91	92	88

由于观测的北京市地铁交通枢纽内上下楼梯坡度与 MTR 枢纽内楼梯的坡度一致，均为 50%，因此 MTR 枢纽的观测数据与北京地铁换乘站相应观测数据具有一定的可比性。从表 3-4-8 中可以发现，北京地铁上行楼梯速度与香港 MTR 枢纽观测值相近，而下行楼梯速度低于香港 MTR 枢纽观测值。在最大流量状态下，本课题观测的换乘通道内步行速度明显高于香港观测同类数据。因此，在相近的流量下，北京市地下交通枢纽中换乘通道内的行人密度较香港 MTR 枢纽为低。

2. 对比 2003 年上海大学观测数据

由表 3-4-9 可见，北京地铁交通枢纽内的行人在最大流量下，步行速度与上海大学观测数据比较，速度稍高。

北京地铁换乘站观测数据与2003年上海大学观测数据对比　　表3-4-9

性别	年龄	北京地铁交通枢纽	上海交通枢纽与步行街
		平均步行速度（m/s）（样本量）	平均步行速度（m/s）
男性	青年	1.35（6532）	1.32
	中年	1.28（2844）	1.25
	老年	1.22（1053）	1.10
女性	青年	1.25（5761）	1.27
	中年	1.18（2253）	1.20
	老年	1.07（811）	1.08

第五节 北京铁路车站行人特征的调查与分析

目前，我国对火车站行人交通流特性尚无系统、全面的调查研究，国家高技术研究发展计划（863计划）专题课题，多层地下综合交通枢纽安全设计技术（2007AA11Z125）课题组通过对北京站和北京西站行人的摄像观测和数据统计，共采集了116h的摄像资料，获得数据样本39112条，通过统计分析获得行人特征参数的样本量大、数据齐全、可靠性高。

一、北京站、北京西站行人特性调查

（一）火车站人员调查方法

视频采集行人数据是通过对现场摄像，采集摄像画面，应用辅助软件对摄像画面进行处理，获得行人的速度、密度、性别、年龄、流率、组群、大件行李、体型、身高、身宽共十个特征数据。这种方法具有准确性高、数据采集时间长、数据全面和可重现等特点，是目前常用的方法。本文行人特征参数调查使用视频观测法，调查视频数据通过在适当的位置架设数码摄像机采集录像（图3-5-1和图3-5-2）。

图3-5-1 北京站观测视频截图

图3-5-2 北京西站观测视频截图

（二）火车站行人特性调查内容

1. 流量、密度、速度

主要调查火车站内不同条件下，行人的流量与密度、速度与密度、速度与流量之间的

关系。

2. 行人组成

行人组成是指行人中，各种类型人员的性别、年龄、结伴同行、携带行李等。为便于研究行人交通流特性，将行人依据性别、年龄划分为10个组别，具体如表3-5-1所示。

3. 火车站行人调查地点

根据调查内容，将调查对象分为三种类型：(1) 换乘通道，主要包括换乘通道上各种类型的楼梯、平面通道、坡道；(2) 站台，各地下车站内各轨道交通线路的站台；(3) 出入口通道，包括出入口的平面通道、楼梯。

4. 火车站行人调查时间

根据北京站、北京西站列车时刻表以及研究内容需要，安排北京站和北京西站具体调查时间安排见表3-5-2。

行　人　分　组　　表3-5-1

性别	年龄组	备注
男性（女性）	儿童	12岁以下
	少年	13～18岁
	青年	19～40岁
	中年	41～60岁
	老年	60岁以上

火车站调查时间表　　表3-5-2

火车站	日期	时间段
北京站	2009年6月26日	6:30～9:30 12:30～15:30
	2009年6月27日	16:30～22:30
北京西站	2009年7月3日	6:30～9:30 12:30～15:30
	2009年7月4日	11:30～14:30 17:00～20:00

二、北京站、北京西站行人参数统计分析

（一）录像数据统计方法

由于调查的所有数据均为视频数据，采用Premiere Pro CS3.0软件进行处理。如图3-5-3以两条横线之间区域为观测区域，处理中逐帧播放视频，并记录行人进入观测区域和离开观测区域的准确时间，根据观测区域的长度计算行人的步行速度。在记录速度的同时，还记录被观测行人的性别、年龄、周边行人密度、对应时刻的行人流量、行人的身高估计值、体型估计值和身宽估计值，并将所有数据信息录入数据处理表格中，供后续数据处理使用。

图3-5-3　处理界面

（二）数据统计分析结果

通过对北京站和北京西站不同位置的摄像资料进行分析，可以获得乘客的基本特征数据，这些行人的基本数据对于研究火车站人员疏散具有重要的意义。

1. 行人交通流模型

行人交通流模型是指行人的流量、密度、速度模型，三个参数相互联系、相互制约。在火车站内，乘客换乘通道主要是由平面通道、楼梯和自动扶梯构成的。本文通过MATLAB进行统计分析。

以出站口坡道内的行人交通流模型为例，图 3-5-4 为坡道内行人密度与步行速度的散点图。

图 3-5-4 为坡道内行人密度与步行速度建模，考虑格林希尔治线性模型，见式（3-5-1）：

$$u = b_0 + b_1 k \tag{3-5-1}$$

曲线估计结果为：$b_0=1.344$，$b_1=-0.206$，检验值 $R^2=0.042$。由此得到平面通道行人步行速度与密度模型，见式（3-5-2）：

$$u = -0.206k + 1.344 \tag{3-5-2}$$

式中 u——行人步行速度；

k——行人密度。

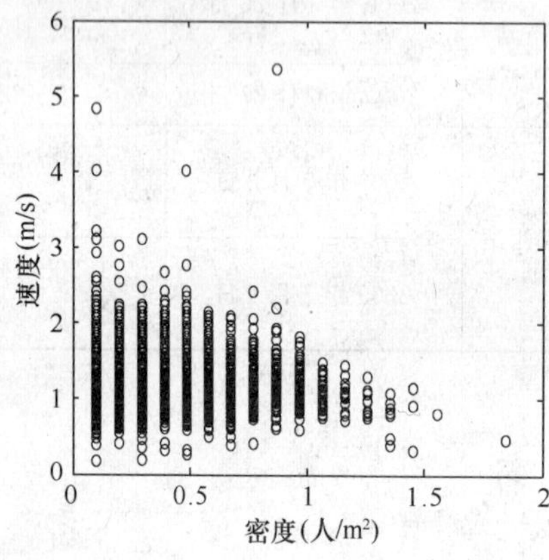

图 3-5-4 出站口坡道密度与速度关系散点图

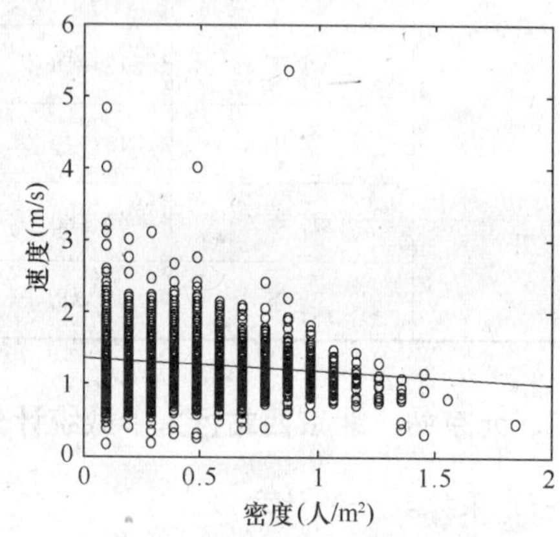

图 3-5-5 出站口坡道内线性模型曲线估计

图 3-5-6 为出站口坡道内行人密度与流率模型。针对以上情况，选用有格林希尔治线性模型，建立行人步行流率与密度的抛物线模型，估计平面通道内行人步行流率与密度关系，见式（3-5-3）：

$$q = b_0 + b_1 k + b_2 k^2 \tag{3-5-3}$$

曲线估计结果为：$b_0=-0.003$，$b_1=1.471$，$b_2=-0.338$，检验值 $R^2=0.805$。由此得到出站口坡道内行人步行流率与密度关系模型，见式（3-5-4）：

$$q = -0.003 + 1.471k + (-0.338k^2) \tag{3-5-4}$$

式中 q——行人步行流率；

k——行人密度。

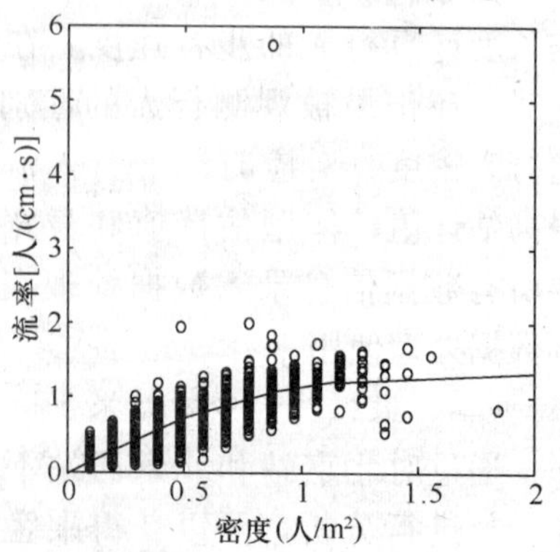

图 3-5-6 出站口坡道行人流率与密度曲线估计

以同样的统计方法得到出站口下楼梯行人步行速度与密度模型，见式（3-5-5）：

$$u = 0.051k + 0.532 \quad (3\text{-}5\text{-}5)$$

式中　u——行人步行速度；

k——行人密度。

得到出站口下楼梯行人步行流率与密度关系模型，见式（3-5-6）：

$$q = 0.018 + 0.439k + (-0.141k^2) \quad (3\text{-}5\text{-}6)$$

式中　q——行人步行流率；

k——行人密度。

检票处行人步行速度与密度关系模型，见式（3-5-7）：

$$u = -0.290\ln(k) + 0.259 \quad (3\text{-}5\text{-}7)$$

式中　u——行人步行速度；

k——行人密度。

检票处行人步行流率与密度关系模型，见式（3-5-8）：

$$q = 0.069\ln(k) + 0.253 \quad (3\text{-}5\text{-}8)$$

式中　q——行人步行流率；

k——行人密度。

2. 乘客的性别特征

行人性别比例见表 3-5-3。

行人性别比例　　表 3-5-3

状态	男性比例	女性比例	样本量
工作日	64.2%	35.8%	19142
非工作日	62.2%	37.8%	19970

行人年龄结构比例　　表 3-5-4

状态	儿童	少年	青年	中年	老年
工作日	0.5%	1.2%	82.8%	14.8%	0.7%
非工作日	0.5%	1.0%	77.9%	20.0%	0.6%

行人结伴比例　　表 3-5-5

状态	结伴比例	结伴人数	总人数
工作日	7.6%	1451	19142
非工作日	10.6%	2121	19970

行人携带大件行李比例　表 3-5-6

状态	携带行李比例	携带行李人数	总人数
工作日	28.2%	5403	19142
非工作日	23.4%	4666	19970

可见，工作日与非工作日，其男女比例相差不大，男性比例约为 63%，女性比例约为 36%。因此，在火车站内，在样本量足够大的条件下，行人的男女性别比例与社会整体性别比例基本一致，且不受出行时间与出行目的影响。

3. 乘客的年龄分布

行人的年龄结构比例见表 3-5-4。

可见，在工作日出行的行人中，以青年和中年为主，分别占出行总量的 83%和 15%，老年人占 1%，儿童和少年的比重极小。在非工作日即周末的出行人群中，老人、儿童和少年没有变化，中年比例稍有增加。工作日和非工作日中，行人的年龄组成并无显著区别，因此工作日与非工作日对行人的年龄组成没有直接影响。

4. 群体关系特征

行人结伴比例见表 3-5-5。可见，工作日中，结伴行走比例为 7.6%，而非工作日出行的行人中，这一比例上升到 10.6%。

5. 乘客携带大件行李状况见表 3-5-6。可见，携带大件行李的行人行走速度慢，占用空间大，对行人流步行速度有很大影响，携带大件行李的行人比例较高的情况下，尤为明显。

三、国内外研究成果的比较

（一）对比上海观测数据和北京地下交通枢纽数据

由表 3-5-7 可以发现，北京站、北京西站数据的平均速度均低于上海 2003 年实测数据和北京地铁换乘站。由于北京站、北京西站观测的地点为火车站，其特殊的功能与几何条件，行人携带大件行李较多，还有时间的紧迫性比地铁站小，使得行人步行速度普遍较低。由于老年女性的样本量较少，所以数据的代表性相对较弱。行人流的平均步行速度受到各种因素影响的趋势也是相同的，主要有：（1）男性平均速度高于女性；（2）青年平均速度高于中年、中年平均速度高于老年；（3）出行目的紧急时平均速度高于出行目的不紧急时。

北京站、北京西站与上海大学、北京地下交通枢纽观测数据对比　　表 3-5-7

性别	年龄	北京站、北京西站	北京地铁换乘站	上海交通枢纽与步行街
		平均步行速度（m/s）（样本量）	平均步行速度（m/s）（样本量）	平均步行速度（m/s）
男性	青年	1.23（17794）	1.35（6532）	1.32
	中年	1.05（6425）	1.28（2844）	1.25
	老年	0.99（151）	1.22（1053）	1.10
女性	青年	1.17（10365）	1.25（5761）	1.27
	中年	0.97（3743）	1.18（2253）	1.20
	老年	0.66（88）	1.07（811）	1.08

（二）与国外数据的比较

与国外数据对比见表 3-6-8。

第六节　北京综合交通枢纽行人特征的调查与分析

一、北京南站行人特征参数调查方法

北京南站调查采用录像调查和人员记录调查两种方法。录像调查法的视频数据通过在适当的位置架设数码摄像机采集摄像。人员记录调查即在站内选择路段，分别记录乘客进入该路段的开始时间和结束时间以及人员特征参数。在北京南站调查中，获得了 82h 的摄像资料，共处理样本点 21129 条。北京南站行人特征调查是目前国内针对多层地下综合交通枢纽行人特征的第一次观测，由于北京南站未满负荷，仅有京津、京沪、京青各动车组，地铁于 2009 年国庆节前开通运营，因此，北京南站行人特征调查有一定的局限性。但是北京南站换乘空间与上海人民广场地铁枢纽类似，为大厅式换乘，没有设定的换乘通道。与以往的通道式换乘相比，既有很多优点，也暴露出许多的缺点与不足。优点是：

(1) 大厅式换乘的空间开阔，视野良好；(2) 能够为未来需要预留足够的发展空间；(3) 为乘客提供良好的休息与候车环境。缺点是：(1) 空间大，导致人流无序，遇到紧急情况可能导致混乱，又由于在地下，增加了逃生的困难；(2) 空间大，信息分散，很难在广阔的空间中发现有用的信息；(3) 人流比较分散，行人冲突严重，导致换乘效率达不到预先的效果。所以增加了北京南站行人特征调查的必要性。

(一) 调查位置

根据北京南站空间大、布局复杂且没有具体的通道等特点，北京南站观测见图 3-6-1～图 3-6-2。

(二) 调查时间

根据北京南站列车时刻表以及研究内容需要安排具体调查时间见表 3-6-1。

北京南站调查时间表　表 3-6-1

北京南站	日期	时间段
工作日周四	2009 年 10 月 22 日	9：00～12：00 17：00～20：00
非工作日 周六	2009 年 10 月 24 日	7：00～10：00 12：00～15：00

图 3-6-1　北京南站火车进站口

图 3-6-2　北京南站地铁进站口

二、北京南站行人参数统计分析

(一) 录像数据统计方法

由于调查的所有数据均为视频数据，采用 Premiere Pro CS3.0 软件进行处理。行人步行交通参数与行人个体特征及交通心理有密切的关系，因此，研究交通枢纽内乘客群体组成结构特性对了解和评价多层地下综合交通枢纽的步行特性指标有重要意义。

(二) 数据统计分析结果

通过对北京站和北京西站不同位置的摄像资料进行分析，可以获得乘客的基本特征数据，这些行人的基本数据对于研究火车站人员疏散具有重要的意义。

1. 行人交通流模型

1) 北京南站出站口 8 的行人交通流模型

为出站口 8 行人密度与步行速度建模，首先考虑格林希尔治线性模型，见式 (3-6-1)：

$$u = b_0 + b_1 k \tag{3-6-1}$$

曲线估计结果为 $b_0=1.080$，$b_1=-0.182$，检验值 $R^2=0.027$。由此得到出站口 8 行人步行速度与密度模型，见式 (3-6-2)：

$$u = -0.182k + 1.080 \tag{3-6-2}$$

式中 u——行人步行速度；

k——行人密度。

采用格林希尔治抛物线模型，见式（3-6-3）：

$$u = b_0 + b_1 k + b_2 k^2 \tag{3-6-3}$$

曲线估计结果为：$b_0 = 1.179$，$b_1 = -0.680$，$b_2 = 0.477$，检验值 $R^2 = 0.042$。由此得到出站口 8 行人步行速度与密度关系模型，见式（3-6-4）：

$$u = 1.179 - 0.680k + 0.477k^2 \tag{3-6-4}$$

式中 u——行人步行速度；

k——行人密度。

以上两种模型的曲线估计结果，从检验值看，抛物线模型拟合较好，而线性模型则存在较大失真。其原因主要是低密度区域大量的行人处于自由状态，步行速度与密度的变化无明显的相关关系，造成线性模型的较大失真。

针对以上情况，选用格林希尔治模型，建立行人步行流率与密度的抛物线模型，估计出站口行人步行流率与密度关系，见式（3-6-5）：

$$q = b_0 + b_1 k + b_2 k^2 \tag{3-6-5}$$

曲线估计结果为：$b_0 = 0.056$，$b_1 = 0.638$，$b_2 = -0.233$，检验值 $R^2 = 0.392$。由此得到出站口 8 行人步行流率与密度关系模型，见式（3-6-6）：

$$q = 0.056 + 0.638k + (-0.233k^2) \tag{3-6-6}$$

式中 q——行人步行流率；

k——行人密度。

2）北京南站地铁出站口行人交通流模型

北京南站是集火车站和地铁换乘站于一体的综合交通枢纽，地铁出站口是比较重要的设施，地铁出站口的速度直接影响整个火车站的速度。在地铁出站口的速度密度散点图中，同样存在两种类型的人群，一类为自由速度较小的人群，在行人密度由小变大的过程中，基本不会受密度的影响，如黄色矩形内样本。由于其低速度特性，这类人群保持其自由状态的密度范围很大。另一类为自由速度较大的人群，这类人群更容易受到密度变化的影响，如红色椭圆形内样本。这类人群速度变化大，随着密度的增大，速度逐渐降低，直至与第一类人群接近，混为同速度人流。

首先考虑格林希尔治线性模型，见式（3-6-7）：

$$u = b_0 + b_1 k \tag{3-6-7}$$

曲线估计结果为 $b_0 = 1.146$，$b_1 = -0.141$，检验值 $R^2 = 0.002$。由此得到地铁出站口行人步行速度与密度模型，见式（3-6-8）：

$$u = 1.146 - 0.141k \tag{3-6-8}$$

式中 u——行人步行速度；

k——行人密度。

采用格林伯格的对数模型，见式（3-6-9）：

$$u = b_0 + b_1 \ln(k) \tag{3-6-9}$$

曲线估计结果为：$b_0 = 1.096$，$b_1 = -0.014$，检验值 $R^2 = 0.001$。由此得到平面通道

行人步行速度与密度的对数模型，见式（3-6-10）：

$$u = -0.014\ln(k) + 1.096 \tag{3-6-10}$$

式中　u——行人步行速度；

k——行人密度。

以上两种模型的曲线估计结果，从检验值看，线性模型拟合较好。其原因主要是低密度区域大量的行人处于自由状态，步行速度与密度的变化无明显的相关关系，造成线性模型的失真。

对地铁出站口建立流率与密度模型。仍然考虑格林希尔治抛物线模型，对其进行曲线估计。

曲线估计结果为 $b_0 = -0.004$，$b_1 = 1.238$，$b_2 = -0.558$，检验值 $R^2 = 0.749$。由此得到地铁出站口行人步行流率与密度关系模型，见式（3-6-11）：

$$q = -0.004 + 1.238k + (-0.558k^2) \tag{3-6-11}$$

式中　q——行人步行流率；

k——行人密度。

3）北京南站进站口前通道处行人交通流模型

首先考虑格林希尔治线性模型，见式（3-6-12）：

$$u = b_0 + b_1 k \tag{3-6-12}$$

曲线估计结果为 $b_0 = 1.590$，$b_1 = -0.123$，检验值 $R^2 = 0.001$。由此得到其通道行人步行速度与密度模型，见式（3-6-13）：

$$u = -0.123k + 1.590 \tag{3-6-13}$$

式中　u——行人步行速度；

k——行人密度。

采用格林伯格的对数模型，见式（3-6-14）：

$$u = b_0 + b_1 \ln(k) \tag{3-6-14}$$

曲线估计结果为：$b_0 = 1.539$，$b_1 = -0.016$，检验值 $R^2 = 0.001$。由此得到平面通道行人步行速度与密度的对数模型，见式（3-6-15）：

$$u = -0.016\ln(k) + 1.539 \tag{3-6-15}$$

式中　u——行人步行速度；

k——行人密度。

以上两种模型的曲线估计结果，从检验值看，两种模型拟合效果一样。针对以上情况，选用格林希尔治模型，建立行人步行流率与密度的抛物线模型，见式（3-6-16）：

$$q = b_0 + b_1 k + b_2 k^2 \tag{3-6-16}$$

曲线估计结果为：$b_0 = 0.000$，$b_1 = 1.673$，$b_2 = -3.151$，检验值 $R^2 = 0.463$。由此得到此通道行人步行流率与密度关系模型，见式（3-6-17）：

$$q = 0.000 + 1.673k + (-3.151k^2) \tag{3-6-17}$$

式中　q——行人步行流率；

k——行人密度。

2. 行人年龄结构

行人组成是指各种类型的行人占总人数的百分比。为便于研究行人交通流特性，将行人依据性别、年龄划分为 10 个组别，分为男性：儿童、少年、青年、中年、老年；女性：儿童、少年、青年、中年、老年。具体划分如表 3-6-2 所示。

行人分组 表 3-6-2

性别	年龄组	备注	性别	年龄组	备注
男性	儿童	12 岁以下	女性	儿童	12 岁以下
	少年	12～18 岁		少年	12～18 岁
	青年	19～40 岁		青年	19～40 岁
	中年	41～60 岁		中年	41～60 岁
	老年	61 岁以上		老年	61 岁以上

可见，在工作日出行的行人中，以青年和中年为主，分别占出行总量的 74％和 22％，老年人占 3％，儿童和少年的比重极小。

行人性别结构即行人的男女比例，对比分析工作日与非工作日的男女比例，如表 3-6-3所示。可见，工作日男性比例约为 61％，女性比例约为 39％；非工作日男性比例约为 58％，女性比例约为 42％。

工作日与非工作日相比较，行人性别比例基本相同。在轨道交通枢纽内，在样本量足够大的条件下，行人的男女性别比例与是否为工作日出行无显著关系。

（三）携带行李行人比例

携带行李行人，这里专指携带大型背包、手提箱、2 轮拉杆箱、4 轮拉杆箱的行人，一般乘客携带的手提包、公文包、女士背包不算在内。携带行李的行人行走速度慢，占用空间大，对行人流步行速度有很大影响，尤其是携带行李的行人比例较高的情况下，尤为明显。

分析北京南站工作日与非工作日的携带行李行人比例，如表 3-6-4 所示。

行人性别比例 表 3-6-3

	男性比例	女性比例	样本量
工作日	61.19％	38.81％	10288
非工作日	58.00％	42.00％	8649

行人携带行李比例 表 3-6-4

调查地点	状态	携带行李比例	携带行李人数	总人数
北京南站	工作日	12.98％	1335	10288
	非工作日	18.87％	1519	8049

（四）行人步行速度随密度变化趋势

由图 3-6-3 可知，随着密度的增大，行人平均的步行速度明显下降，由于观测地点的限制，没有观测到密度更大及出现拥堵的数据，但从现有数据中所体现出的变化趋势可以认为是单调不变的。

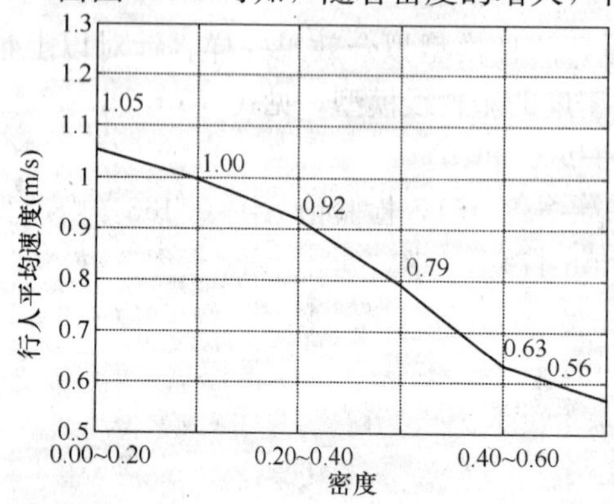

图 3-6-3 行人平均步行速度随密度的变化趋势

表 3-6-5 为行人在不同设施情况下平均步行速度。

（五）年龄对步行速度的影响

与性别影响相似，年龄是反映行人身体条件差异的另一种方式。一般来讲，未成年人行为较为活泼，步行速度较为离散；青年人由于身体条件最好，步行速度最快；中年人身体条件开始下降，步行速度也随之降低；老年人较为步行缓慢，但有部分继续工作的老年人步行速度与中年人相近。

北京南站不同设施的行人步行速度　　表 3-6-5

观测地点	平均值 (m/s)	中位数 (m/s)	95%置信区间 (m/s)	偏度	峰度	样本量
出站口 7	1.1071	1.1195	[1.0830，1.1311]	0.290	1.232	548
出站口 8	0.9466	0.9285	[0.9398，0.9535]	0.679	1.634	5933
地铁出站口	1.1101	1.1250	[1.0993，1.1210]	−0.004	1.950	2801
地铁进站口前通道	1.3810	1.3483	[1.3710，1.3910]	0.446	0.797	5235
出站口 8—地铁进站口通道	1.2484	1.2371	[1.2390，1.2578]	0.354	1.636	3040
北出口通道	1.2605	1.2583	[1.2460，1.2749]	0.395	1.172	620
南出口通道	1.1707	1.1736	[1.1513，1.1900]	1.020	5.797	759

北京南站不同观测地点男性与女性平均速度　　表 3-6-6

观测	性别	平均值 (m/s)	中位数 (m/s)	95%置信区间 (m/s)	偏度	峰度	样本量
出站口 7	男性	1.1661	1.1707	[1.1327，1.1995]	0.296	1.252	292
	女性	1.0397	1.0407	[1.0067，1.0727]	0.210	1.371	256
出站口 8	男性	0.9748	0.9636	[0.9660，0.9837]	0.621	1.550	3685
	女性	0.9004	0.8833	[0.8901，0.9108]	0.751	1.899	2248
地铁出站口	男性	1.1252	1.1368	[1.1110，1.1393]	−0.103	1.584	1645
	女性	1.0887	1.1020	[1.0718，1.1056]	0.138	2.589	1156
地铁进站口前通道	男性	1.4082	1.3793	[1.3953，1.4210]	0.472	1.047	3129
	女性	1.3406	1.3043	[1.3248，1.3564]	0.428	0.457	2106
出站口 8—地铁进站口通道	男性	1.2846	1.2766	[1.2726，1.2967]	0.399	1.657	1481
	女性	1.1927	1.1881	[1.1781，1.2072]	0.294	1.762	1199
北出口通道	男性	1.2648	1.2723	[1.2439，1.2857]	0.395	1.586	308
	女性	1.2562	1.2449	[1.2360，1.2763]	0.392	0.740	312
南出口通道	男性	1.2080	1.2091	[1.1812，1.2348]	0.666	4.829	410
	女性	1.1268	1.1137	[1.0995，1.1542]	1.541	8.459	349

对比不同观测地点不同年龄阶段行人的步行速度，如表 3-6-6 所示，未成年人和老年人所占比例较低，因此样本量比较少，仅有个别地点统计了未成年人和老年人的步行速度。虽然样本量过少无法统计其分布特性，但从其步行平均速度与其他年龄段对比来看，老年人和未成年人的速度普遍小于青年人和中年人。另外，对比青年人和中年人的平均速度，青年人明显高于中年人。

三、对比国外其他研究成果

上海大学的陈然、董力耘于 2003 年对上海市人民广场交通枢纽和南京路步行街进行了观测[4]，该研究分别分析了行人不同年龄段以及不同性别对步行速度的影响，但研究未涉及不同设施对步行速度的影响。

北京地铁换乘站的观测于 2008～2009 年，分别以复兴门地铁站、西直门和雍和宫地铁站为观测对象。北京站和北京西站的观测于 2009 年。对比上海观测数据、北京地下交通枢纽数据和北京站与北京西站数据如表 3-6-7 所示。

北京南站观测数据与 2003 年上海大学观测数据对比　　表 3-6-7

性别	年龄	北京南站	北京站与北京西站	北京地铁交通枢纽	上海交通枢纽与步行街
		平均步行速度 (m/s)（样本量）	平均步行速度 (m/s)（样本量）	平均步行速度 (m/s)（样本量）	平均步行速度 (m/s)
男性	青年	1.21（8228）	1.23（17794）	1.35（6532）	1.32
	中年	1.11（2307）	1.05（6425）	1.28（2844）	1.25
	老年	1.04（306）	0.99（151）	1.22（1053）	1.10
女性	青年	1.15（5886）	1.17（10365）	1.25（5761）	1.27
	中年	1.08（1115）	0.97（3743）	1.18（2253）	1.20
	老年	0.99（221）	0.66（88）	1.07（811）	1.08

北京南站观测数据与国内、国外其他数据对比　　表 3-6-8

观测名称与观测时间	平均速度 (m/s)（样本量）	所在国家或城市	观测名称与观测时间	平均速度 (m/s)（样本量）	所在国家或城市
北京南站	1.16 (21129)	北京	Lam et al. (1995)	1.19	中国香港
			Navin & Wheeler (1969)	1.32	美国
北京站、北京西站 (2009)	1.16 (36646)	北京	O'Flaherty & Parkinson (1972)	1.32	英国
			Older (1968)	1.30	英国
北京地铁站 (2008)	1.29 (19551)	北京	Pauls (1987)	1.25	美国
CROW (1998)	1.4	荷兰	Roddin (1981)	1.6	美国
Daly et al. (1991)	1.47	英国			
FHWA (1988)	1.2	美国	Sarkar & Janardhan (1997)	1.46	印度
Fruin (1971)	1.4	美国	Sleight (1972)	1.37	美国
Hankin & Wright (1958)	1.6	英国			
Henderson (1971)	1.44	澳大利亚	Tanariboon et al. (1986)	1.23	新加坡
Hoel (1968)	1.50	美国	Tanariboon & Guyano (1991)	1.22	泰国
Institute of Transportation Engineers (1969)	1.2	美国	Tregenza (1976)	1.31	英国
Knoflacher (1995)	1.45	澳大利亚	Virkler & Elayadath (1994)	1.22	美国
Koushki (1988)	1.08	沙特阿拉伯	Young (1999)	1.38	美国

从表 3-6-7 中可以发现，北京站、北京西站和北京南站数据的平均速度均低于上海 2003 年实测数据和北京地铁换乘站。由于北京站、北京西站观测的地点为火车站，其特殊的功能与几何条件、行人携带行李较多，还有时间的紧迫性比地铁站小，使得行人步行速度普遍较低。

国外对行人步行特性的研究始于 20 世纪 70 年代，在近 40 年的研究中，世界各国都进行了大量的实际观测，积累了大量各类型的数据。从国外的研究成果中可以发现，影响行人流平均步行速度的主要因素是：性别、年龄、文化背景、出行目的、设施类型、步行方向（单方向、多方向）、温度、天气等。世界各国的观测数据均是在很多不同条件下进行的观测，因此不具有很强的可比性，表3-6-8仅列举30多年来各国针对无坡度的步行设施进行观测得到的平均速度。

世界各国对行人步行速度的研究，依据研究的地点，主要可分为四类：(1) 交叉口处的行人过街速度；(2) 建筑物内行人疏散速度；(3) 特殊位置的步行速度（广场、宗教活动场所等）；(4) 交通枢纽内步行速度。从表3-6-8中可以发现，其中最小的速度是北京站、北京西站和北京南站的观测数据，为1.16m/s。而最大的速度出现Hoel的观测中。

另外，与国外数据对比中还发现，行人流的平均步行速度受到各种因素影响的趋势也是相同的，主要有：(1) 男性平均速度高于女性；(2) 青年平均速度高于中年、中年平均速度高于老年；(3) 出行目的紧急时平均速度高于出行目的不紧急时。

第七节 人员安全疏散计算软件

城市多层综合交通枢纽的建设和使用越来越多，枢纽内的人流量也越来越大，比如地铁内，人群高度聚集，高峰期间人群拥挤严重。又由于地铁车站自身的结构特点，其空间狭小、疏散路线长，潜在的危险隐患较多，且照明、通风设备作用有限，一旦发生突发紧急事件，经常造成地铁车站人员伤亡事件。大到人为恐怖事件，小到运营突发事故，都可能产生严重的后果，如果疏散不力，其产生影响的范围更广。

随着科学技术、经济水平的提高，以前那种单调的建筑形式已经不能适应人们的需求，近几年各种各样复杂的建筑形式不断在多层综合交通枢纽中出现，现行的各种防火规范套用基本上还都是针对原先的建筑形式，因此各种防火规范就显得不符合实际情况。而性能化的防火设计方法在这种新的建筑形式中得到了大量的应用。

运用计算机仿真的方法，我们可以得到更准确的疏散时间，而且直观性好。不仅可以可视化模拟过程，提供直观的评价依据，还可以发现一些无法预测的在真实火灾场景下人员的行为，完善人的行为知识库，为疏散设计提供更加准确和直观的信息。同时还可以生成更加真实的三维虚拟现实场景，让人能够亲身体验火灾发生后，人员疏散过程中的感受。消防部门也可以用仿真软件对各种各样建筑形式的交通枢纽进行疏散性能的评价，进行消防培训等。因此，疏散仿真技术必将成为辅助疏散设计的重要手段。

一、疏散仿真技术的发展

人员疏散仿真作为对人群疏散研究的一个重要的组成部分，其发展与疏散研究的发展密不可分。只有将其纳入疏散研究这一学科中阐述，才能理解其发展的历程和最新的进展。下面将在简单介绍人员疏散动态学的基础上，说明现在疏散仿真的研究进展。

人群疏散仿真研究始于20多年前。但是，对人群的运动及疏散动态的研究却有40多年的历史。经过这么多年，这方面的研究成果不断积累，吸引了越来越多的研究人员的加入。近十年来，已经举办了多次相关的国际学术会议并出版了会议论文集。其中较为著名的有1993年于伦敦举办的人群拥挤安全工程国际会议（International conference on engineering for crowd safety）。2001年4月于德国杜伊斯堡召开了第一届“行人及疏散动态学大会”（Conference on Pedestrian and Evacuation Dynamics，简称 PED），并出版了会议论文集。第二届 PED 大会 2003 年 8 月于伦敦召开，这表明对人群、行人及疏散动态的研究正式成为了一门独立的学科。

这门学科常用的名称有“拥挤动力学”（Crowd Dynamics）、“行人动态学”（Pedestrian Dynamics），“疏散动态学”（Evacuation Dynamics）及“人员疏散动态学”（Pedestrian and Evacuation Dynamics）。其研究的主要内容可以分为三大部分：第一，对行人、人群及疏散的观察和试验，其主要的目的是得到具体的数据以给建筑设计、疏散方案的制订等提供参考，如像行进速度与人群密度的关系，房门通过速度与门宽度的关系等就是这方面的研究成果；第二，对人群行为的数学模型的建立，这方面的研究主要是将人群比作流体，用流体力学和动力学的公式建立人群行进的模型；第三，对人群行为和疏散过程的计算机仿真，这方面的研究由于功能强大的计算机的普及，在最近十几年成为该学科研究的重点。

疏散动态学的研究已经有 40 多年了。但是，这方面研究的第一个重要成果是 J. Fruin 在 20 世纪 70 年代初取得的。在 1971 年，J. Fruin 在其具有开创性的著作“Pedestrian and Planning Design”中给出了由统计得出的人群的平均行进速度与人群密度的关系曲线，并且将公路交通理论中的“服务水平”（Level of Service）的概念引入到了人群运动的研究中，其研究的主要目标是给出建筑设计及管理的指导方针。在 J. Fruin 之后，还有大量的研究统计了不同地区、不同人员，以及在不同的空间中，人群行走速度与密度的关系，得出的曲线也不尽相同。但是，各个研究都得出了人群的前进速度随人群的密度的增大而逐渐变小这一结论。

与此同时，Henderson 也进行了这方面的研究。在他的两篇经典的文章中，Henderson 运用了热力学中的 Maxwell-Boltzmann 分布给出了人前进速度的概率分布公式，并用该公式研究了前进速度与各种不同的因素（性别、年龄、前进方式、所处地点等）之间的相互关系。

这些早期的工作为后来的研究开辟了道路，后来的许多人群运动和疏散的仿真模型都或多或少的受到了以上这些研究的启发。

在最近十余年来，微观仿真模型逐渐取代宏观仿真模型成为疏散仿真研究的重点。由于在此类模型中，是对人群中的个人而非人群的总体建模，因此，广义上，这类模型又被称为“基于 Agent 技术的仿真模型”。

所谓基于“Agent 技术”建模是指，在仿真模型中不再将人群作为一个整体来考虑，而是将重心放到个体的人上。在模型中，每一个人都用一个计算对象表示。在模型中只定义个人的参数和行为规则，而对其具体的行为则不作规定。在仿真的过程中，个体依照自身所处的环境，按照预先设定的行为规则选择自身的行为。在此类模型中，个体也被称为 Agent（以下本文将交替使用 Agent 与“个体”或“个体 Agent”等术语），这类模型称为基于 Agent 技术的仿真模型。

大体上说，基于 Agent 技术的仿真模型可以分为两大类：离散型仿真模型和连续型仿真模型。离散模型通常又被称为元胞自动机模型。在这种模型中，通常的做法是把建筑物的平面空间划分为微小的正方形单元格。在任意时刻，一个单元格要么被占据（障碍物或一个个体），要么为空。因此，个体的空间位置可以由个体所处的单元格的编号所唯一标示。在仿真的运行过程中，时间被划分为等长的时间段，在每一时间段，所有个体依照所处的环境和自己的行为规则选择是留在原格还是移动到相邻的 8 个单元格中的一格。此类模型中，一般的做法是用概率的方法给出个体移动到邻格或留在本格的概率，再通过蒙特卡罗法确定个体的行为。目前，较为优秀的离散仿真模型有：BYPASS、方正等人的“网格模型”等。与离散仿真模型不同，在连续型仿真模型中，人的坐标（为方便起见表示为位置矢量 r)、时间 t，及其他的一些量都是连续而非离散的。这种模型的核心是建立一组动力学的微分方程或运动学方程，通过这些方程将各个量的变化联系在一起。只要给出了初始的条件，模型就可以模拟出后续的运动状况，这类模型中代表性的有“社会力模型”等。

下面对国际上比较流行的几个模型做简要的描述：

（一）EVACNET 模型（Kisko TM，Francis RL，1985）

EVACNET 模型是一个水力疏散模型，它模拟人员在建筑物内行走，并最终疏散至安全地带的全过程，由美国佛罗里达大学开发，该软件将建筑物结构以网络的形式描述，模拟人员在这一网络内的流动。建筑网络模型由一系列的节点以及连接各个节点的路径所组成，节点代表建筑物内的不同的厅、室、通道、楼梯、安全出口等，模型将室外以及建筑物内其他安全点定义为目标点，人员疏散以人员到达目标点为算作结束。空间上相邻的节点通过虚拟的路径相连接，这些路径并不是实际上存在，而是用以反映各个节点之间的关系。模型完全不考虑人员的行为，将人员的移动作为一个整体运动，该模型以路径最短原则选取最优疏散路径，从而使得疏散时间最小。模型可以得到的计算结果包括：(1) 整个建筑物内人员疏散完毕所用的时间；(2) 各个楼层内人员疏散完毕的时间；(3) 各个节点内人员疏散完毕所用的时间；(4) 人员在各个出口的分配情况；(5) 疏散过程中，人员的瓶颈情况。

EVACNET 模型可以进行多种建筑物类型的人员疏散模拟，包括各种办公楼、大型公用建筑、体育馆等。可以模拟单个房间单元，也可模拟整个楼层。由于该模型没有考虑人员的个体特性，即认为所有人员都是一样的，因此求出的疏散时间可能会比实际时间短。一般在求出疏散时间以后都乘一个保险的安全系数，系数一般取 1.50，同时还必须加上适当的疏散前准备时间。

（二）EXIT98（Fahy RF，1994）

EXIT98 是一个适用于大型建筑的疏散模型，该模型的一个最大特点是能够描述火灾中烟气对于疏散人员的影响，对火灾烟气和毒气的流动进行了模拟，使得模型能够更进一步与实际的火灾场景相似。该模型同样用网络的方法对建筑物进行描述，可以输入房间的各种参数，包括房间出口的大小、房间里面人员的数量以及一些与烟气相关的参数。模型还可以对一些参数进行多个选择，例如人员是按照模型计算所得的疏散路径进行疏散还是按照事先设定的路线进行疏散，如果有烟气或者毒气阻碍疏散路线时，是从新计算疏散路线还是进行人为设定。对于模拟的疏散人员开始疏散时间可以进行设定，也就是可以设定人员一定的反应时间。同时模型还可以对人员的尺寸进行设定，主要包括三种人员疏散尺寸：美国、俄罗斯和奥地利。对于模型中烟气的设置可以人为设定一些烟气参数，也可以用模型进行计算求出这些参数。

由以上的介绍可以看出，EXIT98 在火灾场景描述方面以及人员的特性方面有比较大的进步，但是 EXIT98 能够模拟的建筑物类型比较少，一些参数的取值也有待更进一步论证。

（三）SIMULEX（Peter A. Thompson，Eric W. Marchant，1995）

SIMULEX 也比较适用于大空间的公共建筑，其本质还是一个网格模型。它通过一系列的具有出口和楼梯连接的二维平面来定义建筑平面，可以定义建筑平面内的人员、演示人员在建筑平面内的疏散过程、随时观察剩余的疏散人数、预测剩余人员所需要的疏散时间、记录整个疏散过程并且重新演示。

SIMULEX 的原理主要是把每个疏散空间划分为很小的网格，并且为每个疏散空间生成一张“等距离地图”，从而划分人员的疏散等级。距离出口相同的网格组成等距离的地带，处于不同地带的疏散人员具有不同的疏散等级，人员的疏散总是从等级高的地方往等级低的地方疏散，障碍物处的等级为无穷高，因此人员不能够进入。“等距离地图”设置完成以后就可以为每个房间设置人员数量，人员的速度、尺寸等参数。

（四）EXITT（Levin BM，1989）

EXITT 是火灾综合分析程序 HAZARDI 的一个模块，专门用于计算人员在建筑平面内的疏散时间。

EXITT 也是基于网络的疏散模型。在建筑平面方面，该模型也必须建立各个网络单元、各个单元的出口以及连接各个节点，允许用户为疏散人员设置各种参数，如速度、体型尺寸、年龄、当时是否清醒等。该模型还建立了火灾预报系统，当火灾发生到一定程度（如烟气达到一定程度）就自动发出警报，一旦人员听到警报决定疏散的时候，程序就能够预测、模拟出人员的疏散路径，并且在疏散的过程中不断地调整自己所选择的路径。而选择疏散路径的一个原则就是计算每条可行疏散路径的烟气浓度、毒气浓度，一旦发现某条路径毒气浓度很高时程序就会放弃这条路径而选择另外一条路径。该模型在一定程度上考虑了灾害环境对于人员疏散的影响，但是该模型的正确性是建立在灾害模型的正确性基础上的，同样该模型对于人员在疏散过程中的各种行为缺乏必要的考虑。

国内近些年在疏散模型方面也做了一些工作，简要介绍如下：

（一）2002 年中国科学技术大学火灾科学国家重点实验室杨立中等提出了基于元胞自动机的火灾中人员逃生疏散模型。该模型借鉴了交通科学工程里面元胞自动机理论，用一个个元胞来代替疏散人员。这种模型可以考虑环境中各种因素对于疏散人员的影响，使得疏散人员模型具有智能体的特点。但是该模型适用的建筑物类别少，疏散人员的各种特性也不能在模型中得到很好的反应。

（二）2001 年武汉大学方正等提出了网络网格人员疏散模型。该模型在总体框架上采用网络模型，建筑物由各个网络单元连接而成。在对各个网络单元进行描述的时候采用网格模型，把各个网络单元划分成能够容纳一个人的一个个小网格。采用拉格朗日法描述每个人员的几何坐标和疏散速度。该模型可以求出总的疏散时间、每个单元的疏散时间等。但是该模型对于人员在疏散过程中的行为以及火灾场景中灾害本身的描述甚少。

（三）1988 年东北大学温丽敏、陈全等提出了一种群集人员疏散模型，并且采用计算机仿真的方法求出了疏散时间。该模型把所有疏散人员看做是没有区别的群体，并且人员的疏散是按照设计人员设计好的路线井井有条地进行，最后对总的疏散时间进行折减，以考虑人员的各种不利特性（如惊慌）对于整个疏散时间的影响。

二、社会力模型简介

目前国际上开发了20多种各种不同类型的疏散评估软件，这些软件使用的模型经过了一段时间的发展，在出口容量法及网络流法等基础上已经取得了长足的进步，但在表现人在疏散过程中的行为而言，仍不够准确，表现在还不能通过模拟再现一些行人紧急情况下疏散的典型特征。而由 Helbing 及其合作者建立的社会力模型目前在这一方面最为成功。

（一）社会力模型的原理介绍

社会力模型把行人的运动视为在某种力的作用下的力学运动，从而利用牛顿力学方程给出行人的运动方程。

模型认为人的行为具有以下四个特点：

(1) 行人会期望尽可能自然地跨越一段距离，因此他会选择一条尽可能短的路径，不绕弯地达到目的地。

(2) 一个人的行为会受到其他行人的影响，这里每个人的“私有空间”起了重要的作用。很自然地，离一个陌生人越近，人们就越会感到不舒服，因为你不能预知他是否会有侵略性行为。人们通常也会与建筑物边界、墙壁、障碍物等保持一定的距离，离它们越近，越感到不舒服，因为他要时刻注意避免伤害，比如不小心碰到墙壁等。

(3) 行人有时候会被其他人（如朋友、亲人、街道艺人等）或物体（如商品展销等）吸引，这就是人群中人堆形成的内在机制。实际情况中这种吸引力还会因兴趣的不同而随时间变化。

(4) 在没有阻挡的情况下，行人会自主加速到期望速度。

社会力模型把行人的运动视为在某种力的作用下的力学运动，从而利用牛顿力学方程给出行人的运动方程。从观察到的行人的行为特征，社会力模型考虑三种主要的力。

（二）社会力模型数学模型

1. 正常情况下的行走人群的数学模型

记行人在时刻 t 的位置为 $\vec{r}_\alpha$ (t)，$\alpha=1$，…，N，下面分析行人 α 所受到的社会力，见式（3-7-1）。

$$\vec{e}_\alpha^0(t)=\frac{\vec{r}_\alpha^k-\vec{r}_\alpha(t)}{\|\vec{r}_\alpha^k-\vec{r}_\alpha(t)\|} \tag{3-7-1}$$

准确地说，行人的目标通常是门或区域，而非一些点。为此，我们可以把目标上距离行人最近的点视为行走目标。

在未受干扰的情况下，行人将会沿着期望的运动方向 $\vec{e}_\alpha^0$ (t) 以固定的速率 v_α^0 前进，即 $\vec{v}_\alpha^0$。受环境的影响，通常真实的速度 $\vec{v}_\alpha$ 会偏离期望的速度 $\vec{v}_\alpha^0$。行人会趋向于在一定的缓冲时间 τ_α 内修正这个偏差，从而有了第一种驱动力。该项力可以如下描述：

$$\vec{F}_\alpha^0=\frac{1}{\tau_\alpha}(v_\alpha^0\vec{e}_\alpha^0-\vec{v}_\alpha) \tag{3-7-2}$$

2. 社会力

这种社会力来源于行人希望与他人和建筑（如墙，柱子等）保持一定距离。记行人 α 的身体半径为 d_α，则对行人 α 而言，由于行人 β 而受到的排斥力可以如下描述：

$$\vec{F}_{\alpha\beta}^{\text{rpl}} = \lambda A_\alpha \exp[-(r_{\alpha\beta} - d_{\alpha\beta})/R_\alpha]\vec{n}_{\alpha\beta} \tag{3-7-3}$$

这里 A_α 表示对行人 α 而言的排斥强度，R_α 表示产生排斥效应的半径，两者都属于个体参数。$r_{\alpha\beta} = \|\vec{r}_\alpha(t) - \vec{r}_\beta(t)\|$ 是两个行人之间的质心距离，$d_{\alpha\beta} = d_\alpha + d_\beta$ 是身体半径之和。

$$\vec{n}_{\alpha\beta} = \frac{\vec{r}_\alpha(t) - \vec{r}_\beta(t)}{r_{\alpha\beta}(t)} \tag{3-7-4}$$

$\vec{n}_{\alpha\beta}$是从行人 β 指向行人 α 的单位向量，随时间变化。

3. 环境影响力

在考虑环境中的墙壁，风景，障碍对人的影响时，有以下三种观点：

（1）叠加原理：考虑所有环境因素的影响力，利用叠加原理计算所有力之和。

（2）最近距离：只考虑距离行人最近的障碍的影响，计算其影响力。

（3）最大影响：只考虑影响力最大的那个环境因素。

这三种观点并非完全并列，在某些情形下，距离最近的障碍往往是影响最大的，采用哪个种观点要根据模拟的具体情况而决定。例如，在人口密度比较大的环境里，行人视线受到阻挡，往往只根据附近的障碍情况调整行走路线，这时用最近距离的观点是比较合理的。

为了与墙壁、路障保持一定的距离，行人会受到相应的排斥力见式（3-7-5）：

$$\vec{F}_{\alpha\beta}^{\text{rpl}} = \lambda A_B \exp[-(r_{\alpha B} - d_{\alpha B})/R_B]\vec{n}_{\alpha B} \tag{3-7-5}$$

式中 $r_{\alpha B}$——质心与建筑物的最短距离；

$d_{\alpha B}$——外围身体与建筑物的最短距离；

A_B——建筑物的排斥强度；

R_B——其排斥范围。

4. 随机微扰

为了让模型更贴近实际情形，我们还可以考虑一个随机因素。行人的选择有一定程度的无法预知的个人因素，可以用一个随机产生的力 $\vec{F}_\alpha^{\text{rdm}}$ 表示。可以假设该随机力与前进方向 $\vec{e}_\alpha^0$ 垂直，其大小服从 Gauss 分布 $N(0, \delta^2)$，并且与所受到的社会力大小成正比。

$$\vec{F}_\alpha^{\text{rdm}} = X(\vec{e}_\alpha^0 \cdot \vec{F}_\alpha^{\text{soc}})\vec{e}_\alpha^{\perp} \tag{3-7-6}$$

其中随机变量 X 满足标准的高斯分布。

5. 模型的方程

综上所述，我们可以通过如下的微分方程描述行人 α 的运动：

$$\frac{d^2\vec{r}_\alpha}{dt^2} = \vec{F}_\alpha^{\text{soc}}(t) + \vec{F}_\alpha^{\text{rdm}} \tag{3-7-7}$$

这是一个非线性的 Langevin 方程。其中，$\vec{F}_\alpha^{\text{rdm}}$ 是随机游动项。

$$\frac{d^2\vec{r}_\alpha}{dt^2} = \vec{F}_\alpha^{\text{soc}}(t) + \vec{F}_\alpha^{\text{rdm}}$$

$$\vec{F}_\alpha^{\text{soc}}(t) = \vec{F}_\alpha^0(\vec{v}_\alpha, \vec{e}_\alpha) + \sum_\beta \vec{F}_{\alpha\beta}^{\text{rpl}}(\vec{e}_\alpha, \vec{r}_\alpha, \vec{r}_\beta) + \sum_\beta \vec{F}_{\alpha\beta}^{\text{rpl}}(\vec{e}_\alpha, \vec{r}_\alpha, \vec{r}_\beta) \tag{3-7-8}$$

受到行人最大行走速率 $v_\alpha^{\max}$ 的限制，记 $\vec{\omega}_\alpha = \frac{\mathrm{d}\vec{r}_\alpha}{\mathrm{d}t}$，真实的速度如下给出：

$$\vec{v}_\alpha(t) = |\vec{\omega}_\alpha(t)| g\left(\frac{v_\alpha^{\max}}{\|\vec{\omega}_\alpha\|}\right) \tag{3-7-9}$$

其中，

$$g(u) = \begin{cases} 1, u > 1 \\ u, u \in (0,1) \end{cases}$$

6. 紧急情况下的行走人群的数学模型

在紧急情况下，行人之间有肢体接触 $r_{\alpha\beta} < d_{\alpha\beta}$。在这个情形下，出现了新的肢体的相互作用力 $\vec{F}_{\alpha\beta}^{\mathrm{ph}}$：

$$\vec{F}_{\alpha\beta}^{\mathrm{ph}}(t) = K\Theta(d_{\alpha\beta} - r_{\alpha\beta})\vec{n}_{\alpha\beta} + k\Theta(d_{\alpha\beta} - r_{\alpha\beta})\Delta v_{\beta\alpha}^{t}\vec{t}_{\alpha\beta} \tag{3-7-10}$$

第一项 $K\Theta(d_{\alpha\beta} - r_{\alpha\beta})\vec{n}_{\alpha\beta}$ 来源于肢体的互相挤压；第二项 $k\Theta(d_{\alpha\beta} - r_{\alpha\beta})\Delta v_{\beta\alpha}^{t}\vec{t}_{\alpha\beta}$ 来自于相对切向运动的阻碍。其中：

$$\Theta(u) = uH(u),$$
$$\vec{t}_{\alpha\beta} = (-n_{\alpha\beta}^{2}, n_{\alpha\beta}^{1}),$$
$$\Delta v_{\alpha\beta}^{t} = (\vec{v}_\beta - \vec{v}_\alpha)\cdot\vec{t}_{\alpha\beta}$$

这里 K，k 是很大的系数，H 是 Heaviside 函数，同样考虑建筑物对行人的接触作用。记 $\vec{n}_{\alpha\beta}$ 为法方向，$\vec{t}_{\alpha\beta}$ 为切方向，$\Delta v_{\alpha B}^{t} = \vec{v}_\alpha \cdot \vec{t}_{\alpha\beta}$，则相应的排斥力修正为：

$$\begin{aligned}\vec{F}_{\alpha\beta}^{\mathrm{rpl}} &= \lambda A_B \exp[-(r_{\alpha B} - d_{\alpha B})/R_\alpha]\vec{n}_{\alpha B} \\ &+ k\Theta(d_{\alpha B} - d_{\alpha B})\vec{n}_{\alpha B} + k\Theta(d_{\alpha B} - d_{\alpha B})\Delta v_{B\alpha}^{t}\vec{t}_{\alpha B}\end{aligned} \tag{3-7-11}$$

或者

$$\begin{aligned}\vec{F}_{\alpha\beta}^{\mathrm{rpl}} &= -\nabla_{\vec{r}_{\alpha B}} U_{\alpha\beta}(\|\vec{r}_{\alpha B}\|) \\ &+ K\Theta(d_{\alpha B} - d_{\alpha B})\vec{n}_{\alpha B} + k\Theta(d_{\alpha B} - d_{\alpha B})\Delta v_{B\alpha}^{t}\vec{t}_{\alpha B}\end{aligned} \tag{3-7-12}$$

（三）社会力模型的优势

在人群密度较高的紧急条件下，经常会出现如下现象。

1. 出口处的拥挤现象：疏散人群通常在出口处出现拥挤，形成弧状阻塞，如图 3-7-1

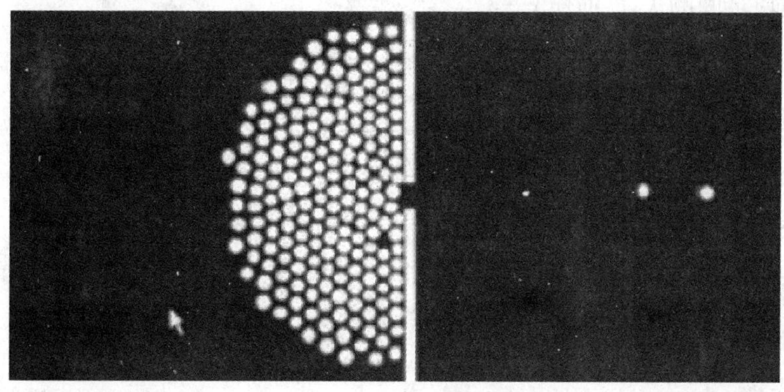

图 3-7-1　弧状堵塞图

所示。

2. 快即是慢现象。在一定的范围内，疏散人员的期望速度越高，反而出口流量越低，整体疏散所需时间越长，这即是所谓的快即是慢现象，如图 3-7-2 所示。

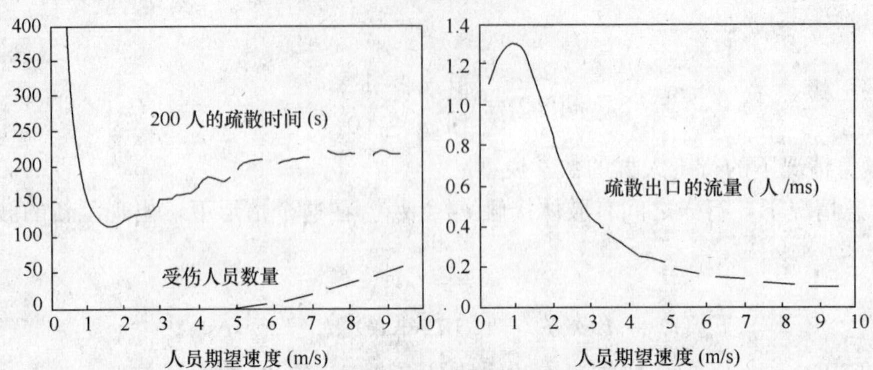

图 3-7-2 疏散速度与疏散时间关系图

3. 自组织现象：在中等以上密度的人群中常常可以观察到自组织现象。

4. 尾随现象：在一定的人群密度下，行人会自发的形成尾随队伍。

5. 震荡现象：在瓶颈处（楼梯，门等），行人通过的方向呈震荡性变化。

以上提到的这些典型现象，各类软件还不能通过模拟再现，目前只有社会力模型能成功再现这些现象。

（四）解决模型计算效率低下的方法

社会力模型由于需要解微分方程，因而具有很大的计算量，当疏散人员较多时，所需要的模拟时间很长，达不到工程计算的要求，因而要采取一些方法来提高社会力模型的计算效率。Evacuator 软件中采用以下提高计算效率的处理方法：

（1）选择合适的微分方程解法；

（2）邻接表法（Verlet link cell）；

（3）多时间步长法。

三、疏散软件模块结构划分

功能模块包括：（1）项目建立及修改模块；（2）疏散模拟模块；（3）疏散回放模块。各功能模块之间的关系见图 3-7-3。

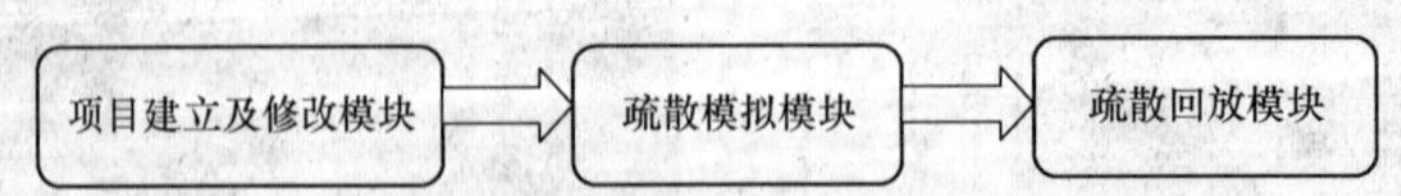

图 3-7-3 各功能模块之间的关系图

对象模块包括：（1）DXF 图读取模块；（2）楼层模块；（3）楼梯模块；（4）建筑物描述模块；（5）人员属性模块；（6）其他部件模块；（7）系统逻辑模块（程序框架模块）。各对象模块之间关系图见图 3-7-4。

四、软件功能介绍及与其他疏散模拟软件的比较

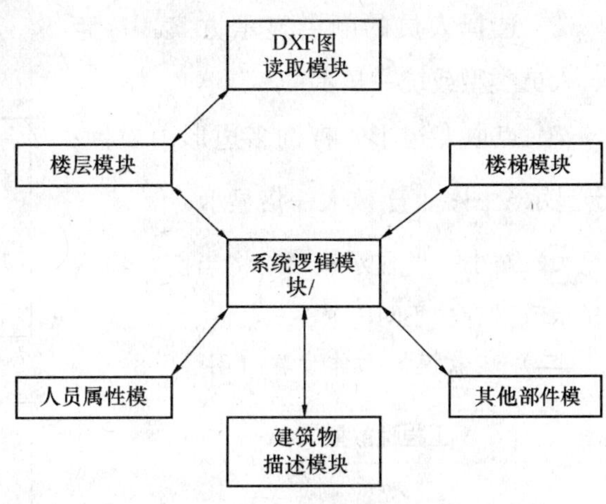

图 3-7-4　各对象模块之间关系图

（一）软件功能及操作介绍

1. 用户界面

见图 3-7-5。

2. 菜单项举例

（1）“疏散”菜单：疏散(V)，如图 3-7-6 所示。

（2）“回放”菜单：，回放(B)，如图 3-7-7 所示。

3. 工具栏：

进入选择操作；矩形选择、布置方式与多边形选择、布置方式的切换；

编辑选择范围设置；编辑当前选定一个或多个元素的属性；

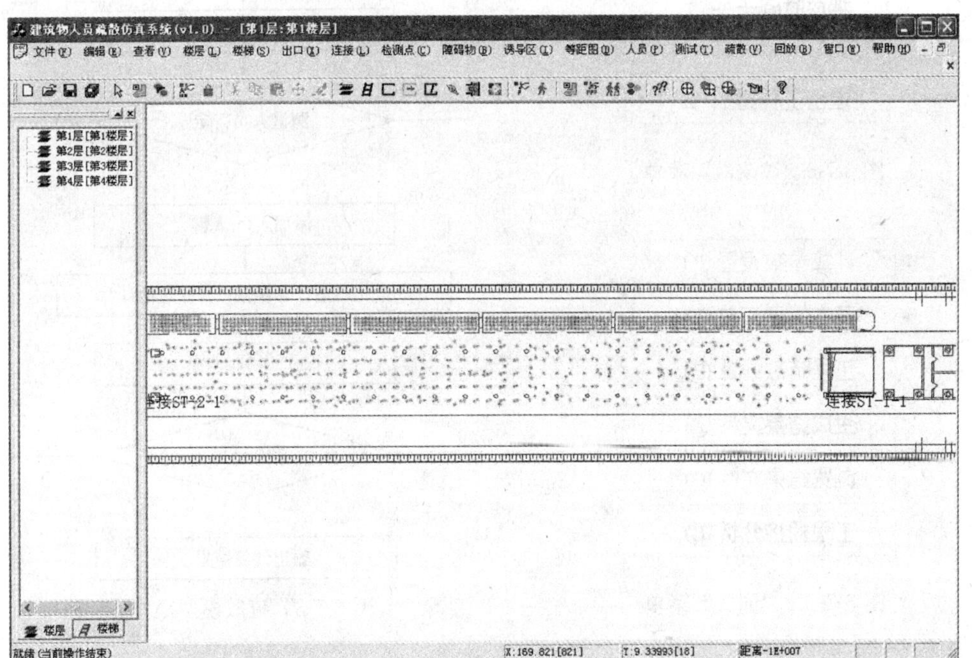

图 3-7-5　用户界面

锁定出口、连接、检测点、人员、火灾障碍物等的位置（未实现）；

增加楼层；增加楼梯；增加出口；增加连接；增加检测点；

增加火场；增加诱导区；选择当前人员属性；增加人员；

按矩形或多边形方式布置人群；选择当前人群属性；增加人群；

选择人员的颜色显示方案：等距图、人员类型或统一显示；

点取多边形，查询多边形内属性；

显示全图； 放大一倍显示；

缩小一半显示； 将当前窗口内的显示范围存成 BMP 图。

（二）疏散模拟操作步骤（图 3-7-8）

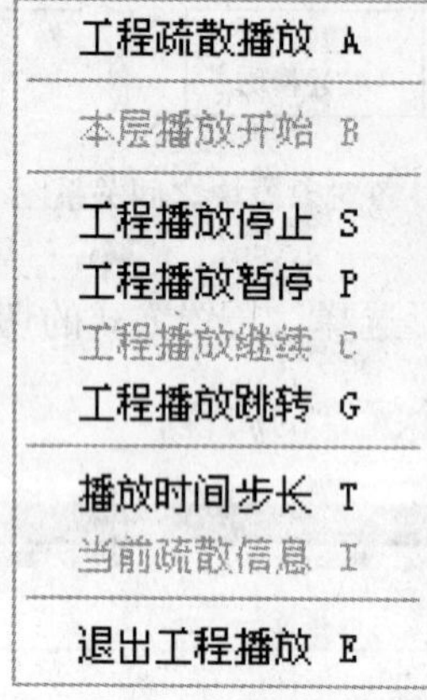

图 3-7-6 “疏散”菜单

图 3-7-7 “回放”菜单

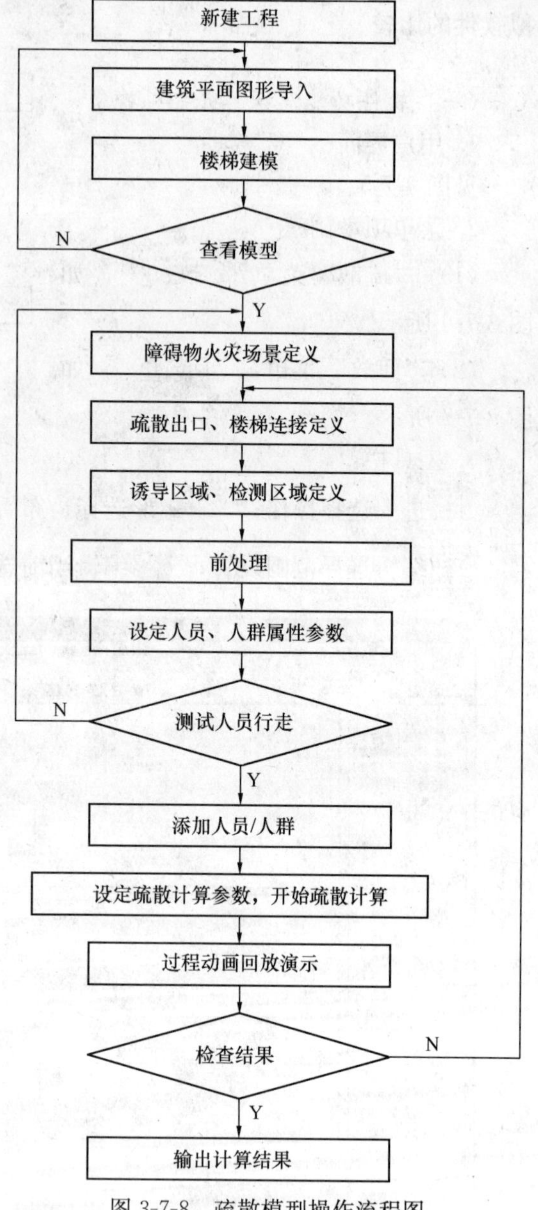

图 3-7-8 疏散模型操作流程图

五、利用 UC-WIN/ROAD 软件制作插件实现三维演示功能

UC-WIN/ROAD 软件是三维虚拟现实软件，具备通过简单的 PC 操作便可完成三维虚拟现实的优秀功能。拥有标准数据库、Web-Road 数据库、LandXML 数据交换等应用功能，同时具备从地形、断面、地形处理到交通设定、模型设定-处理等卓越的 VR 作成编辑功能，简单易懂的操作以及令人惊叹的计算速度，短时间内可完成大规模三维空间的展示。UC-WIN/ROAD 软件提供了二次开发包，能够根据用户需要开发数据接口，作为

一个三维平台展示用户的计算或模拟数据。在使用建筑人员疏散仿真系统生成疏散模拟数据后，为使最终展示效果更加直观，需将数据导入 UC-WIN/ROAD 三维展示系统中。其工作流程如图 3-7-9 所示，效果截图见图 3-7-10 和图 3-7-11。

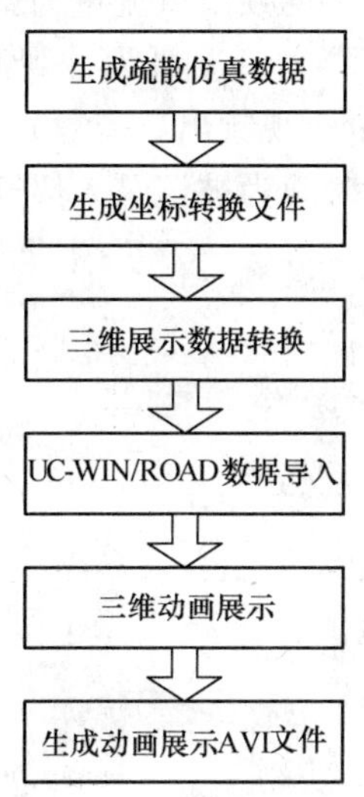

图 3-7-9　建筑人员疏散仿真系统三维动画展示流程

图 3-7-10　复兴门人员疏散效果截图 1

图 3-7-11　复兴门人员疏散效果截图 2

第八节　多层地下交通枢纽人员安全疏散分析实例

一、STEPS 疏散软件有效性验证与分析对比

所用的 STEPS（Simulation of Transient Evacuation and Pedestrian Movements，瞬态疏散和步行者移动模拟）软件是一个由 Mott Mac Donald 公司设计的三维疏散软件。它可模拟办公楼、体育场馆、购物中心和地铁车站等人员密集区域在正常和紧急情况下快速疏散。STEPS 软件操作方便、图形界面简单易懂，也可读入多种形式的几何模型，在工程上有着广泛的应用。

STEPS 已经被用作一些世界级的大型项目，包括加拿大埃德蒙顿机场、印度德里地铁、美国明尼阿伯利斯 LRT、英国生命国际中心和伦敦希思机场等第五出口铁路/地铁。

（一）STEPS 疏散软件有效性验证

为了验证应用疏散软件 STEPS 进行数值仿真计算的可靠性，通过调查视频统计数据与 STEPS 仿真计算数据进行对比，估计数值仿真的误差。验证采用地铁复兴门站换乘通道视频摄像资料，统计出口流量，应用 STEPS 软件进行数值仿真计算时的参数为本项目调查统计所得的行人特征基本数据。

地铁复兴门和西直门换乘站通道出口流量对比数据见表 3-8-1，视频数据处理见图 3-8-1，STEPS 软件模拟仿真见图 3-8-2。表中编号为观测区域选择的视频记录编号，观测区域人数为被记录人进入观测区域时在观测区域的总人数。视频出口流量为：观测区域人数/［观测区域宽度×（结束时间－开始时间）］；数值仿真出口流量为：观测区域人数/（观测区域宽度×仿真模拟时间）；误差为：（仿真出口流量－视频出口流量）/视频出口流量。其中开始时间为被记录人进入观测区域的时间，结束时间为被记录人离开观测区域的时间，通过分析得出的误差为 8.10%。

图 3-8-1 视频数据处理图

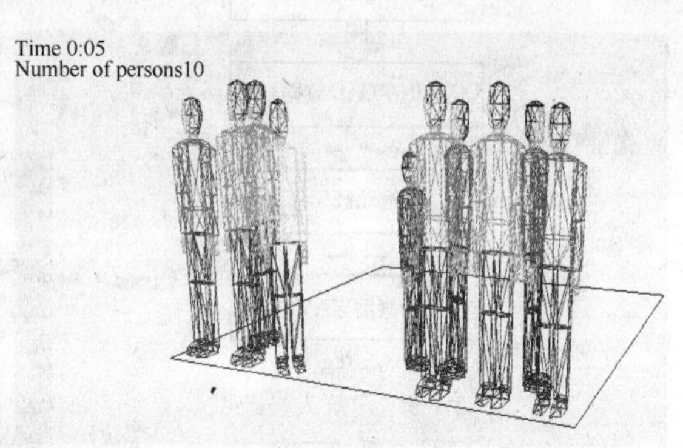

图 3-8-2 STEPS 软件模拟仿真图

视频统计与仿真计算数据对比 **表 3-8-1**

编号	观测区域人数	视频统计的出口流量（人/ms）	仿真计算的出口流量（人/ms）	误差（%）
1	9	0.620	0.643	3.7
2	10	0.783	0.833	6.4
3	14	0.947	1.000	5.6
4	11	1.073	1.100	2.5
5	16	0.947	1.067	12.7
6	8	0.472	0.533	12.9
7	14	0.723	0.778	7.6
8	13	0.82	0.929	13.3
9	16	1.425	1.500	5.3
10	13	0.901	1.000	11.0
平均值				8.10

（二）不同疏散软件模拟计算对比

以复兴门地铁换乘站为研究对象，通过 STEPS 疏散软件和由中国建筑科学研究院建筑防火所自主研发的 Evacuate 疏散软件对复兴门地铁站进行模拟仿真对比分析。Evacuate 疏散软件是一套适用于多层地下综合交通枢纽的人员疏散模拟软件。人员疏散模拟的基础参数适用于中国国情，软件采用目前为止最为成功的社会力疏散模型，能准确反映行人前进时周围的行人、障碍物、环境对其速度和前进方向的影响，能成功再现一些已经观察到的主要的行走人群的群体特征，比如：尾随现象、震荡现象、出口处的弧状阻塞、快即是慢现象等。

1. 复兴门地铁换乘站的参数

1）人数确定参见表 3-8-2。

复兴门地铁换乘站疏散人数　　　　**表 3-8-2**

观测点	人数（人）	观测点	人数（人）
1 号线列车	1860	2 号线站台	500
2 号线列车	1860	3 个站厅	300
1 号线站台	500	总计	5020

2）人员速度、人员比例见表 3-8-3。

人员速度和人员比例表　　　　**表 3-8-3**

观测点 年龄段	换乘通道	上楼梯	下楼梯	比例
中青年男性	1.34	0.75	0.93	48.5%
中青年女性	1.24	0.66	0.83	40.5%
儿童	1.25	0.64	1.02	2%
老年人	1.17	0.6	0.64	9%

3）流量

单位流量 q_{max} 为：平面通道 $q_{max}=1.53$ 人/ms，上楼梯 $q_{max}=1.62$ 人/ms，下楼梯 $q_{max}=1.18$ 人/ms。

2. STEPS 疏散软件模拟分析结果

疏散仿真模拟见图 3-8-3，计算出的疏散行动时间为 5min35s。

3. Evacuate 疏散软件模拟分析结果

疏散仿真模拟见图 3-8-4 和图 3-8-5，计算出的疏散行动时间为 6min57s。

通过两个疏散软件的模拟计算，得出的误差为 19.7%。

二、STEPS 疏散软件工程应用实例

（一）复兴门、西直门和雍和宫换乘站人员特征调查统计分析

1. 乘客步行速度以及人员所占比例见表 3-8-4。

2. 行人交通流模型的建立。

平面换乘通道内的行人步行流量与密度流模型为：

$$q=0.007+1.556k+(-0.393k^2);$$

楼梯内上楼梯行人步行流量与密度关系模型为：

$$q=0.056+0.717k+(-0.082k^2);$$

楼梯内下楼梯行人步行流量与密度关系模型为：

$$q=0.149+0.774k+(-0.145k^2);$$

图 3-8-3 疏散仿真模拟图

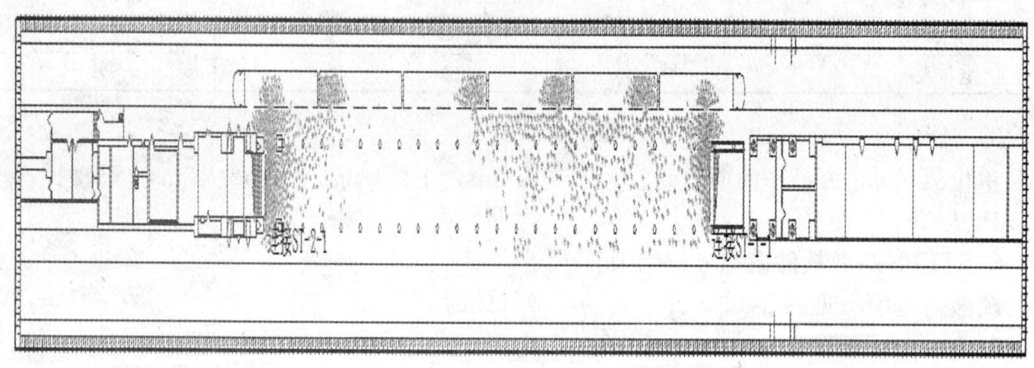

图 3-8-4 站台疏散仿真模拟图

式中 q——行人步行流率；

k——行人密度。

求出最大单位流量 q_{max} 为：平面通道 $q_{max}=1.53$ 人/ms，上楼梯 $q_{max}=1.62$ 人/ms，下楼梯 $q_{max}=1.18$ 人/ms。

不同观测地点各年龄阶段平均速度分布（m/s） **表 3-8-4**

年龄段＼观测点	换乘通道	上楼梯	下楼梯	上坡	下坡	站台	比例
中青年男性	1.34	0.75	0.93	1.23	1.66	1.56	48.5%
中青年女性	1.24	0.66	0.83	1.03	1.50	1.41	40.5%
儿童	1.25	0.64	1.02	1.27	1.43	1.27	2%
老年人	1.17	0.6	0.64	1.36	1.41	1.15	9%

（二）雍和宫地铁换乘站人员安全疏散分析

1. 雍和宫换乘站概况

雍和宫站是北京地铁二号线与五号线的换乘车站，是集地铁、公交、出租为一体的综合立体交通枢纽，附近共有近10条公交线路，周边有雍和宫、孔庙等观光旅游景点，还拥有大量的区域客流吸引量和换乘流量。同时，雍和宫站二号线修建较早，设备老化、安全问题突出，虽然最近几年也对雍和宫站进行了大幅度的改造，但是对雍和宫地铁站事故的分析存在相当难度和复杂性，进行车站疏散仿真模拟也是非常重要和必要的。雍和宫站示意参见图3-8-6。

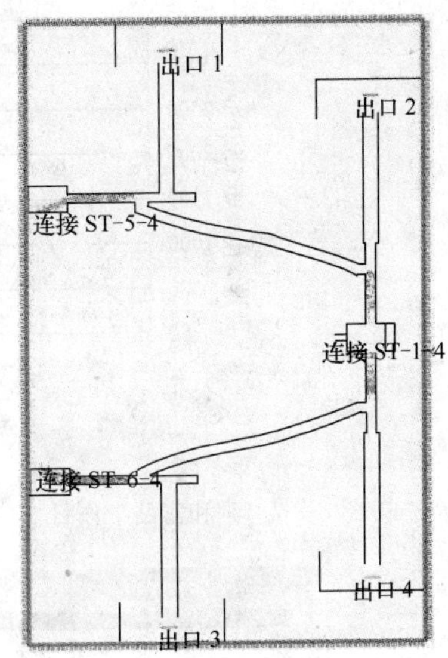

图3-8-5　出口疏散仿真模拟图

2. 地铁换乘站乘客换乘量统计（图3-8-7）

3. 雍和宫换乘站人员疏散模拟参数设定

1）人员速度与密度曲线

由调查统计得出的平面内人员速度与密度的关系为：

$$u=-0.383k+1.507$$

式中　u——行人步行速度；

k——行人密度。

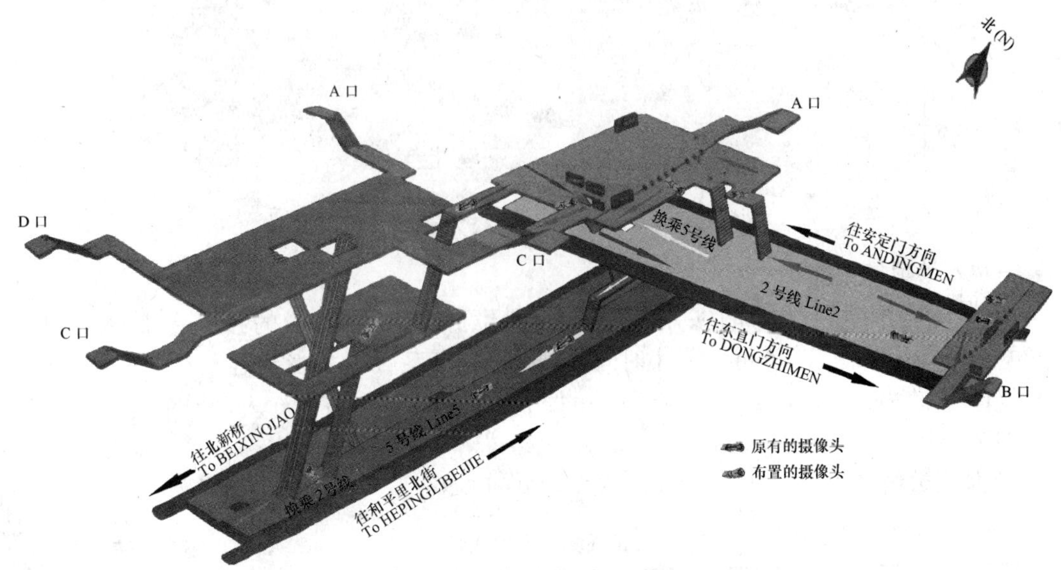

图3-8-6　雍和宫地铁站及摄像机位置示意图

由此得到steps模型设置中人员速度与密度曲线。

2）人员类型

由调查统计得出人员种类、组成及形体特征，并将其输入steps模型中，见图3-8-8。

3）人员行走速度

由表3-8-4得出不同观测点的人员行走速度，模型输入参数见图3-8-8。

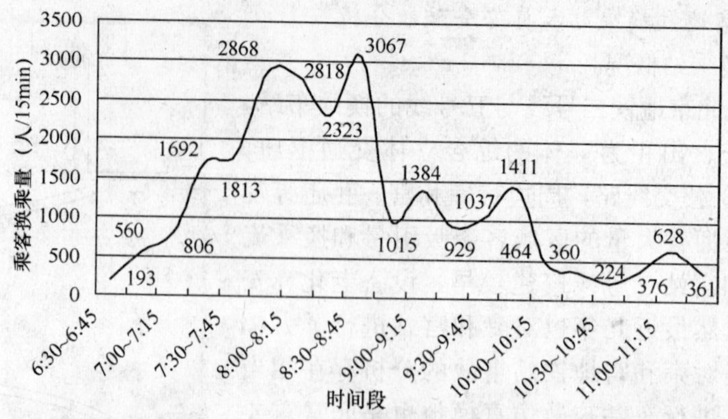

图 3-8-7 雍和宫站工作日 6：30～11：30 早高峰时段 5 号线到 2 号线乘客换乘量变化

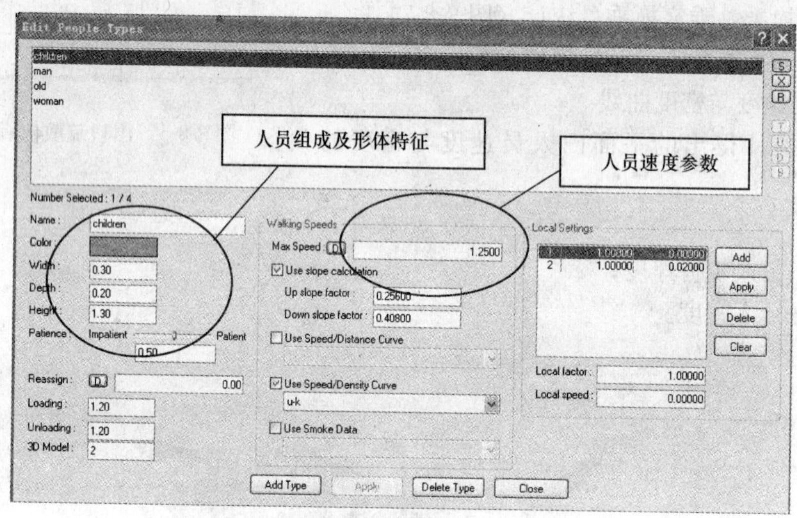

图 3-8-8 行人参数输入对话框

4）人员疏散人数

根据在雍和宫换乘站的实地统计，得到雍和宫站早高峰的换乘量最大值为每 15min3067 人。由此以 3min 为最小时间段，乘以保证系数 1.2，得到：

站台人数为：3067/5×1.2＝750 人；每个站厅和通道各有 100 人；列车共六节车厢，每节满载 310 人，得到：310×6＝1860 人。

具体人数统计见表 3-8-5。模型输入参数见图 3-8-9。

各观测地点的人数 表 3-8-5

观测地点	7 个换乘通道	2 号线站台	5 号线站台	3 个站厅	2 号线列车	5 号线列车	总人数
人数	700	750	750	300	1860	1860	6220

5）地铁列车的参数

地铁列车参数的确定：车辆编组形式：六节动拖混合编组；车体的外形尺寸（长×宽×高）：19m×2.8m×3.51m；加减速度：启动加速度不小于 0.83m/s^2；制动减速度不小于 1.0m/s^2；紧急制动减速度不小于 1.2m/s^2；列车进站速度为 10～12m/s；列车到站的

时间间隔为 3min；模型输入参数见图 3-8-10。

6）出口的人流流量

（1）有效疏散宽度

各类通道内存在的边界层的宽度值见表 3-8-6。因此，在考虑防火分区内疏散通道的宽度时，应计算疏散通道或疏散出口的有效宽度，而不是其净宽度。

（2）不同观测点的最大单位流量见图 3-8-11。

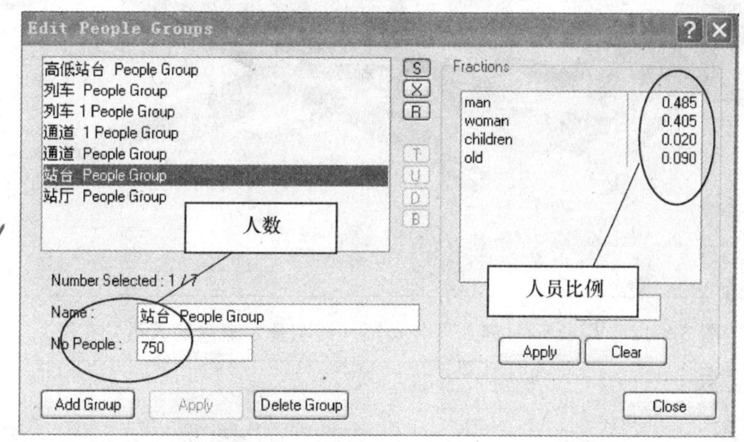

图 3-8-9　各不同类型行人人数和各占比例

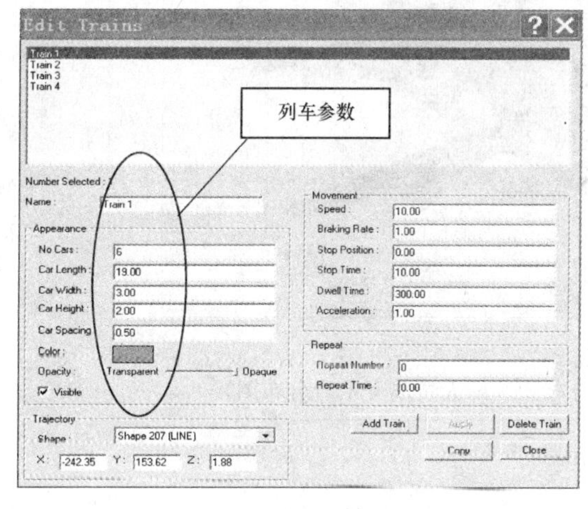

图 3-8-10　列车参数输入对话框

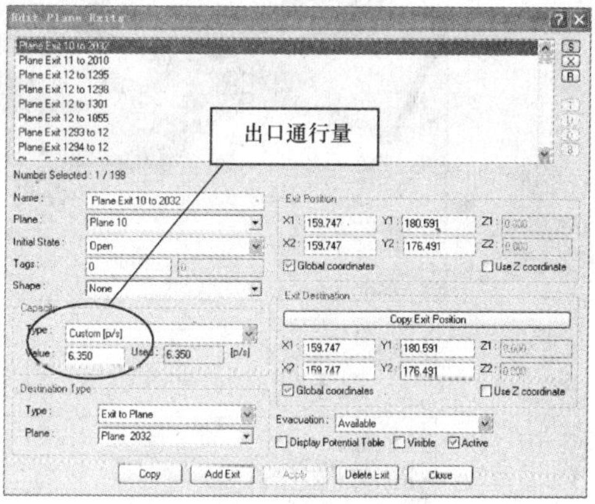

图 3-8-11　各出口通行量

各类通道内存在的边界层的宽度值　　**表 3-8-6**

疏散通道的类型	楼梯	护栏扶手	走廊坡道墙	障碍物	宽阔大厅走道	门拱形门
边界层厚度（mm）	150	90	200	100	460	150

4. 雍和宫换乘站人员疏散模拟

雍和宫地铁换乘站内的人员疏散模拟方案如下

（1）工况 1 的情况为 2 号线站台发生突发事件，例如 2 号线发生火灾时，并且每个站台只考虑一辆列车，计算机仿真见图 3-8-12～图 3-8-15；

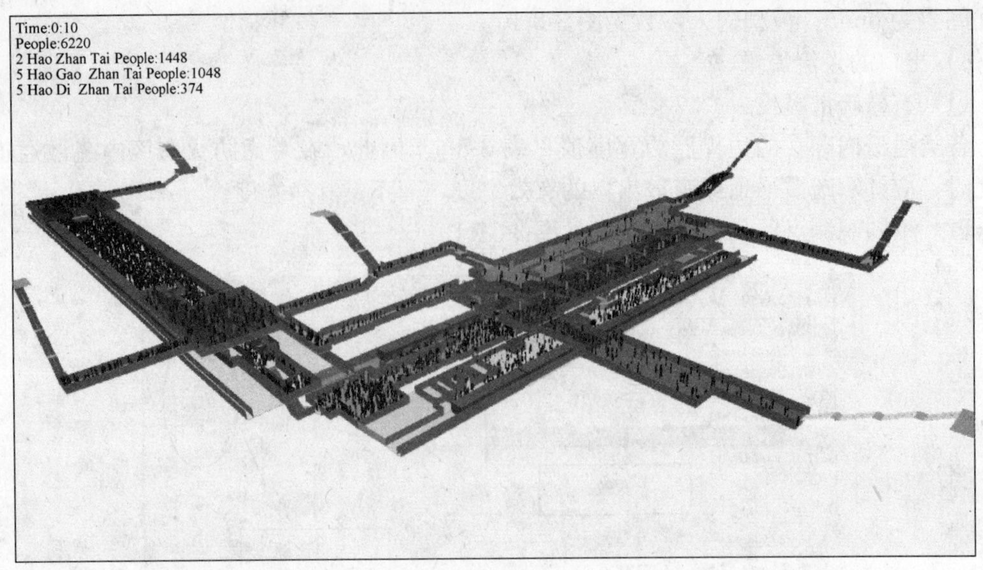

图 3-8-12 T=10s 时刻人员分布图（即刚开始疏散的人员分布图）

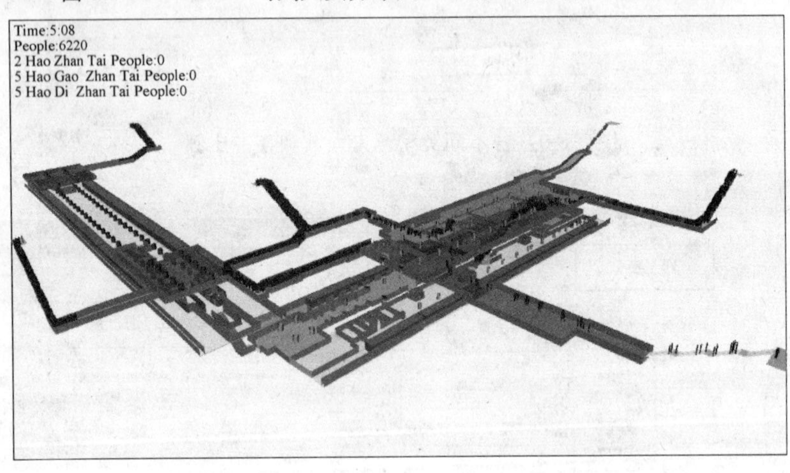

图 3-8-13 T=5：08 时刻人员分布图（即人员离开站台分布图）

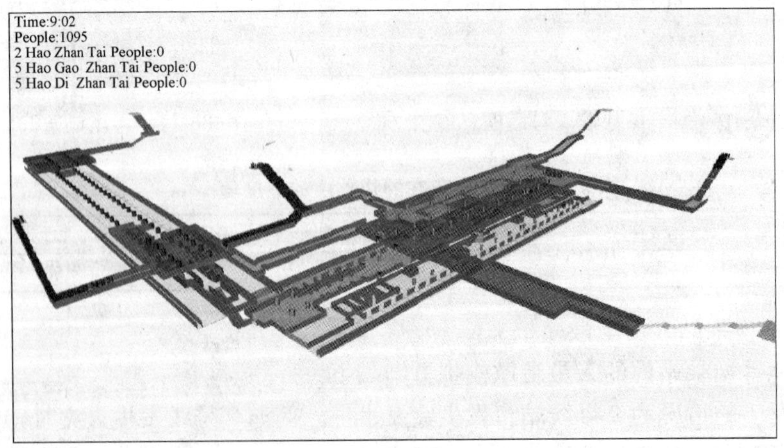

图 3-8-14 T=9：02 时刻人员分布图（即人员离开站厅分布图）

（2）工况 2 的情况为 5 号线高站台发生突发事件，2 号线到 5 号线的楼梯必须封闭，其他同工况 1；

（3）工况 3 的情况为 5 号线低站台发生突发事件，2 号线到 5 号线的楼梯也必须封闭，其他同工况 1。

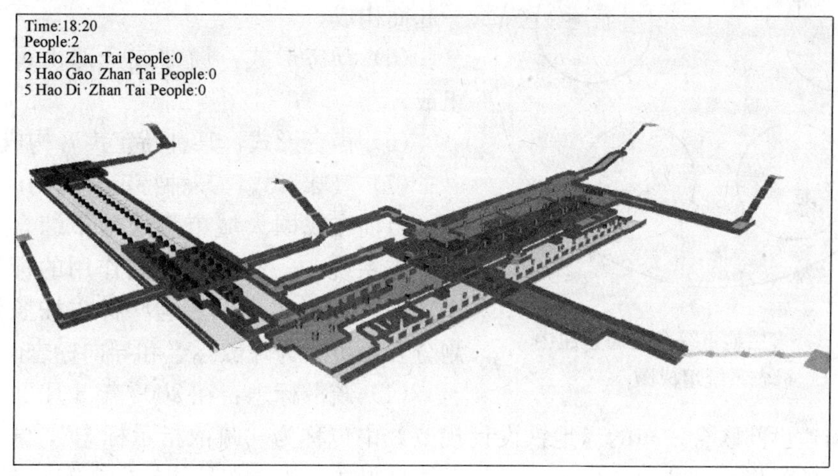

图 3-8-15　$T=12:20$ 时刻人员分布图（即人员疏散完分布图）

不同工况的仿真疏散行动时间统计结果见表 3-8-7。

雍和宫车站不同工况下的仿真人员疏散时间　　**表 3-8-7**

疏散仿真方案	站内疏散人员（人）	人员离开站台的疏散时间（s）	中国规范 360（s）	美国规范 240（s）	总的疏散时间（s）	美国规范 360（s）
工况 1	6220	298	满足	不满足	758	不满足
工况 2	6220	239	满足	不满足	750	不满足
工况 3	6220	287	满足	不满足	818	不满足

第九节　标志系统的调查与研究

一、多层地下综合交通枢纽的标志系统理论简述

标志：它是指一个产品、物品或服务标记的图形表现，由特定的字体、设计、编排组成，用以区别产品或服务的来源。

多层地下综合交通枢纽中的建筑构件、装饰装修面材、广告、招牌、告牌及各种标志和标牌等共同作用于人的视觉或触觉，来进行信息的传达，从而组成一个完整的空间信息体系。标志系统是作为整个空间信息系统的一个子系统而存在的，它根基于传统平面标志，又大大地拓展了传统平面标志的范围，而成为多层地下综合交通枢纽中最重要的组成部分之一。它除包含了传统平面标志，更囊括了诸如：信号、符号、标牌、告牌等部分，并具有多种表达形式（图 3-9-1）。

标志系统中的各种标志、信号、符号、标牌、告牌等按照构成形式可分为：

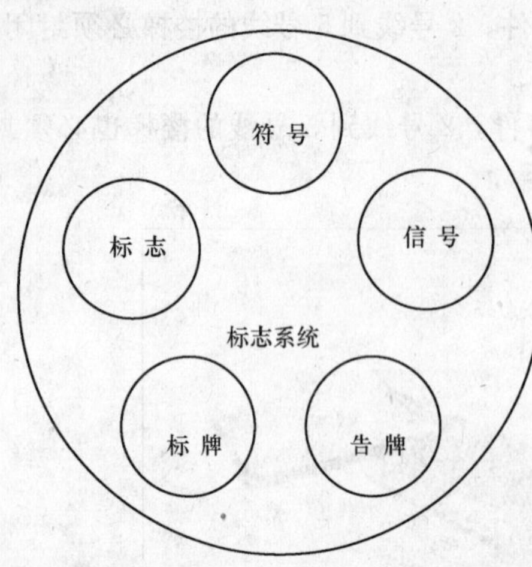

图 3-9-1 多层地下综合交通枢纽中标志系统组成图

(1) 文字形式：纯文字构成；

(2) 图形形式：纯图案构成；

(3) 立体形式：三维立体物构成；

(4) 综合形式：综合文字、图形或立体在一起而构成；

(5) 动态形式：局部或全部由可运动部件组成；

(6) 声音形式：某种特定声音构成；

(7) 气味形式：某种特定气味构成。

目前在我国大城市多层地下综合交通枢纽的标志系统中，起疏散导向作用的标志基本以上述前三种形式为主。这些标志按照使用用途划分，也可分为疏散标志和导向标志两部分：

(1) 疏散标志：在 2003 年 5 月 30 日由国家质检总局和建设部联合发布的《地铁设计规范》中也称为“疏散指示标志”，规范中只是原则性的 5 条强规，总共 100 多个字，这显然是很宽泛的。在具体的标志安装中，还应该遵守相关行业部门的强制规定。例如：安全出口、消防设施等，这些标志形式约定俗成，符合强制规定，简单明了、辨认快捷、便于记忆。标志的颜色是由所需传达的信息属性及色彩感情决定的，例如：绿色和蓝色（清冷、恬静、安静）表示通行和指示；黄色（提醒、高贵、活跃）表示提醒；红色（热烈、刺激、温暖）表示禁止等。

(2) 导向标志：大多是由专门平面设计公司根据建筑特点而进行的设计，兼顾平时使用和紧急疏散。这些标志虽没有行业硬性规定，但也应该符合大众视觉习惯和色彩感情，并在色彩和图案与人们大脑中习惯的标志相同或相近。不仅满足平时使用，更应考虑紧急疏散时的使用。例如：建筑功能分区的方向及方位、公共出入口的位置等，这些标志往往字体或图案最大、最醒目，并大多采用蓝绿色。

随着时代的发展，传统标志系统的构成形式虽依然占据主导，但也越来越呈现出多样化的趋势。各种新技术、新材料的采用，既加强了产品的视觉效果，又极大地扩展了产品选择范围。

目前我国城市人口中进行过专门防灾培训的人数很少，他们对于各种标志的形象记忆主要靠平时出入公共空间所积累的“无意注意”信息。“无意注意”：属于注意的一种，是人在没有意图或预定目的的条件下，对外界客观事物的注意。“有意注意”：属于注意的一种，是人在自觉、有预定目的并经过意志努力而产生和保持的注意。

很多时候标志系统是与空间的美化相矛盾的，甚至因为给很多商业行为带来不便，而引起商家不满。但当多层地下综合交通枢纽遇到突发事件进行紧急疏散时，标志系统中的疏散标志和导向标志就会立刻变成人们的“有意注意”，而特别需要强化和突出。疏散标志和导向标志将直接关系到行人的生命安全，所以标志系统的设置既要兼顾平时与周围环境的相互协调，又要充分保证紧急疏散时本系统内的各个部分的醒目突出，片面强化或忽视某个局部，往往都会使系统出现信息缺失或因信息繁杂而趋于失败。通过调研目前我国有代表性的几个多层地下综合交通枢纽的现状，我们发现一些问题并在研究的基础上提出我们的看法。

二、实例分析

（一）调研结果

1. 北京南站地铁站——地铁 4 号和铁路线交汇点（表 3-9-1）

北京南站地下交通枢纽标志明细表 **表 3-9-1**

编号	标　志	形　式	大小级别	备　注
1	安全出口	平面文字	中	
		发光灯箱文字	中	
2	火车时间表	LED 显示大屏幕	大	
3	消火栓、灭火器、火警 119	平面文字和图形	中	规定形式
4	公用电话	平面图形	大	
5	候车、售票、问讯、等综合指向牌	灯箱文字和图形	大	
		平面文字和图形	大	
6	手机充电处	实物	大	
7	卫生间、售票处、书店、饮水、自动取款机、无障碍垂直电梯等	灯箱文字和图形	大	
8	咨询台	平面文字	大	
9	公共出入口	灯箱文字和图形	大	
10	防火卷帘门应急开关	平面文字	小	规定形式
11	接站指向	平面文字	大	临时不干胶
12	垃圾箱	平面文字和图形	中	
13	失物招领	平面文字	大	临时不干胶
14	消防电话等	实物	小	
15	自动扶梯入口	LED 组成图形	中	
16	通道指示	平面文字	大	
17	临时禁止标志	平面文字和图形	大	临时不干胶
18	办公室指示	平面文字和图形	大	
19	安全检查	平面文字和图形	大	临时不干胶
20	儿童标高尺	平面文字	大	
21	紧急出口	平面文字和图形	中	规定形式
22	站台票台	实物并平面文字和图形	中	
23	平面示意牌	灯箱文字和图形	大	
24	轮椅服务	平面文字和图形	大	
25	LED 流动板	LED 灯		
26	盲道		于地面规定形式	
27	求助电话	实物并平面文字和图形	小	
28	疏散提示	平面文字和图形	中	
29	残疾人按钮	实物并平面文字和图形	小	规定形式

2. 北京雍和宫地铁站——地铁2号、5号线交汇点（表3-9-2）

北京雍和宫地铁站标志明细表 **表3-9-2**

编号	标志	形式	大小级别	备注
1	安全出口	平面文字	中	
		发光灯箱文字	中	
2	补票、问讯	平面文字和图形	大	
3	消火栓	平面文字和图形	中	规定形式
4	盲道	立体	于地面、规定形式	
5	指向标志	荧光文字和图形	中	
		灯箱文字和图形	大	
6	出入口标志	灯箱文字和图形	大	
7	灭火器	实物	大	规定色彩
8	紧急出口	平面文字和图形	中	规定形式
9	禁行标志	平面或灯箱文字和图形	大	
10	残疾人通道指向标志	平面图形	中	规定形式
11	大屏幕显示器	平面图形	中	
12	禁止标志	平面文字和图形	中	规定形式
13	废物箱	平面文字和图形	中	
14	卫生间	灯箱文字和图形	大	
15	售票、问讯	灯箱文字和图形	大	
16	上下车位线	平面图形	大	于地面
17	电梯提示标志	平面文字和图形	小	
18	临时指向标志	平面文字和图形	大	
19	地面交通信息	平面图形		
20	无障碍设施	平面文字和图形	小	规定形式
21	气体释放	平面文字和图形	中	
22	手动报警按钮	平面文字和图形	小	

3. 复兴门地下交通枢纽（表3-9-3）

复兴门地下交通枢纽标志明细表 **表3-9-3**

编号	标志	形式	大小级别	备注
1	安全出口	平面文字	中	
		发光灯箱文字	中	
2	紧急出口	平面文字和图形	中	规定形式
3	各种禁止标志	平面文字和图形	中	规定形式
4	盲道	/	于地面、规定形式	
5	指向标志	平面文字和图形	大	与广告位置同
		灯箱文字和图形	大	含地面位置指向
6	卫生间	平面文字和图形	中	2种，含旧牌子
7	110提示牌	平面文字和图形	大	

续表

编号	标　　志	形　　式	大小级别	备　注
8	灭火器	实物	大	规定色彩
9	消火栓	平面文字和图形	中	规定形式
10	禁行标志	平面或灯箱文字和图形	大	
11	残疾人通道指向标志	平面图形	中	规定形式
12	出入口标志	灯箱文字和图形	大	
13	废物箱	平面文字和图形	中	
14	补票、问讯	平面文字和图形	小	
15	售票、问讯	平面文字和图形	中	
16	上下车位线	平面图形	大	
17	电梯提示标志	平面文字和图形	小	
18	临时指向标志	平面文字和图形	大	于地面
19	地面交通信息	平面图形	小	
20	综合信息牌	平面或灯箱文字和图形、LED 显示器	大	

4. 上海人民公园站地铁站——地铁 1 号、2 号、8 号线交汇点（表 3-9-4）

上海人民公园站地铁站标志明细表（部分）　　　　**表 3-9-4**

编号	标　　志	形　　式	大小级别	备　注
1	指向标志	平面文字和图形	大	墙面永久
		灯箱文字和图形	大	
		平面文字和图形	大	地面即时贴
2	卫生间	平面文字和图形	中	
		平面文字和图形	中	临时即时贴
3	“您现在位置”示意图	平面文字和图形	大	
4	综合信息墙	平面文字和图形	大	
5	募捐箱	实物		
6	运行时刻表	平面文字和图形	中	临时站牌
7	禁止标志	平面文字和图形	大	临时即时贴
8	盲道	立体	于地面、规定形式	
9	工作人员出入口	平面文字	中	
10	地铁运行图	灯箱文字和图形	大	
11	残疾人专用电梯	灯箱文字和图形	大	
12	消火栓、灭火器	平面文字和图形	中	规定形式
13	火警报警器	平面文字和图形	小	规定形式
14	售报亭	实物		
15	疏散楼梯	灯箱文字和图形	中	
16	安全出口	灯箱文字和图形	中	
17	区域图	平面文字	大	
18	玻璃防撞条	平面图形	大	
19	生活信息服务终端	灯箱图形	大	

续表

编号	标　　志	形　　式	大小级别	备　注
20	出入闸门机指向	灯箱图形	小	
21	地面指向	平面图形	小	
22	车站地图	灯箱图形	大	
23	地铁管线位置图	平面文字	中	

（二）存在的问题

通过整理和分析上述四个多层地下交通枢纽标志系统的工程实例及结合其他多层地下综合交通枢纽中标志系统，发现问题如下：

（1）标志系统设置的位置不便于行人观看——特别体现在老旧站的改造中。在这些站的改造往往不够重视标志系统的设置或因某些不可克服的客观条件制约，导致标志在不同程度上存在被遮挡的现象，见图 3-9-2。

图 3-9-2　北京某地铁站疏散标志

图 3-9-3　北京某地铁站消火栓

（2）标志系统的时代感不强、文化内涵差——例如：北京的某些一、二号线地铁车站由于建设年代较早，一些标志已出现“年久失修”的现象，远远不能满足首都的要求，更无文化内涵可言。从而导致平时不美观，紧急疏散时不易辨认（图 3-9-3）。

（3）标志系统的信息缺失、不连贯或重复设置——一些多层地下综合交通枢纽中的地面疏散标志信息缺失或间距过大，甚至不符合《地铁设计规范》的要求（例如：广州某地铁站），这样会增加灾难中惊慌的人群寻找疏散标志的困难。另有一些标志却又设置重复（例如：北京 2 号线某站），虽在一定程度上加强了信息的提示，却显得重复而浪费（图 3-9-4）。

（4）标志系统内各部分之间字体和图形的大小安排不当，整体布局混乱无序——造成辨别困难而影响紧急疏散时的“有意注意”（图 3-9-5）。

（5）标志系统与周围环境发生视觉冲突——标志图形的色彩和形状等与周围装饰过于接近而产生识别困难（图 3-9-6）。

（6）标志系统不美观，整体感不强，各部分缺少构图联系——平时往往不能得到行人的“无意注意”，不能够在大脑中产生深刻印象，在紧急疏散时会增加辨认的难度(图 3-9-7)。

图 3-9-4　北京某地铁站

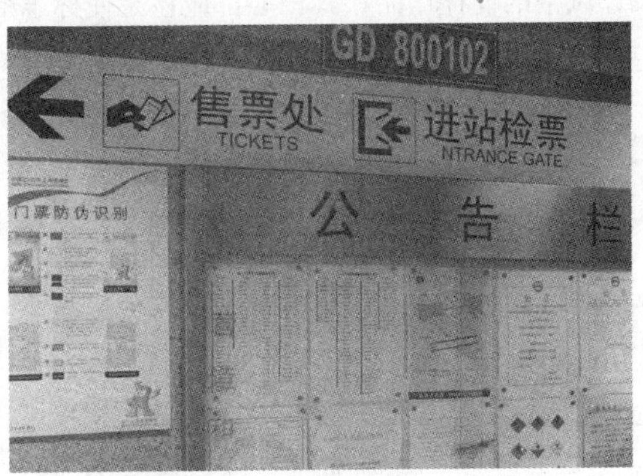

图 3-9-5　上海某地铁站

图 3-9-6　北京某地铁站

图 3-9-7　北京某地铁站

(7) 标志系统的表达手段不够丰富——虽然其中一些属于固定标志，对于设计存在着先天的巨大限制，但此限制下设计师仍是有可创作空间的，并不是被动和消极的。例如：材料的选择和灯光的设置等都有很大的设计余地。目前在这方面，我们的设计师们显得还不够积极和主动。

(8) 标志系统不完善，内容缺失——例如有些车站有“您现在所在位置”标志指示牌，使行人能够明确目前所在位置，有利于他们在紧急情况下的疏散；而有些车站却没有此设置，有些即使设置了却表示不清。这些既不利于平时使用，又不不利于紧急疏散。

(9) 标志系统影响车站周围空间的使用——有些标志系统的设置挤占了行人通道的宽度，使行人通行产生不便，这种现象特别是在一些老站的改扩建过程中常遇到。

(10) 标志系统设置不统一、可识别性不强——这样会造成信息混乱，在紧急疏散时不利于行人快速识别疏散标志（图 3-9-8）。

(11) 标志系统施工水平及材料应用参差不一，耐久度不好（图 3-9-9）。

三、标志设计一般原则

标志系统是通过一系列文字、图形和颜色来明确地传达给行人以明确的信息。它具有自身特有的设计特点，设计师们虽也可以设计出各样丰富多彩的设计作品，但无论是哪种设计风格的设计作品，其核心都应该是使标志系统所传达的信息迅速而宜辨。从这一原则出发，标志系统的建设或改造时应注意如下问题：

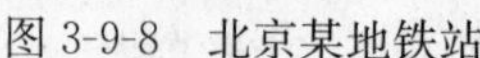
图 3-9-8　北京某地铁站

图 3-9-9　上海某地铁站

（1）提高和加强对于标志系统的重视程度和认识水平：目前标志系统的设计人员大多毕业于艺术院校的平面设计专业，而多层地下综合交通枢纽的空间设计大多毕业于综合大学或理工科学院，教育背景的不同导致了对于标志系统认识上的差异。在进行标志时，前者往往过多停留在美学形式上的探讨而忽视使用功能的深层挖掘及背后的技术支撑；后者却往往轻视标志系统在整个空间功能中的作用，从而过晚启动标志系统的设计工作，这样就局限了标志系统的设计空间，从而不能最大限度地拓展出标志系统的作用。

（2）用整体的思路对标志系统及其各个部分进行设计：各部分的文字和图形的大小、字体、色彩、肌里、位置以及图底关系等都需要整体思考、统一设计，从而达到相互协调、重点突出。特别是标志的层次性要有很好的安排，这样才能在平时加强人们的“无意注意”；紧急疏散时提高“有意注意”的效果。

（3）标志系统要与多层地下综合交通枢纽工程设计同步进行，而不是工程项目结束后的“二次装修”时才开始。当前大部分工程的设计周期时间较短，留给标志系统的设计时间本已很局促，即使这样，由于我们观念上的偏差，往往使得我们在进行标志系统的设计时，工程建设已经接近尾声，这时才知道很多事先应该预留出的技术和空间条件都不具备，从而留下很多遗憾，使以后紧急疏散时发挥的作用就会大打折扣。

（4）提高施工质量，特别是提高施工材料耐久性：多层地下综合交通枢纽的紧急疏散是偶遇的，有些标志也很少用到，但这些标志却是要时时刻刻保持正常的待使用状态，否则由于施工质量或平时疏忽维护等原因，使标志系统在紧急需要时不能及时正常使用，那所付出的就将是生命的代价。因此在经济条件允许的条件下尽可能地在标志系统的材料上和施工上做到精益求精，最大限度地防止或减少标志系统的故障率。

（5）多种光媒介及其他新媒介形式的大胆采用：标志系统主要是依靠人的视觉器官来进行辨识，如果能拓展到人的听觉和触觉器官，充分调动这些器官的功能，那就能大大加强标志系统的作用从而加快疏散速度，例如：科学地设计扶手及墙面的处理，能很好地利用人的触觉器官；合理地设置声音疏散信息，就能很好地利用人的听觉器官。即使是视觉信号本身也大有潜力可挖掘，例如：更精确、更科学地协调室内环境颜色和标志颜色；新型发光体的不断采用、发光方式的不断改进等，特别是兼具节能、高效、耐久等优点的

LED发光体的出现和采用更是把标志系统的产品水平提高到了一个新的高度。

（6）标志系统应该与空间统一考虑：标志系统是多层地下综合交通枢纽空间中很重要的一个组成部分，所以它的设计应该是服从于整个空间的设计风格，既服从全局又有自己鲜明的特点。这样就需要设计师统筹兼顾，处理好局部和全局等方方面面的关系，使标志系统与多层地下综合交通枢纽空间达到和谐的平衡点。

（7）坚持可持续发展思想，为未来预留出改造和发展的余地：首先多层地下综合交通枢纽空间会不断地进行发展和扩大，现在是主枢纽，以后也许就会变成更大的主枢纽或次枢纽，疏散方向和方法也会随之改变。其次标志系统本身也会随着时代的发展而不断改进，特别是一些疏散法规的变动也会对未来标志系统带来决定影响，所以只有立足当下并展望未来才能使标志系统更适应社会的发展。

（8）充分考虑人体工程尺度：人的行为在平时和遇到紧急疏散情况下是有很大差别的，所以既要充分考虑平时状态下的“无意注意”，使标志系统最大限度地满足中国人的人体工程尺度；又要仔细研究紧急疏散情况下人体的具体行为变化，从而提高标志系统的辨认效率。

（9）配合标志系统更加科学地、艺术地进行光环境的整体设计：目前我国的光环境设计主要依靠建筑师或室内设计师来完成，还缺乏专门的光环境设计师，更在设计程序上缺少光环境设计这一环节。而多层地下综合交通枢纽的光环境比较复杂，所以使得很多多层地下综合交通枢纽缺乏光环境的整体设计思路，就光环境而言几乎处于“各管各家”的状态。这些对于标志系统作用的发挥会大打折扣，特别是不利于紧急疏散时标志系统的辨识。

参考文献

[1] NEWMAN D G, RHODES N, LOCKE H A. Simulation versus code methods for predicting airport evacuation [C] //1st International Symposium on Human Behaviour in Fire, Ulster, 1998.

[2] LAM WHK, CHEUNG C. Pedestrian speed/flow relationships for walking facilities in Hong Kong [J]. Journal of Transportation Engineering, 2000, 126 (4): 343-349.

[3] SARKAR A K. Pedestrian flow characteristics at an intermodal transfer terminal in Calcutta [J]. Word Transport Policy and Practice. 2001, 7 (1): 32-38.

[4] Gwynne S, Galea E R, Lawrence P J. The introduction of social adaptation within evacuation modeling [J]. Fire and Materials, 2006, 30 (4): 285-309.

[5] J. D. Sime. An occupant response shelter escape time (ORSET) model [J]. Safety Science, 2001, 38 (2): 109-125.

[6] HELBING D, MOLNAR P. Social force model for pedestrian dynamics [J]. Physical review. E, Statistical physics, plasmas, fluids, and related interdisciplinary topics. 1995, 51 (5): 4282-4286.

[7] HELBING D, FARKAS I, VICSEK T. Social force model for pedestrian dynamics [J]. Nature, 2000, 407: 487-490.

[8] 陆君安，方正，等. 建筑物人员疏散逃生速度的数学模型 [J]. 武汉大学学报：工学版，2002，35 (2)：66-74.

[9] 张陪红，陈宝智，刘丽珍. 虚拟实现技术与火灾时人员应急疏散行为研究 [J]. 中国安全科学学报，2002，12 (1)：46-50.

[10] 扬中立，方伟峰，等. 基于元胞自动机的火灾中人员逃生的模型 [J]. 科学通报，2002，47

(12)：896-901.

[11] 宋卫国，于彦飞，陈涛．出口条件对人员疏散的影响及其分析［J］．火灾科学，2003，12（2）：100-104.

[12] 谢灼利，张建文，魏利军，等．地铁车站站台火灾中人员的安全疏散［J］．中国安全科学学报，2005，15（11）：10-15.

[13] 周汝，何嘉鹏，谢娟，等．地铁站火灾时空气幕防烟的数值模拟与分析［J］．中国安全科学学报，2006，16（3）：27-32.

[14] 史建港．大型活动行人交通特性研究［D］．北京：北京工业大学，2005.

[15] 曹守华．城市轨道交通乘客交通特性分析及建模［D］．北京：北京交通大学，2009.

[16] 刘栋栋，等．北京地铁交通枢纽行人特征的调查与分析［J］．建筑科学，2010，26（3）：70-74.

[17] 刘栋栋，等．北京站、北京西站行人特征的调查与分析［J］．建筑科学，2010，26（7）.

[18] 彭华，等．一种基于分布估计算法的多出口疏散选择研究［J］．建筑科学，2010，26（9）.

[19] 彭华，等．一种基于几何方法的多威胁规避人员疏散路径规划算法［J］．建筑科学，2010，26（3）：84-86.

[20] 陈然，董力耕．中国大都市行人交通特征的实测和初步分析［J］．上海大学学报，2005，11（1）：93-97.

[21] 周旭，朱吉虹．标志设计教程［M］．北京：高等教育出版社，2006.

[22] 王建军，钟厚冰，赵晓峰，等．道路交通标志设计理论与方法［M］．北京：科学出版社，2008.

[23] 地铁设计规范［S］．北京：中国计划出版社，2003.

[24] ［日］国土交通省铁道局．地铁防火规范详解［S］．北京：中国建筑工业出版社，2009.

[25] 冯原．城市与认路［J］．建筑业导报，2006，5：1-4.

[26] 冯原，彭征．辨方正位［J］．建筑业导报，2006，5：5-13.

[27] 广州生产力促进中心．广州市行人指示标识系统调查报告［J］．建筑业导报，2006，5：14-27.

[28] 周蔚吾．公路道路指路标志设置手册［M］．北京：知识产权出版社，2007.

[29] 黄典剑，李传贵．突发事件应急能力评价［M］．北京：冶金工业出版社，2006.

第四章　抗震与抗爆设计

综合交通枢纽是交通生命线系统工程中关键节点之一，如果其在地震时发生破坏时，除本身价值的损失外，还可能造成整个系统的功能中断，影响城市的抗震救灾的开展，造成难以计算的经济损失和社会伤害。

为了保障综合交通枢纽的安全性能，合理的综合交通枢纽抗震设计和抗爆设计具有重要意义。根据交通枢纽与地面关系，可以将交通枢纽分为地面交通枢纽、半地下交通枢纽和地下交通枢纽。地面交通枢纽的抗震与抗爆设计可以采用建筑结构的抗震与抗爆设计方法。半地下交通枢纽的抗震与抗爆设计可以结合地面和地下交通枢纽的抗震与抗爆设计方法。本章主要介绍地下交通枢纽的抗震与抗爆设计。

第一节　地下综合交通枢纽的抗震设计

一、地下结构的震害现象与特征

从 1863 年英国建成世界上第一条地下铁道起，地下交通的使用距今已有一百多年。在日本神户地震前，世界范围内历次地震中虽有关于地下线型结构及小型供水系统结构遭受地震破坏的报道，但是关于地下铁道及车站震害的报道则比较少，且多属于程度较轻的损坏，如我国 1976 年唐山大地震中，刚建成的天津地铁经受住了地震的考验，仅在沉降缝部位发生外涂面层局部脱落或出现裂缝等现象，而未发生其他形式的损坏；1985 年墨西哥地震中，建在软弱地基上的地铁结构仅车站在侧端与地表相交处发生结构分离现象。因此，人们普遍认为地震对地下结构所造成的危害较之地面建筑要小。然而，1995 年日本阪神大地震中，神户市的地铁车站都遭到了不同程度的破坏。神户市内两条地铁线路的 18 座车站中，大开站、长田站及它们之间的隧道部分，神户市营铁道的三宫站、上泽站、新长田站、上泽站西侧的隧道部分及新长田站东侧的隧道部分均发生破坏。其中以大开车站破坏最为严重，一半以上中柱完全坍塌，导致顶板破坏和上覆土层的沉降，最大沉降量达 2.5m。破坏的形式主要有：中柱开裂、坍塌，顶板开裂、坍塌以及侧墙开裂等。这次地震引起了人们对地下结构抗震研究的严重关注，各国都加大了对地下结构抗震设计的研究力度。

根据以往的地震观测结果，地下结构的确表现出良好的抗震性能。在同一地震条件下，跨度小于 5m 的地下结构抗震能力一般比地面建筑物高 2～3 个烈度等级；对于跨度较大的地下结构，其抗震能力也可以比同类地面建筑物高 1～2 个烈度等级。但这并不意味着地下结构在地震时是安全的，历史上多次大地震中都曾出现较大震害。例如，1906 年美国旧金山地震中三条输水管道遭到破坏；1923 年日本关东大地震中约 25 座隧道遭到破坏；1952 年美国克恩县地震中南太平洋铁路上的四座隧道遭到了严重破坏；1976 年我国唐山地震中天津地下人防工程也遭到了破坏，个别人防工程出现局部倒塌现象；1999年中国台湾集集地震中高速公路隧道等地下工程也发生破坏。特别是在1995年1月17日发生的阪神地震中，神户市地下结构诸如地下多用途隧道、电话线地下通道和地下商场等建筑物遭到了不同程度的破坏，尤其是地铁车站及区间隧道遭到了严重破坏，引起了众多地震工作者的关注。阪神地震地下车站的震害如表4-1-1所示。

阪神地震地下车站的震害 **表4-1-1**

部位	震害
中柱	地铁车站中柱完全坍塌，发生严重的压剪破坏
侧壁	地铁车站侧壁上部起拱部位附近的外侧受弯发生张拉破坏； 地铁车站侧壁上部加掖混凝土部分剥落； 侧壁顶部和底部出现很宽的裂缝
顶板	地铁车站顶板在中柱左右两侧的位置发生折弯； 地铁车站顶板中央稍微偏左的位置坍塌量明显比偏右的位置坍塌量大
连接处	地铁车站底板和侧墙以及中柱的连接部位附近也出现明显的纵向裂缝

基于地震观测，众多研究者对地下结构的地震反应特性开展了广泛深入的研究，并对这些研究成果进行了总结：

(1) 地下结构的地震破坏程度一般比地上结构低；

(2) 深埋结构破坏程度一般比浅埋结构轻；

(3) 土中地下结构比岩石中结构更容易遭到破坏；

(4) 对于岩石中的地下隧道而言，采取措施提高衬砌和围岩的整体性可以有效提高隧道的抗震坏能力；

(5) 在对称动荷载作用下，隧道结构要更为稳定。如果只是加大衬砌的厚度和刚度，而不对周围软弱围岩进行加强，将会导致衬砌中过大的内力；

(6) 在地震强度和震中距均相同的条件下，地下结构的震害程度可能取决于峰值地面加速度和峰值地面速度的大小；

(7) 强震持时是地下结构破坏程度的重要影响因素；

(8) 地震波高频分量可能会导致岩石和混凝土的剥裂，但这仅对震中距很小的地下结构有显著影响；

(9) 地下结构尺寸相对于波长较小时，其对周围地基地震动的影响一般很小，若地震波波长介于隧道口径的1～4倍，则地震动将会被明显放大；

(10) 地下隧道出入地面处可能会因边坡失稳而发生严重破坏。

在地震作用下，地下结构与地面结构的振动特性有很大的不同，体现在如下方面：

(1) 地下结构的振动变形受周围地基土壤的约束作用显著，结构的动力反应一般不明显表观出自振特性的影响。地面结构的动力反应则明显表现出自振特性，特别是低价模态的影响。

(2) 地下结构的存在对周围地基地震动的影响一般很小（指地下结构的尺寸相对于地震波长的比例较小的情况），而地面结构的存在则对该处自由场的地震动发生较大的扰动。

(3) 地下结构的振动形态受地震波入射方向变化的影响很大。地震波的入射方向发生不大的变化，地下结构各点的变形和应力可以发生较大的变化。地面结构的振动形态受地震波入射方向的影响相对较小。

(4) 地下结构在振动中各点的相位差别十分明显。地面结构各点在振动中的相位差不很明显。

(5) 一般而言，地下结构在振动中的主要应变与地震加速度大小的联系不很明显，但与周围岩土介质在地震作用下的应变或变形的关系密切。对地面结构来说，地震加速度则是影响结构动力反应大小的一个重要因素。

(6) 地下结构的地震反应随埋深发生的变化不很明显。对地面结构来说，埋深是影响地震反应大小的一个重要因素。

(7) 对地下结构和地面结构来说，它们与地基的相互作用都对它们的动力反应产生重要影响，但影响的方式和影响的程度则是不相同的。

我国地处欧亚大陆板块和印度洋板块之间，是世界上最大的一个大陆浅源强震活动区，地震活动非常频繁。根据地震烈度分布资料，在全国三百多个城市中，有一半位于地震基本烈度为7度乃至7度以上的地震区；20多个百万以上人口的特大城市中，70%以上属于7度和7度以上地震区，像北京、天津、西安等大城市都位于8度的高烈度地震区。随着地下空间结构开发规模的扩大，地下结构的抗震性能及其安全评价的重要性、迫切性越来越明显。

二、地下结构抗震分析方法

目前地下结构抗震分析方法主要有三种：地震观测、试验研究和理论分析。

地震观测就是通过实测地下结构在地震时的动力特性来了解地下结构的地震特点。1970年，日本首先利用松化群发地震，测定了地下管线动态应变，通过对测定结果的研究发现：管线与周围地基一起振动，而自身并不发生振动，随后人们又对沉埋隧道、盾构隧道等进行了地震观测，掌握了地下结构的动力特性，由此得出影响地下结构地震反应的因素是地基变形而不是地下结构惯性力的结论。

试验研究分为人工震源实验和振动台试验。由于起振力较小，人工震源试验法很难反映出建试物的非线性性质和地基断裂等因素对地下结构地震反应的影响，一般不易采用。振动台试验法能够较好地把握地下结构的地震反应特性以及地下结构与地基之间的相互作用特性等问题，因此得以广泛应用。在日本，大支等人首先采用振动台试验法研究了砂质地基液化对管线的影响问题；1980年代末，日本国铁铁道技术研究所又利用这种方法对隧道抗震加固问题进行了试验。我国铁科院铁建所也开展了利用振动台输入地震波的方法对隧道模型抗震加固问题进行了试验。1990年代初，美国发展了大型模型的抗震试验技术，可进行6个自由度振动，用计算机控制模拟地震荷载等一些大型模拟试验。通过模型试验使人们能更好地了解和掌握地下结构的工作特性，为抗震理论的发展奠定了基础。但是振动台试验法对试验区域的选择和地基特性的模拟等关键问题还存在不同程度的困难。

理论分析方法名目繁多，但是按解析法或数值法的应用程度，大致分为解析法、半解析法半数值法和数值法。就分析理论而言，波动理论和有限元法是地下结构抗震的两种主要的理论分析基础。近年来的研究结果表明，研究地层运动对地下结构的影响，总的可分为两种方法：一种是相互作用法，它是以求解结构运动方程为基础，把介质的作用等效为弹簧和阻尼，再将它作用于结构，然后如同分析地面结构模型一样进行分析；另一种是波动法，以求解波动方程为基础，把地下结构视为无限线弹性（或弹塑性）介质中孔洞的加固区，将整个系统（包括介质与结构）作为对象进行分析，不单独研究荷载，以求解其波动场与应力场。常见的理论分析方法有：

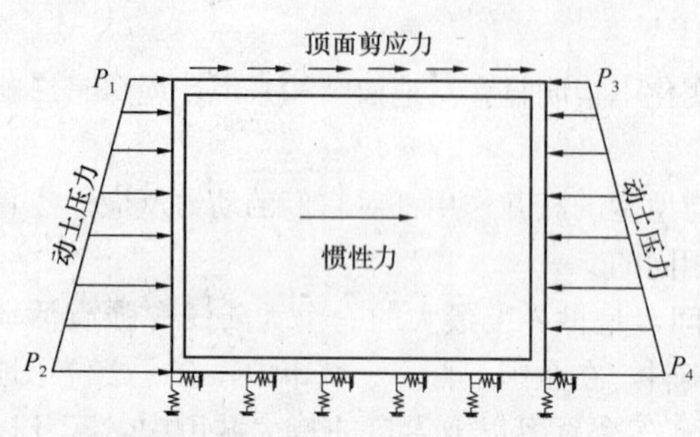

图 4-1-1　等效静力法结构计算简图

（一）等效静力法

等效静力法是将地震中由于地震加速度而在结构中产生的惯性力看作地震荷载，将其施加在结构物上，计算其中的应力、变形等，进而判断结构的安全性和稳定性的方法。等效静力法用于地下结构时，作为结构物承受的荷载包括三个方面：结构惯性力、动土压力和结构上覆土的摩擦力，计算模型如图 4-1-1 所示。等效静力法一般用于线形结构的横断面抗震计算，该方法不考虑土、结构的非线性性质，也没有考虑土—结构相互作用。

1. 动土压力

结构侧墙处动土压力标准值按式（4-1-1）计算：

$$P_z = (q + \gamma z)K_z - 2cK_{zc} \tag{4-1-1}$$

式中　q——地面荷载；

γ——土层重度；

z——结构侧墙某点到地面的距离；

c 和 φ——分别为土层黏聚力和内摩擦角；

K_z 和 K_{zc}——分别为地震主动土压力系数和地震主动土压力作用系数，一般

$$K_z = \frac{\cos^2(\varphi - \theta)}{\cos\theta\cos(\delta+\theta)\left[1+\sqrt{\dfrac{\sin(\varphi+\delta)\sin(\varphi-\theta)}{\cos(\delta+\theta)}}\right]^2} \tag{4-1-2}$$

$$K_{zc} = \frac{\cos\varphi}{\cos\theta[1+\sin(\varphi+\delta)]} \tag{4-1-3}$$

式中　δ——土体与侧墙间的摩擦角；

θ——地震角，与地震动峰值加速度有关，一般规定：7 度地震区 $\theta=1°30'$；8 度区 $\theta=3°$；9 度区 $\theta=6°$。

2. 结构惯性力

结构惯性力按下式计算：

$$S_{ij} = k_c Q_{ij} \tag{4-1-4}$$

式中　S_{ij}——作用在构件结点处的地震惯性力（i 为横向构件层数，j 为竖向构件列数）；

k_c——地震影响系数；

Q_{ij}——与该结点相连各构件重量之半的总和。

3. 结构上覆土摩擦力

结构顶板因覆土惯性作用受到的剪切作用可以简化为下式：

$$\tau = (q + \gamma h_1)\tan\delta + c \tag{4-1-5}$$

式中　h_1——结构顶板覆土厚度；其他符号意义同前。

（二）反应位移法

反应位移法可分为纵向反应位移法和横向反应位移法，后者在有的文献中称之为地基抗力系数法。该方法的基本考虑是：在地震时地下结构的变形受周围地层变形的控制，底层变形的一部分传给结构，使结构产生应变、应力和内力。反应位移法不考虑土、结构的非线性性质，同时忽略土体间的相互作用。

1. 纵向反应位移法

计算隧道等线状地下结构纵向地震反应时，可把其简化成一根梁，并通过一些弹簧与地层连接，计算方程如下：

$$\left.\begin{aligned} EI\frac{\mathrm{d}^4 v(x)}{\mathrm{d}x^4} + k_t v(x) = k_t v_G(x) \\ EA\frac{\mathrm{d}^2 u(x)}{\mathrm{d}x^2} - k_a u(x) = -k_a u_G(x) \end{aligned}\right\} \tag{4-1-6}$$

式中　EI——线状地下结构的断面抗弯刚度；

EA——线状地下结构的断面抗拉压刚度；

k_t——垂直轴向的地基弹簧系数；

k_a——轴向的地基弹簧系数；

$v(x)$——结构位置 x 处的垂直轴向位移；

$v_G(x)$——结构位置 x 处所在地层的垂直轴向位移；

$u(x)$——结构位置 x 处的轴向位移；

$u_G(x)$——结构位置 x 处所在地层的轴向位移。

2. 横向反应位移法

将地下结构的横断面模型简化为框架式结构，周围施加上地基弹簧，如图 4-1-2 所示。

1）地层的变形模式

采用位移响应法抗震计算时，假定地层变形模式如图 4-1-3 所示。

$$\begin{aligned} u_a(z) &= \frac{2}{\pi^2} \times S_V \times T_S \times \cos\left(\frac{\pi z}{2H}\right) \\ u_t(x, z) &= u_a(z) \times \sin\frac{\pi x}{2L} \end{aligned} \tag{4-1-7}$$

式中　$u_a(z)$——距地表面 z 处地层的水平位移幅值；

$u_t(x, z)$——距地表面 z 处地层沿 x 向的位移分布；

S_V——震动基准面速度反应谱；

T_S——地层的固有周期；

H——震动基准面处深度；

L——地层震动的波长。

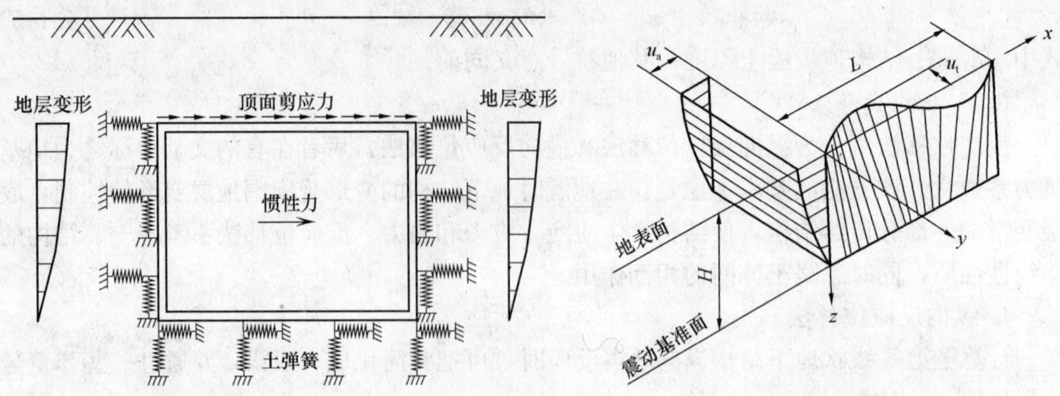

图 4-1-2　反应位移法横断面计算模型　　　　图 4-1-3　地震时地层变形模式

2）地层固有周期 T_S

地层的固有周期一般根据建设地点的剪切波速计算。由多层构成的地层固有周期特征值 $T_G=4\sum_{i=1}^{n}\frac{h_i}{V_{si}}$。但由于地震发生时的地层应变大于勘测时的地层应变，考虑应变水平，取 $T_s=1.25T_G$，即：

$$T_S=5\sum_{i=1}^{n}\frac{h_i}{V_{si}} \tag{4-1-8}$$

式中　h_i——各土层的厚度；

V_{si}——对应各土层的剪切波速。

3）震动基准面速度反应谱 S_u

震动基准面速度反应谱：

$$S_u=k_h\times S_V \tag{4-1-9}$$

式中　k_h——设计水平地震系数；

S_V——单位水平地震系数的速度反应谱。

其中，设计水平地震系数按下式计算：

$$k_h=C_G\times C_U\times k_{h0} \tag{4-1-10}$$

式中　k_{h0}——标准设计水平地震系数；

C_U——埋深修正系数；

C_G——场地修正系数。

4）荷载的确定

反应位移法中结构惯性力计算和等效静力法相同，周围介质在地震作用下产生变位对结构侧壁的作用以及结构周围剪应力可用下式计算：

$$\left.\begin{aligned}p(z)&=k_H\{u(z)-u(z_B)\}\\ \tau&=\frac{G_d}{\pi H}S_u T_S\sin\left(\frac{\pi z}{2H}\right)\end{aligned}\right\} \tag{4-1-11}$$

式中　$p(z)$——距地表面深度为 z 处地震时单位面积上的土压力；

z_B——地下结构底面处深度；

k_H——地震时单位面积上的水平地基弹簧系数；

τ——距地表面深度为 z 处地震时周边单位面积上的剪力；

G_d——地基的动剪切模量。

一般：

$$G_d = \rho_m C_s^2 \tag{4-1-12}$$

式中　ρ_m——土体密度；

C_s——土层中剪切波的传播速度。

（三）动力时程分析法

动力时程分析方法也称为土一结构动力相互作用分析法，它将结构和周围地基作为一整体加以分析，研究动力相互作用对地基承载力和结构稳定性的影响。它直接从微分方程出发，用数值方法逐步积分，可以获得结构在整个地震作用中的运动状态变化情况。

该法的实质为结构动力学方法，即在时域内求解式（4-1-13）运动方程：

$$[M]\{\ddot{u}\}+[C]\{\dot{u}\}+[K]\{u\}=-[M](\{I_x\}+\{I_y\}+\{I_z\})\{\ddot{u}_g\} \tag{4-1-13}$$

其中 $\{I_x\}=[1,0,0,\cdots,1,0,0]^T$，$\{I_y\}=[0,1,0,\cdots,0,1,0]^T$，$\{I_z\}=[0,0,1,\cdots,0,0,1]^T$

式中　$[M]$——体系总质量矩阵；

$[C]$——体系总阻尼矩阵；

$[K]$——体系总刚度矩阵；

$\{\ddot{u}_g\}$——基岩面的地震加速度时程。

动力时程分析法将结构和周围地基作为一整体加以分析，考虑了土—结构动力相互作用，能够真实地再现地下结构在地震荷载下的动态特性。同时，动力时程分析法能够处理介质的各向异性、材料的非线性以及各种不同的边界条件等问题，因此，该方法是地下结构抗震分析方法中最为精确的。

虽然动力时程分析法较全面地反映了实际情况，但由于计算参数的选取存在简化、人工边界条件设置有不尽如人意的地方以及地震动输入的影响，使动力时程分析法的应用不便。在实际工程中，除特别重大的地下工程项目或很复杂的结构和土质条件使用该方法外，动力时程分析法主要是用作地下结构的抗震验算。

三、地下综合交通枢纽结构的抗震性能

根据地下交通枢纽结构特点，建立平面土一地下结构平面分析模型，采用有限元动力时程分析方法，对结构—衬砌整体式和结构—衬砌分离式两类地下结构的抗震性能进行分析。研究土层厚度、围岩类别、洞室尺寸对两类地下结构地震响应的影响，根据数值分析结果，给出了两类地下结构地震反应的规律。对比分析结构—衬砌整体式地下结构与地面结构、结构—衬砌分离式地下结构与地面结构的地震响应差异，提出地下结构抗震设计

建议。

（一）分析方法与分析模型

设计三层三跨的钢筋混凝土箱形闭合框架结构的地下结构，结构断面尺寸及结构构件编号如图 4-1-4（*a*）所示。图中①号构件尺寸为 1m×0.8m，②号构件尺寸为 1m×1m 。该地下结构建于单一土层中，属于Ⅱ类场地。场地土体介质密度为 $2000kg/m^3$，弹模 $E=8.47\times10^8N/m^2$，泊松比为 0.2，剪切波速为 420m/s；地下结构密度为 $2500kg/m^3$，弹模 $E=3.45\times10^{10}N/m^2$，泊松比为 0.25。

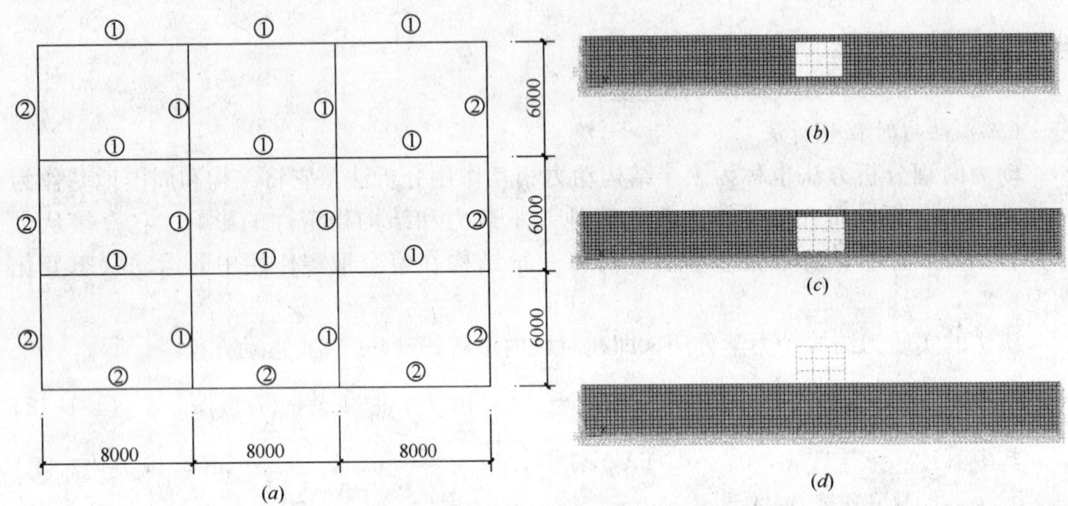

图 4-1-4　结构尺寸、构件编号和有限元模型

（*a*）结构断面及构件编号图（mm）；（*b*）结构—衬砌整体式地下结构有限元模型；（*c*）结构—衬砌分离式地下结构有限元模型；（*d*）地面结构土—结构相互作用有限元模型

结构—衬砌整体式地下结构与周围岩土介质直接接触，在实际工程中，这类结构的外围构件兼做洞室支护用，现今大多数地下结构都是这类形式。实际工程场地是三维的，为便于分析，假定地震波入射平面垂直于结构的纵向轴线，截取结构的横断面作为分析对象，这样就把三维问题简化为二维平面应变问题。采用土—结构整体建模，结构埋深为 3m，整体有限元模型长 240m，一般场地土层资料多限于深度 50m 以内，为保证计算精度，必须控制整体模型高宽比，本算例中竖向计算深度取为 25m，作为基岩面地震波由此高程输入。结构—衬砌整体式地下结构有限元分析模型如图 4-1-4（*b*）所示。

结构—衬砌分离式地下结构是不与周围岩土介质直接接触的，在实际工程中，这类结构是先开挖出洞室并进行支护，然后在洞室中建筑结构。结构—衬砌分离式地下结构有限元模型如图 4-1-4（*c*）所示。

将同一个结构从地下换到地面，得到对比分析有限元模型如图 4-1-4（*d*）。

采用 ANSYS 中的的二维实体单元 PLANE42 模拟土体，采用二维弹性梁单元 BEAM3 模拟结构。动力分析中采用 Rayleigh 阻尼。计算边界条件为：采用截断边界，取结构宽度 10 倍的土体研究；底部边界（即基岩处）假定为水平和竖直方向均为固定；侧向边界水平方向位移取自由，只须约束竖直方向的位移；顶部边界的水平和竖直方向均为自由边界。

地下结构抗震性能分析计算中所用到的基岩地震动见表 4-1-2，只考虑单向水平地震动输入。算例所在地区的抗震设防烈度定为 8 度，所以对输入的地震波按烈度要求将其幅值调整至 0.2g，其加速度时程曲线如图 4-1-5 所示。

计算所用地震记录一览表 **表 4-1-2**

地震编号	地震名称	发震时间	记录台站	方向	T_g
USA00418	SAN FERNANDO	1971.02.09 06：00：00	LAKE HUGHES，ARRAY STATION 4，CA	S69E	0.15s
USA00421	SAN FERNANDO	1971.02.09 06：00：00	LAKE HUGHES，ARRAY STATION 9，CA	N21E	0.15s
USA00575	SAN FERNANDO	1971.02.09 06：00：00	RESERVOIR，FAIRMONT RESERVOIR，CA	N34W	0.24s
USA00613	SAN FERNANDO	1971.02.09 06：00：00	PUDDINGSTONE RESERVOIR，SAN DIMAS，CA	N55E	0.2s
USA00934	LYTLE CREEK	1970.09.12 06：30：00	HALL OF RECORDS，SAN BERNARDINO，CA	NORTH	0.24s
USA02305	COALINGA	1983.05.02 16：42：00	SLACK CANYON	N45E	0.35s

（二）结构—衬砌整体式地下结构的抗震性能

1. 结构—衬砌整体式地下结构与地面结构的地震响应比较

结构—衬砌整体式地下结构模型的前两阶频率为 $f_1=4.0350\text{Hz}$，$f_2=4.4561\text{Hz}$，模型的第一阶振型如图 4-1-6 所示。

地面结构模型的前两阶频率为 $f_1=2.532\text{Hz}$，$f_2=4.2166\text{Hz}$，模型的第一阶振型如图 4-1-7 所示。

两种结构模型的第一阶振型均为剪切型；结构—衬砌整体式地下结构的第一阶振型是结构土体一起振动，而地面结构的第一阶振型只是结构在振动。这就使得结构—衬砌整体式地下结构的第一阶周期比地面结构的要小，而第二阶周期两者接近。

1）位移分析

6 条输入地震动作用下的两类模型的结构层间位移极值比较见图 4-1-8。从图 4-1-8 中很容易看出两类模型的结构层间位移极值的特点：地面结构的层间位移极值要比结构—衬砌整体式地下结构的层间位移极值大的多。对于结构—衬砌整体式地下结构，其层间位移极值总是底层最大顶层最小；而地面结构则是中间层层间位移最大。层间位移大的结构楼层容易发生破坏，结构—衬砌整体式地下结构的底层可以认为是薄弱层，在抗震设计中要给予重视。

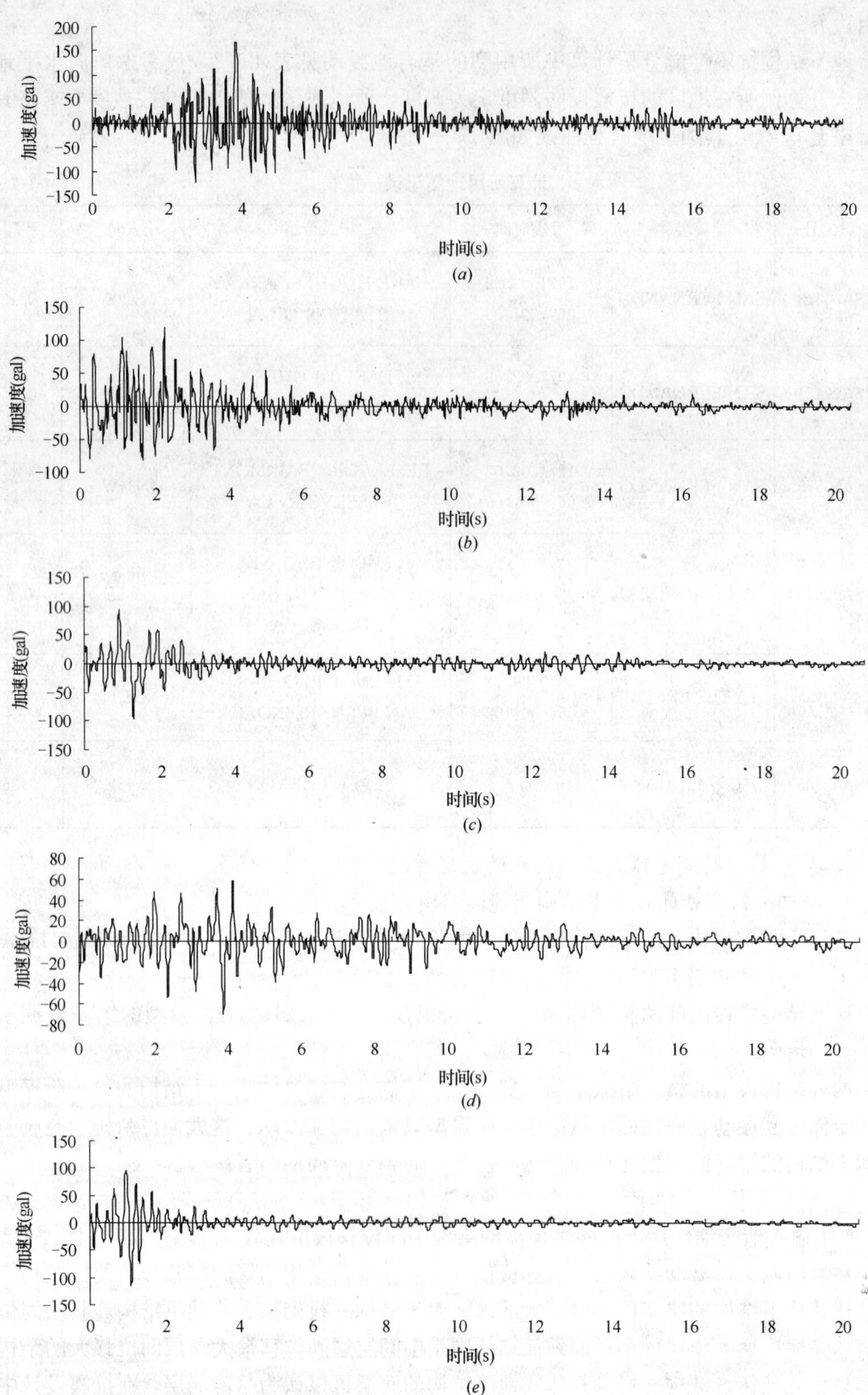

图 4-1-5　计算中选用的几种基岩波时程曲线及对应加速度反应谱（一）
(*a*) USA00418 波；(*b*) USA00421 波；(*c*) USA00575 波；(*d*) USA00613 波；(*e*) USA00934 波

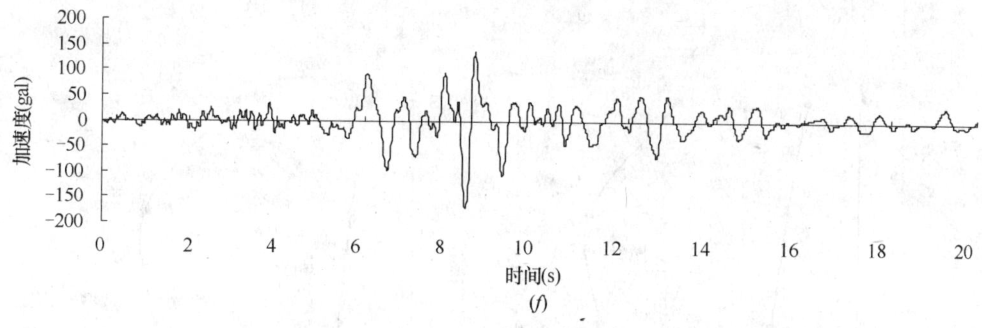

图 4-1-5　计算中选用的几种基岩波时程曲线及对应加速度反应谱（二）

(*f*) USA02305 波

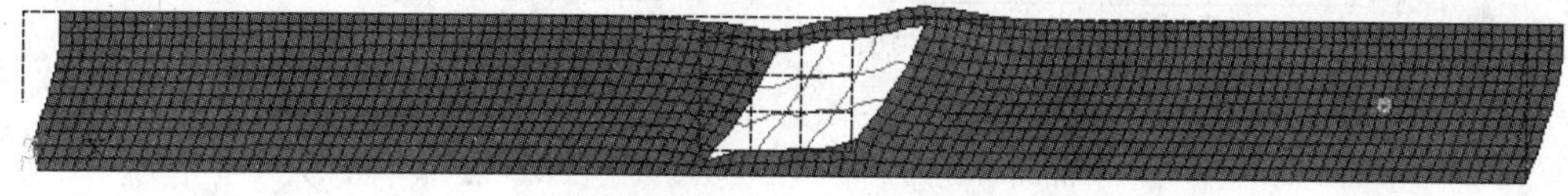

图 4-1-6　结构-衬砌整体式地下结构模型第一阶振型图

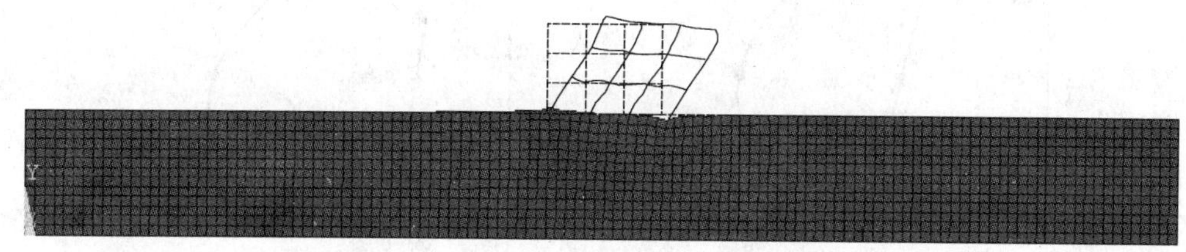

图 4-1-7　地面结构模型第一阶振型图

根据结构的时程反应曲线，地面结构的位移反应滞后，而且地面结构各楼层层间位移时程比结构—衬砌整体式地下结构的要大，其因地震动的不同而存在差异，地震波 USA02305. ACC 计算的这一比例最大可达 7.5 倍。结构—衬砌整体式地下结构周围存在岩土介质的约束，地震变形会比相同情况下的地面结构小。

2）内力分析

结构杆件的内力变化在同一层内并不是相同的，只能从构件层次进行比较。由于两种结构的计算模型及参数都相同，且都具对称性，故可对比的参数包括中柱剪力、边柱剪力、中柱上端弯矩、中柱下端弯矩、边柱上端弯矩、边柱下端弯矩、中间跨的梁端弯矩、右边跨的梁左端弯矩、右边跨的梁右端弯矩、中间跨的梁剪力、右边跨的梁剪力，共 11 种。而根据两种结构的内力图，右边跨的梁左端弯矩和右边跨的梁右端弯矩变化规律非常接近，可只取右边跨的梁右端弯矩；将以上 10 个控制截面的地震内力极值分别画图进行比较，见图 4-1-9。图中编号 1 代表结构—衬砌整体式地下结构，编号 2 代表地面结构。

从图 4-1-9 中可以看出，6 条不同地震动输入下，比较两种结构的内力包络线，结构—衬砌整体式地下结构大部分控制截面的内力能被地面结构所包络，只有少数部位不能被包络，这些特殊部位是结构底层边柱及边跨梁端。再看同一条地震动输入下两种结构的反应，USA00418、USA00421、USA02305 输入下，结构—衬砌整体式地下结构各控制截面内力均小于相应条件下的地面结构；而 USA00575、USA00613、USA00934 输入下，结构—衬砌整体式地下结构多个控制截面的内力均大于地面结构。

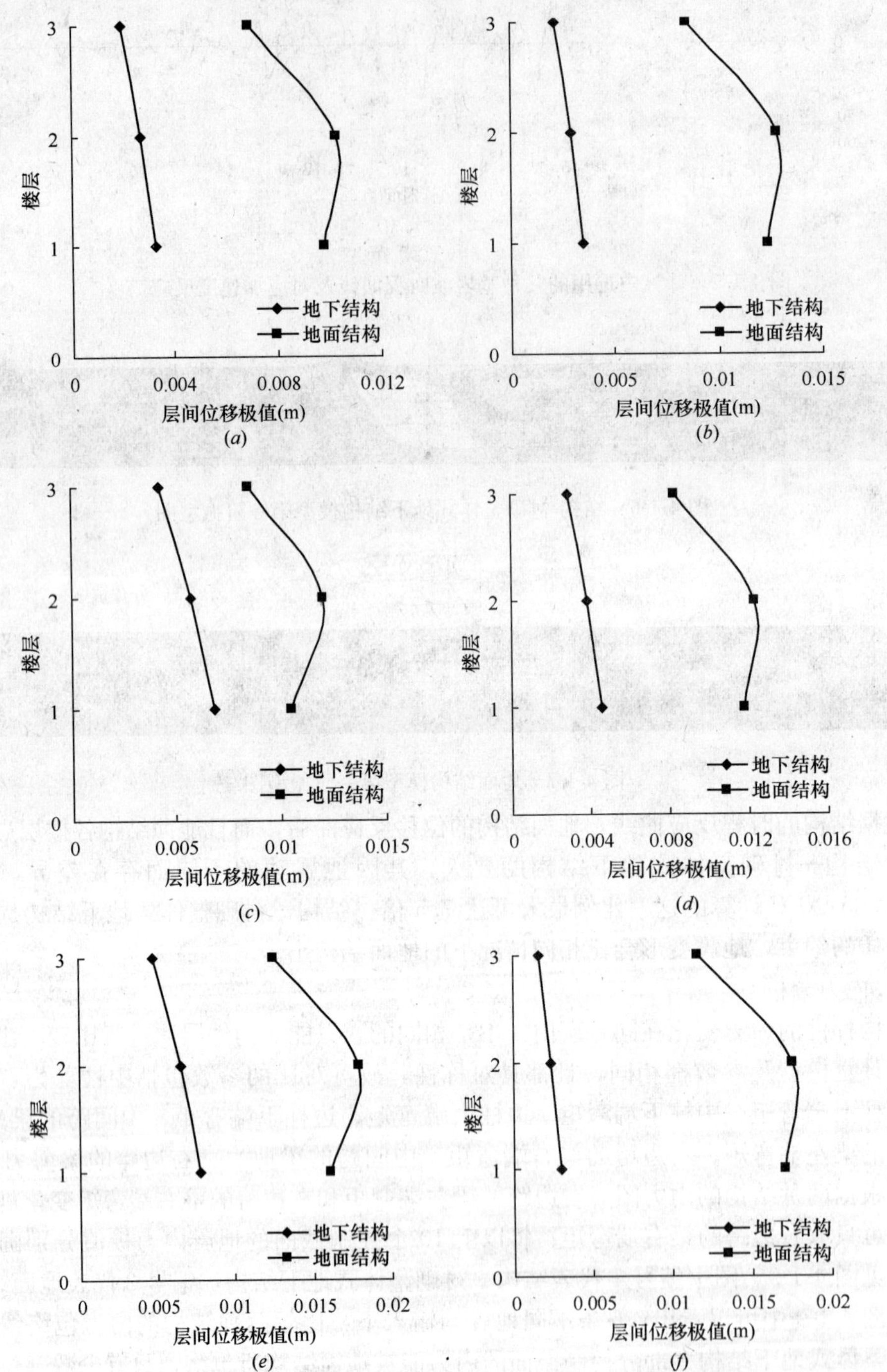

图 4-1-8　结构—衬砌整体式地下结构与地面结构的层间位移极值

(*a*) USA00418. ACC；(*b*) USA00421. ACC；(*c*) USA00575. ACC；(*d*) USA00613. ACC；(*e*) USA00934. ACC；(*f*) USA02305. ACC

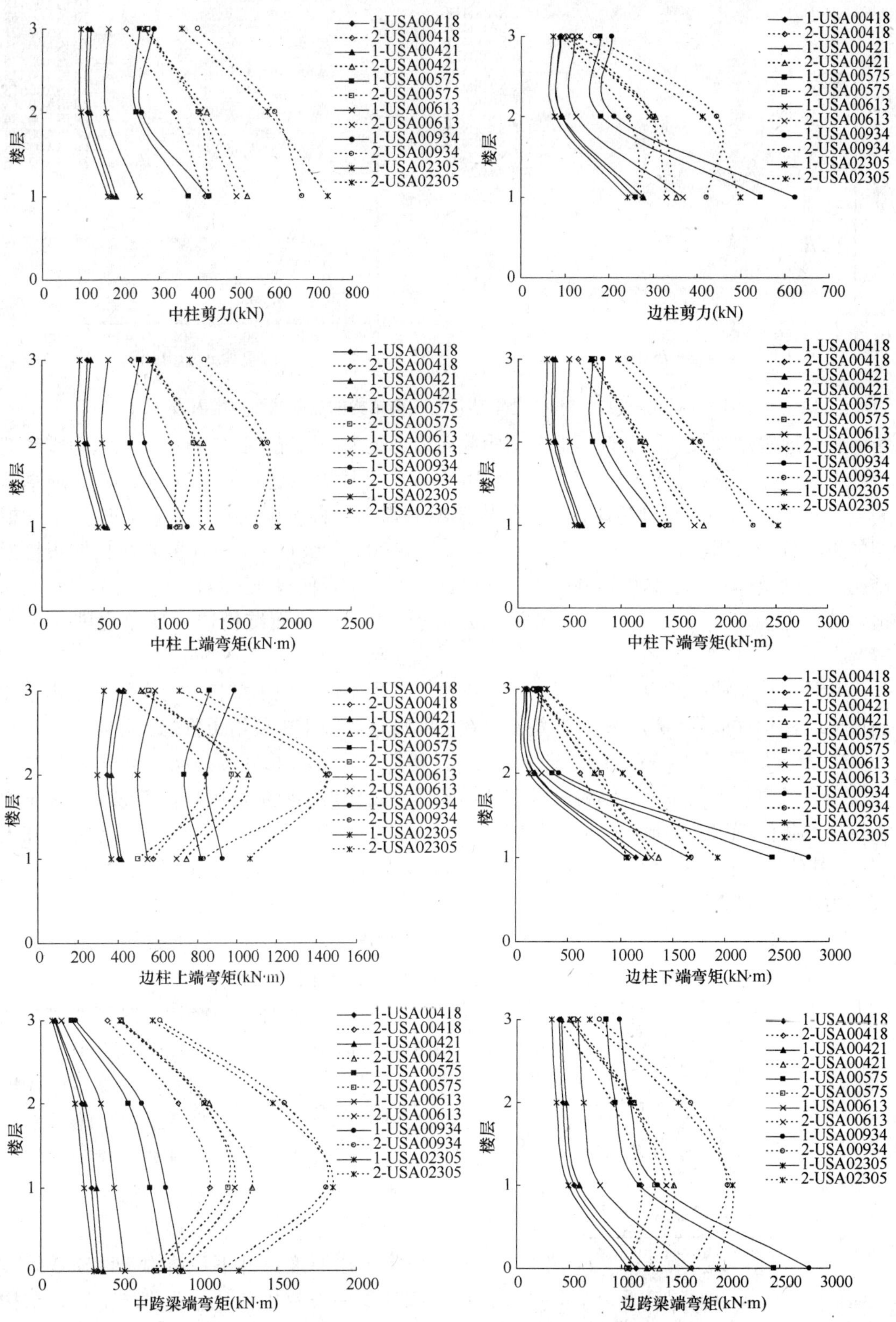

图 4-1-9　结构—衬砌整体式地下结构与地面结构的控制截面地震内力（一）

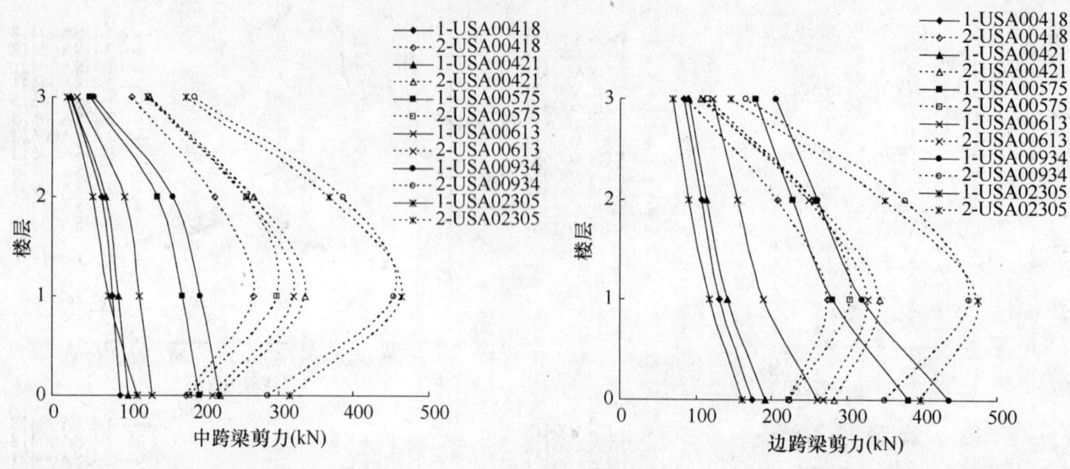

图 4-1-9　结构—衬砌整体式地下结构与地面结构的控制截面地震内力（二）

相同地震动输入下，出现了地下结构截面内力更大的情况，这点可以从输入地震动的特性上给出一定解释：USA00575 和 USA00934 的卓越周期是 0.24s，USA00613 的卓越周期是 0.2s；结构—衬砌整体式地下结构模型的第一阶自振周期是 0.248s，地面结构模型的第一阶自振周期是 0.395s。USA00575、USA00613 和 USA00934 的卓越周期很接近结构—衬砌整体式地下结构模型的第一阶自振周期，这会使得地下结构的振动加大，相应地，震害也会加重，地下结构多个控制截面的内力大于地面结构这一现象也就得到了解释。

从各个控制截面的内力包络线来看，结构—衬砌整体式地下结构受力大的部位集中在底层梁、柱构件以及结构底板，这些部位在实际设计和施工中要给予重视。

2. 覆土层厚度对结构—衬砌整体式地下结构地震响应的影响

为了考察覆土层厚度对结构—衬砌整体式地下结构地震响应的影响，考虑了三种不同土层厚度条件下结构的地震反应，分别是 25m，35m 和 50m，编号为土层 1、土层 2 和土层 3，其他计算模型参数不变。为了方便比较，只以表 4-1-2 中的 USA02305. ACC 一条地震动为例输入进行计算。

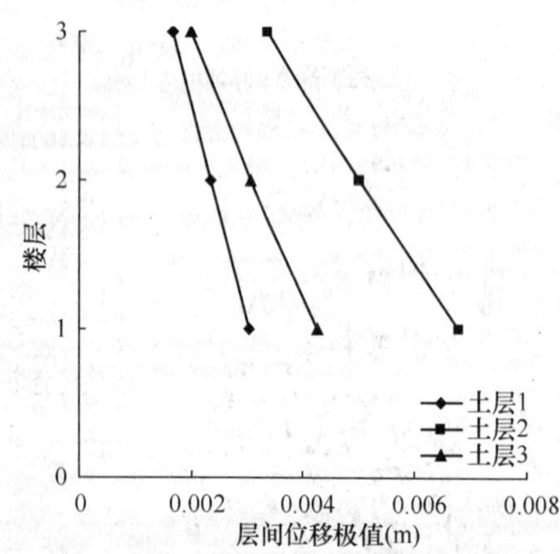

图 4-1-10　不同覆土层厚度条件下结构—衬砌整体式地下结构的层间位移极值

土层 1 条件下，结构—衬砌整体式地下结构模型的前两阶频率为 $f_1=4.035$Hz，$f_2=4.4561$Hz；土层 2 条件下，结构—衬砌整体式地下结构模型的前两阶频率为 $f_1=2.9652$Hz，$f_2=3.3453$Hz；土层 3 条件下，结构—衬砌整体式地下结构模型的前两阶频率为 $f_1=2.1085$Hz，$f_2=2.5597$Hz。随着覆土层变厚，结构—衬砌整体式地下结构模型的第一阶周期逐渐变长。

1）位移分析

不同覆土层厚度条件下，结构—衬砌整体式地下结构的层间位移极值比较见图 4-1-10，结构各楼层层间位移时程见图 4-1-11。

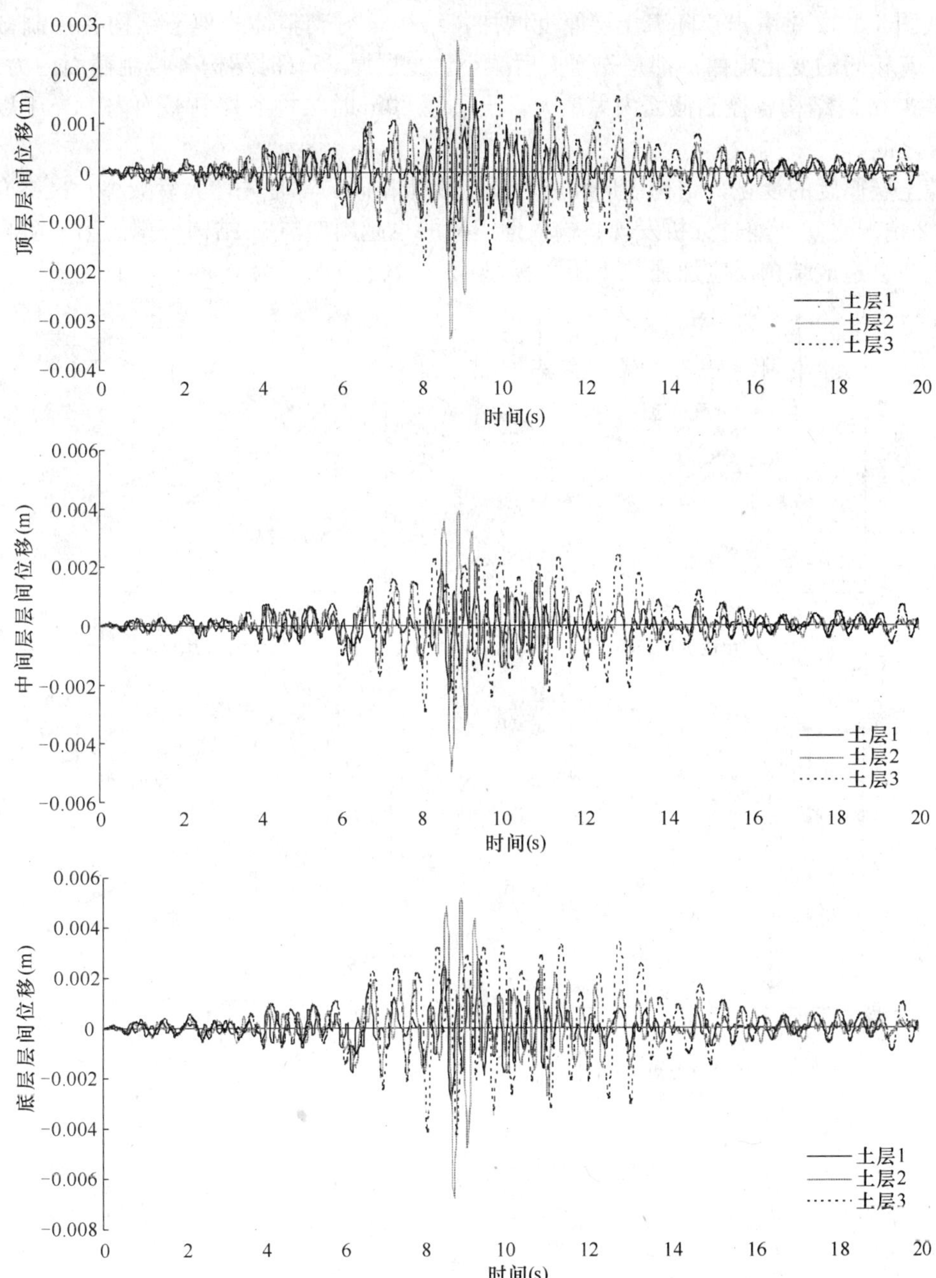

图 4-1-11　不同覆土层厚度条件下结构—衬砌整体式地下结构各楼层的层间位移时程

从图 4-1-10 可以看出，随土层厚度的增加，结构—衬砌整体式地下结构的层间位移峰值先增大后减小，50m 土层厚时结构的层间位移峰值介于 25m 土层和 35m 土层情况之间。同样，在图 4-1-11 中，结构—衬砌整体式地下结构各楼层的层间位移时程也具有相同规律；而且土层越厚，结构的反应越滞后，但这种滞后的程度较小。

2）内力分析

与前节内力分析相同，取控制截面进行比较。10 个控制截面的地震内力对比如图 4-1-12所示。

从图 4-1-12 中看出，随着土层厚度增加，结构－衬砌整体式地下结构各控制截面的内力有着相同的变化规律，都是先增大后减小。土层厚 25m 时结构各控制截面内力最小，土层厚 35m 时结构各控制截面内力最大，土层厚 50m 时结构各控制截面内力介于以上两种情况之间。

随土层厚度的变化，结构变形和内力反应规律相同，都是先增大后减小，最终介于土层 1、2 情况之间。通过分析发现：输入地震动的卓越周期与土-结构模型的第一阶自振周期接近，会造成结构反应加强；土层 1 模型第一阶自振周期为 0.248s，土层 2 模型第一

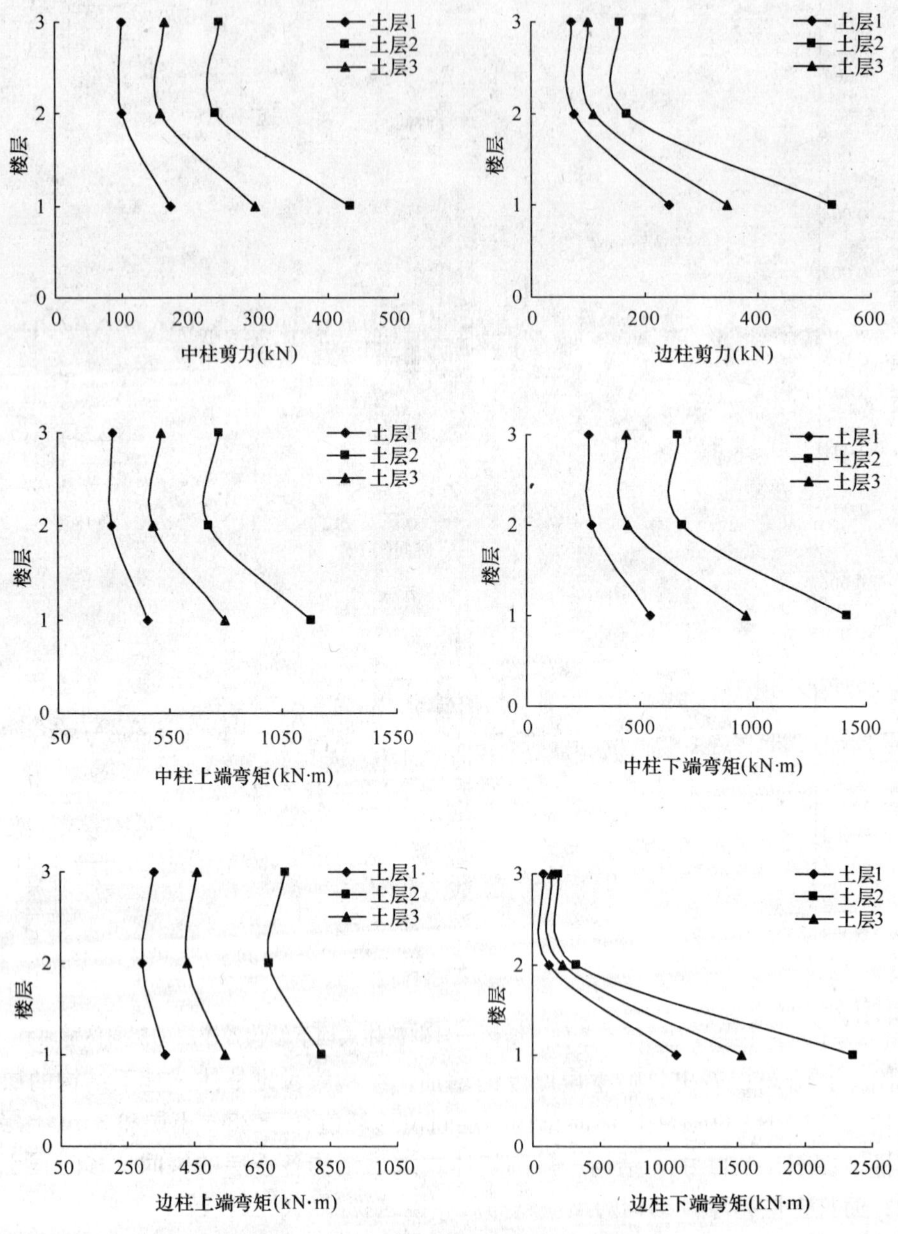

图 4-1-12 不同土层条件下结构-衬砌整体式地下结构控制截面的地震内力（一）

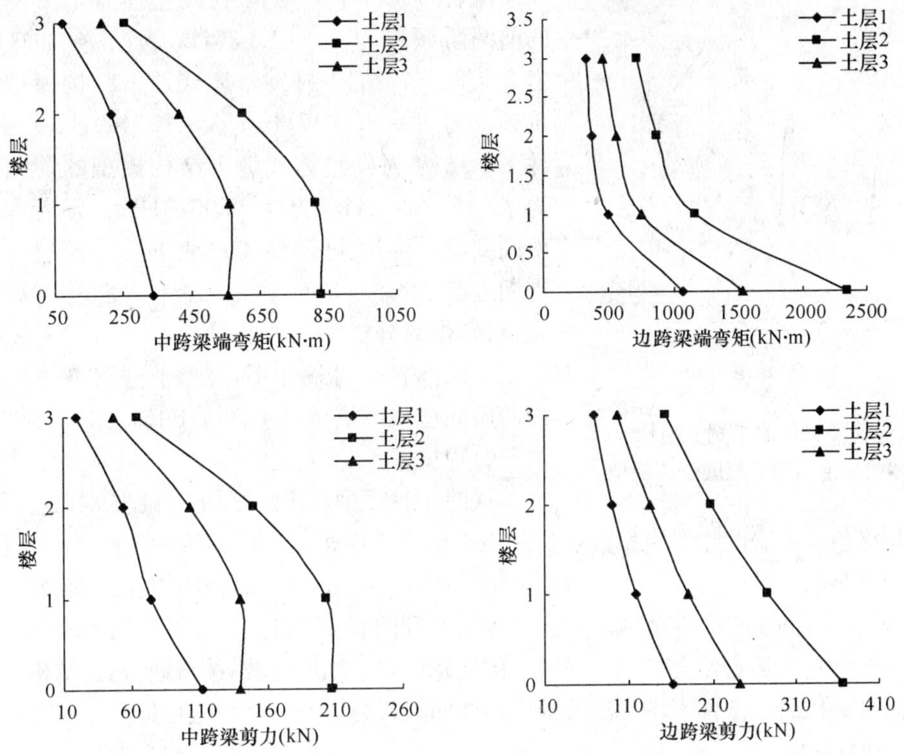

图 4-1-12 不同土层条件下结构-衬砌整体式
地下结构控制截面的地震内力（二）

阶自振周期为 0.334s，土层 3 模型第一阶自振周期为 0.39s，输入地震动 USA02305 的卓越周期为 0.35s。土层 2 模型第一阶自振周期最接近 USA02305 的卓越周期，结构地震响应最大；土层 3 模型第一阶自振周期也较为接近 USA02305 的卓越周期，结构地震响应居其次；土层 1 模型第一阶自振周期与输入地震动的卓越周期相差最大，结构地震响应最小。土层厚度的改变，会影响土-结构体系的自振周期，在实际衬砌整体式地下结构的抗震设计中，要关注输入地震动卓越周期与土-结构体系自振周期匹配程度的问题。

3. 围岩类别对结构-衬砌整体式地下结构地震响应的影响

为了考察围岩类别对结构-衬砌整体式地下结构地震响应的影响，考虑了三种不同围岩类别条件下结构的地震反应。三种围岩的参数如表 4-1-3 所示，其他计算模型参数不变。为了方便比较，只以表 4-1-2 中的 USA02305. ACC 一条地震动为例输入进行计算。

围 岩 参 数 **表 4-1-3**

围岩编号	E (N/m^2)	υ	kg/m^3	υ_{se} (m/s)
1	8.47×10^8	0.2	2000	420
2	2.08×10^8	0.3	2000	200
3	3.5×10^7	0.28	1939	80

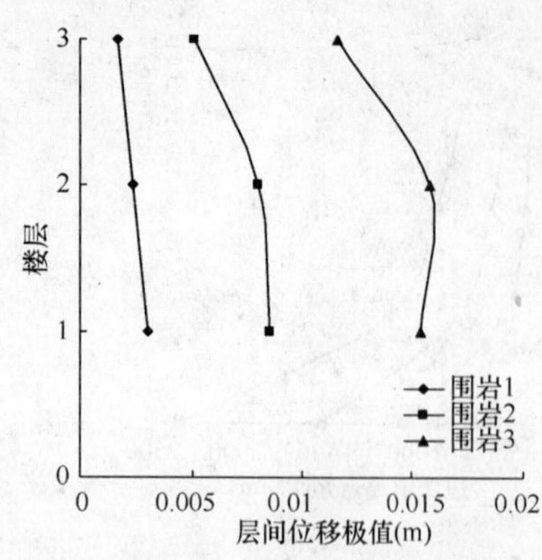

图 4-1-13 不同围岩类别下结构-衬砌整体式地下结构的层间位移极值

围岩 1 条件下，结构-衬砌整体式地下结构模型的前两阶频率为 $f_1=4.035\text{Hz}$，$f_2=4.4561\text{Hz}$；围岩 2 条件下，结构-衬砌整体式地下结构模型的前两阶频率为 $f_1=2.0017\text{Hz}$，$f_2=2.1499\text{Hz}$；围岩 3 条件下，结构-衬砌整体式地下结构模型的前两阶频率为 $f_1=0.86912\text{Hz}$，$f_2=0.90121\text{Hz}$。随着围岩参数由硬变软，结构-衬砌整体式地下结构模型的第一阶周期逐渐变长。

1）位移分析

不同围岩类别条件下，结构-衬砌整体式地下结构的层间位移极值比较见图 4-1-13，结构各楼层层间位移时程见图 4-1-14。

从图 4-1-13 中看出，结构-衬砌整体式地下结构的层间位移极值与围岩的弹性模量成反比关系。围岩 1 中土最硬，结构的层间位移极值最小；围岩 3 中土最软，结构的层间位移极值最大。图 4-1-14 也反映出相同规律，围岩 3 条件下，结构各楼层的层间位移时程最大，其次是围岩 2 和围岩 1。岩土越软，对地下结构的约束作用会越弱，结构变形自然会加大。同时，围岩越软弱，场地滤波效应越明显，结构地震反应越具滞后性；围岩 3 条件下场地滤波效应最为明显，结构的地震响应也最为滞后。

2）内力分析

与前节内力分析相同，取控制截面进行比较。10 个控制截面的地震内力对比如图 4-1-15所示。

通过对图 4-1-15 的分析发现，随着围岩性质由硬变软，除去底层边柱的内力有不同变化规律外，结构-衬砌整体式地下结构各个控制截面的内力出现不同程度的增大，最大幅度可达 4.6 倍。底层边柱的内力在三种地质条件下先增大后减小，最终内力值介于地质 1 和地质 2 情况之间。

从以上的位移分析和内力分析不难得出一个结论：围岩越软弱，结构-衬砌整体式地下结构受到的地震作用越强，变形也越大，对结构抗震越不利。

4. 洞室尺寸对结构-衬砌整体式地下结构地震响应的影响

为了考察不同洞室尺寸对结构-衬砌整体式地下结构地震响应的影响，计算了 6 种不同洞室尺寸的地下结构模型，其中包括图 4-1-4（*a*）的模型（编号①），另 5 种模型（编号②～⑥）如图 4-1-16 所示。通过减少①结构的层数和跨数来改变洞室尺寸。除洞室尺寸变化外，其他计算模型参数不变，为了方便比较，只以表 4-1-2 中 USA02305. ACC 一条地震动为例输入进行计算。由于洞室尺寸发生了变化，无法比较各个结构的层间位移，故本节只比较 6 种结构的最大内力响应。6 种不同洞室尺寸的结构-衬砌整体式地下结构最大内力响应见图 4-1-17。

结构①前两阶频率为 $f_1=4.035\text{Hz}$，$f_2=4.4561\text{Hz}$；结构②前两阶频率为 $f_1=4.1434\text{Hz}$，$f_2=4.4556\text{Hz}$；结构③前两阶频率为 $f_1=4.0854\text{Hz}$，$f_2=4.4423\text{Hz}$；结构④前两阶频率为 $f_1=4.1649\text{Hz}$，$f_2=4.4418\text{Hz}$；结构⑤前两阶频率为 $f_1=4.2076\text{Hz}$，$f_2=4.4387\text{Hz}$；结构⑥前两阶频率为 $f_1=4.1841\text{Hz}$，$f_2=4.4291\text{Hz}$。

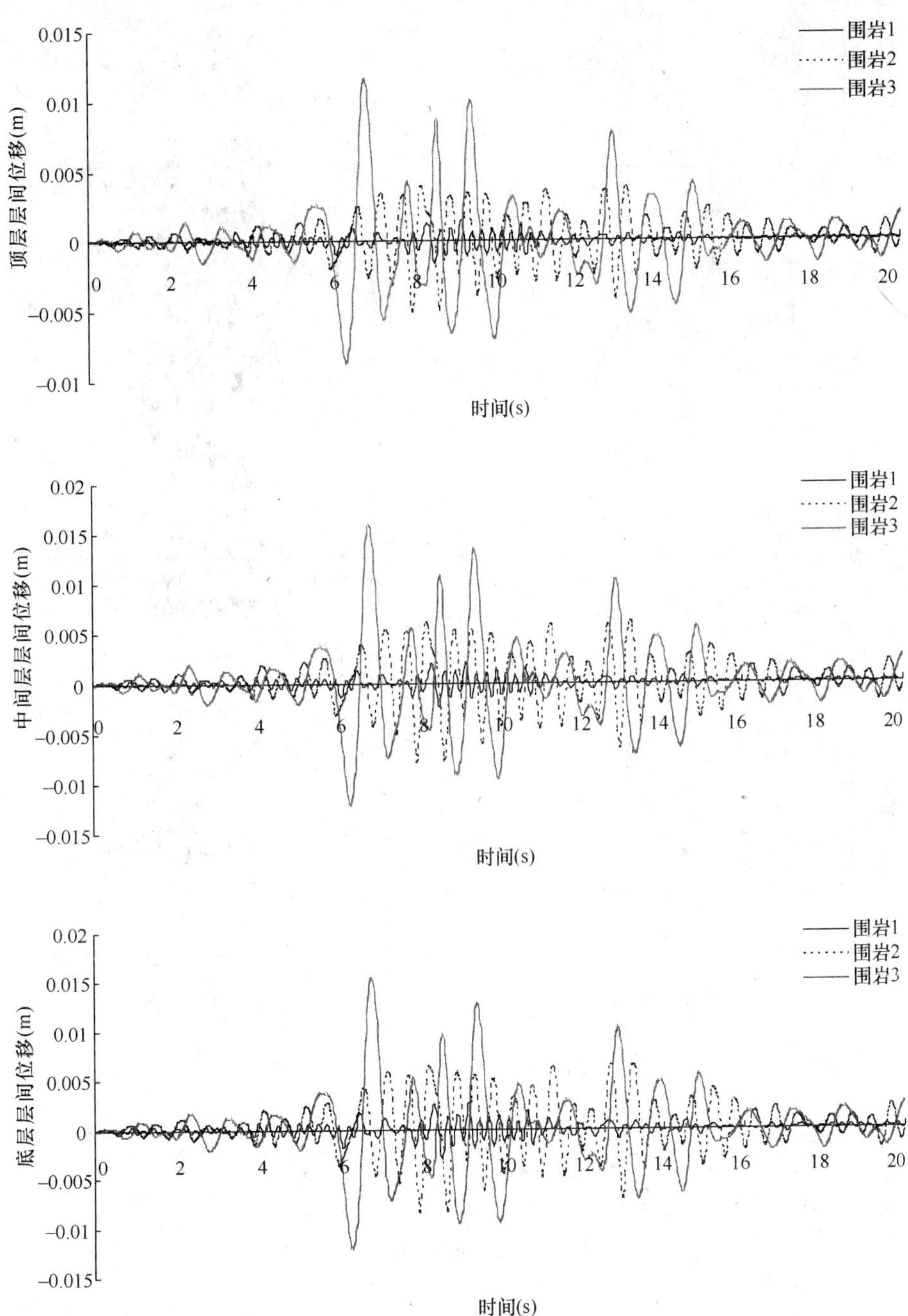

图 4-1-14 不同围岩类别下结构-衬砌整体式地下结构各楼层的层间位移时程

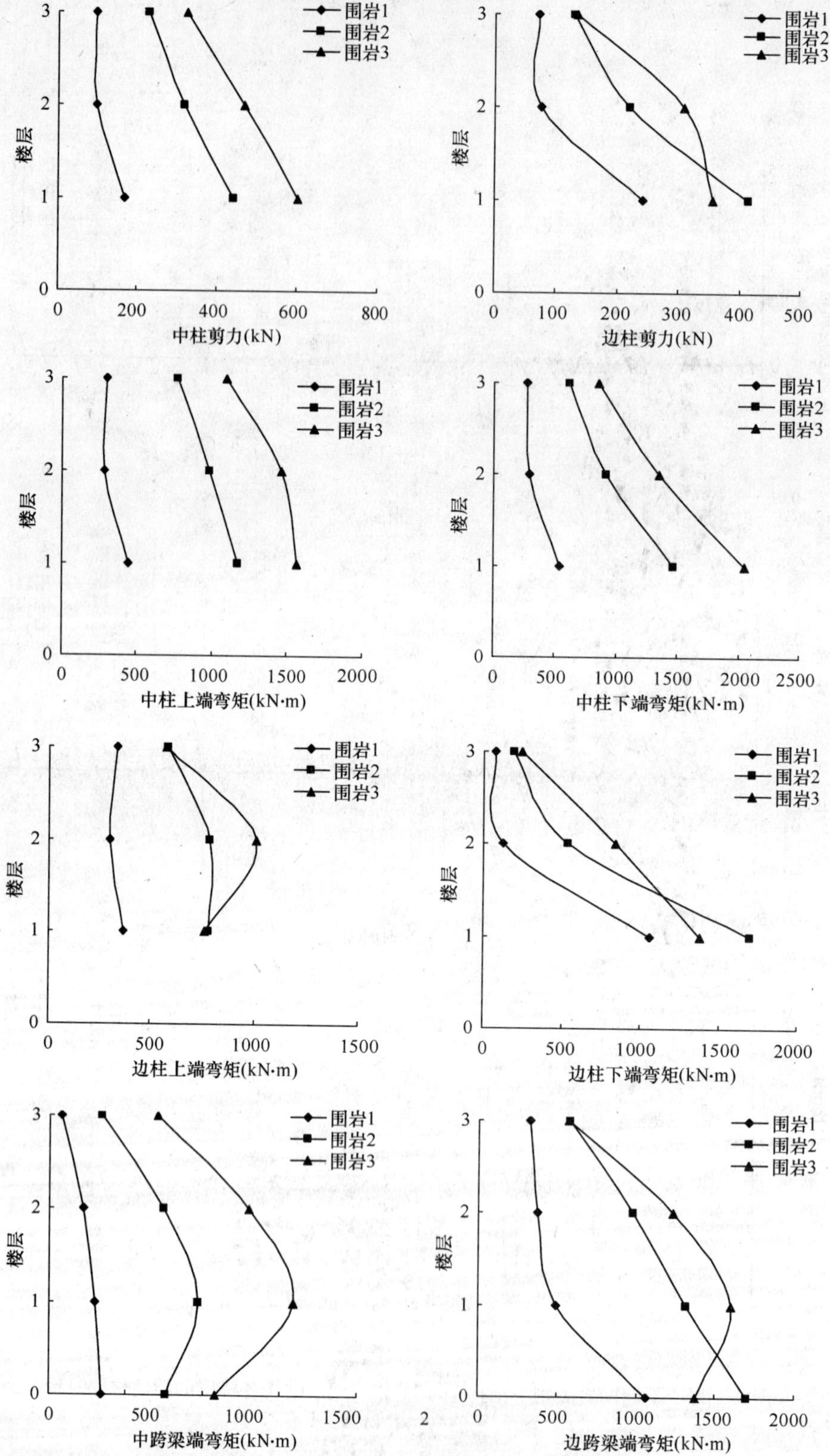

图 4-1-15　不同围岩性质下结构—衬砌整体式地下结构控制截面的地震内力（一）

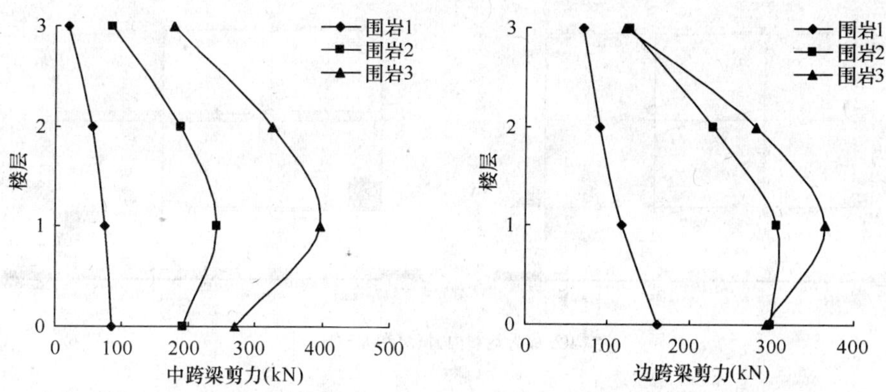

图 4-1-15　不同围岩性质下结构-衬砌整体式地下结构控制截面的地震内力（二）

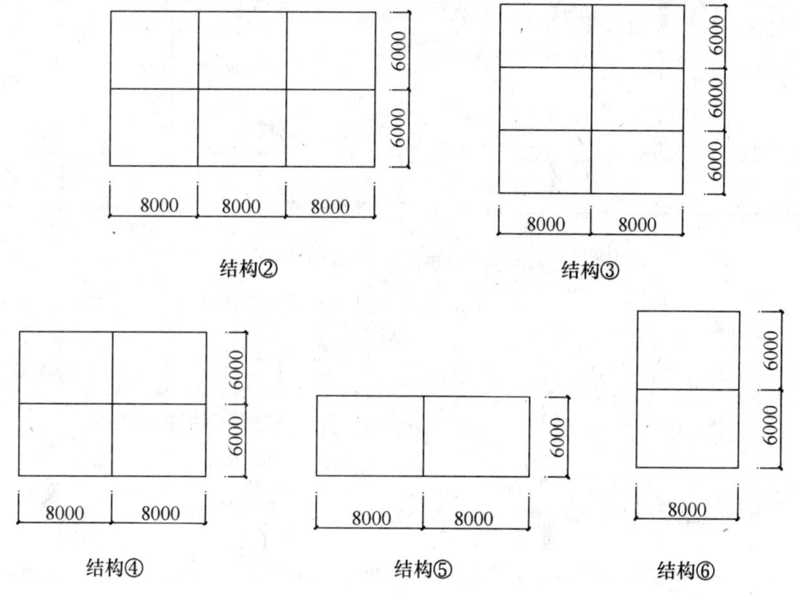

图 4-1-16　五种不同洞室尺寸的地下结构模型

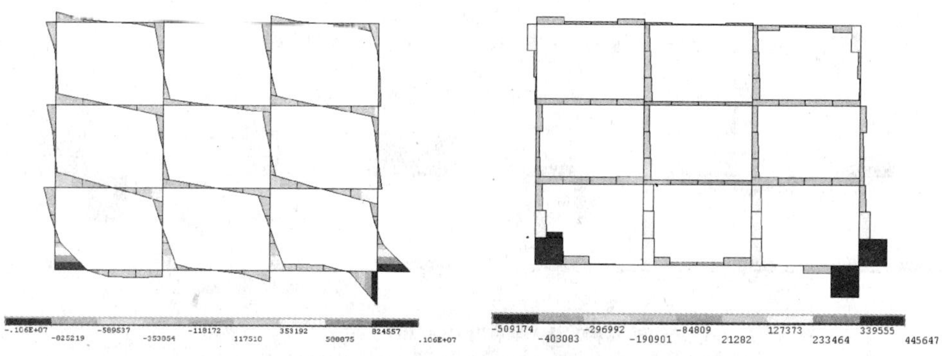

结构①最大地震内力（M和V）

图 4-1-17　六种结构-衬砌整体式地下结构的最大地震内力（一）

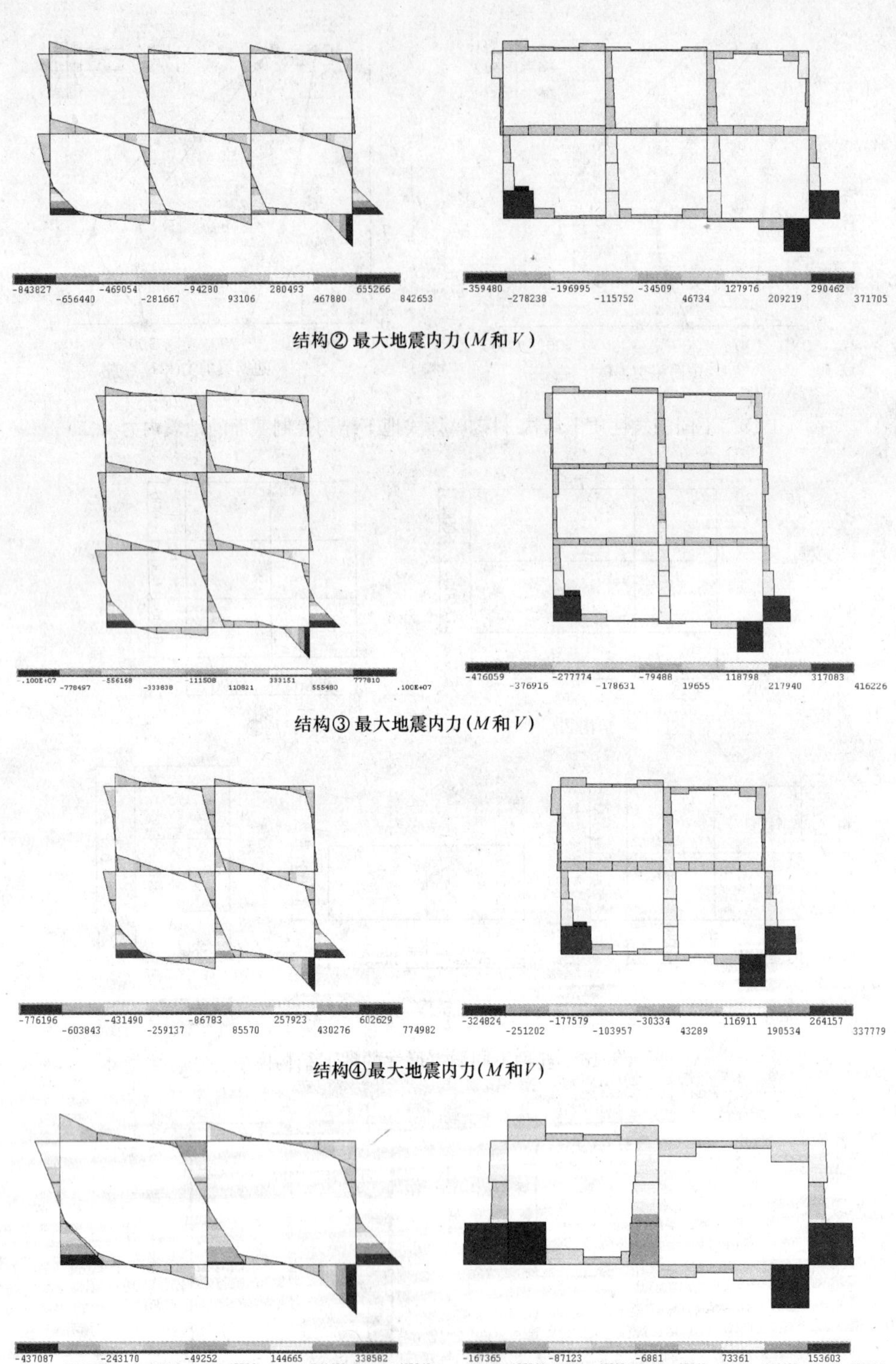

结构② 最大地震内力(M和V)

结构③ 最大地震内力(M和V)

结构④最大地震内力(M和V)

结构⑤最大地震内力(M和V)

图 4-1-17　六种结构-衬砌整体式地下结构的最大地震内力（二）

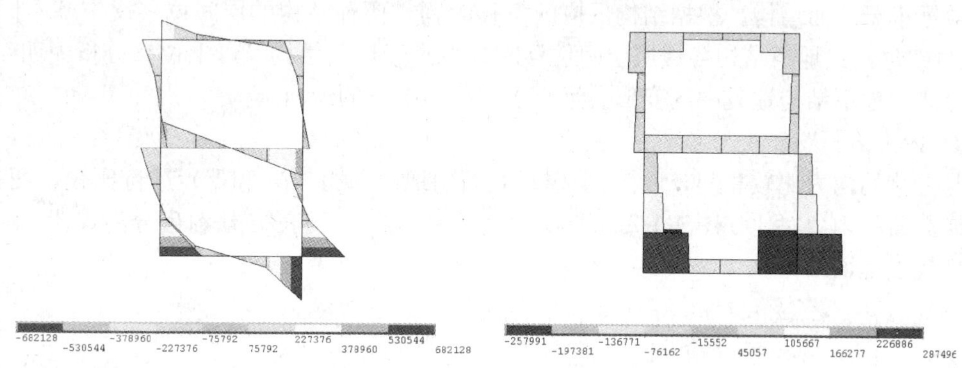

结构⑥最大地震内力(*M*和*V*)

图 4-1-17　六种结构-衬砌整体式地下结构的最大地震内力（三）

通过比较发现，减少结构层数，结构大部分构件的地震内力会减小，特别是结构的角点处内力减小幅度达到 20%；唯一出现地震内力增大的部位是顶层柱。减少结构跨数时，结构中柱的地震内力出现增大，幅度达 15%；除去中柱，其余构件地震内力都减小，结构角点处内力减小幅度最大，达 10%。与减少结构跨数相比，减少结构层数对衬砌整体式地下结构地震内力的影响要更为突出。总体看来，减小洞室尺寸，结构-衬砌整体式地下结构的地震响应在减弱。

（三）结构-衬砌分离式地下结构的抗震性能

1. 结构-衬砌分离式地下结构与地面结构的地震响应比较

结构-衬砌分离式地下结构模型的前两阶频率为 $f_1=2.2707\text{Hz}$，$f_2=3.2459\text{Hz}$，模型的第一阶振型如图 4-1-18 所示。

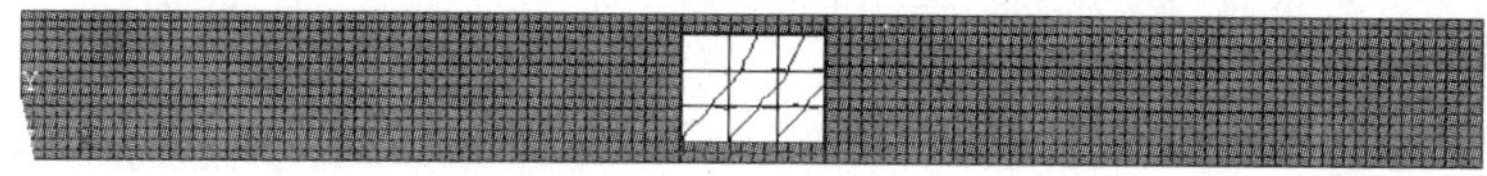

图 4-1-18　结构-衬砌分离式地下结构模型第一阶振型图

地面结构模型的前两阶频率为 $f_1=2.2434\text{Hz}$，$f_2=4.2062\text{Hz}$，模型的第一阶振型如图 4-1-19 所示。

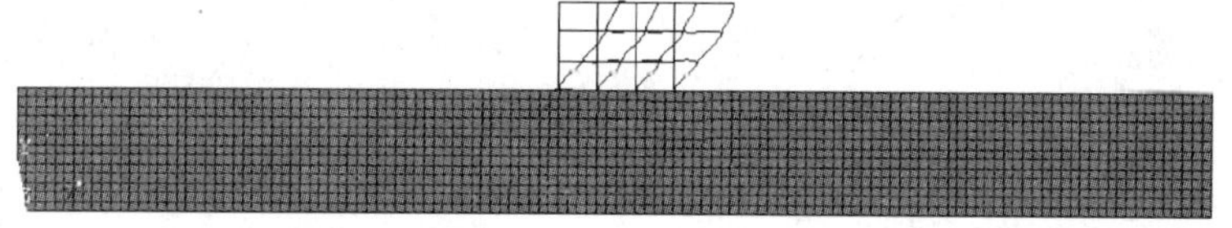

图 4-1-19　地面结构模型第一阶振型图

两种结构模型的第一阶振型均为剪切型，且第一阶振型均只有结构发生振动；两种结构模型的第一阶周期接近，结构-衬砌分离式地下结构的第一阶周期稍小。

1）位移分析

6 条不同输入地震动作用下的两类模型结构的层间位移极值比较见图 4-1-20。由图可见：6 条不同地震波输入下，结构-衬砌分离式地下结构的层间位移极值变化趋势与地面结构相同，均是中间层层间位移最大；从大小上看，结构-衬砌分离式地下结构的层间位移极值远小于地面结构。根据结构反应的位移时程，两种结构的层间位移反应基本同步，结构-衬砌分离式地下结构各楼层层间位移时程总小于地面结构。以上位移分析说明结构-衬砌分离式地下结构地震中的变形会远小于相同情况下的地面结构。

2）内力分析

与上节的内力比较相同，取 10 个控制截面的地震内力（M 和 V）进行比较，两种结构控制截面的内力对比如图 4-1-21 所示，图系列中编号 1 代表结构-衬砌分离式地下结构，编号 2 代表地面结构。

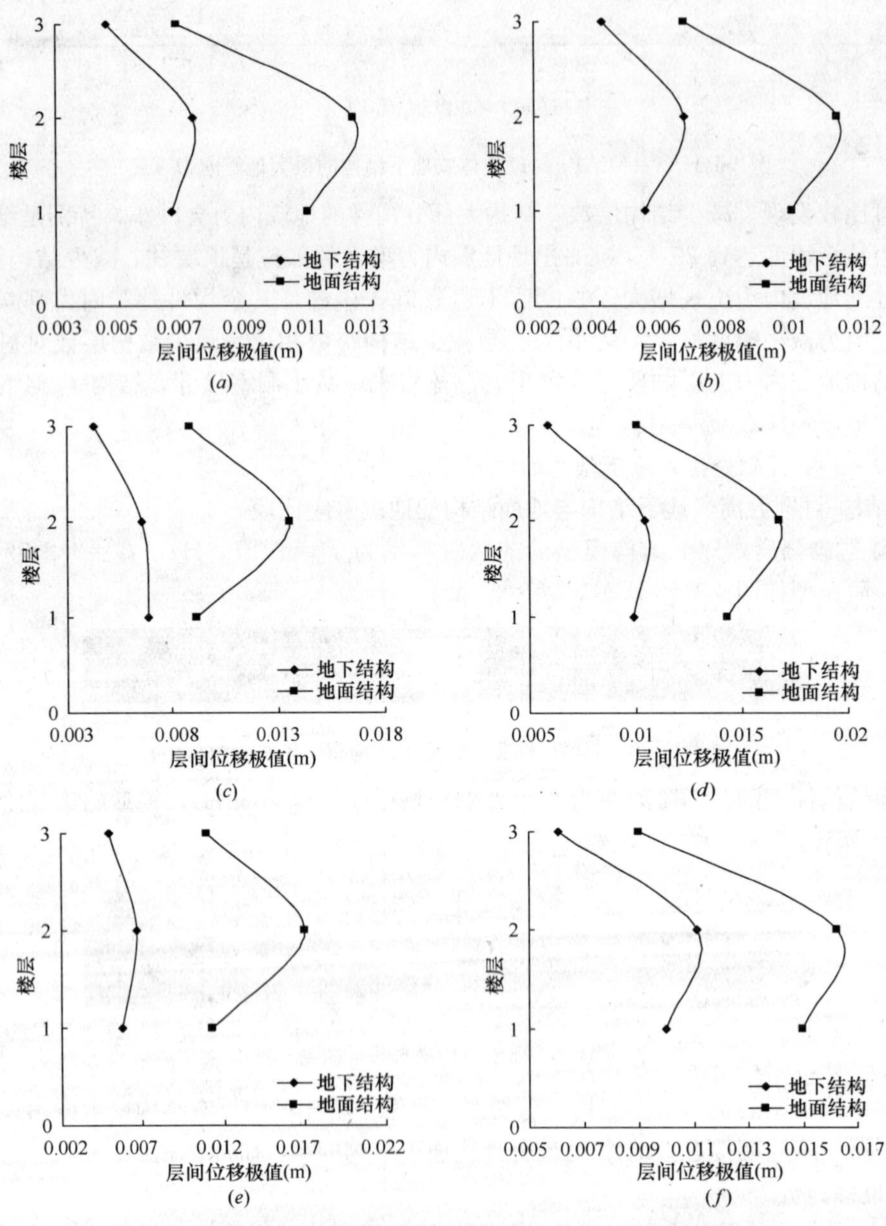

图 4-1-20 结构-衬砌分离式地下结构与地面结构的层间位移极值

(a) USA00418. ACC；(b) USA00421. ACC；(c) USA00575. ACC；
(d) USA00613. ACC；(e) USA00934. ACC；(f) USA02305. ACC

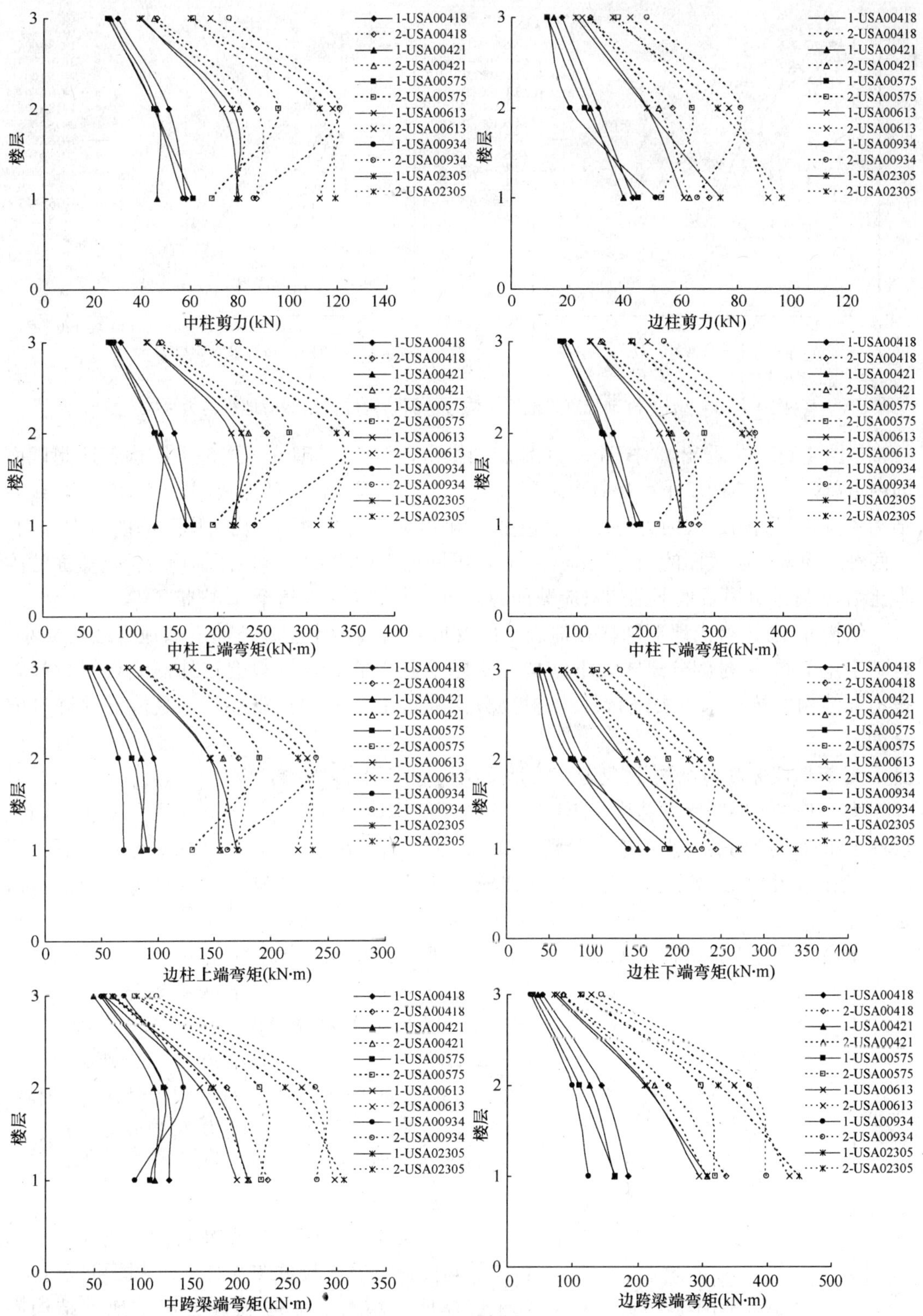

图 4-1-21 结构-衬砌分离式地下结构与地面结构的控制截面地震内力（一）

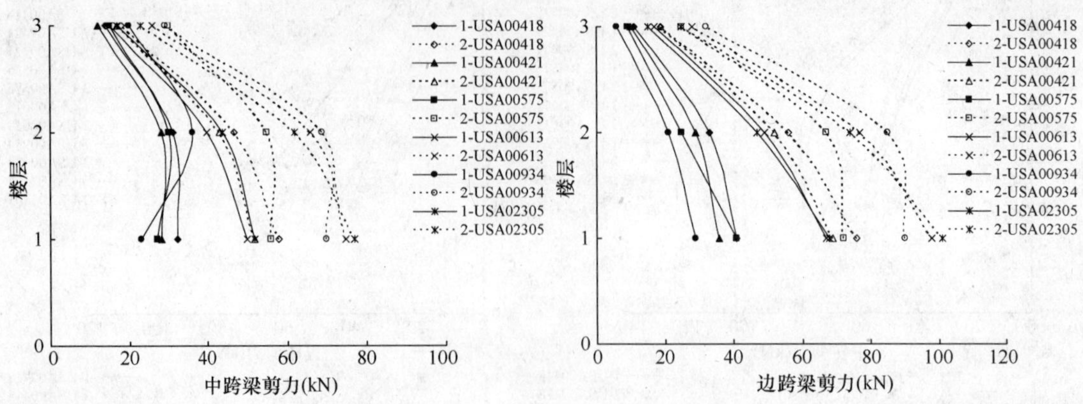

图 4-1-21　结构-衬砌分离式地下结构与地面结构的控制截面地震内力（二）

从图 4-1-21 中看出，对于每一条地震动输入，结构-衬砌分离式地下结构各控制截面的内力总比地面结构要小；从每个控制截面上 6 条地震动输入所形成的包络线来看，地面结构各控制截面的最大内力可以完全包络结构-衬砌分离式地下结构对应截面的最大内力。从两种结构各控制截面的内力大小上来看，不同地震动输入下，地面结构各控制截面的内力比结构-衬砌分离式地下结构对应截面的内力放大了 1.125 倍至 5.33 倍不等。

结构-衬砌分离式地下结构在地震下的变形和内力均比相应条件下的地面结构要小，这就决定了结构-衬砌分离式地下结构在实际地震中的破坏一般会比地面结构轻。只要按地面结构的抗震水平去进行结构-衬砌分离式地下结构的抗震设计，是能够保证其安全的。

2. 覆土层厚度对结构-衬砌分离式地下结构地震响应的影响

为了考察土层厚度对结构-衬砌分离式地下结构地震响应的影响，考虑了三种不同土层厚度条件下结构的地震反应，分别是 25m、35m 和 50m，编号为土层 1、土层 2 和土层 3，其他计算模型参数不变。为了方便比较，只以 USA02305. ACC 一条地震动为例输入进行计算。

土层 1 条件下，结构-衬砌分离式地下结构模型的前两阶频率为 $f_1=2.2707$Hz，$f_2=3.2459$Hz；土层 2 条件下，结构-衬砌分离式地下结构模型的前两阶频率为 $f_1=2.2566$Hz，$f_2=2.8953$Hz；土层 3 条件下，结构-衬砌分离式地下结构模型的前两阶频率为 $f_1=2.0812$Hz，$f_2=2.2542$Hz。随着土层变厚，结构-衬砌分离式地下结构模型的第一阶周期逐渐变长。

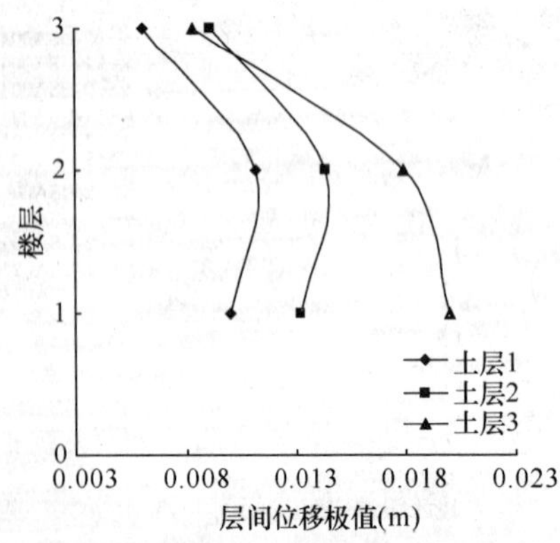

图 4-1-22　不同土层厚度条件下结构-衬砌分离式地下结构的层间位移极值

1）位移分析

不同土层厚度条件下，结构-衬砌分离式地下结构的层间位移极值比较见图 4-1-22。从图可以看出，随土层厚度的增加，结构-衬砌分离式地下结构底层、中间层的层间位移极值逐渐增大；而顶层的层间位移极值是先增大后减小，最终介于 25m 土层和

35m 土层情况之间。同样，在图 4-1-23 中，结构-衬砌分离式地下结构各楼层的层间位移时程也具有相同规律；而且土层越厚，结构的反应越滞后，土层 3 条件下，结构反应的滞后性特别明显。

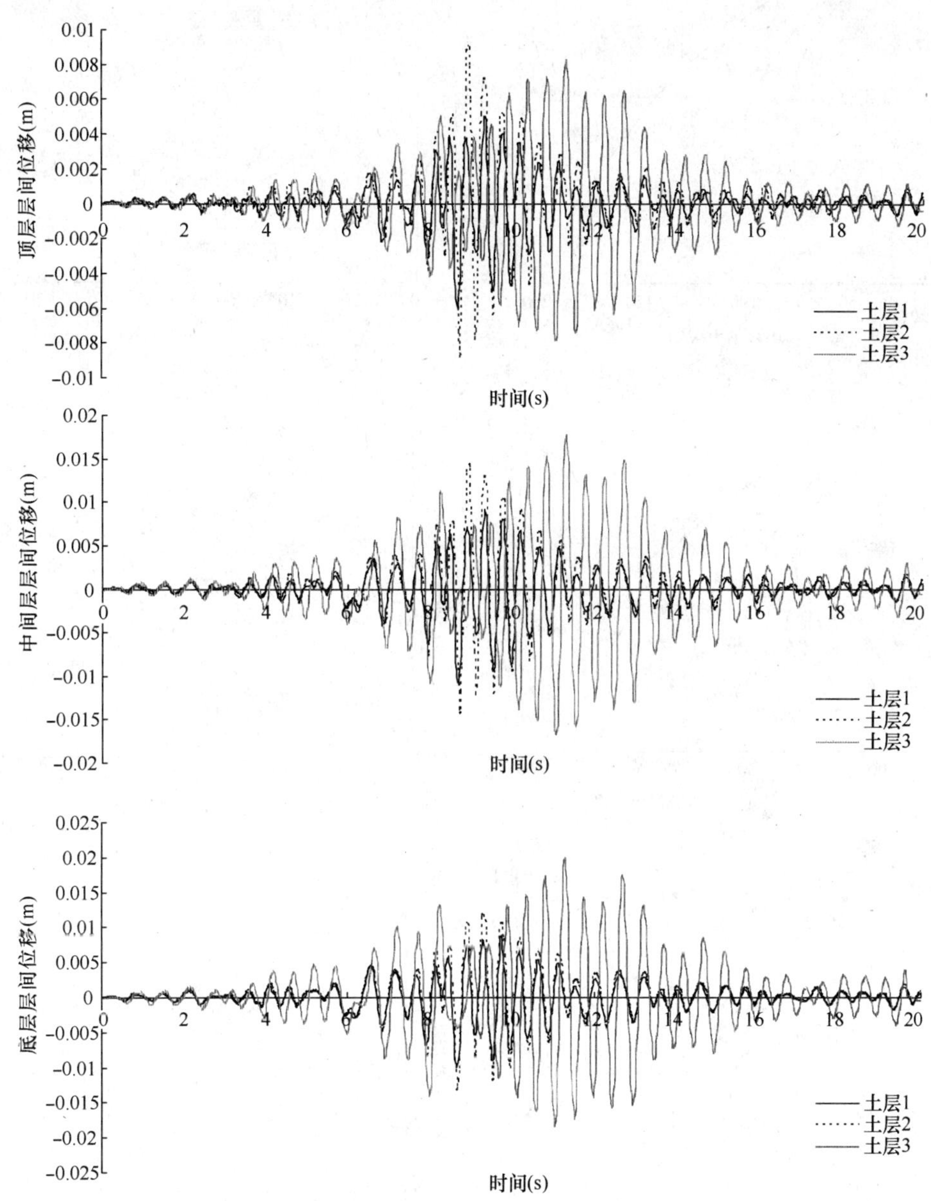

图 4-1-23　不同土层厚度条件下结构-衬砌分离式地下结构各楼层的层间位移时程

2）内力分析

与前节内力分析相同，取控制截面进行比较。10 个控制截面的地震内力对比如图 4-1-24所示。

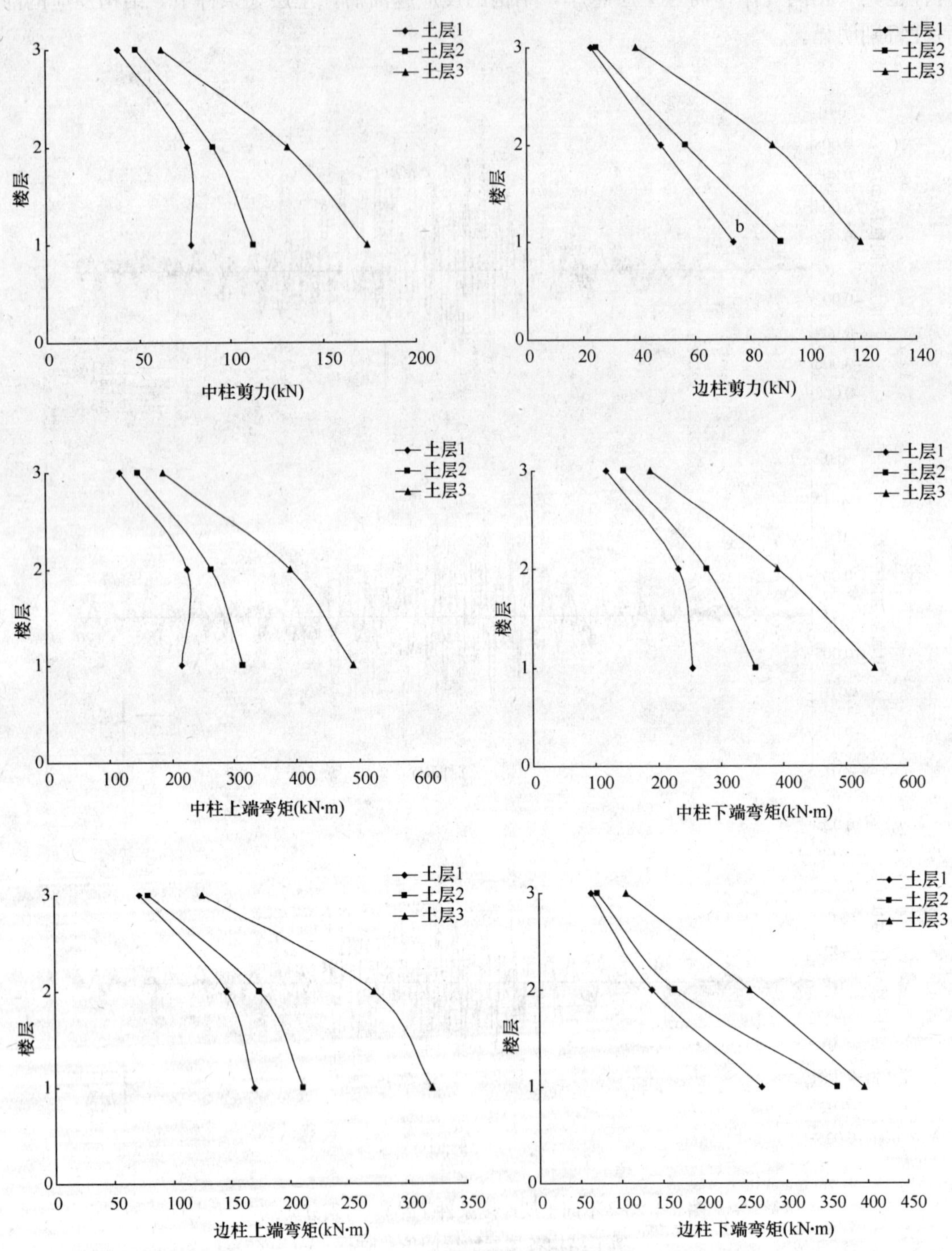

图 4-1-24　不同土层厚度条件下结构-衬砌分离式地下结构控制截面的地震内力（一）

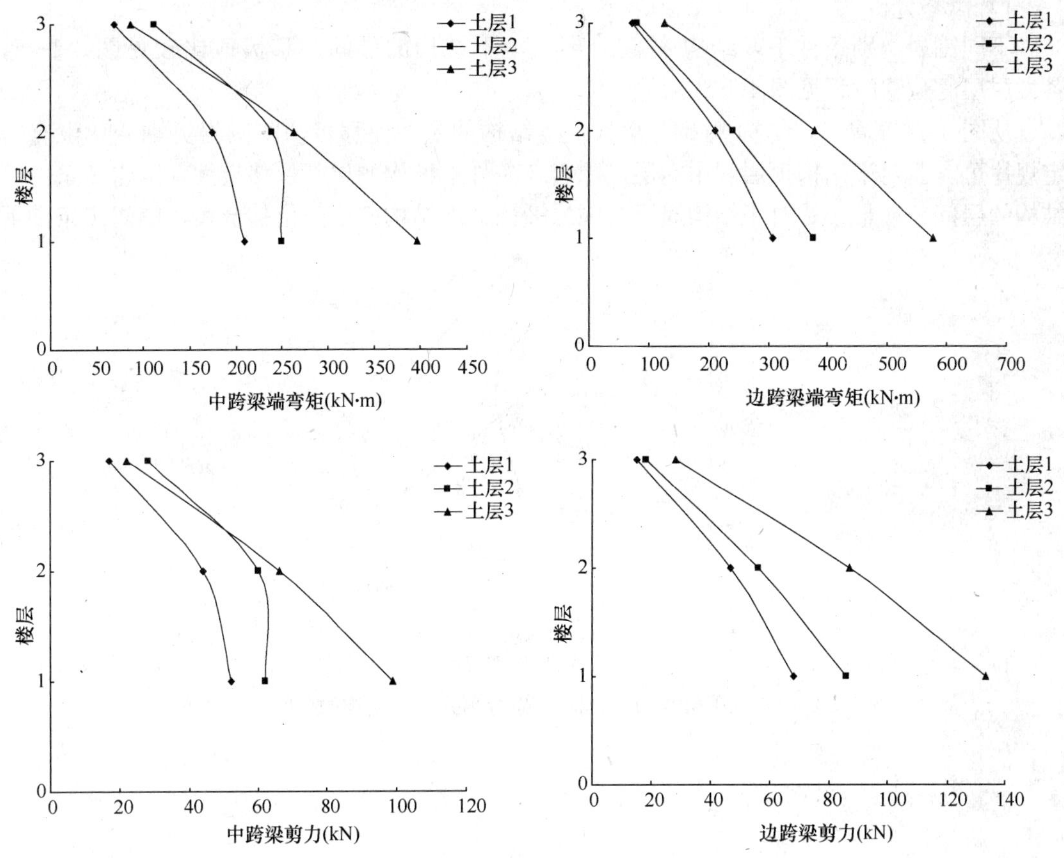

图 4-1-24　不同土层厚度条件下结构-衬砌分离式地下结构控制截面的地震内力（二）

从图 4-1-24 看出，随着土层厚度增加，除顶层中跨梁外，结构-衬砌分离式地下结构其余控制截面的内力在逐步增大。顶层中跨梁内力随土层厚度增加，先增大后减小，最终内力值介于 25m 土层和 35m 土层情况之间。

随土层厚度增加，结构-衬砌分离式地下结构变形和内力反应的总体趋势是增大的。由于基岩地震动的不同，土层对其可能有放大作用，也可能有衰减作用。在本算例中，对于 USA02305 波，土层明显是在起放大作用的，这也正是结构地震响应随土层厚度增加而增大的原因。

3. 围岩类别对结构-衬砌分离式地下结构地震响应的影响

与结构-衬砌整体式地下结构相同，考虑了三种不同围岩类别条件下结构的地震反应，三种围岩的相关参数见表 4-2-3，其他计算模型参数不变。为了方便比较，只以 USA02305. ACC 一条地震动为例输入进行计算。

围岩 1 条件下，结构-衬砌分离式地下结构模型的前两阶频率为 $f_1=2.2707$Hz，$f_2=3.2459$Hz；围岩 2 条件下，结构-衬砌分离式地下结构模型的前两阶频率为 $f_1=1.8364$Hz，$f_2=1.885$Hz；围岩 3 条件下，结构-衬砌分离式地下结构模型的前两阶频率为 $f_1=0.79592$Hz，$f_2=0.88643$Hz。随着围岩参数由硬变软，结构-衬砌分离式地下结构模型的第一阶周期逐渐变长。

1）位移分析

不同围岩类别条件下，结构-衬砌分离式地下结构的层间位移极值比较见图 4-1-25，各楼层层间位移时程见图 4-1-26。

从图 4-1-25 看出，结构-衬砌分离式地下结构的层间位移极值随围岩类别变化没有特定规律可言。对于结构顶层和中间层，围岩 3 条件下结构的层间位移最大，围岩 2 条件下结构的层间位移最小；对于结构底层，围岩 2 条件下结构的层间位移最大，围岩 1 条件下

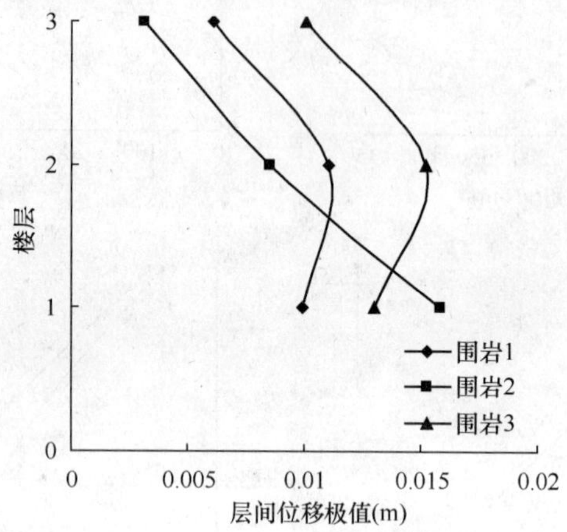

图 4-1-25　不同围岩类别下结构-衬砌分离式地下结构的层间位移极值

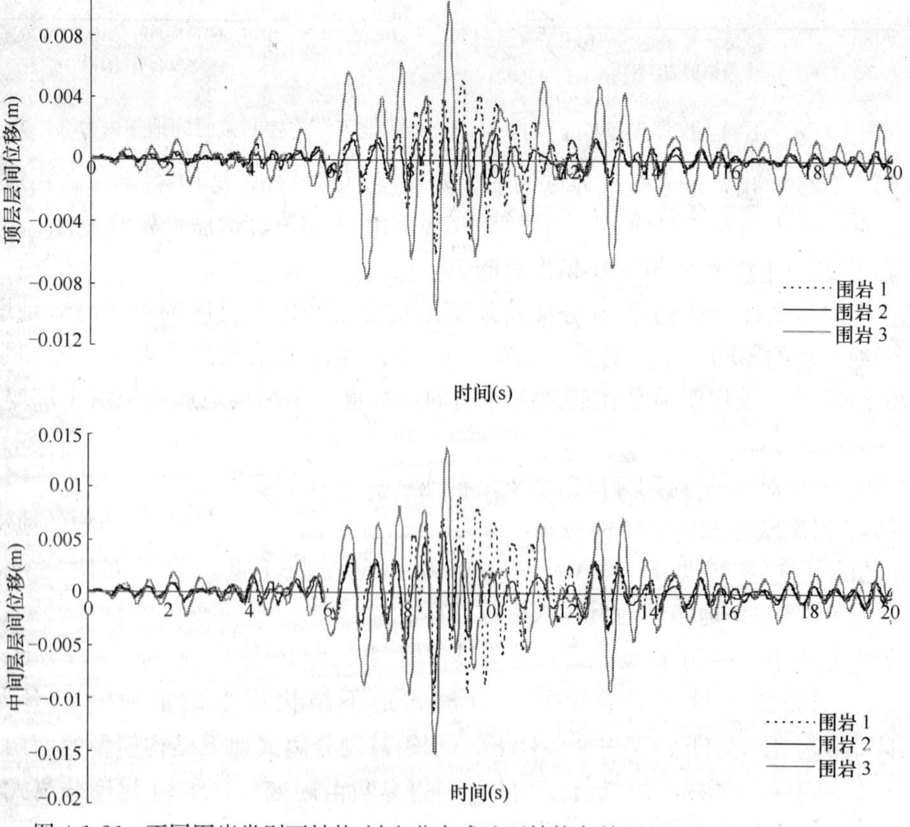

图 4-1-26　不同围岩类别下结构-衬砌分离式地下结构各楼层的层间位移时程（一）

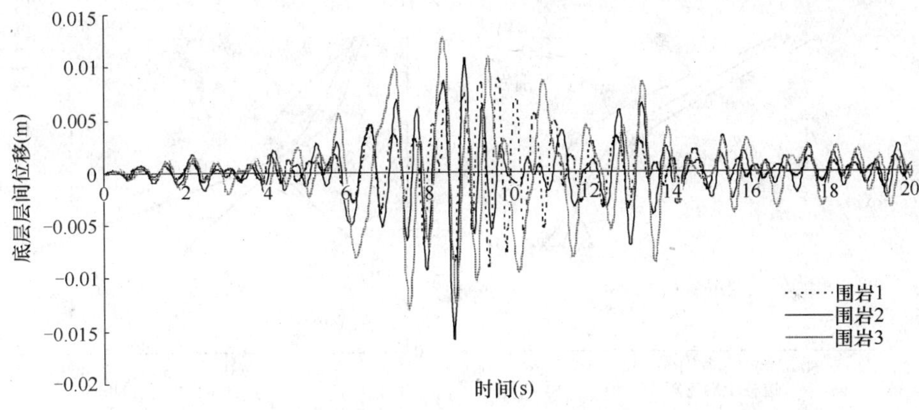

图 4-1-26　不同围岩类别下结构-衬砌分离式地下结构各楼层的层间位移时程（二）

结构的层间位移最小。综合考虑，围岩越软弱，会增大结构的层间位移反应。图 4-1-26 中结构各楼层的层间位移时程也有相同特点。同时，围岩越软弱，场地滤波效应越明显，结构反应越滞后。

2）内力分析

与前节内力分析相同，取控制截面进行比较。10 个控制截面的地震内力对比如图 4-1-27所示。从图中不难看出，随围岩类别的变化，结构-衬砌分离式地下结构各控制截面

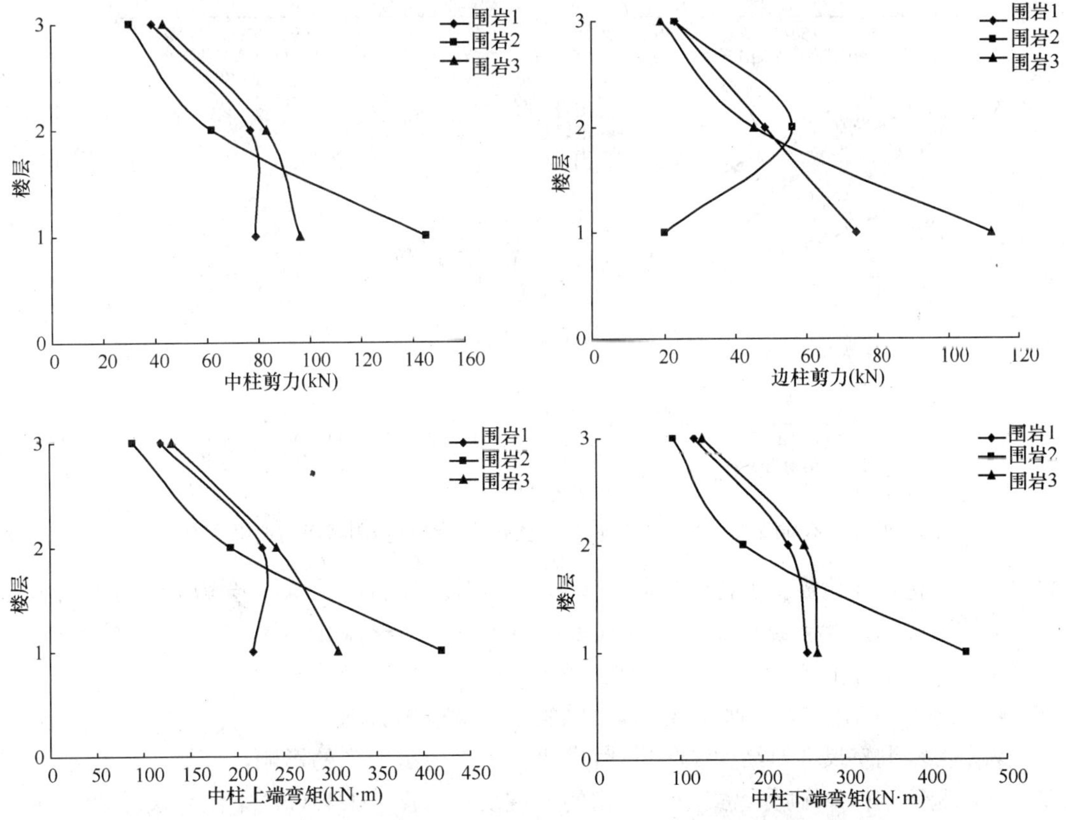

图 4-1-27　不同围岩类别下结构-衬砌分离式地下结构控制截面的地震内力（一）

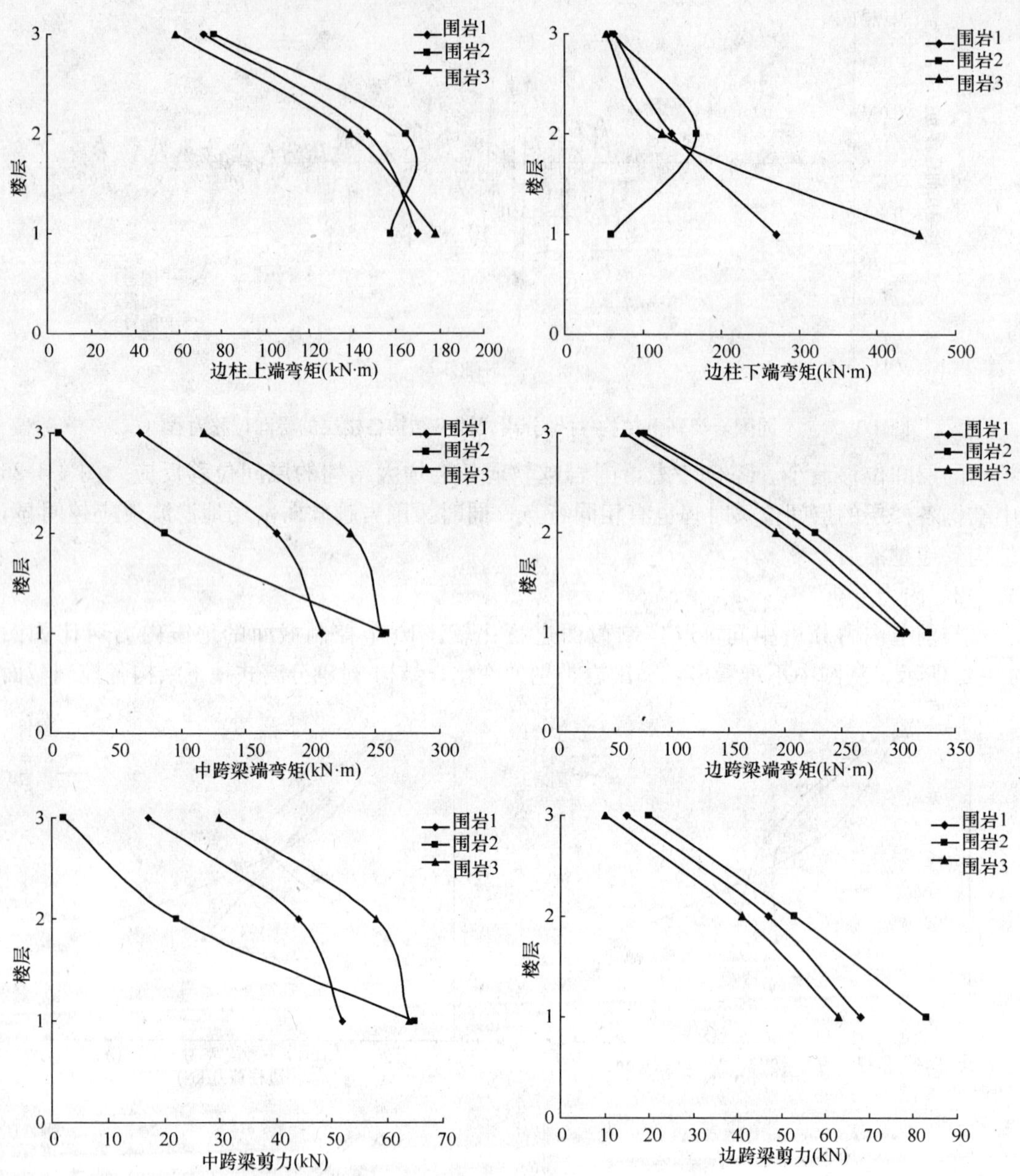

图 4-1-27　不同围岩类别下结构-衬砌分离式地下结构控制截面的地震内力（二）

的内力没有特定变化规律可言。但从总体趋势上把握，围岩越软弱，会增大结构的内力反应，从结构设计角度来说这是不利的因素。结构-衬砌分离式地下结构与周边是脱开的，围岩对其影响实际上可以归为场地对结构的影响。

4. 洞室尺寸对结构-衬砌分离式地下结构地震响应的影响

为了考察洞室尺寸对结构-衬砌分离式地下结构地震响应的影响，计算了三种不同洞室尺寸情况下结构-衬砌分离式地下结构的地震反应。图 4-1-4（*c*）中洞室尺寸为 25m×18.5m，编号为①；另外两种洞室尺寸为 27m×19.5m 和 29m×20.5m，编号为②和③。

除洞室尺寸变化外，其余计算模型参数不变，为了方便比较，只以 USA02305.ACC 一条地震动为例输入进行计算。

洞室①时，结构-衬砌分离式地下结构模型的前两阶频率为 $f_1=2.2707$Hz，$f_2=3.2459$Hz；洞室②时，结构-衬砌分离式地下结构模型的前两阶频率为 $f_1=2.2734$Hz，$f_2=2.8804$Hz；洞室③时，结构-衬砌分离式地下结构模型的前两阶频率为 $f_1=2.2774$Hz，$f_2=2.5824$Hz。随着洞室尺寸增大，结构-衬砌分离式地下结构模型的第一阶周期逐渐变小。

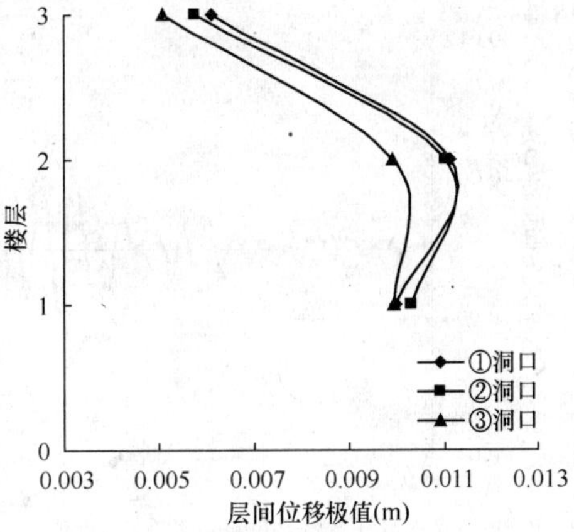

图 4-1-28　不同洞室尺寸下结构-衬砌分离式地下结构的层间位移极值

1）位移分析

不同洞室尺寸时，结构-衬砌分离式地下结构的层间位移极值比较见图 4-1-28，楼层层间位移时程见图 4-1-29。

从图 4-1-28 可以看出，结构 2、3 层的层间位移极值随洞室增大略有减小，而结构 1 层的层间位移极值随洞室增大先增大后减小，层间位移极值的变化幅度都在 10%以内。

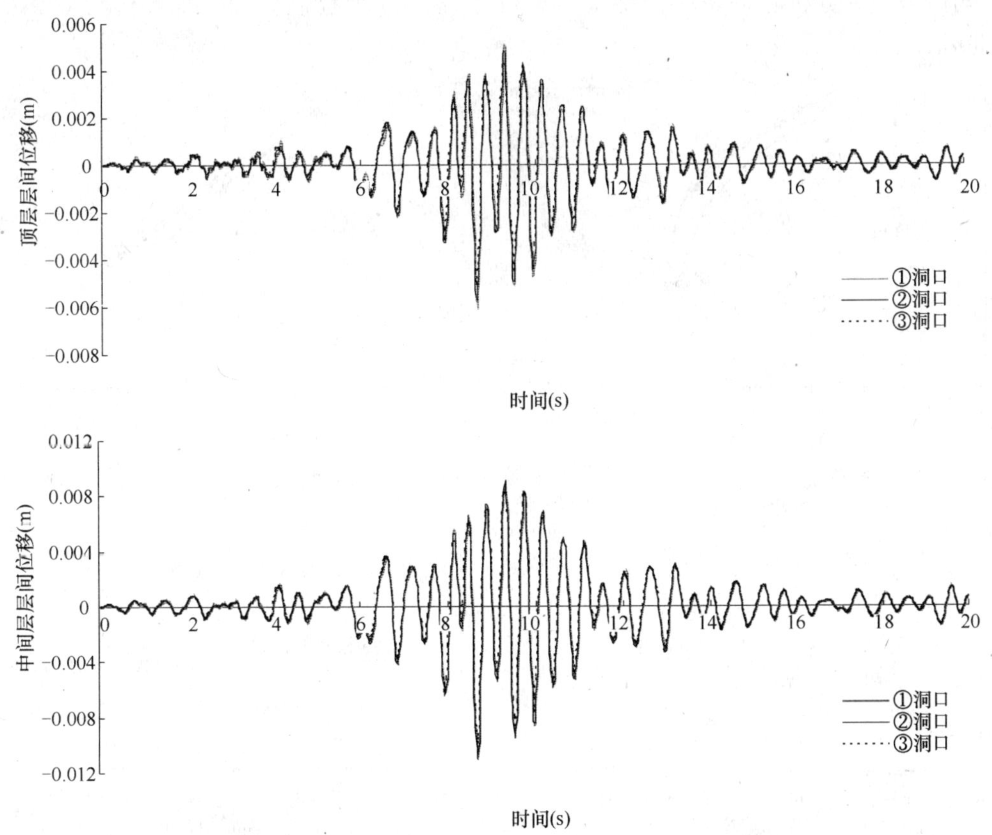

图 4-1-29　不同洞室尺寸下结构-衬砌分离式地下结构各楼层的层间位移时程（一）

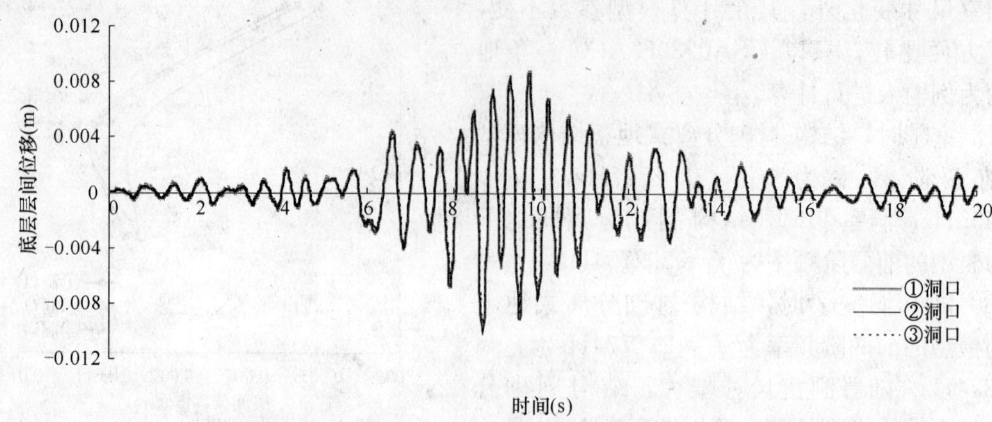

图 4-1-29　不同洞室尺寸下结构-衬砌分离式地下结构各楼层的层间位移时程（二）

再看图 4-1-29，不同洞室尺寸情况下，结构-衬砌分离式地下结构各楼层的层间位移时程基本同步，大小上也很接近。通过以上比较可以说明：洞室尺寸对结构-衬砌分离式地下结构地震变形的影响很小。

2）内力分析

与前节内力分析相同，取控制截面进行比较。10 个控制截面的地震内力对比如图 4-1-30所示。

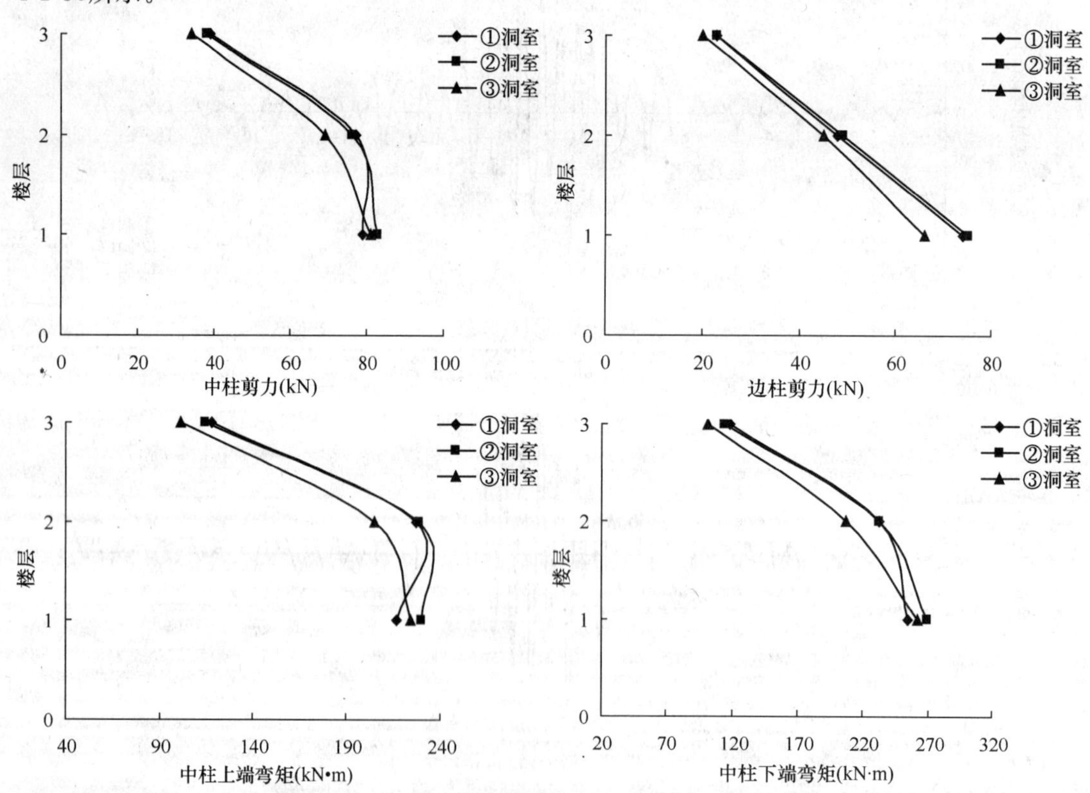

图 4-1-30　不同洞室尺寸下结构-衬砌分离式地下结构控制截面的地震内力（一）

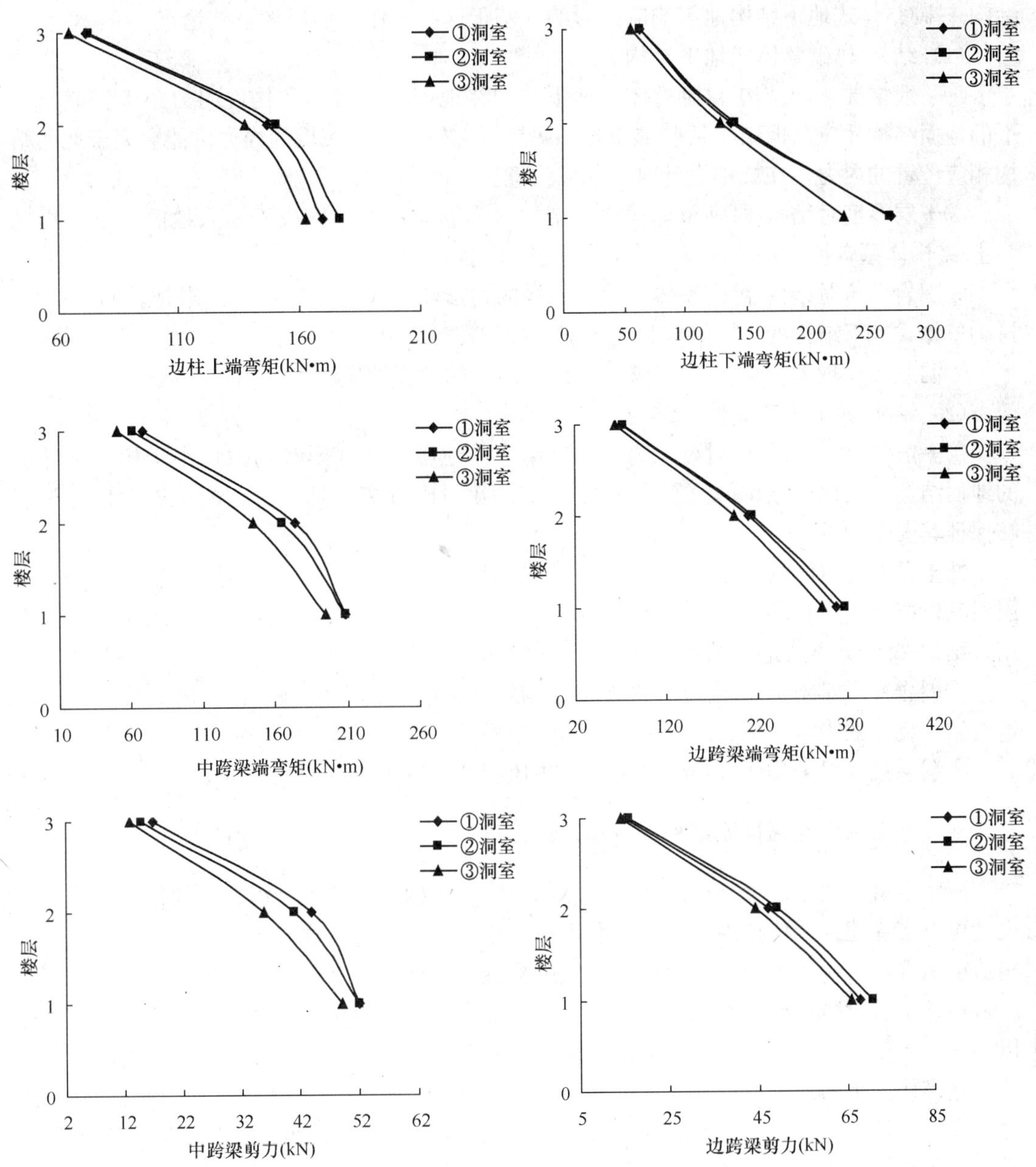

图 4-1-30　不同洞室尺寸下结构-衬砌分离式地下结构控制截面的地震内力（二）

从图中可以看出，随着洞室的增大，结构 10 个控制截面地震内力变化的总体趋势是先增大后减小。从①洞室变到②洞室的过程中，内力增大的幅度在 7%以内；从②洞室变到③洞室的过程中，内力减小的幅度在 15%以内，变化幅度都比较小。

综合以上对位移和内力的讨论，可以得出结论：洞室尺寸对结构-衬砌分离式地下结构地震响应的影响不大。

（四）抗震设计建议

本书对结构-衬砌整体式地下结构及结构-衬砌分离式地下结构进行了详细的地震响应分析。对比了地下、地面结构的地震响应差异；研究了土层厚度、围岩类别及洞室尺寸对结构-衬砌整体式地下结构地震响应的影响。基于这些工作，得出如下结论：

（1）结构-衬砌整体式地下结构

①一般情况下，结构-衬砌整体式地下结构在地震下的变形和构件内力小于相应条件下的地面结构反应。但结构某些部位，如底层梁、柱，结构底板的内力可能会大于地面结构相应位置的内力，在抗震设计时应加以注意。

②土层厚度对结构-衬砌整体式地下结构地震响应的影响取决于输入地震动卓越周期与土-结构体系自振周期的匹配程度，两者接近则响应大。

③围岩性质对结构-衬砌整体式地下结构的地震响应有较大影响。围岩越软弱，结构-衬砌整体式地下结构的地震响应越大，对结构抗震越不利。

④洞室尺寸越大，结构-衬砌整体式地下结构的地震响应越大。

（2）结构-衬砌分离式地下结构

①一般情况下，结构-衬砌分离式地下结构在地震下的变形和内力均小于相应条件下的地面结构。按地面结构的抗震水平去进行结构-衬砌分离式地下结构的抗震设计，是能够保证其安全的。

②土层厚度对结构-衬砌分离式地下结构的地震响应影响较大。不同基岩地震动，土层对其可能有放大作用，也可能有衰减作用。本节中，土层对基岩地震动起到了放大作用，结构-衬砌分离式地下结构的地震响应随土层厚度增加而增大。

③围岩性质对结构-衬砌分离式地下结构的地震响应也有影响。这种影响实际上是场地对结构反应的影响。围岩越软弱，会增大结构的地震响应。

④洞室尺寸对结构-衬砌分离式地下结构地震响应的影响不大。

四、地下综合交通枢纽结构的抗震设计方法

广义上讲，地下综合交通枢纽结构隶属于建筑结构，因此地下综合交通枢纽结构抗震设计可以借鉴建筑结构抗震设计理论和方法。建筑结构的抗震概念设计、抗震计算和抗震构造措施等都可应用于地下综合交通枢纽结构抗震设计。地下综合交通枢纽结构的抗震设防目标、抗震设防标准、地震作用计算方法、地震作用效应组合、构件内力调整等均都可以参考建筑结构的抗震规范。但应该考虑到地震作用时地下结构与地面结构的不同之处。

地震作用下的地下结构与地面结构在以下几方面存在不同：一是地震动输入的差异。通常而言，地表地震动的长周期成分多于地下地震动，地表的地震动幅值大于地下地震动。二是结构差异。地下结构通常采用刚度较大的钢筋混凝土剪力墙结构。小震作用时，控制内力主要是静土压力，地震作用不取控制作用。三是周围岩土介质对地下结构存在约束作用和动土压力作用。合理的围岩作用考虑是地下综合交通枢纽结构抗震设计的关键。忽略地震动的差异，结构-衬砌分离式地下结构的抗震设计可以直接采用建筑结构的抗震设计方法。而结构-衬砌整体式地下结构的抗震设计则必须考虑围岩的影响。

另一方面，考虑到作为交通生命线工程关键节点的地下综合交通枢纽的重要性，应对设计基准期和抗震设防类别加以明确。

（一）抗震设防目标

根据我国现行《建筑抗震设计规范》（GB 50011—2001）（2008）规定：“1.0.1 当遭受低于本地区抗震设防烈度的多余地震影响时，一般不受损坏或不需修理可继续使用；当

遭受相当于本地区抗震设防烈度的地震影响时，可能损坏，经一般的修理或不需修理仍可继续使用；当遭受高于本地区抗震设防烈度预估的罕遇地震影响时，不致倒塌或发生危及生命的严重破坏”。而根据我国现行《铁路工程抗震设计规范》（GB 50111—2006）规定："1.0.5 铁路工程应按多遇地震、设计地震、罕遇地震三个地震动水准进行抗震设计"；"3.0.1 按本规范进行抗震设计的铁路工程，应达到的抗震性能要求如下：性能要求Ⅰ：地震后不损坏或轻微损坏，能够保持其正常使用功能；结构处理弹性工作阶段；性能要求Ⅱ：地震后可能损坏，经修补，短期内能恢复其正常使用功能；结构整体处于非弹性工作阶段；性能要求Ⅲ：地震后可能产生较大破坏，但不出现整体倒塌，经抢修后可限速通车；结构处于弹塑性工作阶段”。

因此，地下综合交通枢纽的抗震设防目标为“大震不倒、中震可修、小震不坏”。即：当遭受低于本地区抗震设防烈度的多遇地震影响时，一般不受损坏或不需修理可继续使用；当遭受相当于本地区抗震设防烈度的地震影响时，可能损坏，经一般修理或不需修理仍可继续使用；当遭受高于本地区抗震设防烈度预估的罕遇地震影响时，不致倒塌或发生危及生命的严重破坏。

（二）设计基准期

建筑结构的设计基准期一般为 50 年。考虑到作为交通生命线工程关键节点的地下综合交通枢纽的重要性，参考公路桥涵结构的设计基准期，建议地下综合交通枢纽结构的设计基准期取为 100 年。

（三）建筑抗震设防类别

地下综合交通枢纽为交通生命线工程的关键节点，在地震后的抗震救灾中取着非常重要的作用，在地震后应能继续发挥正常的使用功能。根据国家标准《建筑抗震设防分类标准》GB 50223，多层地下综合交通枢纽的建筑抗震设防类别为乙类建筑。

（四）抗震设防标准

参考《建筑抗震设计规范》，地下综合交通枢纽的抗震设防标准为：地震作用应符合本地区抗震设防烈度的要求；抗震措施，一般情况下，当抗震设防烈度为 6～8 度时，应符合本地区抗震设防烈度提高一度的要求；当为 9 度时，应符合比 9 度抗震设防更高的要求。

（五）抗震计算方法

1. 结构-衬砌分离式地下结构的抗震计算方法

结构-衬砌分离式地下结构可以按衬砌结构和地下建筑结构分别进行抗震计算。衬砌结构可采用隧道抗震设计方法进行抗震计算。一般情况下，结构-衬砌分离式的地下建筑结构在地震下的变形和内力通常小于相应条件下的地面结构。按地面结构的抗震计算方法去进行结构-衬砌分离式地下结构的抗震设计，可以保证地下建筑结构的安全。因此地下建筑结构可以参考地面结构的抗震设计规范进行分析计算。

2. 结构-衬砌整体式地下结构的抗震计算方法

围岩对结构-衬砌整体式地下结构的地震性能的影响不容忽视，因此结构-衬砌整体式地下结构抗震计算时应考虑围岩的作用。地震作用计算应根据地下建筑结构类型、地下建筑结构的三维尺寸等采用不同的方法。

当地下建筑结构为纵向延伸尺度较大、沿纵向均匀无突变的墙板式结构，且围岩均匀时，满足平面应变条件，可简化为平面应变模型，采用拟静力方法，按第二节的等效静力法或反应位移法计算地震作用，但纵向的两端应考虑端部围岩效应。

当地下建筑结构为纵向延伸尺度较大、沿纵向均匀无突变的墙-柱式结构，且围岩均匀时，满足平面应变条件，可采用等效平面模型，采用拟静力方法，按第二节的等效静力法或反应位移法计算地震作用，但纵向的两端应考虑端部围岩效应。

复杂的地下建筑结构，建议采用三维围岩-地下结构相互作用模型，采用反应谱法或动力时程法进行抗震计算。

（六）地下结构抗震措施

地下综合交通枢纽结构的抗震构造措施可以直接参考地面结构的抗震措施，但应根据地下结构的特殊情况，采取相应的其他抗震措施。

1. 对于软土中的地下结构和出入口通道结构，应根据相关规定验算地震时地基稳定性。

2. 当地下结构和出入口通道穿过地震作用时可能发生滑坡、地裂、明显不均匀深陷的地段时，应采取下列抗震构造措施：

1）地下结构和出入口通道可设置柔性诱导缝，但应验算接头可能发生的相对变形，避免地震时脱开和断裂。

2）加固处理地基，更换部分软弱土或设置桩基础深入稳定土层，消除地下结构的不均匀沉陷。

3. 装配式钢筋混凝土结构的抗震构造要求：

（1）对装配式结构的节点应当有更高的要求，对大构件的节点应该通过钢筋的焊接，使之锚固牢靠，并作整浇处理，使得节点具有足够的强度和刚度，防止拉断和剪坏，以保证轴力、剪力的传递。但是要求节点做到与构件本身相同的强度来传递弯矩，可能有实际困难。

（2）在制造、运输、安装和可能条件下，把预制构件做得大一些，可以减少连接的节点数，有利于结构的整体性。在条件许可时，区间隧道采用整体环节段式衬砌，就可以从根本上避免结构横截面内复杂的接头问题。

（3）作为顶盖的梁板的支承面积应予适当放大。

4. 地下结构的纵向防震缝和不同结构的结合部分防震缝的设置：

（1）长度大的地下结构，经过不同的地层，由于不同的地层的振动特性不一，因而使结构产生不同的地震反应。

（2）不同几何形状、不同刚度的结构的连接处，地震时由于结构产生不同变形，使连接处产生复杂的受力情况，需要设置的既是防震缝，也是变形缝。

（3）地震波作用到结构上，地震波的波长通常总比结构纵向长度小，因此不可避免在地下结构纵向产生不同相位的变形。

防震缝的宽度条件是，完全避免由防震缝隔开的两段结构的碰撞，显然防震缝的最小宽度应不小于地震作用时两段结构的最大的水平位移之和，并考虑适当的富裕量。结构物下面的地基越差，产生不均匀沉陷的可能性越大，则防震缝的宽度应越大。

设置防震缝的间距 L 可按下式计算：

$$L=\frac{1}{n_{g}}\times\frac{\delta}{A}\times\frac{C_{p}T}{2\pi} \tag{4-1-14}$$

式中　n_g——考虑地下结构动力工作系数（沿区间隧道长度均质的区段 $n_g=2$）；

δ——保证防水层不破坏的使用条件相邻隧道区段的容许极限位移（cm）；

A——地震时地表土层的振幅（$A=1\sim30$cm）；

C_p——纵波在土中的传播速度（m/s）；

T——地震时地基震动周期（对于土，$T=0.2\sim4$s）。

前苏联地下铁道规定，采用明挖法建造车站结构中，从地下通向地面的区段上，不同结构物连接处，结构形式、土壤特性突变处，都应设置变形缝。这些变形缝也起着防震缝的作用。车站设置变形缝处，作为艺术装饰的饰件，应沿变形缝断开。

车站隧道、区间隧道与通风井的连接，车站隧道与区间隧道的连接，在抗震设计中应受到高度重视。由于不同结构的几何形状不同、刚度不同、地震荷载不同、振动特性不同，结合部的应力复杂，以致造成破坏。

无论是防震缝（或兼作变形缝），还是不同结构的结合部，原则上都应设置柔性接头，允许其在一定限度内变形。

第二节　地下综合交通枢纽的抗爆设计

一、爆炸与爆炸作用

爆炸是一种高速进行的且能自动传播的化学反应过程，同时释放出大量的热量并能生成大量的气体。爆炸强度一般用爆炸的总能量、能量密度和能量释放速率（也即其功率）等爆炸特性来表示。

爆炸属于物理化学变化过程，与常见的化学燃烧有一定的相似之处，但也有其特有的特征，爆炸的主要特征表现为：

（1）反应过程的放热性（可以引起火灾），爆炸反应过程放出的热称为爆炸热（或爆热），一般常用高级炸药的爆热为3.71～7.53MJ/kg，爆炸时的温度可高达3000～5000℃；

（2）反应过程的高速性，炸药爆轰（爆炸）的传播速度高达每秒数千米，如铸装TNT炸药（密度1.6g/cm^3）的爆轰速度约为6900m/s，在结晶密度下，黑索金（RDX）的爆轰速度达8804m/s，因此可以近似认为爆炸反应所释放出的能量全部集中在爆炸反应前所占据的体积内，这样单位体积内爆炸反应所形成的能量密度是一般化学反应所无法达到的；

（3）爆炸反应必须生成气体产物，一升炸药爆炸时可以产生1000L左右的爆炸气体，在爆炸的瞬间他们被强烈地压缩在接近于炸药原有的体积内，因此在炸药所具有的体积内瞬时成为高温、高压气体，其压力可达数十万个大气压。

除了炸弹爆炸、核爆炸等人为性的破坏性爆炸外，许多破坏性爆炸属于意外，例如燃气爆炸、化学粉尘爆炸等。

爆炸问题的研究类型主要包括炸药（或爆炸）的内部问题、炸药（或爆炸）的外部问题和相互作用问题。炸药（或爆炸）内部问题是研究在释放能量的物质（炸药）中发生的过程，通常把炸药的爆轰（爆炸）过程看作爆轰波的传播过程来进行研究，主要研究爆轰波振面上的波速、质点速度、压力等物理量。通过研究可以得出：对于一定化学组成的炸药，其爆轰波振面上的波速、质点运动速度、压力等物理量只与炸药密度有关；对于一定密度的炸药，其爆轰波振面上的各物理量为一定值。

外部问题是研究炸药爆炸后在药包周围的介质（空气、水、土、金属等）中发生的过程，通常在炸药周围的介质中产生很高的压力波，在水、土、金属等介质中，该压力波以应力波的形式在介质中传播，从而对质造成影响和损坏；在空气中，该压力波以空气冲击波的形式进行传播，引起空气密度、压力、声速、质点运动速度等量发生明显的变化。

相互作用问题分为两方面的内容，一方面是研究炸药爆炸后形成的爆轰波与炸药周围介质（水、土、金属、空气）等之间的相互作用；另一方面是研究在介质中传播的应力波和空气冲击波与所遇到的物体之间的相互作用问题。

爆炸做功的根本原因在于炸药爆炸瞬间形成的高温、高压气体骤然膨胀，从而造成爆炸点周围介质中的压力发生急剧的突越，这种压力突越就是造成周围介质破坏或对周围生命体杀伤的直接原因。爆炸造成的危害包括振动危害、燃烧危害和压力波危害，对于核武器爆炸还存在核辐射和电磁脉冲等危害。当爆炸冲击波在空气中传播或与建筑物相互作用，会引起空气和建筑物的压力、密度、温度和质点速度迅速变化。爆炸产生的动力荷载比建筑物常规设计荷载要大几个等级，结构将遭受严重的荷载条件，可能使结构失效、倒塌等破坏，由于结构失效或者倒塌将造成比爆炸本身更大的财产和伤亡损失，在结构设计中考虑爆炸荷载对结构的影响已经十分必要。

而地下建筑结构内的常规（相对于核爆炸）爆炸，根据爆炸产物被限制的程度分类应属于完全密闭爆炸、接近密闭爆炸或部分泄压爆炸，爆炸对生命的伤害和对建筑结构的破坏比地上爆炸要严重。

二、爆炸荷载与地震作用对建筑结构影响比较

（一）爆炸荷载与地震作用对建筑结构整体影响的比较

1. 作用不确定性的比较

与地震作用相比，爆炸荷载的发生概率以及作用的大小具有更大的不确定性。同时，其对于建筑结构局部的影响在量级上一般要大于地震作用。因此，在考虑爆炸荷载时，建筑设计的安全储备与考虑地震作用时相比应当适当降低，允许结构出现较大的变形和裂缝，甚至出现局部破坏。

2. 作用分布区域及倒塌形成机制的比较

爆炸荷载的作用效应通常都是局域性的，其结果是结构发生局部严重破坏。地震作用是由地面运动产生，并通过基础作用于与结构，使结构的各个部分同时受力。当建筑物受到地震作用时，分布于整个结构各个部分的非弹性变形能力能够有效地减轻对结构的损坏，倒塌机制的形成需要结构中大部分梁柱节点的损坏。与之相反，对于承受局部爆炸荷载的结构，有限构件的损坏就可能成为连续倒塌机制的触发点。

3. 作用时间及方式的比较

爆炸荷载的作用时间非常短暂，爆炸冲击波会以超音速传递，其作用为一次性脉冲动

荷载，一般可以简化为由升压段和衰减段组成的同向荷载，结构受到爆炸冲击波的直接作用持续时间通常为几毫秒到几百毫秒，其持续时间与结构的自振周期相比要小得多。地震作用是地震引起的振动以波的形式传递至结构的过程，地震时结构上的荷载是结构反应加速度和质量引起的惯性力，结构在地震时会发生往复运动，其持续时间一般为数秒至数分钟，地震引起的振动周期相对更接近于结构的自振周期。

4. 两种作用对结构整体布置要求的比较

爆炸荷载作用下，一个建筑物规则的体型和均匀的布置对于其抵抗由爆炸引起的连续倒塌会产生有利的作用。规则而均匀的平立面布置能够增大建筑的连续性和冗余度，更容易将由局部破坏产生的超载传递出去，形成新的荷载传递路径；而不规则的建筑体型，如较大的凹角和悬挑都会限制住冲击波的扩散，从而放大爆炸荷载的作用。在地震作用下，为了防止结构不规则造成的局部应力集中或者扭转效应的产生，同样要求结构布置规则、均匀。虽然两者的原因不尽相同，但在具体要求上面是接近一致的。

（二）爆炸荷载与地震作用对建筑结构特定构件影响的比较

1. 两种作用对柱的影响

面向爆炸源一侧的柱在爆炸整个过程中都会受到荷载的作用，其作用随着爆炸进程而变化。其破坏会有多种形式，距离爆炸源近的柱会表现为冲剪破坏或有冲剪破坏的倾向，但由柱轴向荷载所提供的压应力能够显著地提高柱的抗剪能力；柱还会产生局部的挤碎破坏；另外，框架柱还可能发生 $P\text{-}\Delta$ 效应的破坏。因此，要优先考虑提高和改进柱在爆炸荷载作用下的抗剪能力，提高柱的延性和弯曲性能，保证柱主筋充分锚固和充足的配筋量。在地震作用下，要求钢筋混凝土柱的极限破坏以构件弯曲时主筋受拉屈服破坏为主，应避免变形性能差的混凝土首先压溃或剪切破坏，以及钢筋锚固失效破坏。因此，对于柱的要求，两者基本一致。

2. 两种作用对梁的影响

梁在爆炸荷载作用下的破坏主要为剪切破坏，在连接不充分的情况下，也会发生弯曲破坏。梁抵抗爆炸荷载作用的策略通常可分以下几种：

（1）提高抗剪能力，防止梁过早破坏；

（2）可靠的连接；

（3）增强梁的延性；

（4）通过允许与之相连的构件（如楼板）的破坏达到卸载的目的；

（5）加强梁抵抗反向荷载的能力。在地震作用下，对于梁，应以构件弯曲时主筋受拉屈服破坏为主，避免剪切破坏，尽可能在梁中较早的形成塑性铰。

3. 两种作用对楼板的影响

其破坏形式分为：拉坏、挤碎或剪坏，由于通常的设计并不考虑楼板承受向上的荷载，板很容易破坏。板的破坏还会使竖向构件失去水平支撑，对建筑物的整体生存造成严重影响，应当增加其在爆炸作用后吸收能量的能力，防止其过早破坏。而在地震作用下，通常不考虑板的作用。

4. 两种作用对连接节点的影响

通常，连接节点并不直接承受爆炸荷载，但适当的节点连接能够提高构件的承载力及延性，在局部破坏发生以后有效的重新分配荷载，提高建筑抵抗连续倒塌的能力，对于节点区域要特别予以加强，防止过早破坏。在抗震设计中，梁柱节点合理的设计原则是在梁柱构件达到极限承载力前节点不应发生破坏。

5. 爆炸荷载引起的应变率效应

由于爆炸荷载属于一次性瞬间脉冲动荷载，钢筋和混凝土材料的平均应变速率约为 $\varepsilon=(25-400)\times10^{-3}/s$，比标准材性试验的应变速度高出数千倍，将影响材料的强度和变形等力学性能，这种影响被称之为应变率效应。从国内外已有的研究成果来看，一般认为这种效应会显著提高钢筋混凝土材料的强度和延性，这种效应对于钢筋混凝土结构抵抗爆炸荷载是有利的。在地震作用下，应变率效应并不会显现，因此通常的抗震设计中不会考虑钢筋混凝土材料的应变率效应。

三、结构抗爆设计方法

结构抗爆设计方法分为结构抗倒塌和结构构件抗爆两个层次，两个层次有不同的设计方法。

（一）结构抗连续性倒塌设计

结构抗连续性倒塌设计分为为两种：结构计算法和构造设计法。结构计算法通过计算评估结构抵抗连续性倒塌的能力，根据不同的适用条件一般采用备用荷载路径法。构造设计法则是通过构造措施保证结构体系具有一定的连续性、延性以提高结构抵抗连续破坏的能力。

备用荷载路径法假定某主要承重构件失效，分析结构是否会形成“搭桥”能力，继而判断结构是否会发生连续性倒塌。用此方法提高结构抗连续性倒塌能力主要依靠结构体系的连续性和延性，以保证原来作用于破坏构件上的荷载在剩余结构上重分配，维持结构在短时间内的整体稳定性。

（二）结构构件抗爆设计

结构构件抗爆设计，可以采用理论分析法、能量分析法、反应谱分析发和数值分析法。理论分析法、数值分析法、反应谱分析法虽然比较精确，但是用于结构抗爆都有其局限性。理论分析法可以给出结构构件非常精确的反应分析，但是由于爆炸空气冲击波荷载、材料本构关系和边界条件的复杂性，在实际应用中受到很大限制，只能解决极少数简单的问题；数值分析法可以很精确地得出反应分析，且可以考虑非常复杂的各种条件。但是由于各种商业软件操作起来很复杂，且考虑的因素很多，一旦有些因素不能准确输入，结果将会严重失真，这些因素都使得在最近数年数值分析法很难应用于实际结构设计，只能用于指导、校核设计；反应谱分析法用于抗爆设计还不是很成熟。

实用的结构构件抗爆设计方法是利用能量守恒原理将结构构件简化为等效为单自由度体系，进行无阻尼弹塑性体系强迫振动的动力分析得出动力系数，将动力转化为静力进行结构设计。国内的《人民防空地下室设计规范》（GB 50038—2005）与《平战结合人民防空工程设计规程》（上海市标准）、《地下及覆土火药炸药仓库设计安全规范》（GB 50154—92）都针对各自特定的范围，采用构件简化为等效单自由度体系，进行无阻尼弹塑性体系强迫振动动力分析，得出各自的动力系数 K_d，然后用等效静力方法，通过式（4-2-1）将动载转化为等效静载，进行结构设计，式中 q_d 取冲击波超压峰值。

$$q_j = K_d \times q_d \tag{4-2-1}$$

地下建筑结构抗爆设计也可以采用同样的方法，而地下建筑结构抗爆设计与人防结构抗爆设计区别在于：人防所抵抗的是外部爆炸荷载，人防建筑的地下构件将承受如图 4-2-1（*b*）所示的土中压缩波，人防建筑的地上构件将承受如图 4-2-1（*a*）所示的空气冲击波。通过无阻尼弹塑性体系强迫振动的动力分析得到的爆炸荷载动力系数 K_d 将会不同。《人民防空地下室设计规范》（GB 50038—2005）中给出了地面空气冲击波和土中压缩波的动力系数。

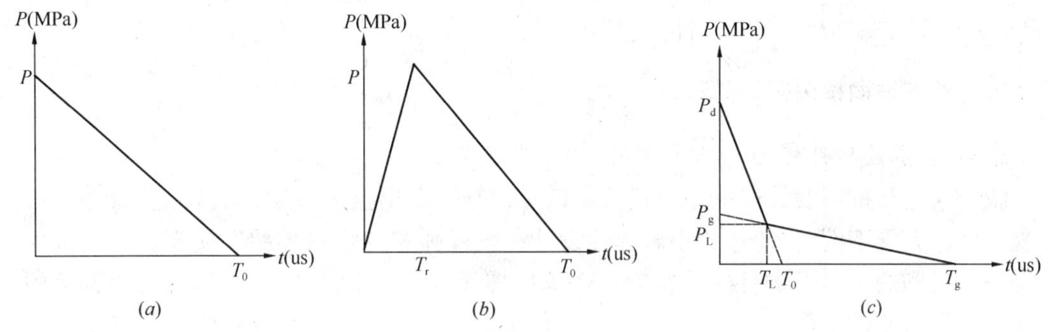

图 4-2-1　爆炸冲击波荷载时程曲线

（*a*）地面爆炸空气冲击波；（*b*）地面爆炸土中压缩波；（*c*）地下结构内部爆炸空气冲击波

四、地下结构内部爆炸荷载

在不考虑自由空间爆炸冲击波负压，将冲击波按照线性衰减方式简化，自由空间爆炸冲击波变成图 4-2-1（*a*）所示的三角形荷载，图中 P 为冲击波超压，T_0 为冲击波作用时间。密闭空间内爆时，爆炸能量向四周扩散，结构物受到冲击波荷载作用；另一方面，由于结构物的限制作用，爆炸产生的高温、高压产物无法及时向外扩散，导致结构内温度升高，形成准静态的气体压力，结构物还要承受准静态气体压力；结构物要承受冲击波和准静态气体压力双重荷载作用，可简化为图 4-2-1（*c*）所示的双直线形式，图中 P_r 是冲击波超压峰值、P_g 是准静态气体压力峰值、T_0 是冲击波作用时间、T_g 是准静态气体压力作用时间、P_L 与 T_L 是冲击波荷载与准静态气体压力曲线的交点。密闭空间爆炸荷载是双直线模型，其中冲击波荷载与自由空间爆炸反射超压荷载是可比拟的。二者均可按线性衰减简化为三角形荷载，部分学者认为密闭空间内部爆炸冲击波超压峰值 P_r、作用时间 T_0 与自由空间相比，都会不同程度增大，也有部分学者认为密闭空间内部爆炸冲击波超压峰值可以取自由空间反射超压峰值；密闭空间内部爆炸荷载存在准静态气体压力，这是自由空间爆炸荷载不存在的。

直接测爆炸容器内部爆炸荷载得出经验公式比较困难，而自由空间爆炸冲击波参数已经有许多成熟的经验公式，因此爆炸容器内部爆炸荷载取值均是采用与自由空间反射超压比拟，得出其间关系，直接取自由空间反射超压或者放大后作为爆炸容器内部爆炸荷载。地下建筑结构内部爆炸荷载的确定方法，也可以采用与自由空间反射超压比拟的方法。

鉴于《人民防空地下室设计规范》（GB 50038—2005）对结构抗爆已提出了有效可行、通过实际工程验证的设计方法，地下建筑结构抗内部爆炸可参考《人民防空地下室设计规范》（GB 50038—2005）进行结构设计，但是动力系数应按图 4-2-1（*c*）的冲击波进行计算，杨科之按此波形推出了动力系数 K_d 如式（4-2-2）所示。

$$K_d=\frac{[\beta]\frac{P_g}{P_r}}{2[\beta]-1}+\sqrt{\left(\frac{[\beta]\frac{P_g}{P_r}}{2[\beta]-1}\right)^2+\left[\frac{\left(1-\frac{P_g}{P_r}\right)^{1.4}\omega T_0}{2\sqrt{2[\beta]-1}}\right]^2} \tag{4-2-2}$$

式中　β——构件延性系数；

ω——构件自振周期；

P_g、P_r、T_g、t_r、t_0——爆炸冲击波参数。

五、地下结构抗内部爆炸设计

（一）抗爆设防目标

我国《建筑抗震设计规范》（GB 50011—2001）提出抗震设防的目标是"小震不坏、中震可修、大震不倒"，通过"小震弹性设计、大震弹塑性位移检验"实现。而我国建筑抗爆没有明确的提出设防目标，参考《建筑抗震设计规范》（GB 50011—2001）、美国国防部制定的新建建筑最低反恐怖主义（AT）标准（表 4-2-1），可以将澳大利亚学者蒙德斯等人提出的基于性能的抗爆设计的初步概念细化后作为我地下综合交通枢纽的抗爆设防目标（图 4-2-2）。

美国国防部新建建筑最低反恐怖主义（AT）标准　　**表 4-2-1**

防护等级	潜在结构破坏	潜在人员伤害
低于 AT 标准	剧烈破坏；框架坍塌/大面积破坏；少部分未倒塌	多数人员遇难
非常低	严重破坏-结构开始倒塌；主要和次要结构构件出现大变形，但没有渐进坍塌迹象；非结构构件坍塌	多数人员严重受伤约 10%～25%人员遇难
低	破坏-不可维修；非结构构件和次要结构构件出现大变形，主要结构构件出现小变形，但没有渐进坍塌迹象	多数人员受重伤小于 10%人员遇难
中	破坏-可维修；非结构构件和次要结构构件出现小变形，主要结构构件无永久变形	小部分人员受伤基本无死亡
高	部分破坏；主要、次要结构构件和非结构构件均不出现永久变形	仅可能出现轻伤

（二）抗爆概念设计

设计一般建筑（相对于人防工程、军事工程）去抵抗爆炸空气冲击波荷载往往是比较困难的，因为：

（1）对于一般建筑来说，爆炸荷载的发生具有不确定性，不知该建筑物是否将受到汽车炸弹的袭击；

（2）即使该建筑物受到汽车炸弹的袭击，由于汽车炸弹的量级、距离建筑物的方位都具有不确定性，因此作用在建筑物上的爆炸空气冲击波荷载具有不确定性；

（3）由于爆炸空气冲击波荷载比风、地震等荷载大得多，所以假若使得每个结构构件在爆炸空气冲击波荷载作用下都不发生破坏，将造成材料用量巨大，往往很不经济。

因此往往从概念性设计方面来进行建筑物的抗爆设计，主要有：

(1) 在结构体系方面，采用有利的结构体系，采用延性好的结构，整个结构要有多余的抗力能力，有较好的防连续性倒塌能力，既使建筑结构局部或部分遭到爆炸荷载破坏，但是其他部分仍能保持，或者保证人员有安全疏散时间；

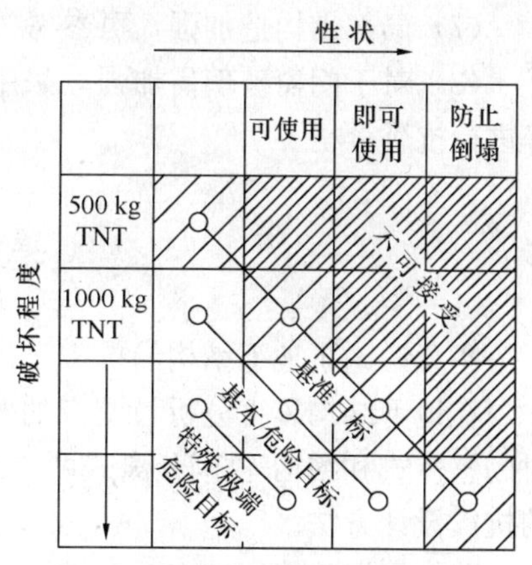

图 4-2-2 抗爆性能设计

(2) 爆炸空气冲击波荷载作用能引起结构构件的应力反向，因此结构构件（梁、板、柱等，以及节点、基础）要考虑两向外力作用，对钢筋混凝土构件要考虑对称配筋；对于门窗玻璃等非结构构件要采用抗爆玻璃（分层玻璃、加有塑性薄膜的玻璃等）以及抗震性能好的门窗框架都可以减少爆炸造成的玻璃碎片；

(3) 建筑方面要做好防火、防烟，人员疏散等措施，钢构件防火层要能很好抵抗爆炸冲击波的作用而不破坏，逃生出口、逃生路径不要因爆炸冲击波作用而破坏，控制进入建筑物防护区内的通路并加强安全检查是防止汽车炸弹破坏的可取方法。对容许进入的机动车辆应严格控制行车走向并限制行车速度，所以，应仔细规划建筑物防区内的入口和通路。

（三）抗内部爆炸设计步骤

1966 年美国土木工程协会颁布了民用建筑抗爆设计方法，主要分为下面几个步骤：首先要确定所设计的建筑物遭受恐怖袭击的可能性（概率）；然后确定建筑物遭受到的汽车炸弹的量级和所遭受到的空气冲击波荷载特性；确定合适的结构形式用来抵抗爆炸空气冲击波荷载，主要采用防止连续性倒塌能力较强的结构形式（延性较好和有多余赘余度的结构形式）；对单个构件在爆炸空气冲击波荷载作用下进行受力分析，可以采用等效单自由度体系进行弹塑性分析；为了防止门窗玻璃碎片对人体的伤害，要进行门窗玻璃的抗爆分析，采用防爆玻璃；对防爆门和建筑物开洞（设备管道井开洞）等也要进行抗爆分析。

根据该抗爆设计方法，考虑地下结构内部爆炸特点，提出以下的设计步骤：

(1) 首先要大概确定所设计的建筑物遭受恐怖袭击的可能性（概率）；

(2) 大概确定该建筑所遭受到的恐怖袭击的级别，以及对该建筑物的破坏程度，可参考美国国防部新建建筑最低反恐怖主义（AT）标准，即表 4-3-1；

(3) 根据 (2)，确定该建筑物的抗爆设防目标，可参考澳大利亚学者蒙德斯等人提出的基于性能的抗爆设计的初步概念，即图 4-2-1；

(4) 确定合适的结构形式用来抵抗爆炸空气冲击波荷载，主要采用防止连续性倒塌能力较强的结构形式（延性较好和有多余赘余度的结构形式），采用备用荷载法计算结构抗连续性倒塌能力；

(5) 设计建筑的逃生路口、逃生路径、防火、防烟、人员疏散，做好建筑防护区路障和安检设计以及防护区的入口和通路设计；

(6) 对构件在内部爆炸荷载作用下进行抗爆设计，按式 $q_j = K_d q_d$ 将动载转化为静载进行设计，q_d 应取地下建筑结构内部爆炸荷载冲击波超压峰值；

（7）局部需构造加强，可参考《人民防空地下室设计规范》中相关规定；

（8）对于门窗玻璃需加强，采用防爆玻璃、防爆门和建筑物开洞（设备管道井开洞）等进行抗爆分析。

第三节　小　结

本章讨论了地下结构的抗震设计和抗爆设计。

在地下结构震害分析与调查的基础上，比较了地下结构抗震分析方法，分析了结构-衬砌整体式和结构-衬砌分离式两类地下结构的抗震性能，给出了地下综合交通枢纽结构的抗震设计方法。

分析了爆炸作用特点，总结了抗爆设计方法，确定了地下结构内部爆炸荷载取值，在借鉴国内外相关研究的基础上，探索性地提出了地下建筑结构抗内部爆炸设计方法。

参考文献

[1] 王文卿. 城市问题与城市地下空间的开发利用 [J]. 地下空间，1998（6）：79-83.

[2] 施仲衡. 地下铁道设计与施工 [M]. 西安：陕西科学技术出版社，1997.

[3] Dowing C H，Rozen A. Damage to rock tunnels from earthquake shaking [J]. Journal of the geotechnical engineering division，ASCE，1978（4）：175-191.

[4] Dowing C H Earthquake stability of rock tunnel [J]. Tunnels and Tunnelling，1979（6）：15-20.

[5] Duke C M，Leeds D J. Effects of Earthquakes on Tunnels in Protective Construction in A Nuclear Age，proc. second protective Construction Symposium，Ed. J. J. 0′ Sullivon，Macmillan Comp. New York，1959，(1)：303-328.

[6] Hiroomi iida Tzomu yoshida，Masahiko iwafuji. Damage to DAIKAI subway station，Special issue of soil and foundation. 283-300，Jan.，1996，Japanese Geotechnical Society.

[7] 李腾雁，等. 日本阪神大地震概要 [J]. 地震工程，1996（1）：34-38.

[8] 王瑞民，等. 阪神地震中地下结构和隧道的破坏现象浅析 [J]. 灾害学，1998（6）：63-66.

[9] 郑永来，杨林德. 地下结构震害与防治对策 [J]. 工程抗震，1999（2）：23-28.

[10] 陶明星. 土-地下结构动力相互作用有限元分析 [D]. 西安：西北工业大学，2004.

[11] 蒋永生. 地下结构工程 [M]. 南京：东南大学出版社，2004.

[12] 郑用来，等. 地下结构抗震 [M]. 上海：同济大学出版社，2005.

[13] 李彬. 地铁地下结构抗震理论分析与应用研究 [D]. 北京：清华大学，2005.

[14] Youssef MA Hashash，Jeffray J Hook，Birger Schmidt，et al. Seismic design and analysis of underground structures [J]. Tunneling and Underground Space Technology，2001，16（4）：247-293.

[15] 谢康和，周健. 岩土工程有限元分析理论与应用 [M]. 北京：科学出版社，2002.

[16] Decks A J，Randolph M F. Axisymmetric time-domain transmitting boundaries [J]. Journal of Engineering Mechanics，1994，120（1）：25-42.

[17] 刘晶波. 结构-地基动力相互作用问题分析的一种直接方法 [J]. 土木工程学报，1998，31（3）：55-64.

[18] GB 50011—2001 建筑抗震设计规范 [S]. 北京：中国建筑工业出版社，2008.

[19] 郑永来，杨林德，等. 地下结构抗震 [M]. 上海：同济大学出版社，2005.

[20] GB 50111—2006 铁路工程抗震规范. 中华人民共和国铁道部，2006.

[21] 于翔，陈启亮，赵跃堂，等. 地下结构抗震研究方法及其现状 [J]. 解放军理工大学学报，2000，1

(5)：64-67.

[22] Seed H B, Whitman R V. Design of Earth Retaining Structures for Dynamic Loads [C] //. Proceedings of the ASCE Specialty Conference on Lateral Stresses in the Ground and Design of Earth-Retaining Structures, Ithaca, NY, 1970, 103-147.

[23] 林皋. 地下结构抗震分析综述（上、下）[J]. 世界地震工程，1998，(2，3)：1-10.

[24] 曹翾. 地下建筑结构抗震性能分析 [D]. 重庆：重庆大学，2009.

[25] 夏奎. 地下建筑结构内部爆炸荷载取值与抗内部爆炸设计方法探讨 [D]. 重庆：重庆大学，2009.

[26] 孙建运. 爆炸冲击荷载作用下钢骨混凝土柱性能研究 [D]. 上海：同济大学，2006.

[27] Baker W E. Explosions in air. University of Texas Press [M], Austin, TX, 1973：7-15.

[28] 宋晓胜，苏幼坡，等. 爆炸与地震作用对钢筋混凝土结构影响的比较 [J]. 自然灾害学报，2008，17 (2)：83-86.

[29] 杨科之. 内爆荷载作用下结构等效静载计算方法 [J]. 解放军理工大学学报，2002，3 (4)：31-33.

[30] 陈剑杰. 密闭结构在近距离内部爆炸波作用下的抗爆性能研究 [D]. 南京：解放军理工大学，2004.

第五章　防水（灾）设计

综合交通枢纽，特别是地下或半地下综合交通枢纽，不可避免地受到水的影响。地下水压对地下综合交通枢纽结构产生作用效应，而地下水或地表水在综合交通枢纽中可有产生渗水、漏水、涌水、洪水等水灾。在综合交通枢纽的设计、施工或运营维护中应充分考虑水因素。防水（灾）是地下或半地下综合交通枢纽的设计难点，本章主要介绍地下综合交通枢纽的防水（灾）设计。

第一节　水对地下工程的影响及灾害

地下或半地下综合交通枢纽型等地下工程，一方面容易受到地面洪涝灾害和积水回灌危害，另一方面会受到岩石介质中地下水渗漏浸泡危害。水对地下工程的影响表现在以下几方面：

一、对地下工程围岩性能的影响

地下水层对围岩产生溶解、溶蚀、冲刷、液化、软化或膨胀作用，改变围岩的物理、化学性质，降低围岩的强度和稳定性，甚至引起围岩的破坏。

1. 地下水对软弱围岩的影响。软弱围岩受地下水的影响显著，地下水渗入到软弱围岩的细微裂隙后，使围岩产生软化或泥化，从而降低岩石（体）的强度，容易产生塑性变形或崩解，引发塌方。对破碎的围岩来说，由于围岩中饱含地下水使裂隙水压力增大，增加了围岩（尤其是拱部围岩）的自重荷载，更促进了破碎围岩发生塌方的可能性。在弱胶结的砂岩和断层带的糜棱岩中，由于地下水的活动，可能产生流砂和潜蚀，容易形成塌方。

2. 地下水对膨胀性围岩的影响。膨胀围岩具有遇水膨胀特点，当膨胀岩石受到地下水的作用时，可能造成：临空面岩体风干脱水而产生的收缩裂缝；膨胀性围岩吸水、强度下降而造成的隧道支护结构下沉；隧洞围岩的膨胀突出和坍塌；隧道底部浸水膨胀，在膨胀压力和围岩压力作用下发生底膨现象；膨胀压力的作用而产生的支护结构的破坏等。

3. 地下水对软弱结构面的影响。在大多数情况下，软弱结构面的强度决定着岩体整体强度和稳定性。地下水活动对软弱结构面产生不利影响，地下水软化或泥化软弱结构面内的物质，使结构面的抗剪强度降低，摩擦阻力和内聚力减小，增大围岩沿软弱面滑移的可能性，容易出现塌方等灾害。

二、对地下结构性能的影响

水对地下结构的影响表现在两方面：一是地下水产生的静水压作用于结构使结构产生内力；二是水对地下结构产生吸湿作、毛细管、侵蚀、渗透和冻融等一系列的有害作用，影响结构的性能。

1. 作用于地下结构的静水压力

地下结构在地下水位以下某点的静水压力与该点与地下水位间的距离相关，可按式(5-1-1) 计算：

$$q = \gamma h \tag{5-1-1}$$

式中　γ——水的重度；

h——地下水位以下计算点与地下水位间的距离。

2. 水对地下结构的有害作用

地下水对地下工程围护结构还可产生如下一系列的有害作用，这是由于混凝土的特性、结构和水的成分、特性所决定的。

(1) 吸湿作用　任何物质与气态的水蒸气和液态的水接触时，都能将水吸附在自己的表面，这种现象称为吸湿。砖石、混凝土等建筑材料是一种非均质的多空材料，在空气和水中都具有很强的吸湿作用。吸湿作用的强弱和周围介质的温湿度有关，湿度越大，温度越低，吸湿作用就进行的越强烈。地下工程围护结构所具有的吸湿现象，往往是地下工程潮湿的主要原因。

(2) 毛细作用　大部分物质其结构中有许多肉眼不易看见的缝隙，称其为毛细管。这些毛细管遇水后，只要彼此有附着水（水可以润湿管壁），水就会沿着这些毛细管上升，直至水的质量超过它的表面张力时才会停止上升。毛细管越细，上升水的质量越不易超过表面张力，因此水位也升得越高，物质也就越容易透水。地下水能被有孔的建筑材料吸收产生毛细上升现象，潮湿的土壤也能通过毛细作用引起潮气上升，这对地下工程会产生危害的。尤其是地下会或土壤中含有侵蚀性介质时，毛细作用不仅可使整个地下工程受到损害，而且还能传到地面建筑。毛细作用的影响很大，即使地下工程埋置在地下水位线以上，地下水往往也会通过土壤的毛细作用造成地下工程的危害。

(3) 侵蚀作用　地下水对建筑物的侵蚀主要表现在酸、盐及有害气体对各种建筑物的围护结构的损坏，一般用不致密的混凝土、不坚固的石材或金属衬砌的地下构成物及房屋基础最易受到侵蚀的影响。地下水对混凝土的侵蚀主要表现在碳酸侵蚀、溶出性侵蚀、碳酸盐侵蚀等几个方面。地下水对混凝土的侵蚀程度决定于地下水的侵蚀性、水泥的特性、混凝土的强度和密实性。

(4) 渗透作用　地下工程的围护结构材料如砖石、混凝土等均有大量的毛细孔、施工缝，在水有一定压力时，水就会沿着这些孔隙流动而产生渗透作用，尤其是地下工程埋得越深，地下水位越高，其渗透压力也就越大，地下水的渗透作用也就越严重。地下工程的渗漏水在大多数情况下都是渗透作用所引起的。

(5) 冻融作用　严寒地区的建筑工程其围护结构含水时，特别是砖砌体、不致密的混凝土经过多次冻融循环是很容易被破坏的。地下工程处于冰冻线以上时，土壤含水，冻结时不仅土中水变成冰，体积增大，而且水分往往因冻结作用而迁移和重新分布，形成冰夹层或冰堆，从而使地基冻胀。冻胀可导致地下工程不均匀的抬起。当冰夹层或冰堆融化时又不均匀的下沉，年复一年地使地下工程产生变形，轻者出现裂缝，重者危及使用。防止冻融作用的发生，地下工程应尽量构筑在冰冻线以下，必须在冰冻线以上构筑的地下工程应有反冻胀措施，施工时应避开寒冷的季节。

在地下水位以下或穿过含水地层进行地下工程施工时，都可能有地下水流进基坑或洞内，施工中必须防止地表水和地下水渗透进工作面，以尽量保证工作面处于干燥状态，便于安全、高效、快速进行施工。当基坑下有承压水时，要注意发生土涌，破坏地基。

在地下水位以下岩土中开挖构筑地下工程时，往往碰到基坑周围或洞壁周围的土或砂随地下水一起涌入坑内或洞内，这种现象就是流砂。此时，土、砂完全失去承载力，人难立足，边挖边冒，无法施工，强挖只好掏空地基。其上部或邻近有建筑物时，将因下部掏空而下沉、倾斜甚至倒塌。因此，流砂对地下工程施工和附近建筑物都有很大危害。

地下水位变化的幅度是很大的，最低水位和最高水位有时能相差数米。水位变化对地下工程有浮力作用、侵蚀作用的影响及衬砌耐久性、地基强度的影响。

三、对地下工程的设备和人员的影响

地下水或地表水进入地铁车站和隧道内，可以使装修材料霉变，电气线路、通信、信号元件受潮浸水损坏失灵，造成工程事故。地下水积存，使地铁内部潮湿度增加，使车内的乘客不适。

地下工程通常位于地表以下，容易受到地面洪涝灾害和积水回灌危害。雨季时，当地表积水，地面水位升高至地下工程入口标高，则积水可能向地铁出入口回灌，使地下工程发生洪涝灾害。

当地下工程发生洪涝灾害时，则会影响或中断地下工程的正常运行，甚至引起人员伤亡，造成财产损失。

第二节　地下工程的防水设计与措施

一、地下工程的防水特点与类型

（一）地下工程防水特点

随着社会经济的发展和科学技术的不断提高，现代大型地下工程越来越多，对防水的要求也越来越高。由于地下水的渗透和侵蚀作用，会使工程产生病害，轻者影响使用，重者使工程报废，造成巨大的经济损失和严重的社会影响。因此必须根据工程所在地的工程地质、水文地质条件、施工技术水平、工程防水等级、材料来源，经济合理地选择适宜的措施进行防水、防潮和除湿，以使工程达到防水、防潮和除湿的要求。

相对于地面建筑而言，地下工程的防水具有两大特点：一是防水层受承压水的影响；二是防水层通常位于衬砌结构与围岩间，修复困难。因此地下工程防水设计时应确保其可靠性。

（二）地下工程防水类型

地下建（构）筑物防水技术按其构造做法可分为两大类，即结构构件自身防水和采用不同材料的防水层防水。自身防水是指依靠建筑构件（顶、底板、墙体等）材料自身的密实性及构造措施（坡度、伸缩缝等）达到结构构件自身防水的方法；防水层防水是指另外附加有防水材料做法的防水层（如在建筑构件的迎水面、背水面、接缝处等）达到防水目的方法。按其做法又可分为刚性防水材料和柔性防水材料。结构自身防水和刚性层防水属

于刚性防水，各种卷材、涂料防水属于柔性防水。

结构主体自防水是防水效果的重要依赖基础，国外尽管多采用复合防水，对结构自防水技术仍是首要关注，并且近几年来倾向于一道防水。一道设防可以胜任较高防水要求，是防水技术的一个发展方向。国外防水材料的发展仍然是一种复合的趋势，如日、美、韩等国采用膨润土防水板（毯）或采用氯丁橡胶和遇水膨胀材料复合，发挥两种材料各自的作用，取得了良好的经济效益。国外对固体结构防水材料的形状研究（如多孔形等），发现其经济性与效益性均较高。

由于地下工程所处位置不同，所遇地下水的类型不同，因而防水要求也各不相同。一般来说，地下工程的主要防水做法有以下几种：

1. 隔水法

隔水法是利用不透水材料或弱透水材料，将地下水（包括无压水、承压水以及毛细管水等）与结构隔开，起到防水防潮作用。其防水层的主要类型有卷材防水层、涂料防水层以及金属板防水层等。

2. 结构自防水法

结构自防水法是利用结构本身的密实性、憎水性以及刚度，提高结构本身的抗渗性能，平常也称刚性防水，其防水材料主要有防水混凝土和防水砂浆等。

3. 注浆止水法

洞室周围的土体或岩石中存在很多的孔隙，渗透系数 K 值较大。通过压力注浆（包括水泥注浆、化学注浆等），堵塞了土体中的可灌性孔隙，从而大大减少了工程周围土体的渗透系数，也就减少了毛洞的渗水量，借以达到防水的目的。适用于地下水位以下的地下工程，可与疏水法配合使用。

4. 疏水法

疏水法是在地下工程外侧设置集水管沟或夹层，用人工降低地下水位或排水的方法，使洞室处于疏干漏斗内，以消除地下水对工程的影响。

5. 综合法

为了提高地下工程防水的可靠性，有时在同一工程中既采用疏水法又辅之以其他防水措施，这种方案称之为综合法。

二、地下工程的防水设计要求

（一）地下工程的防水原则

不同系统对地下工程有不同的防水原则：

城建系统提出：以排为主，以防为辅，排防结合，综合治理；

国防系统提出：以排为主，防排结合；

人防系统提出：防为基础，防排结合，因地制宜，综合治理；

铁路系统提出：以排为主，截、堵、排结合；

北京地铁提出；以防为主，以排为辅；

直到20世纪80年代中期，根据国家要求，各系统经修改的标准规范，其内容基本趋于相同，如：

《地下工程防水规范》（GB J108—87）规定：地下工程防水的设计和施工必须做好工

程水文地质勘察工作，遵循“防、排、截、堵相结合，因地制宜，综合治理”的原则。

《地下工程防水技术规范》（GB 50108—2008）规定：地下工程防水的设计和施工应遵循“防、排、截、堵相结合，刚柔相济，因地制宜，综合治理”的原则。

《地下铁道设计规范》（GB 50157—92）规定：应遵循以防为主，防排结合，因地制宜，综合治理的原则；

《铁路隧道设计规范》（TBJ 3—85）规定：隧道防排水应采取“防、截、排、堵结合，因地制宜，综合治理”的原则，达到防水可靠，经济合理的目的；

《铁路隧道施工规范》（TBJ 204—86）规定：隧道施工防排水工作应以防、截、排、堵结合，因地制宜综合治理原则进行。

《铁路隧道新奥法指南》规定：按新奥法修建隧道，防排水设计的原则应结合支护设计；因地制宜地采取防、截、排、堵综合治理措施，形成完整的防排水系统。

《城市轻轨交通工程设计指南》（1993 年 10 月刊）规定：轻轨交通工程的隧道和地下车站设计，应执行“以防为主，以排为辅，防排结合，因地制宜，综合治理”的防水原则；

上述防水原则对地下工程的防水设计或施工均可以作为参考，视其工程性质采纳。

（二）地下工程的防水等级和防水标准

根据《地下工程防水技术规范》（GB 50108—2008）规定：地下工程的防水等级应分为四级，各等级防水标准应符合表 5-2-1 的规定。

地下工程防水标准　　表 5-2-1

防水等级	防　水　标　准
一级	不允许渗水，结构表面无湿渍
二级	不允许漏水，结构表面可有少量湿渍； 工业与民用建筑：总湿渍面积不应大于总防水面积（包括顶板、墙面、地面）的 1/1000；任意 $100m^2$ 防水面积上的湿渍不超过 2 处，单个湿渍的最大面积不大于 $0.1m^2$； 其他地下工程：总湿渍面积不应大于总防水面积的 2/1000；任意 $100m^2$ 防水面积上的混渍不超过 3 处，单个湿渍的最大面积不大于 $0.2m^2$；其中，隧道工程还要求平均渗水量不大于 0.05L/(m^2·d)，任意 $100m^2$ 防水面积上的渗水量不大于 0.15L/（m^2·d）
三级	有少量漏水点，不得有线流和漏泥砂； 任意 $100m^2$ 防水面积上的漏水或湿渍点数不超过 7 处，单个漏水点的最大漏水量不大于 2.5L/d，单个湿渍的最大面积不大于 $0.3m^2$
四级	有漏水点，不得有线流和漏泥砂； 整个工程平均漏水量不大于 2L/（m^2·d）；任意 $100m^2$ 防水面积上的平均漏水量不大于 4L/(m^2·d)

（三）地下工程的防水设防要求

地下工程的防水设防要求，应根据使用功能、使用年限、水文地质、结构形式、环境条件、施工方法及材料性能等因素确定。根据《地下工程防水技术规范》（GB 50108—2008）规定：明挖法地下工程的防水设防要求应按表 5-2-2 选用；暗挖法地下工程的防水设防要求应按表 5-2-3 选用。

明挖法地下工程的防水设防要求　　表 5-2-2

工程部位		主体结构							施工缝							后浇带					变形缝（诱导缝）					
防水措施		防水混凝土	防水卷材	防水涂料	塑料防水板	膨润土防水材料	防水砂浆	金属防水板	遇水膨胀止水条（胶）	外贴式止水带	中埋式止水带	外抹防水砂浆	外涂防水涂料	水泥基渗透结晶型防水涂料	预埋注浆管	补偿收缩混凝土	外贴式止水带	预埋注浆管	遇水膨胀止水条（胶）	防水密封材料	中埋式止水带	外贴式止水带	可卸式止水带	防水密封材料	外贴防水卷材	外涂防水材料
防水等级	一级	应选	应选一至两种						应选两种							应选	应选两种				应选	应选一至两种				
	二级	应选	应选一种						应选一至两种							应选	应选一至两种				应选	应选一至两种				
	三级	应选	宜选一种						宜选一至两种							应选	宜选一至两种				应选	宜选一至两种				
	四级	宜选	—						宜选一种							应选	宜选一种				应选	宜选一种				

暗挖法地下工程的防水设防要求　　表 5-2-3

工程部位		砌衬结构						内砌衬施工缝						内砌衬变形缝（诱导缝）				
防水措施		防水混凝土	防水卷材	防水涂料	塑料防水板	防水砂浆	金属防水板	遇水膨胀止水条（胶）	外贴式止水带	中埋式止水带	外抹防水砂浆	外涂防水涂料	水泥基渗透结晶型防水涂料	中埋式止水带	外贴式止水带	可卸式止水带	防水密封材料	遇水膨胀止水条（胶）
防水等级	一级	必选	应选一至两种					应选一至两种						应选一至两种				
	二级	应选	应选一种					应选一种						应选一至两种				
	三级	应选	宜选一种					宜选一种						宜选一至两种				
	四级	宜选	宜选一种					宜选一种						宜选一种				

处于侵蚀性介质中的工程，应采用耐侵蚀的防水混凝土、防水砂浆、防水卷材或防水涂料等防水材料。处于冻融侵蚀环境中的地下工程，其混凝土抗冻融循环不得少于 300 次。结构刚度较差或受振动作用的工程，宜采用延伸率较大的卷材、涂料等柔性防水材料。

三、地下工程的刚性防水设计

结构自防水材料又称刚性防水材料，是指以水泥、砂石为原料，掺入少量外加剂、高分子聚合物等材料，通过调整配合比，抑制或减少孔隙率，改变孔隙特征，增加材料界面间密实性等方法，形成一种具有一定抗渗透能力的水泥砂浆、混凝土类防水材料，可达到增强混凝土结构自身防水性能的目的。

（一）防水混凝土

混凝土类防水材料是种既可防水又可兼作承重围护结构的材料，可用于地下工程及各种防水、输水、贮水结构工程中。这种材料具有较高的抗压（抗拉）强度，耐久性、抗冻、抗老化性能较好。一般为无机材料，不燃烧、无毒、无异味，有透气性，材料易得，造价低廉，施工方便，便于修补，综合经济效果较理想，因此结构自防水材料在国内、外防水领域中均是发展方向。

1. 防水混凝土的分类

防水混凝土一般分为普通防水混凝土、外加剂防水混凝土和膨胀水泥防水混凝土三种。其特点和适用范围如表 5-2-4 所示。

防水混凝土的适应范围 **表 5-2-4**

<table>
<tr><th colspan="2">种类</th><th>最高抗渗压力（MPa）</th><th>特点</th><th>适用范围</th></tr>
<tr><td colspan="2">普通混凝土</td><td>＞3.0</td><td>施工简便，材料来源广泛</td><td>适用于一般工业民用建筑和公共建筑的地下防水工程</td></tr>
<tr><td rowspan="5">外加剂防水混凝土</td><td>引气剂防水混凝土</td><td>＞2.2</td><td>抗冻性好</td><td>适用于北方高寒地区抗冻性要求较高的防水工程及一般防水工程，不适于抗压强度＞20MPa或耐磨性要求较高的防水工程</td></tr>
<tr><td>减水剂防水混凝土</td><td>＞2.2</td><td>拌合物流动性好</td><td>适用于钢筋密集或捣固困难的薄壁型防水构筑物，也适用于对混凝土凝结时间（促凝或缓凝）和流动性有特殊要求的防水工程（如泵送混凝土工程）</td></tr>
<tr><td>三乙醇胺防水混凝土</td><td>＞3.8</td><td>早期强度高抗渗等级高</td><td>活用于工期紧迫，要求早强及抗渗性较高的防水工程及一般工程</td></tr>
<tr><td>氯化铁防水混凝土</td><td>＞3.8</td><td></td><td>适用于水中结构砂的无筋少筋厚大防水混凝土工程及一般地下防水工程、砂浆修补抹面工程，在接触直流电源或预应力混凝土及重要的薄壁结构上不宜使用</td></tr>
<tr><td>膨胀水泥防水混凝土</td><td>3.6</td><td>密实性好，抗裂性好</td><td>适用于地下工程和地上防水构筑物，山洞、非金属油罐和主要工程的后浇带</td></tr>
</table>

注：①不适用于裂缝开展宽度大于现行《混凝土结构设计规范》规定的结构；

②不适用于遭受剧烈振动或冲击的结构；

③防水混凝土不能单独用于耐蚀系数小于 0.8 的受侵蚀防水工程。当在耐蚀系数小于 0.8 和地下混有酸、碱等腐蚀性介质条件下时应采取可靠的防腐蚀措施；

注：耐蚀系数 $=\frac{\text{在侵蚀性水中养护 6 个月的混凝土试块抗折强度}}{\text{在使用水中养护 6 个月的混凝土试块抗折强度}}$

④用于受苦热部位时，表面温度＞100℃，则应采取相应隔热措施。

2. 防水混凝土的设计与施工

地下工程的自防水包括两个方面：一个是采用防水混凝土；一个是处理好各种施工缝、变形缝等的防水。

（1）防水混凝土设计抗渗等级的选择

防水混凝土的关键是提高混凝土的密实度，同时防止混凝土的开裂，特别是贯通开裂。因此应通过调整配合比，掺加外加剂、掺合料配制而成。一般说防水混凝土的防水性能是按抗渗等级确定的，通常其抗渗等级不得小于 S6。防水混凝土的施工配合比应通过试验确定，抗渗等级应比设计要求提高一级（0.2MPa）。防水混凝土的设计抗渗等级应符合表 5-2-5 的规定。

防水混凝土的设计抗渗等级　　表 5-2-5

工程埋置深度（m）	设计抗渗等级	工程埋置深度（m）	设计抗渗等级
＜10	S6	20～30	S10
10～20	S8	30～40	S12

（2）防水混凝土的环境温度，不得高于 80℃；处于侵蚀性介质中防水混凝土的耐侵蚀系数，不应小于 0.8。

（3）防水混凝土结构底板的混凝土垫层，强度等级不应小于 C15，厚度不应小于 100mm，在软弱土层中不应小于 150mm。

（4）防水混凝土结构，应符合下列规定：

①结构厚度不应小于 250mm；

②裂缝宽度不得大于 0.2mm，并不得贯通；

③迎水面钢筋保护层厚度不应小于 50mm。

（5）防水混凝土使用的水泥，应符合下列规定：

①水泥的强度等级不应低于 32.5MPa；

②在不受侵蚀性介质和冻融作用时，宜采用普通硅酸盐水泥、硅酸盐水泥、火山灰质硅酸盐水泥、粉煤灰硅酸盐水泥、矿渣硅酸盐水泥，使用矿渣硅酸盐水泥必须掺用高效减水剂；

③在受侵蚀性介质作用时，应按介质的性质选用相应的水泥；

④在受冻融作用时，应优先选用普通硅酸盐水泥，不宜采用火山灰质硅酸盐水泥和粉煤灰硅酸盐水泥；

⑤不得使用过期或受潮结块的水泥，并不得将不同品种或强变等级的水泥混合使用。

（6）防水混凝土所用的砂、石应符合下列规定：

①石子最大粒径不宜大于 40mm，泵送时其最大粒径应为输送管径的 1/4；吸水率不应大于 1.5％；不得使用碱活性骨料。其他要求应符合《普通混凝土用碎石或卵石质量标准及检验方法》（JGJ 53—92）的规定。

②砂宜采用中砂，其要求应符合《普通混凝土用砂质量标准及检验方法》（JGJ 52—92）的规定。

（7）拌制混凝土所用的水，应符合《混凝土拌和用水标准》（JGJ 63—89）的规定。

（8）防水混凝土可根据工程需要掺入减水剂、膨胀剂、防水剂、密实剂、引气剂、复合型外加剂等外加剂，其品种和掺量应经试验确定，所有外加剂应符合国家或行业标准一等品及以上的质量要求。

（9）防水混凝土可掺入一定数量的粉煤灰、磨细矿渣粉、硅粉等。粉煤灰的级别不应低于二级，掺量不宜大于 24%，硅粉掺量不应大于 3%；其他掺和料的掺量应经过试验确定。

（10）防水混凝土可根据工程抗裂需要掺入钢纤维或合成纤维。

（11）每立方米防水混凝土中各类材料的总碱量（Na_2O 当量）不得大于 3kg；

（12）防水混凝土的配合比，应符合下列规定：

①水泥用量不得少于 320kg/m²；掺有活性掺和料时，水泥用量不得少于 280kg/m²；

②砂率宜为 35%～40%，泵送时可增至 45%；

③灰砂比宜为 1∶1.5～1∶2.5；

④水灰比不得大于 0.55；

⑤普通防水混凝土坍落度不宜大于 50mm，防水混凝土采用预拌混凝土时，入泵前坍落度宜控制在 120±20mm，入泵前坍落度每小时损失值不应大于 30mm，坍落度总损失值不应大于 60mm；

⑥掺加引气剂或引气型减水剂时，混凝土含气量应控制在 3%～5%；

⑦防水混凝土采用预拌混凝土时，缓凝时间宜为 6～8h；防水混凝土配料必须按配合比准确称量。计量允许偏差不应大于下列规定：水泥、水、外加剂、掺和料为±1%；砂、石为 2%。

（13）使用减水剂时，减水剂宜预溶成一定浓度的溶液。

（14）防水混凝土拌合物必须采用机械搅拌，搅拌时间不应小于 2min，掺外加剂时，应根据外加剂的技术要求确定搅拌时间。防水混凝土拌合物在运输后如出现离析，必须进行二次搅拌。当坍落度损失后不能满足施工要求时，应加人原水灰比的水泥浆或二次掺加减水剂进行搅拌，严禁直接加水。

（15）防水混凝土必须采用高频机械振捣密实，振捣时间宜为 10～30s；以混凝土泛浆和不冒气泡为准，应避免漏振、欠振和超振。掺加引气剂或引气型减水剂时，应采用高频插入式振捣器振捣。

（16）防水混凝土结构内部设置的各种钢筋或绑扎铁丝，不得接触模板。固定模板用的螺栓必须穿过混凝土结构时，可采用工具式螺栓或螺栓加堵头，螺栓上应加焊方形止水环。拆模后应采取加强防水措施，将留下的凹槽封堵密实，并宜在迎水面涂刷防水涂料。

（17）防水混凝土的养护是至关重要的。在灌注后如混凝土养护不及时，混凝土内水分将迅速蒸发，使水泥水化不完全。而水分蒸发造成毛细管网相互连通，形成渗水通道；同时混凝土收缩增大，出现龟裂，使混凝土抗渗性急剧下降，甚至完全丧失抗渗能力。如果养护及时，防水混凝土在潮湿环境条件中或水中硬化，能使混凝土内的游离水蒸发缓慢，水泥水化充分，水泥水化生成物堵塞毛细孔隙，因而形成不连通的毛细孔，提高了混凝土的抗渗性。因此，防水混凝土终凝后应立即进行养护，养护时间不得少于 14d；

（18）防水混凝土的冬期施工，应符合下列规定：

①混凝土入模温度不应低于 5℃；

②宜采用综合蓄热法、蓄热法、暖棚法等养护方法，并应保持混凝土表面湿润，防止混凝土一早期脱水；

③采用掺化学外加剂方法施工时，应采取保温保湿措施。防水混凝土要起到防水作用，除混凝土本身具有较高的密实性、抗渗性外，还要求混凝土施工后不开裂，特别是不能产生贯通开裂。为了防止或减少混凝土裂缝的产生，在配制混凝土时，加入一定量的钢纤维或合成纤维，可有效地提高混凝土的抗裂性，近年来的工程实践已证明了这一点。

3. 防水混凝土结构细部构造防水

防水混凝土自身的防水性能是比较好的，只要完全按照施工工艺操作，就可以获得满意的防水效果；但如果施工缝、变形缝等防水薄弱环节处理不好，防水混凝土就会失去防水作用。因此，作好施工缝、变形缝的防水是极为重要的。

（1）首先，防水混凝土应连续浇筑，宜少留施工缝。当留设施工缝时，应遵守下列规定：

①墙体水平施工缝下应留在剪力与弯矩最大处或底板与侧墙的交接处，应留在高出底板表面不小于300mm的墙体上。拱（板）墙结合的水平施工缝，宜留在拱（板）墙接缝线以下150～300处。墙体有预留孔洞时，施工缝距孔洞边缘不应小于300mm；

②垂直施工缝应避开地下水和裂隙水较多的地段，并宜与变形缝相结合。

（2）施工缝的施工应符合下列规定：

①水平施工缝浇灌混凝土前，应将其表面浮浆和杂物清除，先铺净浆，再铺30～50mm厚的1∶1水泥砂浆或涂刷混凝土界面处理剂，并及时浇灌混凝土；

②垂直施工缝浇灌混凝土前，应将其表面清理干净，并涂刷水泥净浆或混凝土界面处理剂，并及时浇灌混凝土；

③选用的遇水膨胀止水条应具有缓胀性能，其7d的膨胀率不应大于最终膨胀率的60%；

④遇水膨胀止水条应牢固地安装在缝表面或预留槽内；

⑤采用中埋式止水带时应确保位置准确、固定牢靠。

（3）变形缝应满足密封防水、适应变形、施工方便、检修容易等要求。用于伸缩的变形缝宜不设或少设，可根据不同的工程结构类别及工程地质情况采用诱导缝、加强带、后浇带等替代措施。

①变形缝处混凝土结构的厚度不应小于300mm；

②用于沉降的变形缝其最大允许沉降差值不应大于30mm；当计算沉降差值大于30mm时，应在设计时采取措施；

③用于沉降的变形缝的宽度宜为20～30mm，用于伸缩的变形的宽度宜小于此值。

（二）水泥砂浆防水

水泥砂浆类防水材料多作为附加防水层，用于有防水防潮要求的地下工程结构的迎水面和背水面，弥补工程中出现的蜂窝、麻面等缺陷。

1. 防水砂浆的分类

水泥砂浆防水层适用于混凝土或砌体结构的基层上采用多层抹面的水泥砂浆防水层，不适用环境有侵蚀性、持续振动或温度高于80℃的地下工程环境，包括普通水泥砂浆、聚合物水泥防水砂浆、掺外加剂或掺和料防水砂浆等，宜采用多层抹压法施工，可用于结构主体的迎水面或背水面。

2. 水泥砂浆防水层的施工

水泥砂浆防水层施工应符合下列要求：分层铺抹或喷涂，铺抹时应压实、抹平和表面压光，不得有裂纹、起砂、麻面等缺陷；防水层各层应紧密贴合、结合牢固，每层宜连续施工，必须留施工缝时应采用阶梯坡形槎，接槎应按层次顺序操作，层层搭接紧密，离开阴阳角处不得小于 200mm，且无空鼓现象；防水层的阴阳角处应做成圆弧形；水泥砂浆终凝后应及时进行养护，养护温度不宜低于 5℃并保持湿润，养护时间不得少于 14d。

水泥砂浆防水层应在基础垫层、初期支护、围护结构及内衬结构验收合格后施工。施工前应将预埋件、穿墙管预留凹槽内嵌填密封材料后，再施工防水砂浆层。水泥砂浆防水层应分层铺抹或喷射，铺抹时应压实、抹平，最后一层表面应提浆压光。聚合物水泥砂浆防水层厚度单层施工宜为 6～8mm，双层施工宜为 10～12mm，掺外加剂、掺和料等的水泥砂浆防水层厚度宜为 18～20mm。聚合物水泥砂浆拌和后应在 1h 内用完，且施工中不得任意加水。

水泥砂浆防水层不宜在雨天及 5 级以上大风中施工。冬期施工，气温不应低于 5℃，且基层表面温度应保持 0℃以上。夏季施工时，不应在 35℃以上或烈日照射下施工。

四、地下工程的柔性防水设计

（一）地下结构的防水卷材

1. 防水卷材种类

防水卷材主要用做防水层、防腐层、建筑防潮、简易防水及临时性建筑防水等，目前防水卷材主要分为：沥青系防水卷材、高聚物改性沥青系防水卷材、合成高分子系防水卷材三大系列，分若干品种规格。合成高分子防水卷材耐老化，变形适应性好，是地下工程最常用的防水卷材。防水卷材具体分类如下：

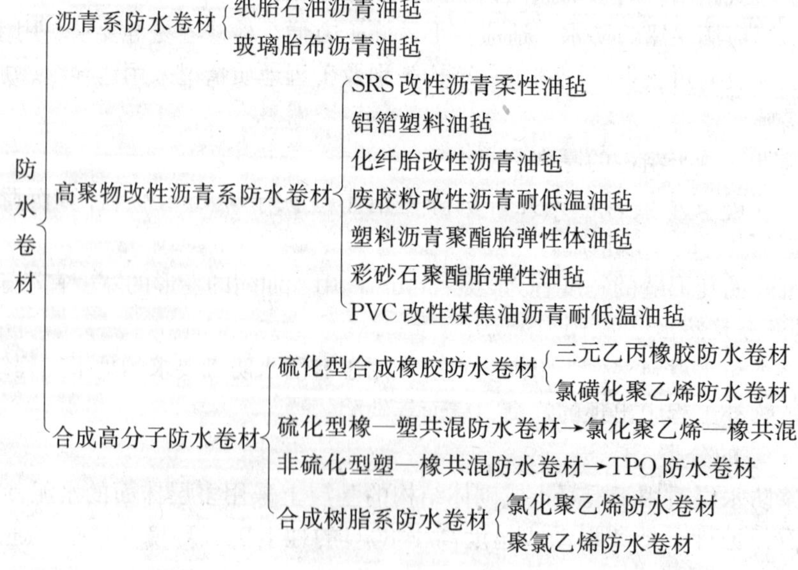

2. 防水卷材的施工

1）沥青系防水卷材施工

（1）石油沥青油毡地下工程防水构造（图 5-2-1）

（2）沥青系防水卷材施工工艺

①基层处理及要求基层必须牢固，无松动现象。基层表面应平整，其平整度为：用 2m 直尺检查，基层与直尺间的最大空隙不应超过 5mm，空隙应平缓变化，每米长度不得多于 1 处。

②找平层以 1∶3（体积比）水泥砂浆抹平压实，使其与基层粘结牢固，不空鼓，不起砂掉灰尘。若基层为整体混凝土时，找平层厚度为 15～20mm。

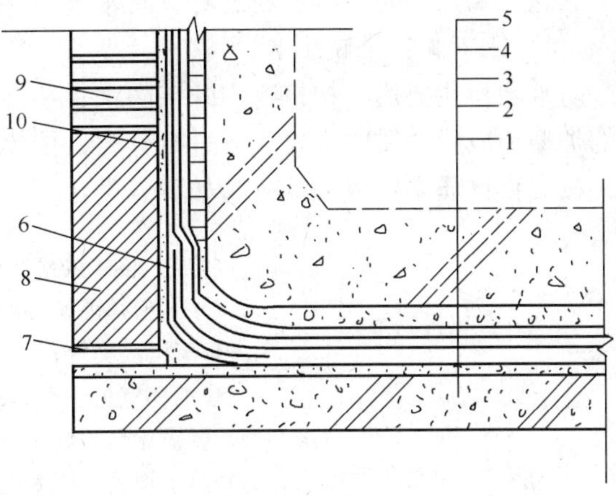

图 5-2-1　石油沥青油毡地下工程防水构造

1—混凝土垫层；2—水泥砂浆找平层；3—油毯防水层；4—细石混凝土保护层；5—需防水结构；6—油毯附加层；7—隔离油层；8—永久性保护墙；9—临时性保护墙；10—单砖保护墙

③铺贴油毡

地下工程防水多采用外防外贴（图 5-1-5）的施工方法，其施工顺序是：首先在抹好水泥砂浆找平层的混凝土垫层四周砌筑永久性保护墙，其高度约为需防水结构厚度加上 500mm；其下部应干铺一层油毡隔离层，其上部再用石灰砂浆砌筑临时性保护墙，以便以后拆除。其铺贴油毡方法如下：

A. 应先铺贴平面，后铺贴立面，平立面处应交叉搭接。接缝应留在底平面上距立面不小于 600mm 处。在所有转角处，均应铺贴附加层，附加层可用两层同类的油毡或一层抗拉强度较高的卷材。附加层应按加固处的形状仔细粘贴紧密。

B. 自平面折向立面的油毡与在永久性保护墙接触部位，应用沥青胶结材料粘贴紧密。与临时性保护墙接触部位，应临时贴附在墙上，经检查合格后，再进行立墙铺贴施工。

C. 铺贴立面油毡前，应先将接搓处的各层油毡揭开，并将其表面清理干净，如油毡有损伤，应先进行修补后才能施工。立面接搓应采用错搓粘接，上层油毡盖过下层油毡不应小于 150mm。

D. 粘结油毡的沥青肢结材料的厚度一般为 1.5～2.5mm，油毡的搭接长度，长边不应小于 100mm，短边不应小于 150mm，上下两层和相邻两幅卷材的接缝应错开，上下层卷材不得相互垂直铺贴。

E. 油毡防水层铺贴完成经检查合格后，应立即进行保护层施工。立面：应在涂刷防水层最后一层沥青胶结材料时，腔热粘上干净的热砂或散麻丝，经冷却后，随即铺抹层 10～20mm 厚的 1∶3 水泥砂浆。平面：可铺设一层 30～50mm 厚的 1∶3 水泥砂浆或细石混凝土。

F. 为压紧和保护外部防水层，应在防水层抹完保护层后，再砌筑保护墙。完工后，按设计要求及时进行基坑的回填土施工。

2）高聚物改性沥青系防水卷材施工

其施工要点、防水构造与沥青防水施工基本相同，但铺贴时，可用汽油喷灯或热空气等进行加热熔接，对改性沥青油毡接缝，也可以采用热熔焊接工艺，保证效果。

3）合成高分子防水卷材施工

其施工要点、防水构造与沥青草防水施工基本相同。

（二）地下工程涂膜防水

防水涂料主要用于构筑物内外墙防水、装饰及工程的防渗、堵漏。防水涂料一般按涂料的类型和成膜物质的主要成分进行分类，按涂料类型区分为溶剂性、水乳型、反应型三类；按成膜物质主要成分可分为如下五类：

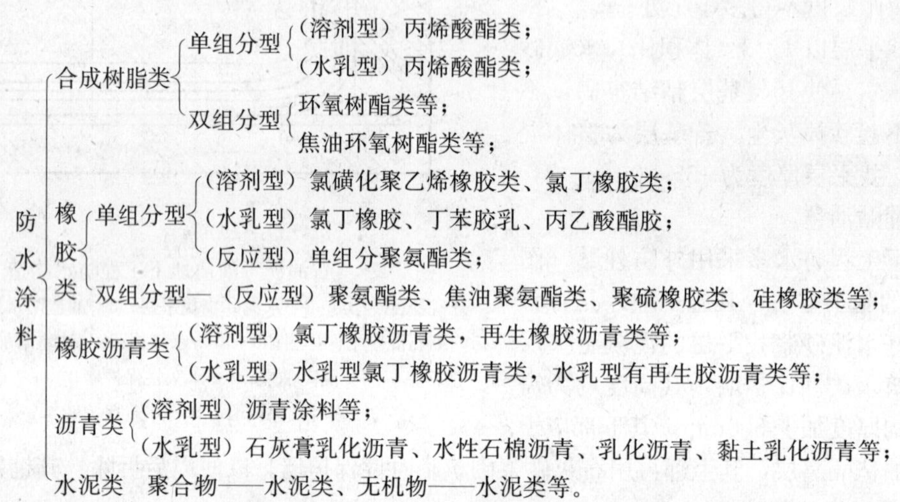

1. 涂膜防水层对组成材料的要求

防水涂料与防水卷材同为当今国内公认的并被广泛应用的新型防水材料。防水涂料是一种液态材料，且能形成连续的防水层，不像卷材那样存在很多搭接接缝，施工方便，特别适合于地下工程复杂的施工基层。涂膜防水层不能像卷材防水层那样由工厂加工成型，而且在施工现场由液态材料转变成固态材料，防水膜的厚度不像卷材那样能由工厂生产准确控制，受工地人为因素影响大。虽然有些种类的涂膜可以获得较高的延伸率，但其拉断强度、抗撕裂强度、耐摩擦、耐刺穿等指标都较同类防水卷材低，涂膜一般较薄，长期泡在水中，会发生粘结力下降的现象。水乳型涂料自然蒸发固化形成的涂膜，长期泡水后还会出现溶胀、起皱。甚至局部脱离基层以至局部脱落等情况。地下工程的防水涂料要长期浸泡水中，经受地层不均匀变形的拉伸影响，因此应选用反应型或溶剂型品种，不宜选用水乳型品种。由于地铁车站等地下工程防水等级要求较高，涂料防水常与结构自防水、卷材防水、防水砂浆防水等手段相结合，同时对涂膜做好保护。

2. 涂膜防水层的设计要点

涂料配制应根据涂料出厂使用说明现场配制。防水涂料可以单组分，也可以双组分。无论采用何种配合比，均应在容器内先放入规定量的稀释剂，例如水、酒精等，然后把粉料（塑料袋包装，净重 5kg）徐徐放入水中，边搅拌边放入粉料，维持 10min，使其成为均匀糊状物。然后静置 30min，使其充分化合作用（温度较低时，静置时间要适当延长），施工时仍需搅拌，以防沉淀。

3. 涂膜防水的构造要求

地下工程大多采用内外防水涂层，矩形区间隧道多采用外防水涂层。车站防渗堵漏，由于施工方便多采用内防水涂层构造。地下工程内，内防水和外防水涂层的构造如图5-2-2所示。

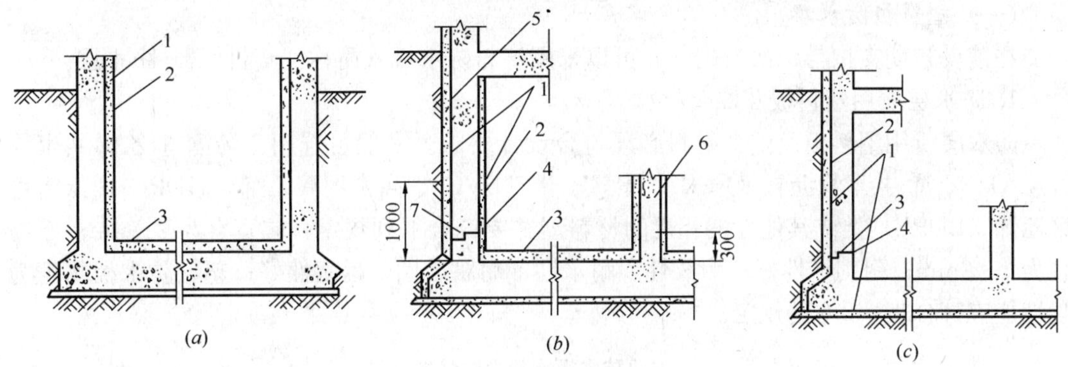

图 5-2-2 地铁结构涂膜防水构造示意图

(*a*) 地铁内防水涂层构造

1—防水涂层；2—砂浆或饰面砖保护层；3—细石混凝土保护层

(*b*) 地铁内、外防水涂层构造

1—防水涂层；2—砂浆保护层；3—细石混凝土保护层；4—嵌缝材料；5—砂浆或砖墙保护；6—内隔墙、柱；7—施工缝

(*c*) 地铁外防水涂层构造

1—防水材料；2—砂浆或砖保护层；3—施工缝；4—嵌缝材料

4. 涂膜防水层的施工

①抹压法施工

在已充分湿润的基层上，将已配好的第一遍涂料用钢抹子或硬胶板均匀抹压。抹压时要按顺序操作，紧密搭接，避免漏抹。

刮压时，当涂层开始收水，手指轻压没有印痕时，应即开始喷雾（或轻轻洒水），进行湿润养护。养护时间一般要求在6～8h，此段时间的养护是保证防水效果的关键，切勿令其早期失水干燥，否则将出现粉化现象，损害防水效果。

在养护后，即可进行第一遍施工。将调好的涂料用毛刷或毛滚子涂刷在第一层涂层上，待收水后并用手指轻压不出现印痕时，再用水湿润养护24h。

②涂刷法施工

用刷子将配好的第一遍涂料均匀涂刷在充分湿润的基面上，然后按上述抹压法的养护要求进行6～8h的湿润养护。待第一遍涂层养护后，即可进行第二遍涂刷；其养护方法同抹压法。

③填塞法施工

在大量漏水的情况下，应先排水，然后堵塞缝洞。施工时，先将缝凿宽至深20mm，深15～20mm，清除缝内浮灰，用水湿润，然后于裂缝底部及四周，涂刷涂料（配合比按涂刷法第一遍涂料）配制，待干燥1h后，将配好的填塞料搓成条状（或团状）。用力压填于裂缝或孔洞内，填塞料要与基层面齐平。养护 6h 左右，然后将稀涂料（配合比同前）涂刷于表面，并洒水养护。

如漏洞不大，可先用木塞打人洞内堵住漏水，然后按上述方法施工。

五、地下工程的其他防水方法

（一）塑料板防水层

在铺设初期支护与二次衬砌间，可以采用塑料防水板（简称“塑料板”）防水层。

1. 防水层所用塑料板及配套材料

防水层所用塑料板及配套材料必须符合设计要求。一般可选用乙烯-醋酸乙烯共聚物（EVA）、乙烯-共聚物沥青（ECB）、聚氯乙烯（PVC）、高密度聚乙烯（HDPE）、低密度聚乙烯（LDPE）类或其他性能相近的材料。并要符合下列规定：幅宽宜为 2～4m；厚度宜为 1～2mm；耐刺穿性好；耐久性、耐水性、耐腐蚀性、耐菌性好；塑料防水板物理力学性能应符合表 5-2-6 的规定。

塑料防水板物理力学性能　　　　**表 5-2-6**

项　目	拉伸强度（MPa）	断裂延伸率（%）	热处理时变化率（%）	低温弯折性	抗渗性
指标	≥12	≥200	≤2.5	－20℃无裂纹	0.2MPa24h 不透水

2. 塑料板防水层基层要求

塑料板防水层的基面应坚实、平整、圆顺，无漏水现象；阴阳角处应做成圆弧形。基层平整度应符合 $D/L=1/6\sim1/10$ 的要求，其中 D 为初期支护基层相邻两凸面凹进去的深度；L 为初期支护基层相邻两凸面间的距离。

3. 塑料板防水层铺设

防水板应在初期支护基本稳定并经验收合格后进行铺设，在铺设时应符合下列规定：塑料板的缓冲衬垫应用暗钉圈固定在基层上，塑料板边铺边将其与暗钉圈焊接牢固，不得有下垂、绷紧和破损现象；两幅塑料板的搭接宽度应为 100mm，下部塑料板应压住上部塑料板，其允许偏差为－10mm；搭接缝宜采用双条焊缝焊接，单条焊缝的有效焊接宽度不应小于 10mm，焊接严密，不得焊焦焊穿。环向铺设时，先拱后墙；复合式衬砌的塑料板铺设与内衬混凝土的施工距离不应小于 5m，并设临时挡板防止机械损伤和电火花灼伤防水板。塑料板的搭接缝必须采用热风焊接，不得有渗漏。

内衬混凝土施工时应符合下列规定：振捣棒不得直接接触防水板；浇筑拱顶时应防止防水板绷紧；局部设置防水板防水层时，其两侧应采取封闭措施。

4. 塑料板防水层施工质量检查

塑料板防水层的施工质量检验数量，应按铺设面积每 $100m^2$ 抽查 1 处，每处 $10m^2$，但不少于 3 处。焊缝的检验应按焊缝数量抽查 5%，每条焊缝为 1 处，但不少于 3 处。

（二）地下工程注浆防水

注浆就是将一定的材料配制成浆液，利用泵压将其注入地层的裂隙、孔隙和空洞之中，浆液扩散、凝固、硬化，以达到加固地层或堵水的目的。

1. 注浆的应用范围

如果在地下工程附近有河流、湖泊、崩落带洼地，即使在正常水位条件下，水也会沿岩层裂隙或松散岩土的孔隙渗透到地下，给地下工程造成一定的危害。为了与渗透水作斗争，不仅用水泵排水，而且常常采用注浆堵水方法。

2. 注浆方法

常用的注浆有水泥、黏土、沥青以及其他化学材料。水泥浆和化学浆液不仅可以充填岩层中的空隙，而且可以将岩石中的部分碎屑胶结在一起，使它们胶结成为统一而密实的整体，从而使岩层强度提高。沥青的粘结作用并不大，但作为密封材料来说其抗渗性很好。

采用注浆法堵水或加固岩土时，无论是自地表还是自地下工作面，无论是预注浆还是后注浆，浆液材料都是经过注浆孔压注到地层的孔隙或裂隙中去。而由注浆孔向岩石或土城的压注方式基本上有三种：沿注浆孔柱面；由注浆孔底面方式注浆；按不完整井方式压注。

3. 注浆方式

注浆施工普遍采用柱面注入方式，在中高压力作用下钻孔内的浆液通过孔的侧面注入岩石的裂隙和空隙。这种注浆方式有两种方案，即挤压式与循环式。挤压注浆时浆液不再从钻孔返回贮浆池，在微小裂隙岩石注浆必须采用挤压式注浆。而循环式注浆时，岩石未吸收的一部分浆液回到贮浆池，然后反复向钻孔压注。这样，在注浆孔内形成浆液循环流动，避免水泥沉淀。在大裂隙岩石注浆时常用循环注浆方案。

柱面注浆方式须完成下列工序：①孔口的准备，以便安设导向管；②用胶结材料固定导向管；③通过导向管钻注浆孔；④经压盖在每个导向管的上端下注浆管；⑤沿注浆管注浆。

挤压式注浆可自地表、矿井井筒工作面或其他巷道工作面进行。这时每次注浆段高视注浆材料及岩石中裂隙大小不同而有区别。用水泥注浆时一般取 10～20m；沥青注浆取 30～40m；化学注浆变化范围很大，一般在 0.5～10m。当注浆孔壁不稳定时要用套管加固，套管上钻有圆形或缝形孔眼，以便浆液通过。

无论在任何条件下，注浆的上部边界都要有牢固的保护岩柱以免注浆时向地面或巷道跑浆。如果没有坚固的岩柱，须砌筑砖石、混凝土或钢筋混凝土的止浆垫。井巷壁后注浆时可采用底部注入方式（点注浆），底部注浆的效率比柱面注浆低，但工序却相当简单。

第三节　地下工程的渗（涌）水及治理

一、地下工程渗（涌）水原因

渗（涌）水是由于结构层中存在着空洞、裂缝和毛细孔等因素，从而导致的孔洞漏水、裂缝漏水、防水面渗水或上述几种渗漏结合所致的。地下水量的大小、水压的大小、地下水的渗透通道空隙的多少、大小及其分布规律都对地下工程的渗（涌）产生重要影响。

进行地下工程渗（涌）水的修堵施工，首先必须查明其渗（涌）的原因，确定其位置，弄清其水压大小，才可根据不同的渗（涌）情况采用不同的修堵措施。

根据渗（涌）水部位可以将地下工程的渗（涌）水分为主体结构渗（涌）水和接缝部位的渗（涌）水。

二、地下工程渗（涌）水治理的原则

地下工程渗（涌）水应遵循“堵排结合、因地制宜、刚柔相济、综合治理”的原则。

在工程的设计、施工、使用中要做好排水、减水、防水的各种措施，即控制水源的水量、减小水压、减小空隙的连通度并做好各种排水防渗措施。要做好地下交通枢纽的防渗工作应采取以下几项措施：

（一）控制地下水

1）合理选择工程位置。根据地下交通枢纽的具体水文地质特征和条件，正确选择工程位置，对控制地下水的影响与危害很重要。在可能的条件下，工程位置应尽量避开地下水影响较大的地段，如远离河谷、岩溶地段和充水破碎带等。

2）合理确定工程开挖支护施工方法。地下交通枢纽的施工必须考虑水文地质条件，特别是在河、海、湖、水库及上覆岩土为较大的富水含水层下施工时，合理选择施工方法尤为重要。

3）设计必要合理的支护结构，考虑地下静水压力和动水压力的作用，采取有效的防渗止水措施防止渗（涌）。

4）在施工过程中，对于有可能发生突然大量涌水、流砂等问题的地段，应采取超前探水和放水、修筑防水墙和防水门等措施，防止造成灾害。

5）控制地表水的补给。分布在地下交通枢纽上部场区内的地表水，如河流、水库、湖泊等，既是地下水的补给水源，又是开挖施工造成的裂隙、塌陷部位直接向下充水的水源，因此，应采取截水沟、防水堤等措施阻止或引走地表水，防止其影响地下交通枢纽。

6）地下交通枢纽一般为长久使用的地下工程，应做好其防水措施，防止使用过程中出现渗（涌）、滴漏，保证其质量和使用寿命。

（二）控制地表水

地表水易于向地下补给，或由于地下工程建造导致地表开裂、塌陷的地段，应在地表采取相应防水措施拦截或疏导地表水，常用的措施有：

1）用网渠或截水沟拦截、疏导降雨形成的地表汇水，将其引出地表影响范围之外。

2）修筑防洪堤和防水堤。在洞口、塌陷区附近修筑防洪堤或防水堤拦截洪水进入。

3）地表水体的排放防渗。当地表天然和人工水体对地下工程涌水有影响时，在不影响周围环境的前提下，可将其积水放出、排干，减少造成地下洞室充水的地表水源。

4）设置排水滤层、排水垫层，在影响区内排水，使地下水位下降或降低渗流压力。

5）设置截流排水井，拦截上部透水层内水平向流动的渗流。

（三）洞内防水

在地下交通枢纽的施工中，为避免开挖到具有很大压力或与固定水源相沟通的含水层和水体等形成大量涌水、涌砂，通常采取以下防水措施：

1）超前探水和放水。超前探水是在地下洞室内打钻孔，对开挖工作面的顶底板、侧帮和掘进前方的地质构造、含水层、溶洞等的具体位置、产状和突水的可能性进行超前探查。

2）修筑截水墙。截水墙一方面可以减少渗流量，另一方面可以降低地下水的出逸水力梯度。常用截水墙包括板桩截水墙、压实的不透水土障、灌浆帷幕、泥浆填充墙、冻结法等。

3）修筑防水墙。当地下交通枢纽受到明显的水淹威胁，同时为了堵住淹没区内水的出路时，一般构筑封闭防水墙。

4）根据具体条件，选择合理的防水措施。

三、地下工程渗（涌）水治理的步骤

1. 收集资料

按照现行规范的要求，在渗（涌）水治理前应先掌握工程的原防排水系统的设计施工及验收的有关资料，调查渗（涌）水的现状水源及影响范围、渗（涌）水的变化规律、衬砌结构的损害程度、结构的稳定情况及监测资料。

2. 渗（涌）水的检查

地下工程（涌）水情况归纳起来主要有三种，即面的渗流、点的渗流、缝的渗流。从（涌）水情况大小可分为慢渗、快渗、急流和高压急流等四种。在渗（涌）工程修补前，首先找出渗（涌）水的准确位置，并做出标记，然后再进行处理。其处理方法如下：先将基层表面擦干，立即均匀撒一层干水泥，若表面有湿点或洇湿线，即为（涌）水孔、缝；如果出现湿一片现象，用上述方法不易发现渗（涌）水的具体位置，可采用在基层表面均匀抹一层水泥浆（水泥：水玻璃＝1：1），其上再撒干水泥粉一层，当干水泥表面出现湿点或湿线时，该处即为渗（涌）部位。

3. 渗（涌）水原因的分析

渗（涌）水的原因分析应从设计、施工、使用管理等方面进行：

1）掌握工程原设计、施工材料，包括防水等级、防排水系统及使用的防水材料性能、试验数据；

2）工程所在位置周围环境的变化；

3）运营条件、季节变化、自然灾害对工程的影响。

4. 堵（涌）材料的选用

治理过程中应选用无毒、低污染的材料。

1）衬砌后注浆宜选用特种水泥浆、掺有膨润土、粉煤灰等掺和料的水泥浆、水泥砂浆。

2）衬砌内注浆宜选用超细水泥浆液、环氧树脂、聚氨酯等化学浆液。

3）防水抹面材料宜选用掺各种外加剂、防水剂、聚合物乳液的水泥净浆、水泥砂浆、特种水泥砂浆等。

4）防水涂料宜选用水泥渗透结晶型类、聚氨酯、硅橡胶类、水泥基类、聚合物水泥类、改性环氧树脂类、丙烯酸酯类、乙烯-醋酸乙烯共聚物类（EVA）等涂料。

5）导水、排水材料宜选用塑料排水板、铝合金、不锈钢金属排水槽、土工织物与塑料复合排水板、渗水盲管等。

6）嵌缝材料宜选用聚硫橡胶类、聚氨酯类等柔性密封材料或雨水膨胀止水条。

5. 渗（涌）水治理的步骤

查找到渗（涌）水源后，即着手进行堵（涌），渗（涌）水治理施工时应按先顶（拱）后墙而后底板的顺序进行，应尽量少破坏原有完好的防水层。有降水和排水条件的地下工程，治理前应做好降水和排水工作。

6. 渗（涌）水治理的措施

根据渗（涌）水的原因、水量的大小、施工条件等采取合理的治理措施。

7. 工程验收

1）渗（涌）水治理过程中，应严格每道工序的操作，上道程序未经验收合格，不得进行下道工序施工。

2）随时检查治理效果，做好隐蔽施工记录，发现问题及时处理。

3）竣工验收应符合下列要求：

（1）施工质量应符合设计进而规范要求。

（2）施工资料齐全，包括施工技术总结报告、所用材料的技术资料、施工图纸等。

四、主体结构的渗（涌）水原因及治理

主体结构渗（涌）水主要是由于主体结构出现了贯通性裂缝，地下水由裂缝渗入或涌入所引起的。根据裂缝不同则据渗（涌）水的原因不同。

（一）混凝土裂缝的原因引起的渗（涌）水

混凝土表面出现不规则的收缩裂缝或环形裂缝。当裂缝贯穿于混凝土结构本体时，即产生渗（涌）水。这主要是因为设计对结构抵抗外荷载及温度、材料干缩、不均匀沉降等变形荷载作用下的强度、刚度、稳定性、耐久性和抗渗性及细构造处理的合理性，考虑欠周；部分桩基、筏板没有设置在可靠的持力层上，基础产生不均匀沉降也是产生裂缝的原因。

另外大体积混凝土结构浇筑后水泥的水化热很大，由于混凝土体积大，聚集在内部的水泥水化热不散发，因此混凝土的内部温度显著升高，但混凝土表面散热快，这样就形成了较大的温差，表面拉应力增大。此时，混凝土龄期很短，抗拉强度很低，当温差产生的表面拉应力超过混凝土的极限抗拉强度，混凝土就会在表面产生裂缝。这种裂缝，多发生在混凝土浇筑后的升温阶段。混凝土浇筑后，逐渐散热收缩，加上混凝土硬化过程中内部拌和水逐渐水化和蒸发，以及胶质体胶凝作用，使混凝土硬化时产生收缩。当混凝土收缩时，收到基底或结构本身的约束，就会产生很大的收缩应力。此时，当收缩应力超过混凝土极限抗拉强度，就会在混凝土中产生收缩裂缝。此种收缩裂缝，有时会贯穿全截面而成为有害的结构性裂缝。混凝土收缩时，由于表面裂缝处截面削弱，且易应力集中，助长了收缩裂缝的开展，因此，地下压力水从裂缝中渗（涌）出来。还有大体积防水混凝土施工中，没有采取积极有效的防裂措施，把防水混凝土等同于一般混凝土造成开裂，也是产生渗（涌）的原因之一。

防治措施：

1）设计中应充分考虑地下水作用的最不利情况，即地下水、地表水和毛细管水对结

构的作用以及由于人为因素而引起的周围水文地质变化的影响。桩基、筏基必须支撑在可靠地持力层上，使结构具有足够的强度、刚度，以抑制地基基础局部下沉。

2）结构设计中，应根据地下工程确定的几何尺寸、地基土和桩基情况，验算整浇混凝土由于温差混凝土收缩所产生的总温度应力是否超过当时基础混凝土极限抗拉强度，并采取相应的混凝土强度和抗渗等级。合理配置钢筋，提高混凝土的瞬时极限拉伸值，使大体积混凝土具有足够的抗裂能力而不出现裂缝。

3）根据结构断面形状、荷载、埋深、基础的强度，采用结构自防水混凝土，即补偿收缩混凝土。一般在混凝土中内掺 WG－HEA 或 UEA 膨胀剂，补偿混凝土的限制收缩，抵消混凝土结构在收缩中产生的拉应力，控制温差，使结构不裂。

4）以膨胀加强带取代后浇带，即在结构收缩应力最大的地方多掺入 HEA 或 UEA，产生相应较大的膨胀来补偿结构的收缩。特别重要的防水建筑，增加外防水层，即构造自防水与建筑防水相结合。

（二）施工缝的原因引起的渗（涌）水

混凝土在施工中，由于技术上或施工中的需要，或由多种客观条件的影响，会在混凝土浇筑过程中自觉或不自觉地出现施工缝。如在大底板混凝土浇筑过程中，底板厚度大、方量大，应用输送泵及管道进行混凝土传输。同时混凝土坍落度较大，为保证混凝土层与层之间不出现冷缝，必须事先进行周密考虑和组织，施工中往往由于一些客观原因或劳动作业时间较长，操作人员未对泵管及时装拆，待第二层混凝土再浇筑时，原先混凝土已凝结。在底板中的冷缝除对本身结构产生不利外，极容易引起该处出现渗水。在地下室外墙或有抗渗要求的内墙，其水平施工缝是普遍存在的。

防治措施：

1）防水混凝土应连续浇筑，少留施工缝。当需留置施工缝时，应遵循下列规定：底板、顶板不宜留施工缝。底拱、顶拱不宜留纵向施工缝。墙体不应留垂直施工缝。水平施工缝不应留在剪力与弯矩较大处或底板与侧墙交接处，应留在高出底板表面不小于300mm 的墙体上。当墙体有孔洞时，施工缝距孔洞边缘不应小于 300m。拱墙结合的水平施工缝，宜留在拱（板）墙接缝线以下 150～300mm 处，先拱后墙的施工缝可留在起拱线处，但必须加强防水措施。

2）认真清理施工缝，凿掉表面浮粒，用钢丝刷或剁斧将老混凝土表面打毛，并用压力水冲洗干净，但不得有积水。冬季为避免余水结冰，应用压缩空气清扫。

3）浇筑上层混凝土前，木模润湿后，先在施工缝处浇一层与混凝土灰砂比相同的水泥砂浆，增强新旧混凝土粘结。施工缝处混凝土要仔细振捣，保证混凝土的密实性。

4）施工缝墙体不宜留凹口缝，因难于清理。此外在平口缝的迎水面外贴防水止水带，外涂抹防水涂料和砂浆等做法，亦甚可取。金属止水带一般用 2～2.5mm 薄钢板制成，接头应满焊，不得有缝隙。固定后墙体暗柱处，常在止水带上割洞扎箍筋，封模前应补焊。

（三）墙体支模穿墙螺栓及预埋件的原因引起的渗（涌）水

墙体支模穿墙螺栓是为固定模板间距，防止浇筑混凝土时模板变形而设置的。由于穿墙螺栓穿过墙体，如果处理不好，沿钢筋面会形成易渗透的通道。穿过地下工程墙体的水电套管、固定式主管、模板、对拉螺栓等，未满焊止水板，或环板宽度太窄，起不到延长渗（涌）水距离的作用；预埋铁件及环片表面有锈蚀层未清除，混凝土不能与埋件粘结。

防治措施：

在进行施工过程中所有穿过防水混凝土的预埋件必须满焊止水环，焊缝要密实无缝。在螺栓中间加焊一片止水板，在迎水面上再套上一个直径 2cm、厚约 3mm 膨胀止水衬圈，可以较好地达到止水目的。另外在钢筋两端加设 2cm 厚木块，待拆模后把木块剔出，螺栓处外露部分用气割割掉，再用防水高强度等级砂浆把木块洞补平，这样可以达到防水目的。针对防水混凝土结构预埋管线渗（涌），应以明线为主，尽量不用或少用暗线，以减少结构的渗水通道。如必须采用暗线时，应保证接头严密，穿线管必须采用无缝管，确保管内不进水。在浇筑混凝土时应注意对预埋件的加固固定，加强预埋件周围混凝土的振捣，但要避免在浇筑时发生碰撞造成预埋件部位混凝土发生裂缝，这样就能有效减少或杜绝渗（涌）发生。

五、地下工程的接缝部位的渗（涌）水原因及治理

（一）接缝部位的渗（涌）水原因

接缝部位主要是因结构变形的需要面设置的变形缝，通常包括伸缩缝、沉降缝和防震缝等。对于地下工程而言，变形缝必须具备：（1）能够满足建筑物各部分之间的变形、变位的要求，消除相互间力的传递；（2）变形缝止水结构水密性能优良，在设计水头压力作用下，不发生渗漏；（3）止水材料耐久性优良。

如果这三方面任何一方面出现不稳定情况，都将可能造成止防水结构的失效，使地下工程在变形缝处渗漏水。

（二）接缝部位的渗（涌）水的处理方法

1. 点渗漏的处理

（1）直接堵漏法。当水压不大时，漏水较小时可用此法。先将漏水孔凿毛，并把孔壁凿成与混凝土表面接近垂直的形状，但不能剃成上大下小的楔形槽。然后用水冲净槽壁，随即将快凝止水灰浆捻成与槽直径相近的圆锥体，待灰浆开始凝固时，迅速堵塞于槽内，并向孔壁四周挤压，使灰浆与孔壁紧密结合，封住漏水。最后在外面再涂抹防水砂浆保护层。

（2）下管堵漏法。适用于水压较大，且漏水孔洞较大的情况。首先要清除漏水孔壁的松动混凝土，凿成适于下管的孔洞。然后将塑料管或胶管插入到孔中，使水顺管导出。用快凝灰浆把管子的四周紧密封闭，待凝固后，拔出导水管，按直接堵漏法把孔洞封死。

（3）木楔堵塞法。适用于水压较大，且漏水孔洞较大的情况。先把漏水处凿成孔洞，再将一根比孔洞深度短的铁管插入孔中，使水顺管子排出，用快凝灰浆封堵铁管四周。待灰浆凝固后，将一根外径和铁管内径相当且裹有棉丝的木楔打入铁管，将水堵住。最后用防水砂浆层覆盖保护。

（4）灌浆堵漏法。灌浆堵漏法适合于水压较大、孔洞较大且漏水量大的孔洞，也可用于密实性差、内部蜂窝孔隙较大的混凝土的渗漏和回填。灌浆材料可以用水泥、水玻璃、丙凝、丙烯盐酸以及上述四种材料的混合灌浆材料。

2. 大面积渗漏处理

（1）表面涂抹覆盖。表面涂抹覆盖法具有防渗、耐久性及美观的特点，选用合适的修

补材料把渗水混凝土表面覆盖封闭起来。常用的修补材料有：各种有机或无机防水涂膜材料；水泥防水砂浆；钢丝网喷浆；聚合物水泥砂浆；环氧玻璃钢等。

（2）浇筑混凝土或钢筋混凝土保护面。适用于大面积散渗情况的修补处理，同时还可以起到补强加固的作用。

（3）灌浆处理。适用于因混凝土含浆量不足、搅拌不均匀、离析、漏振或冬季浇筑混凝土时出现冰冻引起的结构物混凝土密实性差的渗漏处理。

第四节　地下工程的洪涝灾害原因及对策

20世纪以来，世界各国曾先后发生过近40次特大洪涝灾害，每次都导致上万人的死亡和千百万人的流离失所。在近几十年中，洪涝发生频次与灾害损失都在逐年增加，洪水灾害始终是现在和未来人类面临的自然灾害的主要部分，仅1991～1995年的5年中，世界水灾造成的直接经济损失就超过2000亿美元，约占所有自然灾害造成损失的一半。

由于特殊的自然条件和现实因素，我国是世界上受洪水威胁最严重的国家之一。我国有洪泛区近100万km^2，全国70%以上的固定资产、近50%的人口、1/3的耕地、600多座城市，主要铁路、公路、油田以及许多工矿企业受到洪水威胁。洪水灾害是我国发生频率高、危害范围广、对国民经济影响最为严重的自然灾害。20世纪90年代，洪灾造成的直接经济损失约12000亿元（人民币），仅1998年就高达2500亿元（人民币）。洪灾损失占GDP的比值在1%～4%之间，约为美国、日本等发达国家的10～20倍。

我国的防洪设施特别是城市防洪设施还比较薄弱，这对一般建于城市地下空间的地下综合交通枢纽会产生很大的影响。洪水发生时，如果防洪措施没有或不得当，破坏比较严重。要减少洪灾时地下综合交通枢纽的受灾损失，首先就要做好城市的防洪。城市防洪的任务就是利用城市河道综合治理技术、城市雨洪蓄滞、渗透等工程处理技术、城市堤防的建造技术、城市建筑耐水化的处理技术、城市各类生命线系统的防洪应急保护技术、城市发展与防洪减灾相结合的综合规划技术、城市防洪工程的除险加固技术、城市防洪工程体系的优化调整技术以及一些行政管理手段，尽可能消除或减少洪水造成的人员伤亡和财产损失。

防洪标准是防洪规划、设计、建设和运行管理的重要依据，目前我国现有的工程防洪标准大大低于美、日等发达国家，而高于孟加拉国等经济不发达国家，与印度标准相近。根据我国目前的经济实力和技术水平，确定合理的防洪标准，保证地下综合交通枢纽的防洪减灾能力。

一、地下工程的洪涝灾害原因

地下交通枢纽发生洪涝灾害的原因有很多，但究其根本可分为外因和内因两方面。

（一）外因

1. 地势低洼

由于地下交通枢纽高程低，当强大暴雨来袭时，洪水有可能大量涌入，如果防洪不当（没有按照当地的防洪设计提高入口的高度等），将导致严重的经济损失。特别是暴雨季节，洪水会对地下交通枢纽的安全构成很大的威胁，如：2007年重庆市暴雨不仅淹没了数家地下商场，而且还给地下车站、隧道等造成了严重的灾害。因此加强地下交通枢纽的防洪设计，制定合理的防洪方案是非常必要的。

2. 暴雨洪水涌入

区域连续降强暴雨，即使时间很短，总雨量不大，但配套排涝动力小，局部排水管网不畅，洪水位上升就很快，可能导致比较严重的灾害。如果长时间持续下暴雨，地下交通枢纽工程没有比较优化的防洪设计，面对暴雨的袭来，地下交通枢纽将面临一个很大的挑战。

河流的洪水如果没有及时排出，往往会造成城市内涝，地下交通枢纽会遭到严重的破坏。所以建设在江河附近的地下交通枢纽更容易遭到洪水的侵袭，要重视和加强防洪措施。

（二）内因

1. 防洪设计重视不够

我国目前的防洪标准偏低，而地下交通枢纽设计时又没有严格的防洪标准，使得地下交通枢纽的防洪能力不够。

2. 管理不善

有的地下交通枢纽的地下排水管网不畅、管道淤积堵塞，管径偏小、破损，洪水来临时，使地下交通枢纽的泄洪能力大大降低，造成洪灾。如果积水没有及时排出也就造成涝灾。

3. 防洪构造措施较差

如泄洪管网（沟）拐处过多，局部管网（疏通沟道，宽窄不同）泄洪能力不一致，导致局部阻水，实际过水能力达不到设计要求。

二、地下工程的洪涝灾害的技术对策

在全面分析以往洪涝灾害的水情和雨情的基础上，地下交通枢纽宜采取“多道设防”和“防、排”相结合的措施来治理洪水，正确处理防洪与排涝的关系，以“防”为主，并重视加强“排”洪的能力；坚持防、截、排相结合和多道设防、综合治理的原则。

“多防”就是“多挡”和“多引”。“多挡”就是运用工程措施挡住洪水对保护对象的侵袭，保证电气线路、通信、信号元件不受洪水浸湿损坏失灵，造成工程事故。“多引”是指拦截旁引洪水，主要是利用一些构造措施阻止地下工程地表洪水大量往地下交通枢纽涌入。

具体措施如下：

（1）地下交通枢纽出入口的地面标高应高出室外地面，并应满足当地的防洪要求。

（2）先前修建的地下交通枢纽，对保留下来的管网，实行截弯改直，并且把泄洪管网连结处的直角改为圆弧倒角增大分洪能力。

（3）修建中心排洪沟。容易遭受洪水侵袭的地下交通枢纽，修建中心排洪沟可以大大增加防洪能力。根据当地的防洪要求，按照其相应的过水量标准，设计合适的尺寸。需要注意的是，在严寒的地方，应设置防冻水沟。

（4）多重设防措施。对比较重要的地下交通枢纽可以采取多重设防。当遇到特大洪水来袭时，要保证重要设施不能受到过大的损害。首先根据当地的洪水设防标准，修建相应的路侧防洪沟。其次根据多重设防要求，按照当地罕见洪水侵袭的过水量，使地下交通枢纽两侧的人行道标高与行车道标高存在一定高程差，当特大洪水来临时，人行道也可以作为一种泄洪渠道，从而保证最大的泄洪量，减小洪水冲击到行车路面上的重要交通设施的危险。

（5）设置大型集水井。有的地下交通枢纽可以沿纵向布置一定量的大型集水井，并在集水井旁设置排水泵站，排水泵站的排水能力可以按照当地 50 年一遇的暴雨强度，集水 5～10min 计算，雨水泵站内安装雨水泵不能少于 2 台，依次轮换工作，必要时同时运行。这样大型集水井即可以对洪水来袭既能起到一定的缓冲作用（有一定的蓄洪作用），又能通过一定数量的水泵把洪水及时排出，这样就能减小地下交通枢纽涝灾危险。

（6）对路基有危害的地下水，应根据地下水类型、含水层的埋藏深度、地层的渗透性等条件，设置暗沟（管）、渗沟、检查井等地下排水设施。路基排水应与车站、桥涵既有排水设施合理结合。填方坡脚设置排水沟引排地面及坡面水，挖方坡顶设于天沟、边坡平台设截水沟，坡脚设侧沟。水沟截面一般采用 0.4m×0.6m 的梯形，并用砌片石加固。

（7）路肩及边坡上不应设置电缆沟槽，困难情况下必须设置时，应采取适当措施，并及时回填夯实，确保路基的完整稳定。路堤在坡脚地势较高或两侧设排水沟，路堑在路肩两侧设侧沟，在路堑较高一侧设置截水沟。建筑密集区，加设钢筋混凝土盖板。路基排水纵坡不应小于 0.2%，地面平坦地段或反坡排水段在困难情况下可减少至 0.1%。

（8）加强排水管网的整治管理。为防止排水管网（沟）的堵塞，可以在地下交通枢纽排水管网（沟）入口处设置一定量的过滤网，保证较大体积的废物在进入排水管网之前被除去。地下水泵及排水设备应能满足最大降雨量的排水要求，并做到排水设备定期检查，使其处于良好的状态。

参考文献

[1]　GB 50108—2001 地下工程防水技术规范［S］. 北京：中国计划出版社，2001.

[2]　沈春林. 地下防水工程实用技术［M］. 北京：机械工业出版社，2005.

[3]　万会青. 地下工程水渗漏成因及防范措施［J］. 中国新技术产品，2010，37（2）.

[4]　刘广胜，燕冰. 浅谈地下工程防水的系统设计［J］. 地下建筑防水，201013（11）.

[5]　GB 50208—2002 地下防水工程质量验收规范［S］. 北京：中国建筑工业出版社，2002.

[6]　GB 50299—1999 地下铁道工程施工及验收规范［S］.

[7]　本书编委会编. 质量验收与施工工艺对照使用手册·地下防水工程［M］. 北京：知识产权出版社，2007.

[8]　王树理. 地下建筑结构设计［M］. 北京：清华大学出版社，2007.

[9]　李楠.《地下防水工程质量验收规范》应用图解［M］. 北京：机械工业出版社，2009.

[10]　叶琳昌. 建筑防水工程渗漏实例分析［M］. 北京：中国建筑工业出版社，2005

[11]　王友亭，王原. 如何评价钢筋混凝土结构自防水［J］. 中国建筑防水，1999 年 6 期.

[12]　程晓陶，尚全民. 中国防洪与管理［M］. 北京：中国水利水电出自版社，2005.

[13]　鞠建英. 实用地下工程防水手册［M］. 北京：中国计划出版社，2002.

[14]　黄小广，郭健卿，张生华，等. 现代地下工程［J］. 2003.

[15]　张庆贺. 地下工程［M］. 上海：同济大学出版社，2004.

第六章　防　恐　研　究

轨道交通作为全世界大城市的重要交通工具，一直是恐怖分子袭击的重要目标之一。集高速铁路、城际铁路、普通铁路、长途客运、城市轨道交通、公交以及商店、餐饮于一体、人员密集、人员流动性大的多层地下综合交通枢纽是城市交通系统中的关键性节点，是城市公共交通系统安全甚至城市安全的核心，因而也是恐怖分子在轨道交通方面进行恐怖活动的首选目标。

本章通过几个典型恐怖活动的案例分析，总结了多层地下综合交通枢纽恐怖活动具有空间复杂性、突发性、全线性、枢纽性、群体性、通信不畅、连环性、不可预知性等特点，尤其是分析了空间复杂性造成的空间局限性导致逃生救援路线单一、垂直逃生救援难度大、逃生救援距离长时间短等特点。针对以上特点，构建了多层地下综合交通枢纽防恐系统，该系统包括：立法、宣传教育演练、应急指挥体系、防反机制、技术措施等。

第一节　恐怖活动及其特点

一、恐怖活动形式与案例分析

目前在地下交通枢纽可能进行的恐怖活动有纵火、爆炸、生物或化学试剂、制造交通事故、放射性物质、绑架劫持人质、武装袭击、网络黑客等恐怖袭击形式，其中纵火、爆炸、生物或化学试剂等恐怖袭击案例已多有发生，且后果严重，影响极大。近年来针对轨道交通的恐怖袭击一直屡有发生，统计情况见表 6-1-1。

近 20 年来世界各地地铁恐怖袭击情况一览表　　表 6-1-1

日　期	恐怖方式	国　家	地　点	伤　亡
1987	纵火	英国	伦敦克罗斯站	死亡 31 人
1995-03-20	毒气	日本	东京三条地铁	死亡 12 人，受伤 5000 多人
1995-07-25	爆炸	法国	巴黎地铁	死亡 8 人，受伤 117 人
1995-10-28	纵火	阿塞拜疆	巴黎地铁	死亡 300 多人
1996-06-11	爆炸	俄罗斯	莫斯科地铁	死亡 4 人，受伤 7 人
2001-08-03	爆炸	英国	伦敦地铁	受伤 7 人
2003-02-18	纵火	韩国	大邱地铁	死亡 198 人，受伤 147 人
2004-01-05	纵火	中国	香港地铁	无
2004-02-06	爆炸	俄罗斯	莫斯科地铁	死亡 40 余人，受伤 134 人
2004-08-31	爆炸	俄罗斯	莫斯科地铁	资料不详

续表

日期	恐怖方式	国家	地点	伤亡
2005-07-07	爆炸	英国	伦敦地铁	死亡 56 人，受伤数百人
2005-07-21	爆炸	英国	伦敦地铁	受伤 1 人
2010-03-29	爆炸	俄罗斯	莫斯科地铁	死亡 39 人，受伤 73 人

(一) 纵火

纵火是比较常见的恐怖活动，韩国大邱、英国伦敦、中国香港以及俄阿塞拜疆巴库等地都曾经发生过地铁纵火恐怖事件。

2003 年 2 月 18 日发生的韩国大邱地铁纵火事件令举世震惊。“2·18”大邱火灾现场总指挥、大邱市消防本部本部长金信东、韩国京北大学建筑系教授洪元以及韩国建设交通部地铁安全规划团长卢三奎在“2·18”韩国大邱地铁火灾学术讲演中对整个灾害情况进行了比较全面的介绍和分析。

1. 大邱地铁火灾概要及消防活动

大邱地铁火灾发生在 2003 年 2 月 18 日上午 9 时 54 分至下午 1 时 38 分，前后历时 3 小时 26 分。大邱地铁火灾事故发生的地点在大邱市中区地铁 1 号线的中央路车站，起火原因为放火。当在 1 号线上行驶的 1079 号列车开到中央车站时，金某在车上用汽油纵火。该列车坐椅虽为耐燃的塑料基材，但表面用易燃的丝绒包覆，着火后火势迅速蔓延。车厢内的塑料坐椅、顶板和地板在接触火后，也随即燃烧起来。几分钟后，1080 号列车反向驶入中央车站，司机没有采取申请过站不停车的措施，而是停在 1079 号列车一侧，并打开车门，两车间距较小，导致 1080 号也被引着起火。列车到站后，车门按照常规打开，乘客争先恐后逃生。因站台浓烟又关闭车门，随后列车电源发生故障，司机与中控室就回复供电继续前进，还是紧急疏散乘客犹豫不决，最后司机崔某竟拔掉列车主控钥匙逃离，致使部分乘客被关在车内，被烟火熏死、烧死。

当时，大邱地铁中央路站的消防设施的情况是：地铁车站共分上下 3 层，地下一层为候车室，建筑面积为 3847m^2，内部消防设施为灭火器 17 只、室内消火栓 4 只、紧急警报器 8 个、紧急广播器 43 个、导向灯 25 只、紧急照明灯 89 只、排风口 96 个、连接送水管 4 个、紧急插座 8 个以及无线通信设备。地下二层同样也是候车室，建筑面积为 4586m^2，内部消防消防设施为灭火器 15 只、室内消火栓 3 只、紧急警报器 7 个、紧急广播器 50 个、导向灯 26 只、紧急照明灯 119 只、排风口 135 个、连接送水管 4 个、紧急插座 7 个以及无线通信设备。地下三层为乘车站，建筑面积为 2004m^2，内部消防设施为灭火器 8 只、室内消火栓 8 只、紧急警报器 8 个、紧急照明灯 43 只、排风口 99 个、连接送水管 4 个、紧急插座 8 个以及无线通信设备。

火灾发生后，消防队的消防车立即进行了救援，赶到事故现场接受调度的消防人员有 906 人，赶到医院进行紧急救助的有 140 人，现场动员的消防人力总计 1046 人。在现场一共投入了 158 辆车，其中灭火车 58 辆、救援车 45 辆、救护车 55 辆。

大邱地铁火灾及救援全过程见表 6-1-2。

火灾发生后 4 分钟，消防部门即赶到现场；14 分钟，火灾现场总指挥金信东赶到现场，当时已经到了“无可收拾”的地步。在大邱地铁火灾中，出事的两列地铁搭乘人数约计 640 人，造成了严重的人员伤亡，死亡 198 人，受伤 147 人，总计伤亡 340 余人，超过半数。这次地铁火灾事故造成财产损失 47 亿韩元，地铁的恢复建设费达到了 516 亿韩元（图 6-1-1 和图 6-1-2）。

"2.18"大邱地铁火灾及救援全过程　　**表 6-1-2**

顺　序	时　间	相 应 事 件
1	9：52：00	1079 号列车驶入中央路车站
2	9：53：40	金某放火，1079 号列车开始着火
3	9：54：16	大邱市 119 控制中心接到首次报警
4	9：55：35	1080 号列车驶入中央路车站
5	9：56：40	地铁断电
6	9：56：50	1080 号列车起火，大火迅速蔓延并猛烈燃烧
7	9：57：00	大邱市消防本部到现场救援
8	9：58：00	北部消防救援队到场救援
9	9：59：00	七星消防队到场救援
10	10：01：00	三德消防队到场救援
11	10：03：00	中部救助力量到场
12	10：13：00	西部救助力量到场
13	10：30：00	大成消防队、卢元消防队到场救援
14	10：38：00	完成初期灭火
15	13：38：00	大火完全扑灭

图 6-1-1　大邱地铁纵火案现场鸟瞰

图 6-1-2　大邱地铁火灾后的地铁车厢

2. 消防救助中暴露的有关问题

1）关于消防车辆及装备

在大邱地铁火灾的事故救援过程中，缺乏足够的特殊车辆，比如针对地下火灾等特殊火灾事故的吸入式排烟车；消防队员的个人装备和装备输送车辆不足，比如预备容器、担架、制氧机等，消防队员的空气呼吸器、烟雾透视器、灯光线等装备的性能还需要进一步改善，以满足地下消防的特殊要求。

2）关于消防活动指挥通信

在进行灭火的时间里，不能及时得到有效的信息，通信方面我们也感到十分的困难。而且，消防队员在佩戴消防呼吸器的情况下，无法使用无线电设备进行通信。事后政府为消防部门的防灾、急救人员每人补充配备了一个无线通信装备，并确立了指定大型灾难时消防现场指挥的专用通信频道，使消防系统的无线通信频道在实际运用了得到了灵活使用。

3）关于现场出动指令体系

韩国救援体系是民防委灾难管理局与消防局各自独立的二元化灾难应对体系。灾难发生后，各个体系之间相互沟通衔接能力不强，造成议定的救援混乱。如果能建立一个快捷有效的一元化应急救援体系，对救灾活动会有很大帮助。

在消防救援指挥中，消防中队出动指令被延迟。原因之一：当报警人用手机报警时，接警系统不能像追踪固定电话一样能立即根据电话号码显示报警人的确切位置。原因之二：市民不熟悉 119 的报案方法。事后，韩国消防部门建立移动电话位置情报系统。消防部门还向市民宣传了 119 的报警方法，并要求 119 控制中心接警人员，在接受市民报警时，除了要了解现场位置，还要进一步尽可能详细了解现场状况。

事故调查人员根据火灾现场的时钟停止时间推定，中央控制室直到 10 点 17 分要求所有车辆停止运行，这是在火灾发生后 20 分钟做出的决定。

4）关于现场灭火工作条件

在救援过程中，由于消防队员的体力有限，装备也有限，导致消防队员受伤。比如空气呼吸器最多只能维持 20 分钟，但实际情况是，消防队员到多层地下站台走一趟所需要的时间远不止 20 分钟。在救援行动中，有 12 名消防队员受伤，其中 2 人重伤，10 人轻伤。事后，韩国消防部门改善消防队员的个人装备，改善消防公务员的教育训练体系，强化消防公务员的体力鉴定基准。还有导入以消防本部为单位实施的对应大型火灾的演习，进而建立业主与对应的消防部门之间的情报交流体系，提高业主的消防安全意识。

5）关于逃生过程分析

在火灾发生后的 段时间，人们的意识会突然模糊，对逃生没有任何概念。决定逃生后，在车站检票口处有两个相平行的通道，人们的选择又陷入了困难，可怕的是，许多人选择顺势前进，结果进入了通向地铁机房控制室的死胡同，最终许多人丧命与此。经了解，最终成功逃生的 88 人中，仅有 2 人选择了最便捷的逃生路线，其余的人都是通过其他常用的路线逃生成功的。

这就带来一个问题，在地铁车站内部的空间设计中，是否考虑了逃生路线的便捷性？是否考虑了人在危险情况下的自然反应？为什么多数人都不能找到最合理的逃生路线？

韩国与日本地铁火灾应急方案的差异：图 6-1-3 和图 6-1-4 表明，日本在火灾应急处理中，列车驾驶员可以说是整个事件的“灵魂人物”，位于图标的中央位置。而在韩国，地铁驾驶员都必须听从于中央控制室，他是被指挥者，由于中央控制室并不能完全掌握整个车辆的情况，所以其做出的决定可能延误了救援工作。从上文关于整个火灾过程的描述中，也可以看到驾驶员的重要性。

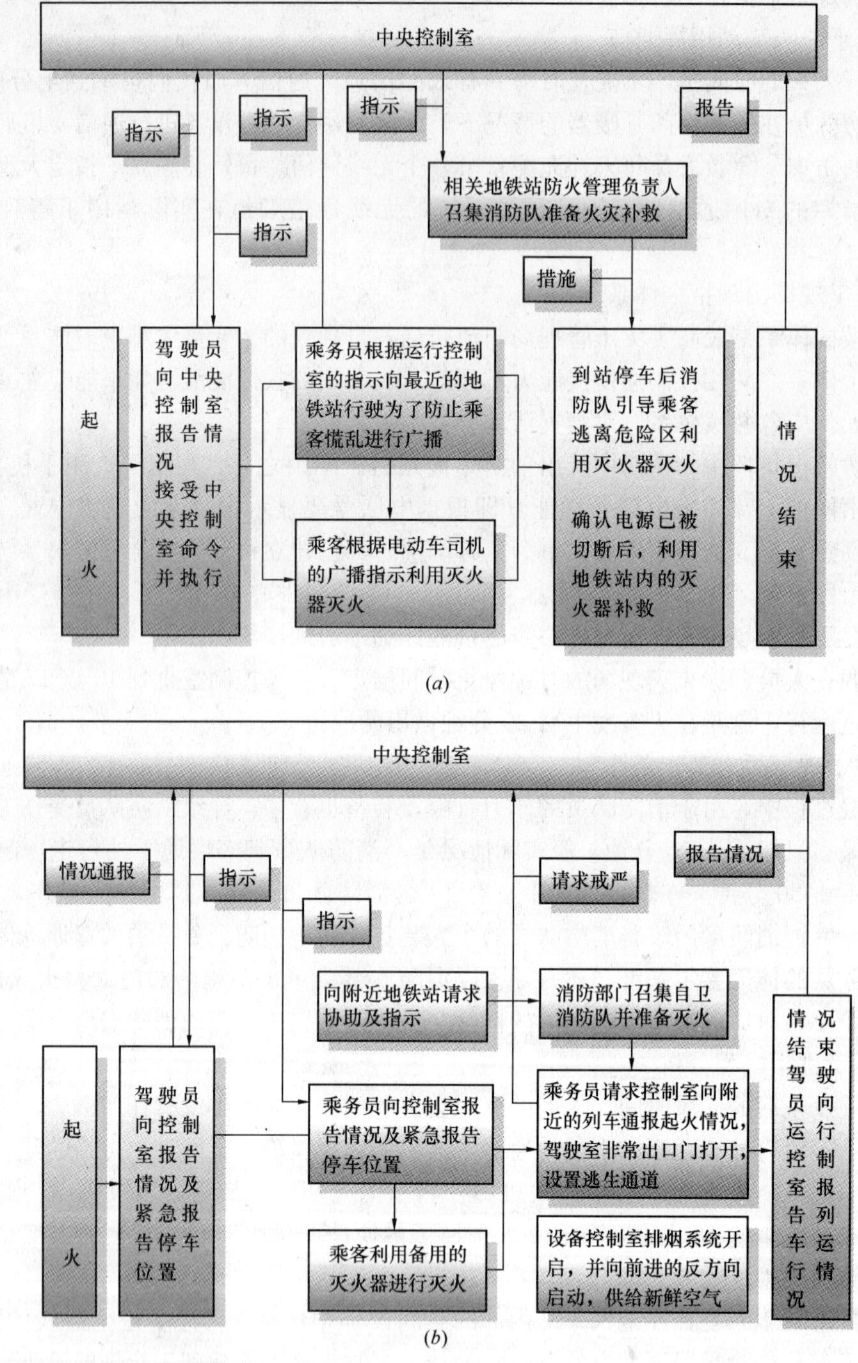

图 6-1-3 韩国地铁车厢内发生火灾应急方案

(*a*) 车厢内发生火灾应急处置方案；(*b*) 因火势扩散而在隧道内停车

（二）爆炸

爆炸是地铁恐怖活动的主要方式之一，而且爆炸物的技术含量越来越高，破坏力越来越大，使用的炸弹和引爆技术不断翻新，一旦发生严重恐怖爆炸事件，社会危害极大。英

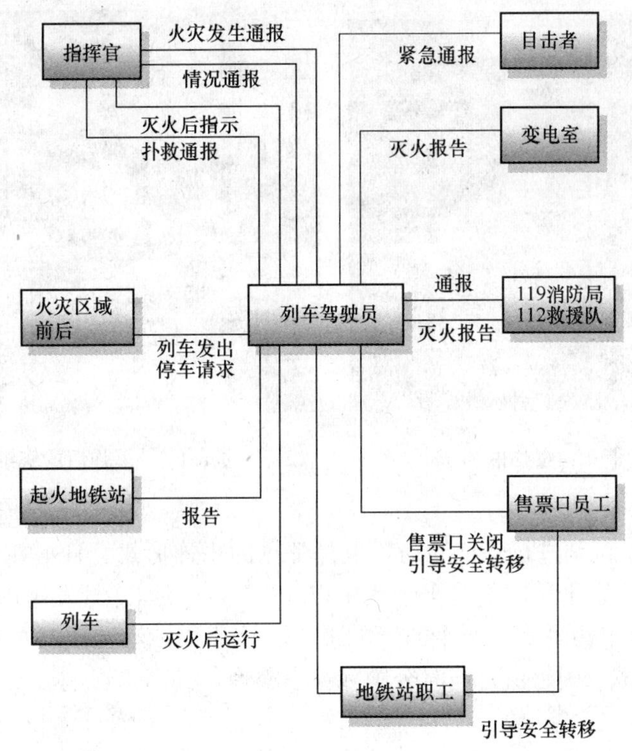

图 6-1-4　日本地铁火灾应急方案

国伦敦、法国巴黎以及俄罗斯的莫斯科等地都曾经发生过地铁爆炸恐怖事件，其中以2005年7月7日发生的伦敦地铁及地面交通系列爆炸事件影响最大，简称“7·7”事件。新华网称“7·7”伦敦地铁爆炸事件是英国历史上遭受的最严重的恐怖袭击，也是英国乃至整个欧洲大陆第一次蒙受的自杀式爆炸事件，它给英国社会带来的损失和影响难以估量。当时八国集团首脑峰会正在英国举行，而伦敦又在前一天获得了2012年奥运会的主办权，此次恐怖袭击事件造成的影响非常巨大，留在人们心中的疑问也非常多。

2005年7月7日上午上班的高峰时段，在人口密集的伦敦金融城等地几乎同时发生了4起地铁和公共汽车爆炸事件，造成了重大的人员伤亡。当地时间2005年7月7日8点51分（北京时间7日下午4点51分），利物浦街大街的阿德门地铁站附近隧道发生爆炸，7人死亡；上午8点56分（北京时间7日下午4点56分），King's Cross 地铁站和Russell广场地铁站间的隧道发生爆炸，有21人死亡；上午9点17分（北京时间7日下午5点17分），地铁在进入Edgware路站的时候发生爆炸，7人死亡；上午9点47分（北京时间7日下午5点47分），在Tavistock广场，一辆公交车发生爆炸，2人死亡。

阿德门车站爆炸现场满地鲜血，蜂拥而出的乘客挤出地铁站。在场的一位乘客说：“当时的巨响震耳欲聋，所有的车窗都被震碎了，全车的人都在尖叫，车厢里弥漫着浓浓的烟雾。”另一位乘客乘坐的地铁就在爆炸列车的对面，她说：“我看见那辆列车被炸开，列车的车顶被巨大的爆炸冲击力掀翻。我站在车厢里，大火就在车厢外蔓延。接着车厢一阵剧烈的震动，我们这节车厢里的乘客都开始向外狂奔。”其他爆炸现场也都惨不忍睹（图6-1-5、图6-1-6）。

图 6-1-5 阿德们车站爆炸的列车

图 6-1-6 爆炸后的塔维斯托克广场

（三）生物或化学袭击

使用生物或化学试剂进行恐怖活动，也是常见的恐怖形式。日本在 1995 年前后，曾经多次遭受毒气和其他化学试剂袭击，其中以 1996 年 3 月 20 日发生的东京地铁的“沙林”(Sarin) 毒气案最为恐怖，产生的影响最大。该恐怖活动造成人员死亡 12 人，受伤 5000 多人。事件造成全国恐慌，同时令国际社会震惊，其恐怖影响波及社会政治、经济、宗教、心理等层面。

图 6-1-7 消防人员正在抢救中毒者

3 月 20 日早 8 点左右，正值东京地铁客流高峰期，一辆辆列车都处于超载状态。8 点 20 分，“110”报警台接到日比谷地铁线的筑地车站的报警电话，称地铁站内出现异常气味，已经有人中毒。紧接着，霞关、神谷町等三条地铁主干线的 14 个车站相继发出警报。东京消防厅接到警报后，迅速出动大量警力和消防车，将中毒者送到医院救治(图 6-1-7)。

经专家取样化验，警视厅正式向外界宣布，有人在地铁内投放了神经性毒气“沙林”，是一次有“组织的无区别杀人”犯罪事件。“沙林”是 20 世纪 30 年代纳粹德国发明的一种神经性剧毒气体，其毒性是氰化物的数百倍，成人只要吸入几微克就会丧命。经事后警方调查，该事件是由一个叫“奥姆真理教”的宗教团体实施的。

第二天，三条地铁线全部回复营运，可是平日客流量达到 16 万人次的霞关换乘站乘客稀疏，神谷町、筑地等车站里冷冷清清，可见一次恐怖事件影响深远。

二、恐怖活动的特点

结合上述恐怖活动案例分析，不难发现事故呈现突发性、多样性、复杂性以及乘客聚扰性的影响，有效实施救人行动的难度很大。

（一）突发性

突发性几乎是所有恐怖活动的共同点，而且城市轨道交通站点多、线路长、分布广、人流量大、安全防范很难。多数案例都表明：地铁恐怖袭击发生前，基本没有任何前兆，乘客以及地铁管理人员基本没有警觉，使恐怖形式及时间一般很难准确预计，更谈不上提前采取防范措。

一旦袭击发生，面对突如其来的恐怖场面，有专门应急救灾常识且能够冷静判断灾情、正确采取措施的人并不多。多数人们的意识会突然模糊，多数人对逃生没有任何概念，自救意识比较差的人们会产生恐慌及焦躁心理，甚至迷失方向，等反应过来，往往已经错过了第一逃生时间。决定逃生后，多数人的盲目从众心理，以及出于对恐怖场面的害怕心理，人们也会本能的争先恐后、彼此推挤，导致死伤严重。同时，这种突发性也同样令整个救援系统在应急反应过程中手忙脚乱，很难快速有效地进行施救。

（二）全线性

地铁列车依赖于单一轨道连续运行，在线路上某一点发生恐怖袭击事件，会造成整条线路的运营中断，甚至影响其他线路的正常运行，而且在一定时间内难以恢复正常运行。

（三）枢纽性

地下综合交通枢纽是城市轨道交通乃至整个城市交通运输的核心与关键，大多数针对地铁实施的恐怖活动都会选择在综合交通枢纽进行，一般容易优先选择在环线地铁而且含有换乘站的位置作为打击目标。因为这样的恐怖活动造成的损失更大，影响更大。除了乘客可能受到直接伤害外，还极易造成车站、车辆和其他设施的毁坏；在具有综合功能的交通枢纽区，还可以是灾害波及商店、餐饮等其他人群聚集场所；同时，也有可能进一步破坏枢纽区的铁路、轻轨、公交等交通交通系统的正常运行；而且，多股人流以及各种交通工具在慌乱情况下，会彼此纠缠、互相冲撞，甚至挤压、踩踏、倾轧，后果不堪设想。

（四）空间复杂性

随着城市交通压力的增加，多层地下综合交通枢纽越来越多。北京地铁南站以及西直门站、深圳罗湖地铁站、上海虹桥地铁站等都是地下地上多层空间立体结构，这种空间复杂性，在遭逢恐怖事件时，会造成逃生、救援条件差，并导致现场控制局面、统一指挥调度等难度倍增。这一特点，具体表现在以下几个方面。

1. 逃生、救援路线单一

地下交通枢纽基本为地下封闭或半封闭空间，恐怖灾难发生后，人员必须通过仅有的立体交通狭窄通道逃生至地面安全位置，而不能像在地面发生灾害时一样在平面上的开阔路径上四散奔跑。在车站逃生时，垂直电梯和扶梯不能考虑使用，也没有地下避难空间，大量人流在逃生开始时可能在复杂的多层空间东奔西突，处于半盲目状态。只有一旦认清正确路线，又蜂拥而至，涌向狭窄的通道和楼梯，同时有检票闸机、安检设备以及疏散围栏等障碍物阻挡，会严重影响逃生速度。如果灾难发生在隧道里，乘客逃生将更加困难。

灾害发生后，救援人员想要进入地铁站内实施救援，无其他捷径，只能从乘客逃生方向的通道逆向进入，这样一来，消防人员势必与逃生群体发生冲撞，人命救助的及时性和有效性受到很大影响。韩国大邱地铁纵火事件发生后，救援行动曾一度受阻，营救线路单一就是主要原因之一。

图 6-1-8 “2.18”韩国大邱地铁中央路站多层结构火灾现场示意图

2. 垂直逃生、救援难度大

枢纽的建筑层数越多，逃生和救援的垂直高度就越大，避灾救灾难度就越大。多层地铁车站垂直深度可达几十米不等，日本东京的六本木车站共7层，深入地下40多米，台阶200多级。如果有灾难发生，无论是逃生还是救援，难度极大。尤其是对于老弱病残以及妇女儿童，即使有时间可以逃生，其体力也是问题。

3. 逃生、救援距离长，时间短

恐怖灾害多数是在短时间内发生发展的。爆炸发生发展最快，即使是火灾相对较慢，基本上在几分钟之内，就会烟气弥漫，使可视度降低，空气中氧气含量下降，并产生对人体有害气体。试验证明，火灾发生5分钟以后，乘客的逃生概率就会大大降低。如果是当事人毒气中毒、遭受爆炸或衣物起火，逃生就更加困难。

由于其功能需要，许多大型地下综合交通枢纽逃生路线的距离会很长。在几分钟的允许逃生时间内，要准确找到合理逃生路线，并快速通过如此长的通道，其难度之大可想而知。

同理，从外面赶来的救援队伍在短时间内要远距离到达事发现场、实施救援更是难上加难。

4. 空间局限性导致救援难度大

由于地铁突发事发地点空间的局限性，使得许多排险救援设施在地下空间到位慢、使用条件差、使用效率低，在很短的时间内完成地铁系统的排烟、排毒气作业以及开展救援工作的难度很大。

纵火或爆炸发生时，地铁列车车厢内的塑料坐椅、顶板和其他装饰材料大多可燃，容易造成火势蔓延扩大；有些材料燃烧时还会产生有毒性气体，加之地下空间有限、供氧不足、燃烧不彻底、烟雾浓，发烟量大。地下通风条件差，浓烟及热量难散发，火灾可以使整个地铁站台及站厅层在短时间内被浓烟和高温笼罩。受其影响，能见度大大降低，使消防人员在实施人命救助中，加大了搜寻遇险乘客和自身防护两方面难度。1983年8月16日，日本名古屋地下街地铁站因变电所起火后，浓烟滚滚，在救火过程中3名消防队员牺牲，3名救援队员受伤。韩国大邱“2.18”地铁纵火事件中，也因浓烟和高温的影响，使救援工作一度陷入被动同时地铁出入口少，大量烟气只能从少数洞口外涌，与地面空气对流速度慢，且地下洞口吸风效应又使外涌的烟气回流，容易令人窒息。

（五）群体性

在地铁里面客流量大，单位面积人数多，如上海某地铁站日均客流量25万人次，最高日客流量达到45万余人次。而恐怖活动多选择在客流高峰期进行，恐怖分子在地铁系统纵火、爆炸或施放毒气、生物制剂，极易造成群死群伤、严重的经济损失和恶劣的社会影响。

（六）通信不畅的影响

火灾及爆炸等可能烧损地铁内部的有线或无线通信设施，造成通信中断，导致进入地下的救援人员与地面失去联系，最终造成地面救援指挥部不能全面把握灾难信息，不能及时、准确地作出针对性决策和战术调整。韩国大邱地铁纵火事件中，救援行动展开22min后，地面与地下救援人员就失去联系，整个救援行动随即转向被动，当局估计，可能就是供消防联络的通讯电缆已烧断。

（七）连环性

许多针对地下交通及其枢纽实施的恐怖活动，都具有连环性特点，就是在较短时间内，在一个城市的多条地铁线路上、在一条线路的多个站点、在枢纽的地上地下多个位置进行破坏，这样导致救援难度大，短时间内救援力量不足，错失最佳救灾时机。

第二节 防 恐 系 统

目前，防恐系统的构建跟不上形势的发展，无论是立法、体系、机制，还是技术措施都是如此。地下综合交通枢纽防恐工作是一个长期、复杂的系统工程。该系统包括：立法、宣传教育演练、情报收集预测、应急指挥体系、防反机制、技术措施等。

一、防恐公约、协定及立法

事实表明，恐怖活动不仅形式多样化，而且还呈现集团化、网络化、国际化的趋势，恐怖活动的规模越来越大、破坏力越来越强、对人们的心理影响越来越大。

在构建防恐反恐系统过程中，相关立法是基础和依据。

（一）国际防恐、反恐公约

现有的国际防恐、反恐公约见表6-2-1。

国际防恐、反恐公约一览表　　表6-2-1

编 号	名 称	时 间
1	《防止和惩治恐怖主义公约》	1937年
2	《关于在航空器内的犯罪和凡有某些其他行为的公约》	1963年
3	《关于制止非法劫持航空器的公约》	1970年
4	《蒙特利尔公约》	1971年
5	《反对劫持人质国际公约》	1979年
6	《制止危及大陆架固定平台安全非法行为公约》	1988年
7	《制止恐怖主义爆炸事件的国际公约》	1998年
8	《制止向恐怖主义提供资助的国际公约》	1999年

（二）区域及国家之间的防恐、反恐协定、条约

现有的际及国家之间的防恐、反恐协定、条约见表 6-2-2。

区域及国家之间的公约、协定一览表 **表 6-2-2**

编号	名称	时间
1	《美洲防恐公约》	1971 年
2	《欧洲制止恐怖主义公约》	1976 年
3	亚太地区《惩治恐怖主义区域公约》	1987 年
4	加拿大与美国《反恐怖合作协议》	1988 年
5	中国与俄罗斯等 6 国之间《打击恐怖主义、分裂极端主义上海公约》《关于地区反恐怖机构的协定》	2001 年

（三）各国家立法

迄今，多数国家已有反恐立法。其中美国的相关立法体系比较完备，分类细致，有美国反恐怖法（又称爱国者法）、美国防止恐怖主义利用生物武器法、国爱国者法增补及再授权法、美国爱国者法附加授权修正案、美国巴勒斯坦反恐怖主义法、反恐怖主义及有效死刑法案、恐怖主义受害者公正待遇法案、联邦爆炸品法、塑胶炸药公约等。其他国家也基本都有相关立法。

（四）我国的立法

我国关于反恐立法主要有：刑法中关于恐怖主义犯罪的规定、刑法中关于反洗钱犯罪和打击控制不自主犯罪的规定、《中华人民共和国民用航空法》等。

到目前为止，我国尚未形成专门的反恐法律，而反恐职能的实现是靠其他法律、行政部门和部门规章等共同发挥作用。我国现行反恐法制存在的主要问题有：立法格局不科学、反恐原则缺失、基础概念不明确、刑法反恐重心偏移、反恐程序立法空白、执法体系不完善、与国际反恐法接轨不充分等。

我国应积极构建反恐立法的新格局，逐步实现以宪法为依据，以反恐怖法为主导，诸法配合的新局面。同时确立法治和人权、标本兼治、国际合作与中国特色相结合等反恐基本原则，理清恐怖主义基础概念，在刑法中增设恐怖行为罪、明确规定特殊的反恐程序、加强反恐中的人权保护并不断完善反恐执法体系，推动反恐领域国际法制与中国法制的良性互动。

二、构建防恐应急体系

构建高效实用的防恐体系，是预防、处置、善后处理以及有力打击恐怖主义活动的关键因素和有力保障。根据地下交通枢纽发生恐怖活动的特点，构建合适的防恐体系是十分必要的。

1. 国外现状

目前许多国家都有自己的反恐防范体系，美国已经建立了针对各种恐怖活动的应急反应体系，比如反爆炸恐怖活动应急体系，见表 6-2-3。

同时，确定了灾难发生时各相关部门的救援职能，见表 6-2-4。

美国地方、州、地区和联邦反恐职责　　表 6-2-3

范围	负责人	职责
地方	市长或县执政官 事故指挥官员	启动地方紧急情况处置计划并通知主管官员 领导救援行动的地方消防或警署官员
州	州长	启动州紧急情况指挥中心（BOC），宣布进入紧急状态并与联邦紧急事件管理局（FBMA）地区主管取得联系，以要求总统签署紧急状态令
	州协调官	在联邦的帮助下领导全州的救援行动并协调州内各项行动
地区	联邦紧急事件管理局（FBMA）地区主管	领导地区指挥中心（BOC），组织紧急事件应急小组（BRT-A）并向 FBMA 局长报告
联邦	联邦紧急事件管理局（FBMA）局长总统 联邦协调官	建议总统签发紧急情况或灾难状态令 签发紧急状态或灾难状态令，并委派联邦协调官 作为总统处理此次事件的代表，通过由 BRT-A 支持的灾区办公室（DFO）领导联邦救援和重建工作

美国各部门应急救援职责　　表 6-2-4

领域	机构	职责
交通	交通部	提供民用和军用交通援助
通信	国家通讯委员会	提供通信支持
公共设施和工程	国防部工程兵	重建必要的公共设施
消防	农业部森林局	侦察森林、郊区和城市火灾
信息和规划	联邦紧急事件管理局（FBMA）	搜集、分析和发布信息，制定全联邦参与救援与恢复行动的计划
卫生护理	红十字会	管理和协调食品、住所和对伤员进行早期护理；分发救援物资；建立系统协助家庭团聚
物资救助	公共服务署	提供设备、物资及人员进行灾难救援
健康和医药支援	健康与人力服务部门	提供公共健康和医药援助
城市搜寻和救援	联邦紧急事件管理局（FBMA）	搜寻、营救困在坍塌建筑中的受害者，并为之提供早期医疗服务
有害物质	环境保护署	支持联邦对存在或潜在的石油或其他有害物质的泄漏的反应
食品	农业部食物消费者服务机构	确定食品需要，保证食品运达受灾地区
能源	能源部	恢复能源系统和供应

2. 我国防恐体系的构想

1）体系的结构

我国的反恐防范体系在理论上已比较完整，也有较具体的地铁防恐体系。但针对多层地下交通枢纽恐怖活动的特殊性，现有的防恐体系还有待于进一步完善。多层地下交通枢纽防恐体系的构建，应充分考虑其枢纽性、空间复杂性等特点，其基本构想见图 6-2-1。

2）各部分职能

(1) 总指挥、指挥部

负责指挥、协调应急求援工作。迅速评估灾难的严重程度，确定预警级别，并根据事件级别确定指挥方案或授权指挥；进行应急任务的分配和人员、应急资源设备调度、保证

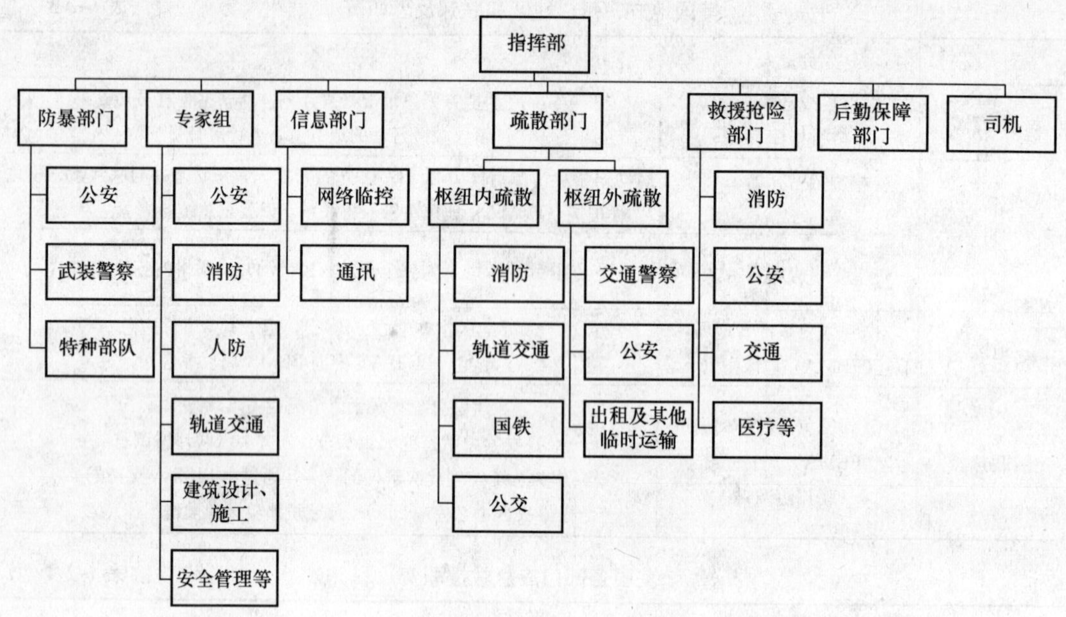

图 6-2-1 防恐体系基本构想图

在最短时间内完成对事故现场的应急行动；在第一时间分别向上级领导及有关部门报告，紧急情况处置过程，还应及时向上述领导、部门反馈后续情况。

（2）防暴部门

根据恐怖事件的预警级别，可由公安、武装警察、特种部队中的一种或多种组成，负责控制枢纽内部及其周边的局势，根据情况需要，规劝、抓捕恐怖暴力分子，必要时武力解决，防止恐怖事件进一步升级，同时还肩负排爆等特殊使命。这样，也可以保证抢险救援以及疏散工作顺利进行。

（3）专家组

主要由公安、消防、轨道交通、建筑、安全管理、卫生、市政、水务、环保等方面专家组成。在恐怖事件发生后，根据事件类型和特征，由防恐指挥部从专家库中具体确定相关专业专家，对事故应急处置工作提出指挥决策建议，并进行技术指导。

（4）信息部门

通过网络监控和各种通讯设备，尽快收集恐怖灾难及相关信息，并将信息传递给指挥部。同时为整个应急体系信息畅通提供技术支持。

（5）救援抢险部门

主要由消防、公安、轨道交通及医疗急救部门组成，同时还需要其他相关部门配合。救援抢险部门的行动效率会直接影响灾难造成生命财产损失的程度。其职能之一是针对恐怖活动所造成的火灾、烟气、毒气、水灾等进行及时有效的灭火、排烟、消毒等工作，以最大限度减少恐怖活动对枢纽的结构设施造成的损失，减少里面的人员伤亡。其职能之二是抢救受灾人员，使其尽快到达安全地点。

（6）疏散部门

分为枢纽内疏散和枢纽外疏散两部分。枢纽内疏散部门主要职能是保证人流疏散路线畅通，指挥引导协助人流迅速疏散至安全地点；同时，对于惊慌错乱的人，进行必要的心理疏导，保证良好的疏散秩序；在允许的情况下，协调枢纽内的轨道交通、国铁、公交等尽快疏散，离开灾难现场。

枢纽外疏散是指恐怖活动发生的枢纽的周边较大区域内的交通疏散和引导。一方面，需要迅速将从枢纽中疏散出来的人群以及枢纽附近因恐怖活动而产生拥堵的人流、各种交通工具加以合理引导疏散；另一方面，需要通过各种通讯手段，或设置临时交通标识，将信息发布给可能通过事发枢纽及其周边的公交、出租等，告知处置事件直到回复正常运输所需要的时间，提醒、引导人们采取合理的路线绕行。2009 年 12 月 22 日，上海一号线地铁发生两车碰撞事故。12·22 事故发生时，正值上班的早高峰，由于地铁广播只是通知 1 号线发生故障，对延误时间并没有通知，所以仍然有不少乘客在车站内“死守”。事故发生后两个多小时，仍有许多人赶去搭乘一号线……最终造成数千人乘坐火车、飞机等误点。北京也有个别地铁站逢大雨停运，但是市民不知道情况，仍然源源不断赶往搭乘，最终造成交通拥堵瘫痪的问题。这说明交通枢纽的事故处置，应全盘考虑整个交通系统可能发生的情况。

（7）后勤保障部门

其职能是满足防恐体系各部门的应急需求，包括物资、普通用车、设备等。

（8）司机

指枢纽内遭遇恐怖的地铁列车司机、国铁列车司机、公交司机。处于事发现场的司机，关键时刻掌握着车上成百上千人的命运，其职能是及时报告目击事故状况，迅速准确判断形式。如果上级不能及时给出准确指令或由于灾难原因中断联系，司机应有权利及时决定应对办法。当然，其前提是平时对司机应该有足够的恐怖应急培训和演练。

另外，体系中还涉及宣传部、发改委、民政局、财政局、建委、市政、交通委、水务局、商务局、安监局、民防局、信息办、通信局、气象局、电力公司、相关商业营企业、环保、法律、新闻发布机构等相关职能部门，其具体职能可参考“多层地下交通枢纽突发事件应急预案”。

整个体系应服从总指挥及指挥部的统一指挥、步调一致；各主要部门以及相关职能部门之间应彼此联动。

三、防恐机制

防恐机制是防恐工作系统的组织和部分之间相互作用的过程和方式，是防恐体制的要素和表现形式。

（一）制订应急预案，建立统一指挥、彼此联动的机制

面对突发恐怖事件，如何将国家和人们生命财产的损失以及事件的不良影响降到最低程度，这是一项系统工程。我国已有地铁运行或正在规划建设地铁的城市，纷纷制订应急预案和联动机制，提高应对突发事件的能力。上海市就制定了《上海地铁运营有限公司轨道交通火灾、爆炸、毒气案（事）件的现场处置预案》，并结合实际情况进行了细化，使其具有可操作性。

对恐怖活动的应急防反从指挥体系到运作机制都应该统一指挥、彼此联动，以便及时地将防恐体系中各个相关部门调动起来，协调作战，完成反恐救灾的任务。这一点与我国

目前地铁管理体制及机制的多样性是不同的，更有助于克服地下综合交通枢纽内可能存在的轨道交通、国铁、公交、商业企业等各部门之间在日常管理上的欠衔接、彼此壁垒的缺陷。

目前我国地铁管理体制及机制有多种模式，无论是哪种模式，都有明显的企业行业特征，不适于紧急应对恐怖袭击。我们在国家高技术研究发展计划（863 计划）专题课题“多层地下综合交通枢纽安全设计技术”研究基础上，制订了“多层地下综合交通枢纽突发事件应急预案”，提出了防恐体系构建设想，同时强调体系中各主要部门以及其他相关职能部门在指挥部的统一指挥下协调作战，彼此联动。

（二）严谨的预防机制、高效的应急机制、合理的善后机制

恐怖活动从时间发展历程上分为事前、事中、事后三个环节，相应的防恐机制也体现在三个方面：针对酝酿潜伏期或事件突发前的预防机制；针对事件发生时的应急机制；针对事件平息后的善后机制。

1. 严谨的预防机制

恐怖活动一旦得以突然实施，事态发展迅速、不易控制、社会影响极大，为此，应该坚持以预防为主，建立严谨的预防机制，争取把事件控制在萌芽状态。

1）科学预测、监测

恐怖活动并非空穴来风，事发前总有蛛丝马迹。比如“7·7”伦敦地铁连环爆炸案，当时八国集团首脑峰会正在英国举行，而伦敦又在前一天获得了 2012 年奥运会的主办权，这正是整治敏感期。“3.20”东京地铁沙林毒气案发生的地铁霞关站出口离警视厅、警察厅、和外务省等官厅最近，且出事的 5 辆列车都是在公务员上班前一刻钟左右到达霞关站并爆发毒气事件。而且实施这次活动的“奥姆真理教”此前已经有所表现，但当局的预测、监测不够，未能及时挫败这次恐怖活动。

而我国在 2008 年夏季奥运会前做了充分的准备工作，对防恐安全给予高度重视，各场馆都进行了安全评估。同样，我们在 2009 年建国六十周年大庆之前，也给予充分的重视和准备。比如，逢大型活动时，地铁环线天安门站不停车，其他站点不同程度加强安检及交通管理，这些都是基于对恐怖破坏活动的科学预测、监测，因此使得上述重大活动圆满成功。

英国伦敦地铁爆炸事件后，各地政府高度重视并要求加强地铁的安全防控设施。将于 12 月底试运营的广州地铁四号线列车是全国首家加装了安防监控系统的地铁列车。列车在每节车厢头尾分别安装了固定监视器，将车内发生的事情实时拍摄并传送到车头显示屏。同时列车还安装了与司机直接对话的紧急呼叫系统。整套安防监控系统为司机提供驾驶室集中监控四个客室乘客状况以及两端司机室的状况的功能，并提供与列车管理系统（TMS）、乘客信息显示系统（PIDS）、列车门控单元（车门紧急解锁装置）以及列车客室烟感探测器和温感探测器等的接口，为地铁运营应对突发事件起到技术保障的作用。

最近上海地铁用二三十厘米深的浅盆状垃圾桶或塑料袋来代替原来的那种铁制圆筒形不透明垃圾桶。

2）分级预警预报机制

依据恐怖事件的危害程度、发展情况和紧迫性等因素，预警由高到低可分红色、橙色、黄色、蓝色四个级别，可参见“多层地下综合交通枢纽突发事件应急预案”。预警的

发布和解除由防恐指挥部完成。

3）提高安检质量

地下交通枢纽比较封闭，入口有限，便于进行安检，目前国内地下交通枢纽基本都有进站安检环节，但尚需提高安检质量。最近德国拟推出高透视率的安检设备，可以提高安检质量，但是因涉及暴露个人隐私而备受争议。另一方面，提高安检工作人员的安全意识和工作能力，也非常重要。

4）大力宣传

整个社会对地下交通防恐反恐认识不高，意识比较淡泊，需大力加强面向社会大众的防恐反恐宣传，提高人们对恐怖活动及其后果的思想认识和识别能力。

充分发挥乘客的监督举报作用，加强市民的安全乘车意识，减少由于乘客个人失误而造成地铁运营事故。充分发挥群众的监督作用，建立适当的举报奖励制度，以此来防范任何可疑人员对地铁造成的潜在威胁。

加强对地铁工作人员的教育。务必加强对工作人员的法制教育、技术教育、安全教育和职业道德教育。工作人员要始终以“安全第一”作为运营准则，任何时候都要提高警惕，防患未然。

5）加强培训、模拟演练

加强对枢纽内工作人员、相关行业管理人员以及公众的培训，并进行适当的模拟演练，提高人们对恐怖活动的感性认识和应对能力。

制定各种事故信息传递流程和事故应急处理程序。考虑到事故的不确定性、多样性和复杂性以及操作人员的素质、思想、能力等多方面因素，因此定期对各种应急预案进行模拟演练显得尤为重要。

6）做好充分应急准备

时刻做好恐怖事件应急准备，包括健全的组织机构、充足机动的人力储备、先进的技术准备、专用设备储备、充足的物资储备等。

7）社会问题

预防恐怖活动绝不仅是技术问题，从根本上讲更是一个社会问题，不能说人生下来就是恐怖分子，恐怖分子、恐怖组织的产生都有特定的社会根源。

澳大利亚学者 W. 伯顿所著《全球冲突》一书分析了恐怖主义滋生的原因：一个国家制度的内在缺陷，不能满足个人或社会群体的需要，是滋生恐怖主义的内在原因。一些国家特别是大国的制度内在缺陷“外溢”，则是当代国际恐怖主义滋生的重要原因。

因此，严谨的技术性预防恐怖活动，只能治标。科学解决不合理社会问题，以科学发展观建立和谐社会，才是治本。

2. 高效的应急机制

应急是多层地下综合交通枢纽防恐的关键环节，高效实用的应急机制，可以保证迅速制服恐怖分子、控制恐怖局面，最大限度减少伤亡人数、财产损失以及不良社会影响。

1）启动预案、分级响应

一旦恐怖事件发生，有关工作人员应第一时间上报防恐指挥部，指挥部根据灾情，立即发布分级预警，并指挥部署分级响应。防恐体系各部门以及相关职能部门按照预警级别进入应急状态，按照防恐职能分工各司其职、彼此联动，做好枢纽内外的防暴、疏散、救援、抢险等工作。

2）枢纽内应急

枢纽内应急主要内容应包括车内应急和车外应急两部分。

（1）车内应急

恐怖活动发生时，处于枢纽内部的平时训练有素的地铁列车司机、国铁列车司机、公交司机等，应及时报告并听取恐怖事件有关情况，迅速准确判断形势。

同时，启动列车自动控制系统。列车自动控制系统包括针对发生紧急事故和灾害情况下的列车自动调度系统，这个自动调度系统应是一个实时专家系统。自动调度系统软件由事实库、规则库、推理机、数据黑板等构成。事实库中主要存放与推理有关的静态事实；规则库中主要存放调度专家的领域知识，如故障判断规则、运行图调整规则等；推理机模拟调度专家的思维方式，根据事实库中的事实，调用规则库中的规则，逐步进行推理，推理的中间结构暂存在数据黑板上。自动调度系统将及时制定出新的列车运行方案，防止灾害的扩大化。

如果上级不能及时给出准确指令或由于灾难原因中断联系，司机有权利及时决定应对办法，即立即驶离枢纽或打开车门让所有乘客迅速疏散，并及时通报自已的决定。

（2）车外应急

车外应急是个复杂的系统，包括防暴、信息、专家、疏散、救援抢险、后勤以及其他相关职能部门的人和大量乘客，也包括应急装备（主要包括报警系统、救护设备、消防器材、通讯器材、特殊设备等），应急流程如图 6-2-2 所示。

3）枢纽外应急

枢纽外应急主要是交通疏散应急。一方面，迅速将从枢纽中疏散出来的人群以及枢纽附近拥堵的人流、各种交通工具加以合理引导疏散；另一方面，通过各种手段，将事件信息发布给可能通过事发枢纽及其周边的公交、出租等，告知处置事件直到回复正常运输所需要的时间，提醒、引导人们采取合理的路线绕行。关于这一点，深圳市的交通应急保障总体方案可供参考，见表 6-2-5。

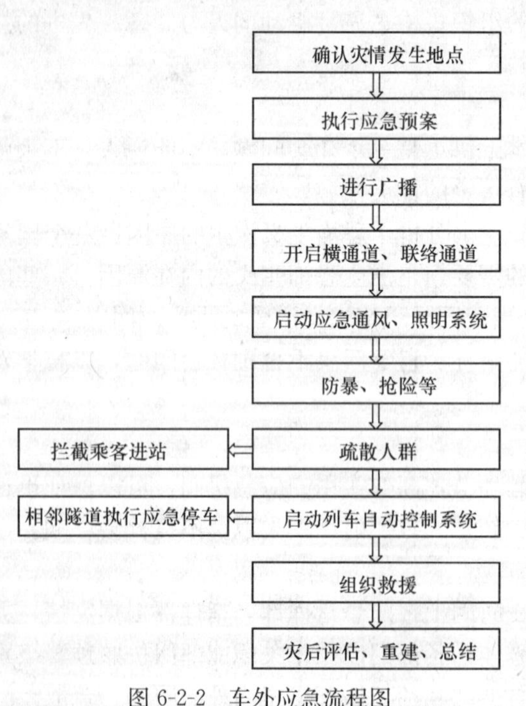

图 6-2-2 车外应急流程图

3. 合理的善后机制

恐怖事件结束后，应接触预警，尽快回复枢纽及全线的各种交通运行。同时，做好其他善后处置工作，包括对整个事件发生及处理过程详细分析，总结经验、吸取教训，在管理和技术上提出改进措施。对事件进行评估，通过风险水平对比、排序，为防恐资源的合理配置，有针对性地加强预防措施等提供参考依据。对灾后枢纽的建筑结构、装饰装修、设施设备进行评估，确定改建、重建方案。

四、防恐技术措施

技术措施是多层地下综合交通枢纽防恐的客观保障。科学合理的技术措施，可以保障迅速控制恐怖局面，最大限度减少伤亡人数、财产损失以及不良社会影响。目前针对地下综合交通枢纽防恐技术措施的研究还很有限，本书提出以下几个方面仅供参考。

（一）枢纽及隧道的防恐应急设计

把防恐、防灾的意识熔化在设计、建设之中，能起到“事半功倍”的效果，事后的整改不仅“事倍功半”，有些想法还可能无法实现。

1. 枢纽的交通换乘能力与线路运输能力相匹配

图 6-2-3　某地铁站站台拥堵状况

随着城市交通负担日益加重，许多地下综合交通枢纽出现了枢纽的交通换乘能力与线路运输能力不相匹配的状况（图 6-2-3）。

正常的换乘已经如此，如果出现恐怖活动，后果不堪设想，防暴、疏散及抢险救援难度会很大。这就需要在进行枢纽设计时，就要结合我们的国情以及城市特点，充分考虑枢纽的交通换乘能力不低于线路运输能力。这有点类似于房屋结构设计的一个原理：强节点弱构件原则，即结构设计应考虑连接梁、柱构件的节点承载力须不低于与节点相连的梁、柱等构件的承载力。

2. 疏散路线、应急疏散时间限度以及枢纽内人流交通特征参数相匹配

规范规定，车站公共区内按客流需要（包括紧急疏散时）设置足够宽度的人行通道，每个站的人行通道不少于 3 个，并至少有 2 个能直通地面。站台到站厅的扶梯加楼梯的总宽度，能保证火灾情况下在 6min 内把站台上的候车乘客和一列满载列车的乘客以及车站工作人员疏散到上一层。

在恐怖活动发生时，客观情况对应急疏散时间要求会更短。这就要求在地下多层综合交通枢纽设计时，对于疏散路线的位置、长度、坡度、宽度等参数应予充分考虑，需结合枢纽内人流交通特征参数，进行疏散模拟分析，满足疏散时间限度的要求。如不能满足要求，需采取合理措施加以解决。

3. 设应急援救专用通道

枢纽内发生恐怖事件后，应急专用通道可供防暴、救援抢险人员快速进入枢纽，从而避免疏散人群与防恐人员及设备对流冲撞，提高应急效率。

伦敦地铁于 1863 年开通，是世界上修建的第一条地铁。虽经过不断改进和完善，但仍然不够完善，面对“7·7”伦敦地铁连环爆炸等突发事件，依然暴露出许多问题。其中一个主要原因就在于地铁的结构设计不够完善：地铁出入口通道与消防人员救援通道为同一通道，严重妨碍了救援工作的顺利进行。

4. 增设应急逃生专用通道

可增设地铁与邻近建筑物的专用通道，并设置相应隔断门。恐怖灾难发生后，可开启

专用通道，便于乘客逃生。也可在相邻隧道间设置通道，用于列车在隧道中央发生恐怖事件时，乘客可以通过隧道间通道迅速转移至相邻隧道内，离开恐怖事故现场。

5. 隧道两侧增设紧急疏散平台

为提高市民乘坐地铁的安全性，在隧道两侧专门安装了宽 80cm 的紧急疏散平台，万一列车在行驶途中遇到了紧急情况，就可以开启车门，让乘客通过紧急疏散平台实现安全离开。

6. 设置安全屏蔽门等防灾设施

屏蔽门在发生爆炸时可以起到阻隔火焰、控制烟气流动的作用，可及时排除烟气，为乘客撤离和消防人员进入提供足够的通风量，为灾情的控制和人员逃生创造条件，并可避免爆炸发生时人群因为拥挤而发生意外的情况。

（二）枢纽一体化综合监控警示系统设计

枢纽的多层空间复杂性和交通服务功能的综合性，要求构建枢纽一体化综合监控警示系统，从而为整个防恐系统服务。从防恐角度出发，该系统在紧急状态应具有对整个综合枢纽内可能存在的轨道交通、国铁、公交、出租、商业服务业进行监测、数据分析、指挥控制以及警示的功能。这对于目前彼此较独立的枢纽内各行业难度较大，但对于防恐应急却是必不可少的，因为恐怖活动一旦发生，可能会波及枢纽内各个角落，烟气、水火、毒气及化学试剂等是不会区分不同的行业和人的。2010 年 1 月 30 日，北京南站地区管委会挂牌成立，将搭建应急指挥平台，一体化的综合监控警示系统就应该是其日常工作和防恐应急之所需。

1. 综合监控系统

综合监控系统主要包括对枢纽内各行业设备、场地以及人的实时集中监控系统，各系统之间具有协调联动功能。通过综合监控系统，对枢纽内场地以及人、交通运输设备、灾害报警信息及其设备、枢纽的环控设备、环境参数、防灾实施设备、电扶梯设备、照明设备、门禁设备、自动售检票设备、广播和闭路电视设备、乘客信息显示系统的播出信息和时钟信息等进行实时集中监视和指挥控制。系统可按照不同级别分层次设计。

安检系统是综合监控系统的重要组成部分。各种恐怖活动的实施，需要有恐怖分子携带相应的燃烧、爆炸、试剂以及武器装备等危险源进入枢纽，安检系统是防止危险源进入枢纽的关键环节。一方面安检系统需要专门的高技术监测设备和训练有素高度负责的工作人员；另一方面，由于地下枢纽的封闭性，安检系统的设置应考虑枢纽一体化。目前，由于行业之间衔接机制不够完善，同一枢纽可能存在多环节安检，比如地铁、国铁各自设置安检系统。这样，与交通枢纽实现快速换乘的宗旨不符，而且对于防恐安全也无益。

2. 一体化安全警示系统

针对整个枢纽的安全警示系统是综合监控系统的重要组成部分，是枢纽防恐应急的重要保证。该系统主要由灾害自动报警系统和环境与设备监控系统以及与其协作的功能系统组成。其主要功能是环境与设备的实时运行状态监控与报警，必要时能够实现联动控制。枢纽一体化综合监控警示系统可参考本书第 7 章。

应急疏散标识系统也是恐怖灾难发生时人群逃生的关键。灾难发生时，可能会出现因断电而导致照明设备失效、因烟气弥漫而导致人可视度降低、因缺氧或中毒而导致人的神志不清判断力下降等状况。因此，应急疏散标识应具备亮度大、位置醒目、易于识别、理解、符合国际通用标准等特征，并及时配合广播的指挥引导，以确保紧急疏散顺利进行。

2003年，北京地铁1、2号线内41个车站全部换上新的安全疏散标志，一旦发生停电等紧急事故，新标志就可在黑暗中自己发光，形成光带箭头，引导乘客安全疏散。安全疏散标志主要包括五类：疏散指示标志、疏散导流标志、障碍警示标志、消防器材指示标志、蓄光型安全疏散标志。

3. 网络标准体系与可靠性

随着全国以及各大城市的轨道交通建设力度加大，随着地下综合交通枢纽数量越来越多、规模越来越大、功能越来越综合，枢纽综合监控警示系统的网络标准化问题日益需要得到很好的解决。枢纽的综合性给问题的解决带来一定难度，因为存在各自为政、资源浪费、重复建设等问题。

枢纽综合监控警示系统的网络标准化建设，需综合考虑轨道交通、国铁、公交等相关行业自身的网络标准化特点，加以协调整合。从网络建设指导文件、技术规程、通用图、标准图等方面加以建设。上海轨道交通网络标准体系建设的思想可供参考，其总体框架见图6-2-4。

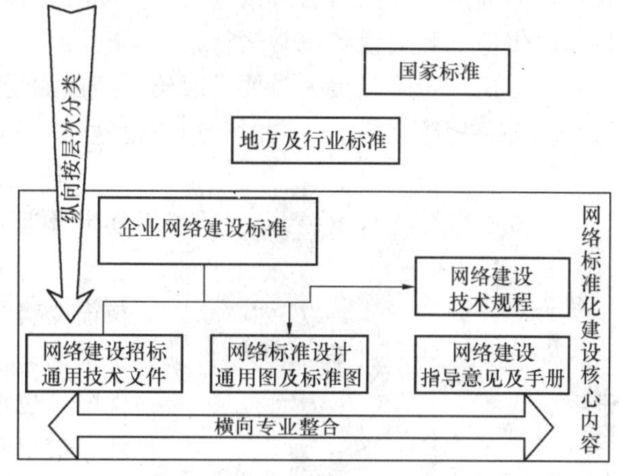

图6-2-4　网络建设标准体系框架

另外，由于网络的脆弱性以及网络恐怖攻击的隐蔽性，网络系统容易收到恐怖攻击，造成严重后果。因此，需要重视地下交通枢纽安全警示网络系统的安全，对系统进行可靠性分析，根据可靠性指标，判断网络系统的可靠性。同时，先进稳定的网络安全技术也是系统安全运行、免受攻击必不可少的措施。

（三）抢险救援与防暴

恐怖灾难发生后，相应的防灾系统会自动启动。同时，在指挥部的指挥下，防恐队伍要尽快控制灾情：防暴部门要迅速控制恐怖分子以及整个枢纽内的局势；救援抢险部门尽快进行灭火排烟排毒、通风、恢复电力照明、恢复设备正常运行等工作，为枢纽内人群的紧急疏散提供技术保证。

1. 防暴

防暴工作由公安、武装警察乃至特种部队组成的防暴部门完成，其主要任务是控制发生恐怖活动的枢纽内的局势。既要迅速制服现场发现的恐怖分子，并威慑蠢蠢欲动的隐蔽分子；又要将可能留在枢纽内的炸弹、生化制剂、放射性物质等危险源妥善处置。

爆炸是地铁恐怖活动的主要方式之一。爆炸物的技术含量越来越高，恐怖分子使用的炸弹和引爆技术不断翻新，破坏力越来越大。防暴人员在恐怖现场应及时使用爆炸物探测器、炸药迅速感应器、中子探测仪或专业警犬、电子警犬鼻等工具探测并发现可能尚未爆炸的炸弹。将炸弹放入防爆桶、防爆毯等设备，或使用排爆机器人、遥控排爆车等设备排爆。

施放毒气或肉毒杆菌、炭疽菌、氰化物等生化制剂等，也会造成严重的人员伤亡和财产损失，并产生严重的心理恐慌和极其恶劣的社会影响。防暴人员应配备防毒面具等防化设备与用品，可及时清理危险源。

当然，最理想的就是加强安检，防止上述危险源进入枢纽。

2. 抢险救援

目前已知的恐怖灾害在枢纽内最终造成的主要危害有：火灾、烟气及毒气、断水断电、人员伤亡、设备破坏等。抢险救援工作应针对上述危害进行，主要内容包括两部分：

一方面，灾害发生后，枢纽内的综合防火、排烟换气以及应急照明等系统可能会自动启动，进行救灾，具体内容可参考本书第二章。但是，由于恐怖活动的特殊性以及其他技术性因素，上述防灾系统也可能会不能按照预期设计工作，这就需要抢险救援人员使用备用设备及时完成人工灭火、排烟换气、照明等工作。同时，如果条件允许，应尽快恢复枢纽内水电供应和救灾设备正常运行。

另一方面，抢险救援人员要及时给枢纽内的受灾人员发放避难所需要的防毒面具、空气呼吸器等备用防灾物品。同时，组织抢救伤员及无自我疏散行为能力的老弱病残者。

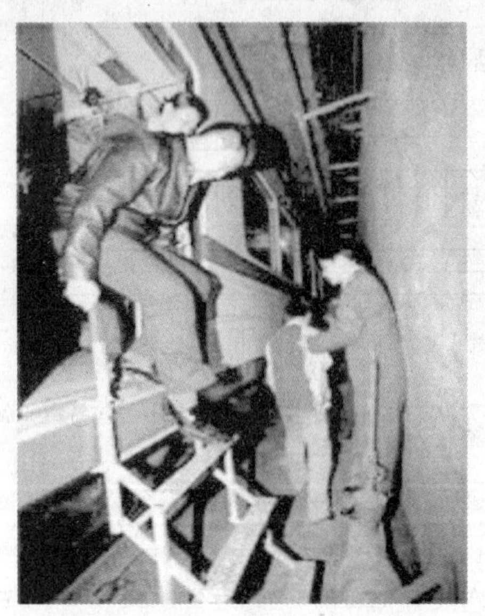

图 6-2-5 列车紧急疏散乘客车辆专用折叠便携式扶梯

由于地下多层交通枢纽的空间复杂性，抢救伤员及老弱病残，将其疏散至地面难度很大。紧急救援时，扶梯、电梯可能都不能使用，救援人员需要将受伤人员等从多层地下逐级走台阶背负至地面。这样的救援，既没有足够的人力、体力保障，也没有时间的保障，救援效果会很差。因此，应研制并使用专门用于地下多层交通枢纽救援的设施，如“列车紧急疏散乘客车辆专用折叠便携式扶梯”等（图 6-2-5）。

（四）紧急疏散

紧急疏散由疏散部门组织完成，其顺利完成的前提和技术保证是信息、防暴、救援抢险以及后勤保障部门的有效工作。紧急疏散分为枢纽内疏散和枢纽外疏散。

1. 枢纽内疏散

枢纽内疏散主要包括车内疏散和车外疏散两部分。

1）车内疏散

恐怖活动发生时，处于枢纽内部的地铁列车司机、国铁列车司机、公交司机等，应及时报告并听取恐怖事件有关情况，迅速准确判断形势，果断采取措施，即立即驶离枢纽或打开车门让所有乘客就地疏散，并及时上级汇报自己的决定；同时，向乘客通报情况，尽量打消乘客的恐慌情绪。

由于地铁列车在灾难发生时所处的位置不同，可能有以下几种情况。

(1) 列车在隧道中遭受恐怖袭击

如果列车离两端车站的距离都较远，来不及将列车开往站台。车头发生灾害时，乘客从车尾下车后步行至后方车站；车尾发生灾害时，乘客从车头下车后步行至前方车站；列车中部发生灾害时，乘客从列车两端下车后步行至前、后方车站。同时，应及时启动隧道通风系统，在排除烟气的同时也向乘客提供了一定速度的迎面新风，从而指引乘客安全撤离。

如果列车在站台附近遭受恐怖袭击，此时列车一般处于刚离站或即将到站的状态。突发事件一旦发生，司机要第一时间用无线电向车站通报灾情，以便车站工作人员及时赶到站台做好疏散和救援的准备工作。若事件不是很严重，司机应将列车开至就近站台，和车站工作人员一起组织乘客进行疏散。若列车烟雾较大，司机应立即切断外部电源，启用备用电源维持车内照明。

(2) 列车在车站内发生突发恐怖事件

列车在车站发生灾害时，车站列车服务应停止，司机、幸存乘客或车站工作人员应立即向控制中心报告。车站工作人员应通过广播对站台上滞留的乘客进行疏散，并及时拦截外部乘客进站。与此同时车站工作人员、消防人员立即展开救援。

2) 车外疏散

站台或站厅发生恐怖事件时，枢纽内乘客都必须在短时间内疏散至地面安全处。紧急疏散的关键在于保证疏散的有序性。疏散部门应通过广播系统、应急指示标识系统以及工作人员说明疏散路线以避免乘客盲目选择错误路线、减缓人们的恐怖情绪以避免出现互相推挤践踏乃至伤亡等问题。乘客可利用车站楼梯、出入口迅速撤至地面或地上建筑。紧急疏散时，可通过与物业相连的出口疏散。

2. 枢纽外疏散

枢纽外疏散包括两个方面：一方面，从枢纽内疏散出来的人群应以及枢纽附近拥堵的人流、各种交通工具加以合理引导，及时向外疏散，使之远离枢纽。另一方面，通过一切可利用的手段将事件信息及时发布给可能通过事发枢纽及其周边的公交、出租车等，通知处理事件直到枢纽恢复正常所需要的时间，提示、指引人们采取合适的路线绕行。关于这一点，深圳市的交通应急保障总体方案可供参考，见表6-2-5。

交通应急保障总体方案　　　　**表6-2-5**

应急模式	具体方案	功　能	响应速度	运输能力	费用	对市民公交出行的影响	依赖性	适用范围
应急疏运巴士	故障区段循环接驳	疏运滞留乘客的主要交通方式	较快	高	适中	无影响	无	事故初期，主要疏散地铁滞留乘客
出租车接驳	出租车应急等候区接驳	丰富滞留乘客的交通方式选择	快	低	高	无影响	无	事故全期
公交线路调整	并行公交 线路加密 开设专线 线路延长	弥补地铁功能缺失，保障城市客运系统正常运作	较慢	一般	适中	无影响 无影响 无影响 较大	依赖于并行线路数量 无 依赖于两端接驳线路数量	事态严重，主要用于降低对城市客运体系的负面影响

不论枢纽内的疏散还是枢纽外的疏散，都应制定相应的交通应急保障方案，制定各种

事故信息传递流程和事故应急处理程序，从制度上保证灾害情况下，能做好紧急疏散工作。

广州地铁为确保地铁运营的正常、安全、准点，除了加强对员工进行安全教育、安全培训，严肃劳动纪律和作业纪律，建立安全监督机制以外，还制定各种事故信息传递流程和事故应急处理程序，包括《车辆部安全管理办法》、《对破坏性地震应急预案》、《车务应急处理程序》、《突发事件应急处理办法》、《行车事故管理规则》、《应急信息报告程序》等。

最后，不论枢纽内的疏散还是枢纽外的疏散，都需要在枢纽设计以及制定交通应急保障方案时，进行紧急疏散模拟分析，以确保合理的疏散路线和疏散时间。

参考文献

[1] 耿民，王小平．恐怖袭击下地铁反（防）恐研究概况［J］．城市轨道交通研究，2008，10.
[2] 郑远民，等．国际反恐怖法［M］．北京：法律出版社，2005.
[3] 周明安，夏军，刘源．反恐工程支援与抢险技术［J］．高等教育研究学报，2008，3.
[4] 张陆．深圳地铁运营与地面交通应急处理机制及模式［J］．公路与汽运，2008，1：32—34.
[5] 计红梅．世贸中心重建大厦中的防恐技术［J］．科学时报，2008.
[6] 吴小光，胡蒙达．上海市轨道交通防恐协调体制研究［J］．城市轨道交通研究，2007，6.
[7] 张玉娥，白宝鸿，张均清．桥梁风险管理及防恐设计［J］．世界桥梁，2006，4.
[8] 刘超群．国外反恐防恐措施研究［J］．科技信息，2008，28.
[9] 刘智刚，沈美娟．港口客运站防恐应急体系探究［J］．珠江水运，2009，1.
[10] 周顺华，庄丽，杨永平，等．城市轨道交通防（反）恐措施探讨［J］．城市轨道交通研究，2006，6.
[11] 周顺华，郭庆海．城市轨道交通的防（反）恐理念初探［J］．城市轨道交通研究，2005，3.
[12] 周顺华，郭庆海．城市地下空间的防（反）恐理念初探［J］．地下空间与工程学报，2006，2.
[13] 吴小光，胡蒙达．构建上海轨道交通网络建设标准体系［J］．城市轨道交通研究，2008，4.
[14] 李宁．关于北京奥运会防恐工作的几点思考［J］．北京人民警察学院学报，2004，1.
[15] 赵国敏，刘茂，张峥．地铁车站遭恐怖袭击风险评价方法研究［C］//中国灾害防御协会风险分析专业委员会第二届年会论文集（一）.
[16] 智妍．9·11事件后美国反恐立法分析［J］．法制与社会，2009，11.
[17] 张恒超．城市轨道交通安全反恐建设规划研究［J］．福建警察学院学报，2008，1.
[18] 景小峰．城市地铁反恐解决方案［J］．中国安防产品信息，2005，3.
[19] 苏经宇，马东辉，苏幼坡，等．地铁反恐的技术对策［J］．特别关注，2004，7.
[20] 张爱亭．我国地铁工程结构反恐技术与策略研究［J］.
[21] 宋新建．船舶防恐反恐安全风险管理思考与对策［J］．中国远洋航务，2009，6.
[22] 王迎春．反恐应急指挥机制建设的主要问题［J］．中国人民公安大学学报：社会科学版，2008，4.
[23] 萧阳，唐斌，褚永彬，等．反恐应急指挥地理信息系统研究设计［J］．中国公共安全：学术版，2007，3.
[24] 李智，韩瑞珠，刘明．生物反恐体系中应急救援网络协同动力学模型分析［J］．东南大学学报：自然科学版，2007，S2.
[25] 李鸥．网络反恐及对策［J］．江西公安专科学校学报，2006，3.
[26] 陈双燕．生物统计学技术在反恐领域的应用［J］．中国安防产品信息，2005，3.

[27] 赵幼鸣．刍议反恐对策及技术手段［J］．湖南公安高等专科学校学报，2004，4.
[28] 刘松萍．大型会展活动反恐应对策略体系探讨［J］．广州大学学报：社会科学版，2008，6.
[29] 尹生．中国反恐法制的现状、问题与对策研究［J］．当代法学，2008，3.
[30] 张陆．深圳地铁运营与地面交通应急处理机制及模式［J］．公路与汽运，2008，1.
[31] 周谧．韩国大邱：开往“炼狱”的死亡地铁［J］．安徽消防，2003，4.
[32] 金康锡．谁来保障地铁安全［J］．中国减灾，2005，9.
[33] 孙爽．从韩国大邱市地铁火灾谈地铁的防火安全［J］．消防科学与技术，2004，S1.
[34] 高峻，范永辉．城市地铁防火反恐刍议［J］．综合运输，2005，6.
[35] 地铁火灾事故救人行动对策初探．
[36] 崔泽艳．城市地铁火灾的特点及防护措施［J］．中国公共安全：综合版，2007，6.
[37] 唐薇．从伦敦地铁爆炸案谈视频证据的运用［J］．检查日报，2008/4/8，第003版.
[38] 吕实珉．透过伦敦地铁爆炸的烟雾—伦敦地铁爆炸案给北京奥运安保的启示［J］．北京人民警察学院学报，2005，5.
[39] 独木．伦敦地铁爆炸催动中国反恐［J］．人民公安，2005，19.
[40] 吴寄南．安全世界还是恐怖列岛—对东京地铁毒气事件的思考．
[41] 郑祖庆．东京地铁毒气事件综合报道［J］．城市公共事业，1995，3.
[42] 杨静，杜宇．东京地铁毒气案［J］．人民公安，1995，8.
[43] 耿葵，贾为民．沙林与东京地铁毒气案［J］．兵器知识，1995，6.
[44] 向东．某地铁智能疏散系统设计研究［J］．建筑电气，2007，5.
[45] 田娟荣．周孝清．地铁出口条件对人员疏散的影响分析［J］．广州大学学报：自然科学学报，2006，1.
[46] 陈鼎榕．地铁事故安全疏散的介绍和探讨［C］//2001年中日产业安全研讨会论文集．
[47] 蒋雅君，杨其新．地铁防灾救援系统［J］．城市轨道交通研究，2004（1）：13.
[48] 韩利民，李兴高，杨永平．地铁运营安全及对策研究［J］．中国安全科学学报，2004（10）：47.
[49] 王伟．香港地铁公司的调度指挥系统、培训中心及救援队伍［J］．城市轨道交通研究，1999（3）：59.
[50] 李为为，唐祯敏．地铁运营事故分析及其对策研究［J］．中国安全科学学报，2004（6）：107.
[51] 周顺华，郭庆海．城市轨道交通的防（反）恐理念初探［J］．城市轨道交通研究，2005（3）：10.

第七章　安全监控设计

第一节　枢纽安全监控的目的和意义

现代化的城市交通运营管理要求自动化系统能够实现可靠的信息互通和资源共享。综合监控系统采用通用性好、可靠性高的网络及计算机产品，构建统一的硬件集成平台，可实现城市交通枢纽各专业交通方式之间的信息互通、资源共享，提高枢纽对各相关系统的协调配合能力。

地下交通中的综合监控系统（Integrated Supervisory Control System，ISCS）是将地铁沿线车站、区间和相关建筑内的环控、供配电、照明、给水排水、屏蔽门等设备，以集中监控和科学管理为目的而构成的综合自动化系统，其构架如图 7-1-1 所示。综合监控系统的主要功能包括对机电设备的实时集中监控和各系统之间协调联动两大部分。一方面，通过综合监控系统，可实现实时集中监控电力设备、火灾报警信息及其设备、车站环控设备、区间环控设备、环境参数、屏蔽门设备、防淹门设备、电扶梯设备、照明设备、门禁设备、自动售检票设备、广播和闭路电视设备、乘客信息显示系统的播出信息和时钟信息等信息；另一方面，通过综合监控系统，还可实现晚间非运营情况下、日间正常运营情况下、紧急突发情况下和重要设备故障情况下各相关系统设备之间协调互动等高级功能。轨道交通综合监控系统的广泛应用有利于提高城市轨道交通自动化水平和综合管理水平，保障轨道交通系统的运行安全与可靠性。

随着城市轨道交通系统的迅猛发展，出现了很多多层地下交通枢纽，即在同一地理位置，两条或者两条以上的地下轨道交通线路之间的交汇车站。地下交通枢纽实现了乘客在轨道线路之间的快速换乘，对于城市交通网络的建立起到了重要的作用，正在日益受到重视。然而由于不同线路相互之间的地理位置关系和信息沟通上的特殊性，多个站台之间并不孤立，具有较紧密的耦合关系。特别是在出现火灾等情况下，多个站台之间的信息共享与联动控制为防灾减灾提供了重要保障。

由于地铁深埋地下，分属于不同线路的换乘车站站厅、站台分层设置，与外界的联系主要是站厅层的出入口。不管是站台还是站厅发生火灾，人员的逃生方向和烟气的扩散方向都是从下往上，由于疏散路线比较长，人员的出入口就是喷烟口。由于浓烟、高温、缺氧、有毒、视线不清、通信中断等原因，救援人员又很难了解现场情况。

多层地下交通枢纽的安全监控监控系统，能够实现枢纽内各车站信息的相互沟通，便于应急管理，并可协助执行救援命令。枢纽安全监控中心单向直接接收本枢纽内的多个车站监控终端信息，并将接收的信息直接单向传输给总控制系统。枢纽安全监控中心，通过信息平台共享信息资源，为枢纽内安全行车和调度提供信息，实现枢纽内各车站信息的相互沟通。

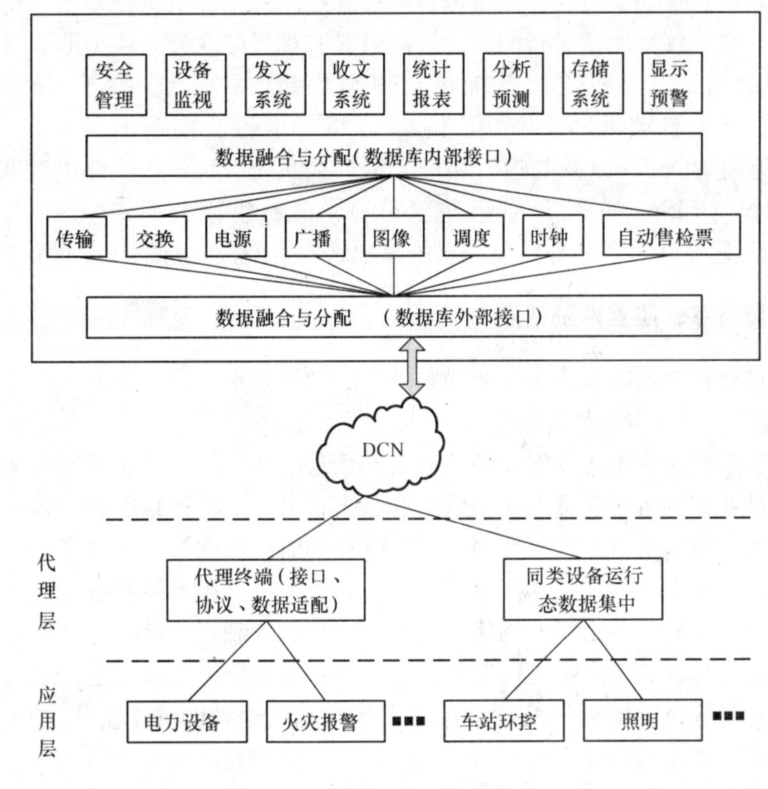

图 7-1-1　安全监控系统架构

第二节　枢纽安全监控系统发展现状

一、地铁综合监控系统的概念

地铁在地下交通网络中处于骨干地位，自身具有特殊的地下交通体系结构，地铁换乘站本身就是一个多层的地下交通枢纽。世界百年地铁运营史表明地铁在运营过程中会有各种各样的事故发生，中国的地铁建设必须未雨绸缪。因此，多层地下交通枢纽的安全监控系统可以地铁的综合监控系统为基础，然后再扩展集成其他交通方式构成。

100 多年来，全世界地铁运营过程中所发生的安全事故已造成上万人不幸伤亡。在地铁多年的运营历史中引发事故频率最高且造成死亡人数最多的是火灾事故。在地铁建设、运营过程中如何有效地防范、消除火灾事故的发生成为世界各国研究的重点。地铁火灾的防范与救灾主要依靠地铁监控系统，其中监控子系统“环境与设备监控系统（BAS）”和“火灾自动报警系统（FAS）”的火灾事故预测及应对灾害的自动化处理直接关系到广大乘客的生命安全。BAS 是以环境状态检测为基础，面向工况的防灾自动化。FAS 则能探测出火灾的发生并发出火灾警报，启动有关防火、灭火装置，是地铁运营防灾、救灾体系关键的一环。在事故处理过程中，FAS 与 BAS 两系统存在很强的互补性和依赖性，使得两系统在保证地铁安全中处于特别重要突出的地位。

地铁监控系统围绕着地铁的安全运行，不仅提供了必要的、质量可靠的机车、电力、机电等设备，而且建立了对这些设备进行监视和控制的计算机监控系统，使之运行在可控制的范围内。它不仅对地铁运行的安全、高效具有重大的意义，还为地下交通枢纽的安全提供了强大的保证。这些监控系统包括列车自动监控系统（ATS)、电力监控系统(PSCADA)、火灾自动报警系统（FAS)、环境与设备监控系统（BAS)、屏蔽门系统(PSD)、防淹门（FG)，以及与运行相配套的广播系统（PA)、闭路电视系统（CCTV)、车载信息系统（TIS)、车站信息系统（SIS)、自动售检票系统（AFC）和时钟系统(CIA）等。高起点高水平的地铁监控系统是地铁安全高效运行的重要保证。

二、分离与综合监控系统特点

早期地铁运营管理多采用人工监控系统，运营管理水平和效率低，设备运转尚未实现自动化。

分立监控系统从调度角度看，各专业之间信息互通不便，要实现灾害情况下各专业之间复杂的联动非常困难，降低了运营效率和救灾水平；从维护角度看，各子系统在硬件机型、软件平台、通信协议、人机界面、系统结构和监控功能等方面过多、过杂、过乱，运行维护复杂，需要大量人员；从经济角度看，各子系统资源不能共享，成本很高。

究其原因，首先是由于当时网络和计算机性能的限制，早期的计算机速度低，网络带宽小，无法支持每秒数万个物理参数的采集、传输和处理，难以组建大规模的分布式监控系统。其次，计算机设备可靠性较差，特别是在地铁这种电磁干扰大、环境条件差的场合，故障率高，难以实现全天候运营。最后，由于实时数据库和网络处理软件不够成熟，难以支撑多达几十个车站的管理。

分离的独立系统主要存在以下几方面的问题：

(1）在围绕正常运营的行车调度和灾害情况下的救灾调度方面，对各类信息和指令的综合与协调能力不足，影响行车与救灾调度工作的效率。

(2）系统之间传输的信息量有限，不能完全实现所有系统之间的联锁关系，可靠性差。

(3）系统之间的信息关联不够，处理突发事件的综合应变能力较差。

(4）系统之间联锁关系单一，难以实现模式联动功能，不能完全满足现代运营的需求。

(5）使用分离的机电设备控制系统，在运营中要投入大量的系统维护、管理人员，增加了运营成本。

(6）各子系统设备重复，造成投资费用的浪费。

(7）各个自动化系统操作平台与管理软件彼此独立且数量多，造成各自动化系统之间互通较难，运行与维护成本较高。

(8）未能实现信息共享。

为提高系统的安全性、可靠性以及运营管理效率，建立高效的综合自动化系统是非常必要，也是必然的。从目前国内外综合监控系统的发展现状来看，国外城市轨道交通的发展历史较长，发展规模较大，其中的自动化技术应用也较为成熟，有一些类似的系统已经建成。例如：西班牙毕巴尔巴额地铁、韩国的仁川地铁、汉城地铁 7 号线和 8 号线、法国巴黎地铁 14 号线等都采用综合自动化系统。香港地铁将军澳线（5 座车站）的机电设备和通信设备主控系统于2002年完成最终验收；新机场快线也采用了综合自动化监控系统。墨西哥城地铁B线（长20km，设有21座车站）采用了以机电设备综合监控系统为基础并与信号系统互连的综合监控系统，该系统也于2000年6月投入了运营。一些著名的新线，如西班牙马德里地铁、新加坡东北线则进行了更现代化的综合自动化监控。新加坡地铁首次成功地实现完全无人驾驶、全部智能化运行，已正式投入运营，这在世界上尚属首次。图7-2-1所示是地铁综合监控中央级总控室。

图7-2-1　地铁综合监控中央级总控室实景

国内各地铁公司根据以前地铁线路建设和运营中积累的丰富经验，参考国内外地铁监控自动化的各种方案，在新建设的地铁线路中陆续采用综合监控系统。由于研发还处于起步阶段，目前仅能将关系比较密切的几个子系统进行综合和集成，如PSCADA、BAS、FAS等组成一些中等规模的综合管理系统。例如，深圳某号线工程将BAS、监控与数据采集(SCADA)、FAS三个系统集成在一起，同时也要求在综合自动化系统中接入乘客信息导引系统、安全保卫系统及车站信息服务系统，应用同一计算机网络和统一的软件平台予以综合监控；广州市某号线工程集成了全线变电所自动化系统、火灾报警系统、机电设备监控系统、屏蔽门、防淹门等5个子系统，同时与广播、闭路电视、时钟、车载信息、车站信息、自动售检票、信号等子系统进行互联。图7-2-2所示是完全集成综合监控系统架构。

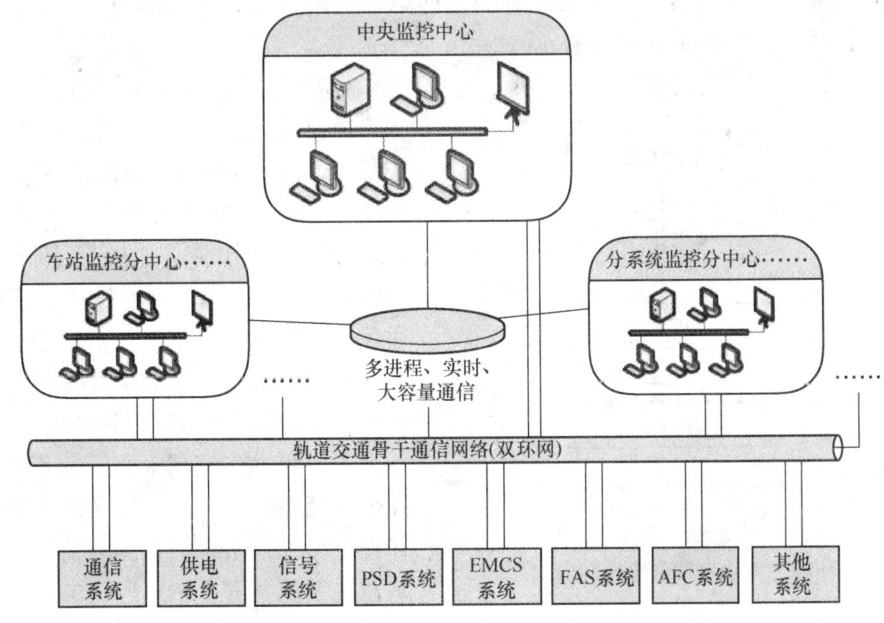

图7-2-2　完全集成综合监控系统架构

目前，我国现有和在建的城市轨道交通系统中，对于综合监控系统的构建方式尚无统一的规范和标准。综合监控系统的集成方案多种多样，甚至在一条线路的两个车站都存在较大差异。对于其运行效率的评价，还没有统一的标准。由不同单位设计和施工的综合监控系统之间存在较大差异，因此导致各种综合监控系统的运行效率和应对突发重大事件的能力各不相同，使系统运行存在较多未知的安全隐患。

第三节　枢纽安全监控系统的结构设计

地下交通枢纽内，同一车站的多个站台分别属于不同的交通线路，各线路分别设置控制中心，线路之间并没有直接的信息共享，这就直接导致不同轨道交通线路之间在枢纽换乘车站内通风空调设备、供电设备、售检票设备、通信设备、消防报警系统、设备监控系统等的联动控制共享成为难题。随着换乘枢纽的建设实践，各方逐渐在资源共享的问题上已达成共识。为实现人员在线路之间的安全换乘，不能仅仅局限于单条线路的控制，多个站台之间并不孤立，而应是具有较紧密的耦合关系。

一、地铁综合监控系统

地下交通线路应采用综合监控系统完成对地下轨道交通运行状况的综合监视与控制。在空间分布上，综合监控系统由位于线路控制中心（OCC）的控制系统、位于车站的车站监控系统以及其他支撑系统组成。一条线路有一个控制中心 OCC，本线路各个车站监控系统的运行数据均上报该控制中心，各个车站由于分别属于不同的运营线路，之间并不存在直接的信息交互。在出现突发事件时，线路之间的信息交互仅依靠人工电话方式进行协调。目前对综合监控系统的要求已经不仅仅是一个以数据采集和控制功能为主的 SCADA 系统，而应是一个充分发挥信息管理功能的综合平台系统。

（一）地铁综合监控系统的结构

综合监控系统采用分层分布式结构，分为中央级监控系统层、车站级监控系统层、就地设备自动化系统层。从数据流和控制流的角度出发，系统采用两级调度三级控制的结构。两级调度分别是中央级和车站级；三级控制分别是中央级、车站级和就地级，如图 7-3-1 所示。这是城市轨道交通综合监控系统有别于一般的监控和数据采集（SCADA）系统和数据通信系统（DCS）的最大特点。

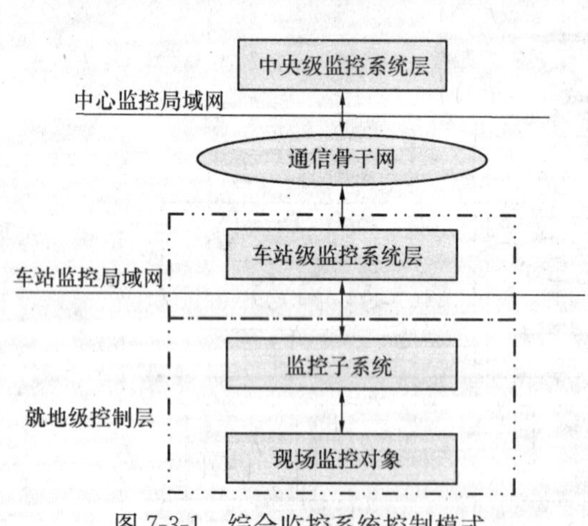

图 7-3-1　综合监控系统控制模式

中央级操作控制中心（OCC）负责监控全线范围的系统，制定全线的综合决策并进行与外部系统的数据和信息交换；车站监控系统负责本站范围内的各子系统监控，并协调各子系统之间的联动，提供车站级的决策；就地现场级负责采集现场信息，维护管理现场设备。其中，车站监控系统一方面通过信息骨干网将车站信息汇集到 OCC，从而完成中心级的调度、控制功能；另一方面通过车站局域网络将现场级的信息汇集到车站，从而实现车站级的综合监控，数据流向如图 7-3-2 所示。

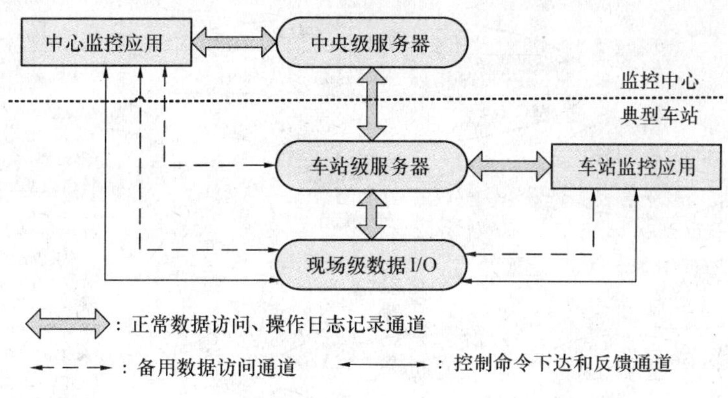

图 7-3-2　数据流向示意图

（二）综合监控系统中各种子系统的分类

从地铁安全角度，管理人员需要直观、全面地掌握各系统的运行状态。这就要求控制中心对于采集到的整条线路的大量的信息数据能以合适的方式体现，并帮助管理人员正确决策，在方便的地方得到真正需要的数据。在此平台上，根据综合监控系统与被控系统的关系的不同，可将接入综合监控系统的各种子系统分为两类：

（1）集成的子系统：综合监控系统完全替代该系统在车站和中心的监控功能，对于该系统设备的监控操作均通过综合监控系统完成，该系统在脱离综合监控系统后，原有的上位机监控功能将难以实现，只能采用就地操作。

（2）互连的子系统：综合监控系统部分替代该系统在车站和中心的监控功能，但该系统保留操作设备，可以脱离综合监控系统独立运行。互联的子系统只将一些运营所需的信息上传至综合监控系统，从而实现各机电系统之间的信息互通和协调互动功能。

（三）综合监控系统平台的主要功能

综合监控系统平台的主要功能包括对机电设备的实时集中监控功能和各系统之间协调联动功能两大部分。一方面，通过监控系统平台，实现对电力设备、火灾报警信息及其设备、车站的环控设备、区间的环控设备、环境参数、屏蔽门设备、防淹门设备、电扶梯设备、照明设备、门禁设备、自动售检票设备、广播和闭路电视设备、乘客信息显示系统的播出信息和时钟信息等进行实时集中监视和控制的基本功能；另一方面，还可实现晚间非运营情况下、日间正常运营情况下、紧急突发情况下和重要设备故障情况下各相关系统设备之间协调互动等高级功能。综合监控系统的集成平台示意如图 7-3-3 所示。

在紧急或灾害等特殊情况下，中央级综合监控中心直接通过网络通信平台对车站监控中心的业务子系统进行信息查询，合并历史信息进行智能决策判断，并将控制指令通过该通道直接下达给车站监控中心，及时快速地对现场问题进行处理。中央级综合监控中心各业务子系统分别留有与外部相关业务系统交互的接口，方便系统业务的扩展。

（四）综合监控系统的构成方案

从本质而言，各个不同的专业在中央和车站的监视和控制都是数据的采集和处理、设备的显示和操作。因此，综合监控系统是以数据服务为核心的监控系统，从现场到设备、从设备到车站、从车站到整个线路的大量信息分别存储于实时数据库和历史数据库之中。实时数据库用来存取实时信息，它包括数据库定义、数据库实体和数据库访问三要素。实

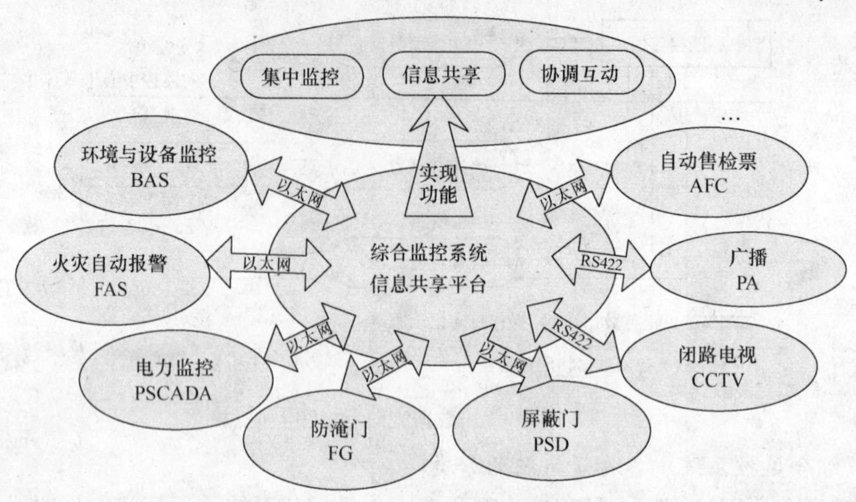

图 7-3-3　综合监控系统集成平台示意图

时数据库由数据库管理系统和数据库实体组成。数据库管理系统用来定义数据库的模式，生成数据库实体，提供数据库的访问，以及对数据库实体进行并发、加锁等管理；数据库实体是系统中用来存放数据的内存空间。目前，根据实时数据库实体在综合监控系统各服务器中的数据服务方式，综合监控系统大体有集中式和分布式两种模式构成方案。

1. 集中式构成

在这种体系结构中，数据的收集和实时处理完全在中央级进行，通常在 OCC 配置中心服务器用于驻留实时数据库，车站不配置服务器，仅将采集到的现场被控对象的实时数据收集后上传给中央级。

1）该模式的优点

（1）总体造价低。因为只对中央级设备和软件系统提出了很高的要求，车站相应的配置比较简单，系统的总体造价低。

（2）数据查询处理简单。数据集中在唯一的服务器组中，所有需要数据的客户端只有唯一的数据源，数据查询处理简单，程序相对容易处理。

（3）软件系统的维护比较容易。中央级配备强大的数据库和应用软件系统，车站级系统的软件配置比较简单，因此软件系统的维护比较容易。

（4）服务器一般采用高性能的计算机，服务能力强，可以面向众多的客户端。

（5）只有中央级具有复杂的处理器设备，因此便于系统维护管理。

2）该模式的缺点

（1）数据处理和保存集中在 OCC，一旦 OCC 的服务器损坏或网络出现重大故障时，上下的数据交换就完全停止，全系统瘫痪。

（2）车站级监控系统没有实时库，实时信息都要从 OCC 实时数据库内获取，对实时数据的并发访问、网络负载以及访问速度等方面均有不利影响。

（3）整个系统的耦合度很高，不利于系统的扩展。系统的扩展需要服务器软件的升级，无论复杂程度还是费用都是比较高的，使其严重受制于中央服务器的处理能力。

（4）相关软件开发平台较少。控制中心要求配置高档次的数据处理服务器和强大的数据库系统，从监控系统的软件开发平台来讲，能容纳和处理40万点以上的平台很少，而且十分昂贵。

2. 分布式构成

采取纯分布式数据库方式，中央级OCC不再设置全局的实时数据库，只设置实时数据的索引和历史数据库。车站作为数据收集、处理和保存的核心，在各个车站配置主、备冗余的实时数据库存储车站内的所有实时信息。车站服务器一方面采集现场监控系统的数据，并将获取的实时数据保存起来；另一方面随时向中央级服务器提供数据。中央级在进行相关的集中监控操作时通过索引向各车站获取实时数据，即数据是分布式存储，同时保持集中式共享。

1）该模式的优点

(1) 具有很强的分布性。在任何一个车站或OCC，在授权的情况都具有中央和车站监控系统的功能，车站和OCC的监控功能可灵活配置；一旦发生故障或灾害，OCC也可降级到任何车站运行。

(2) 实时数据容量要求降低。如果把实时数据库细化、分布到每一个车站，则对单个车站的数据容量要求并不是非常高。

(3) 可扩展性好。分布服务节点的数量可以按照需求配置，在使用过程中增减配置，对于未变动的数据服务没有影响。

(4) 系统监控可靠性高。任何车站单点故障只影响局部监控，不会导致全局瘫痪；中央级故障时各车站可以完成本区域的控制。

(5) 中央级的监控软件平台可以与车站完全相同，可节省软件开发平台的采购费用。

2）该模式的缺点

(1) 由于OCC没有实时数据库，OCC的实时数据都要从分布于各个车站的实时数据库中获取，对网络的带宽要求较高，会降低OCC监控系统的实时性。另外，如果要获取全线的实时信息时，速度可能会比较慢。

(2) 由于车站服务器负责数据的采集、存储、处理，是整个系统的核心，一方面要实现应用层协议的转换和硬件接口的转换，同时要保存实时数据，并快速响应车站服务器和中央级服务器的数据获取请求。功能的增加，势必对车站服务器的整体性能提出更高的要求。

(3) 增加了系统的成本。由于车站设备要求高，使整个系统的费用增加。

北京地铁建设正处于高速发展阶段，多条地铁线路同时建设，相继投入运营。进入多线运营后，单线管理阶段不曾遇到的新问题，如各线间协调配合、统筹共享、集中管理等问题突现出来。北京市已经建成并投入运营的轨道交通线路有1号线、2号线、4号线等，各条线路分别设置控制中心。其中，1、2号线控制中心位于西直门运营公司大楼，八通线控制中心位于四惠，1号线的BAS控制中心位于木樨地。这几条线路存在多个换乘车站，出于综合指挥的需要，调度人员应该掌握这几条线路的综合行车、供电、环控等信息，但是由于这几条线路的控制中心位于不同地点，线路之间无法实现系统信息的共享。

当某条线路发生紧急事件（如火灾、列车故障、恐怖袭击等）时，此线路的控制中心调度人员需要由西直门运营公司总调部门进行指挥，而总调部门仅通过电话是很难掌握现场情况。尤其是紧急事件发生在换乘车站时，就可能延误紧急事件的处理时间，使灾害造成的影响进一步扩大。

为综合各条线路的信息和资源、提高处理突发事件的效率，北京地铁建立了一个集中的指挥控制中心（TCC），将多条线路的控制中心设备移设至一处集中放置，并结合指挥控制中心设置运营总调部门。集中设置后的线路控制中心仍然独立运营，控制中心仅对总调部门负责，相互之间没有责任关系。

仅将控制中心设备进行物理集中的方式还是无法实现各系统信息在系统网络层面的互联、互通。如果按照北京地铁近期的运营管理模式，这种方式可以满足运营使用的要求。但是，若北京地铁考虑在远期实现高度的自动化管理，仍需要将现控制中心内的多种自动化系统进行整合，使之在一个统一的网络平台上，实现多系统信息的共享、联动，这样才能从根本上提高控制中心的运营管理效率。

（五）集中分布式结构的地铁综合监控系统

前面比较了综合监控系统两种常用模式结构的优劣，即基于集中式数据服务和基于分布式数据服务系统。为使综合监控构成方案更加安全、可靠和高效，将分布式与集中式相结合，建立集中分布式数据组织形式，服务器在控制中心和车站分散布置，是具有冗余、均衡负载等许多柔性的数据库结构。

集中分布式结构在控制中心 OCC 配置两台主备冗余的全局实时数据服务器，与集中模式的最大区别在于，车站设置了能力相对较强的自律服务器，负责本车站范围内的行车调度和设备，这又是对分布式模式的一种优化。集中分布式让子系统具有自律分散特性，即具有自律可控性和自律可协调性。自律可控性使系统中任何子系统出现故障，都不影响其他子系统的自我管理及功能运行；自律可协调性使对于任何子系统的非工作状态，其他的子系统能够根据不同的目的进行协调。这两个特性保证了系统的在线扩展、在线维护和容错。

车站自律性具体表现为设备的双机热备制式，包括实时服务器、操作员工作站、网络设备等互为热备。双套系统对现场的信息处理互不干扰，并且自动切换。2 个操作员站通过双网卡、双路由器与控制中心相连接，成为网络中的 2 个节点，接收控制中心的控制命令，回送控制命令执行的结果及采集的信息送至控制中心。另外，为了实现信息共享，服务器的信息可通过网络或串口传送给其他监控系统。为了保证网络工作的可靠性，通常采用双以太网的冗余结构，当网络出现单点故障时不影响备的正常运行。车站所有服务器和工作站都配有 2 块网卡，分别连接到 2 台交换机上，组成 2 个局域网。

相对于原有结构，控制中心（OCC）全局实时数据库只存放全线监控所需要的实时信息，而不是存放所有的实时信息，车站服务器采集和处理本车站所有的实时信息。对中央级服务器不再提出实时处理全线所有意外事故的要求，对网络的吞吐量要求降低。同时，中央不再需要庞大的实时数据库，控制中心只需要设置实时数据的索引和历史数据库，保存历史存档数据，提供历史数据对象服务，实时数据存储于车站的实时数据库中。中央级服务器从车站数据库获取实时数据后，在调度台及大屏幕上实现监控、处理、调度及显示等功能，调度台仅需具备接入控制中心局域网能力即可。

优化的综合监控系统整体采用集中分布式框架，不仅继承了分布式构成的所有优点，并且中央级监控能力得到了增强，利用车站提供的数据提供全局的综合决策，进行与外部系统的数据和信息交换。同时，考虑到它是一个功能极为复杂、接口种类繁多的系统工程，各子系统可采用 FEP 接口集成，即将所有的子系统首先接入前端处理器 FEP，FEP 是专门开发的嵌入式实时处理系统。各个子系统的数据经转换成主控系统统一的协议后，再接入车站局域网，并通过系统骨干网与控制中心联系。这样确保各子系统清晰的接口，各子系统之间的有效隔离，相互不干扰，使整个综合监控系统层次明确、结构清晰，便于接口管理，如图 7-3-4 所示。

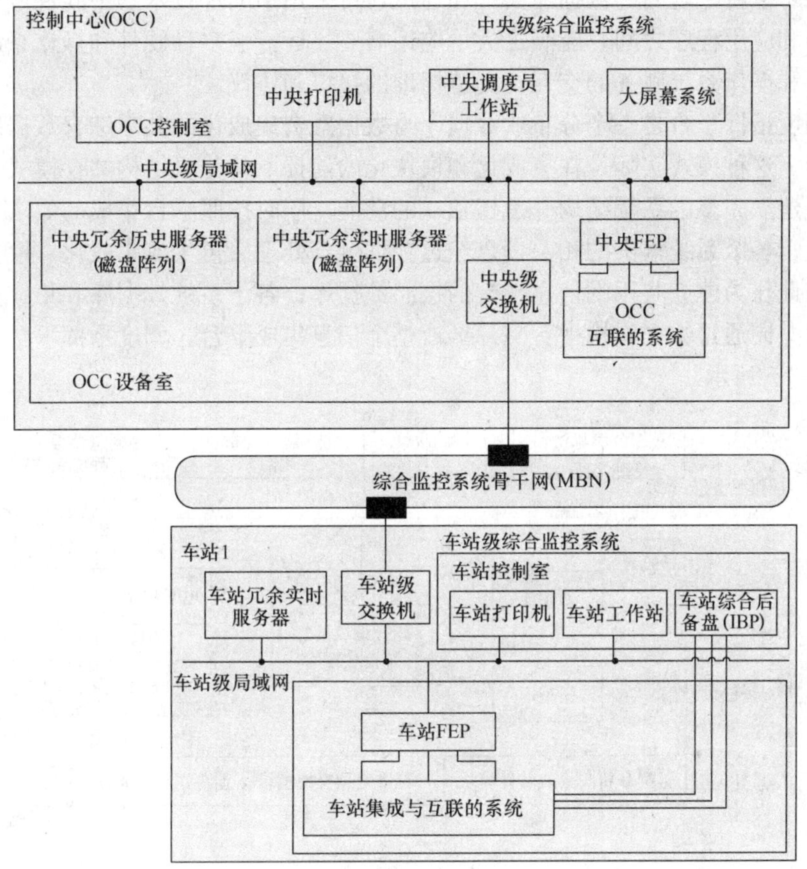

图 7-3-4 集中分布式综合监控系统结构图

二、优化地铁指挥控制中心

（一）控制中心的功能

多条线路的运营关键是各运营线路之间要有信息沟通渠道，以便能迅速了解现场情况，便于统一指挥与协调。要想从根本上提高控制中心的运营管理效率，重点要实现的是控制中心内的各种自动化系统信息在系统网络层面的互联互通。

构建一个地铁调度指挥平台作为各条线路的信息共享平台，使各种自动化系统在一个统一的网络平台上实现多系统信息的共享、联动。各线地铁可按一定规则将来源不同、位置不同、类型不同、数量庞大的数据发送给数据共享平台，由平台进行规范化处理后进行存储，根据需要以规范格式将数据发送出去，建立统一的接口标准和数据规范。同时，该平台还能对多模态、多来源数据进行智能分析、综合以完成所需的决策和评估。在面对各种异常状况（如事故、灾害、列车晚点等）时，调度平台的首要任务是采用调度专家的经验以及各种调度知识/规则来及时处理各种冲突，合理协调好各方面的关系，提出一个详细的处理方案。

（二）控制中心的技术平台

地铁调度指挥平台由于需要集成不同类型、不同操作平台、不同协议的数据库和应用，为实现跨平台、透明的数据库共享和通讯，可采用中间件技术。中间件位于硬件、操作系统平台和应用程序之间，能满足大量应用需要、运行于多种硬件和操作系统平台，支持多种硬件和操作系统服务的交互，支持标准的接口和协议。

地铁调度指挥平台是一个分布式数据库与数据融合集成化的共享综合数据库并存的共用信息平台。这种模式实际是在集成化和模块化的前提下的分级结构共存模式，即各子系统根据需要建立完整的系统结构并承担独立的功能，同时按照平台集成的要求，输出相关的数据信息；各个系统输出的相关信息经过数据融合处理后再生成集成化、模块化的综合数据库，依此作为建立共用的信息平台的核心数据库；各子系统数据库和集成化、模块化综合数据库共同通过数据交换平台支撑形成整个信息集成平台。调度指挥平台的体系结构框架如图 7-3-5 所示。

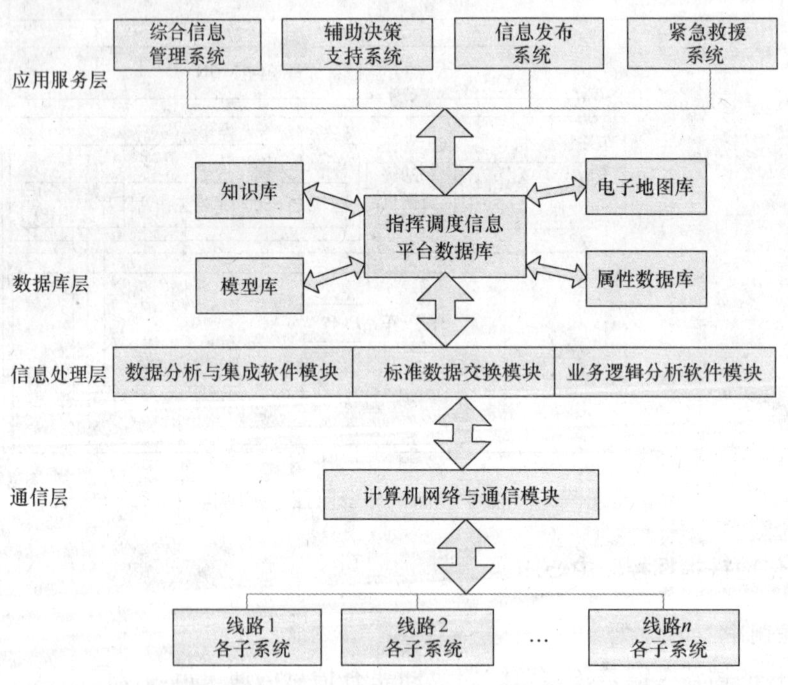

图 7-3-5　调度指挥平台总体框架

底层是目前城市轨道交通中已采用的专业应用系统和基础通信网络，各子系统主要包括列车运行自动监控、电力监控、环境及附属设备监控、售检票系统、通信设备等。信息集成平台具有与各子系统的通信接口，集成了相关子系统的所有数据，对子系统完全拥有完整的数据采集及命令下达通道，获取与调度指挥需求相关的、可实现系统间协调工作的全部资源。

中间的信息处理层基于各个已经存在的子系统构建，将分散的、局部的、异构的数据整合起来加以利用。分析提炼各个子系统的基础信息数据，整合和优化信息传输和交换流程，深入挖掘各个子系统的有用信息。信息集成平台软件系统的数据分析与集成模块从各子系统获取必要的相关数据，经过自身业务逻辑分析模块处理，再将分析处理结果经过标准数据交换模块输出到各相关的子系统的控制系统，最终通过子系统完成既定的控制功能。在信息处理的过程中涉及与共享数据库交互的问题，用于实现不同数据格式的数据源的统一传输和共享。

顶层为统一的人机接口界面层，即决策层，用于辅助制定设备维修决策、调度指挥决策、防灾减灾决策、安全及救援决策、运营规划决策等。决策层在上层数据整合的基础上构建进行发展趋势预测、营销分析决策、客流分析、成本控制分析等，为各级管理人员的决策提供支持。他们所得到的信息不再是像过去那样只反映个别系统的状况，而是经过综合分析后反映各个系统的全面情况和带有预见性的决策参考信息。

（三）控制中心的数据处理

地铁指挥控制中心的信息共享平台数据处理功能包括以下诸多方面，其信息流如图7-3-6所示。

1. 数据抽取

数据进入共用信息平台前的数据处理，涉及从多个数据源综合集成一个基于共享的、统一模式存储格式的数据仓库。数据源可能是同构的或异构的，目前在技术上主要涉及数据的互联及转换等。

2. 数据集成

由于历史和技术的原因，每个监控系统都有自己的数据库管理系统以及建立在系统上的不同类型的数据库，将各成员数据库中的数据按照统一的模式进行集成，是实现数据交换和综合信息处理的基础。

3. 数据存储与组织

为不同的监控信息系统提供服务，而这些信息系统对数据的要求存在差异，因此，信息共享平台在数据组织方面形成多级粒度存储数据；同时依据数据存取的相关性形成多种分割。

4. 辅助决策支持功能

展示各种报表和图形，将专业系统数据库存储的操作型数据转化为用户及交通管理人员使用的知识型数据，使查询系统性能大大提高。

5. 信息发布功能

不仅可采用传统的信息发布模型（即用户通过搜索固定的信息发布设备，从大量信息中筛选出所需的信息），还可通过信息的深层次加工，通过各种信息传播方式主动地提供用户感兴趣的信息。

（四）控制中心的联动

地铁指挥控制中心可实现整个地铁综合监控系统内各子系统的联动，以及调度指挥平台对信息流程的控制。具体包括如下内容：

（1）FAS确认火灾报警信息；

（2）OCC大屏幕显示火灾报警信息，报警体系提示OCC和各车站调度人员进入灾害模式；

(3) 调度指挥平台自动启动全系统火灾模式，此时系统将综合 FAS 报警信息、信号系统与列车位置以及列车运行的相关信息；

(4) 各车站隧道风机、站台风机按 OCC 或车站监控模式命令工作；PSCADA 系统切断三级负荷电源，启动事故照明；环控系统监控电、扶梯进入防灾位置；CCTV 自动控制相关摄像机，对准事故现场和旅客疏散通道，在控制中心大屏幕上推出视频实时监视画面；

(5) 门禁系统的被控门将自动解禁。按旅客疏散方向，有的屏蔽门打开，协助旅客疏散；有的关闭，防止烟气进入站台；

(6) 广播系统自动广播火灾模式下的消息，包括火灾发生地、火灾情况、旅客疏散方向、列车的位置及运行方向等；乘客导引系统和车站信息系统自动给出各种来自防灾中心的乘客导引命令信息，车站等电子屏及时播放与灾害有关的实时信息和防灾指挥信息；

(7) 列车按火灾位置进行防灾运行，在 OCC 的监控画面上显示列车的位置、状态、运行方向等信息；

(8) 通过信息集成平台，整个轨道交通系统自动对火灾快速反应，进入有序、协调的防灾工作模式，防灾的全过程可在大屏幕上有序、有层次地显示出来（图 7-3-6）。

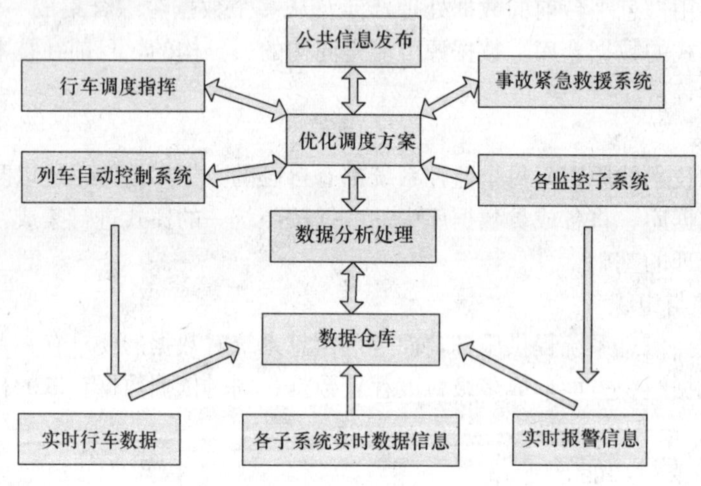

图 7-3-6　指挥调度平台功能结构框图

三、优化系统的结构特点

综合监控系统经过优化后，具有比较明显的优势。其特点表现在以下几方面：

(1) 克服了前两种模式的缺点，既让数据库分布式配置，同时又提升了 OCC 的实时性和重要性。

(2) 优化了地铁指挥调度中心，使各线路基本实现资源共享。

(3) OCC 和车站的监控功能既相对固定，又具有在控制中心系统故障时的灵活指定，保证关键任务的正常运行，兼有分布和集中的优点。

(4) 系统结构灵活，既可以在 OCC 集成与互联子系统，也可以在车站集成与互联子系统。

(5) 车站自律性提高了综合监控系统对于意外事故的响应速度，同时使控制中心可以实现及时的运输计划调整，将减轻意外事故对运营的影响。

（6）车站引入自律特性后，各子系统将设备状态传送给分布式车站服务器并存储。布式车站服务器根据预定义的自律可控性，处理权限范围内可处理的数据。根据预定义的自律协调性通过事件服务，车站服务器主动上传需中央级协调处理的数据，这是对原有结构车站等待中央级索取数据的服务方式的一个重要改进。车站和控制中心各工作站通过事件服务将人机界面上的设备状态更新。

（7）每个车站具有完整的网络设备和主备服务器系统，因此具有强大的分析、处理和存储数据能力。

采用集中分布式兼分散自律特性优化后的综合监控系统可以有多种结构形式，包括多控制中心结构，在车站级与中央级之间设置区域控制级，将分站控制扩大为多站统一控制的结构。选用不同的系统结构主要依据不同的车站监控规模、不同的集成范围和集成深度、中央级与车站级间的耦合程度、车站之间的耦合程度等。但在这种集成框架下，由于全局的实时信息在OCC和各车站均有存放，两个地方可能存在数据的一致性问题。可从两个方面解决上述问题，首先，各子系统的实时信息分两路向车站和OCC直送，而不是先送车站，再从车站服务器向OCC转发；同时，提高网络通信的可靠性和实时性。

四、综合监控系统软件结构

综合监控系统软件体系包括三大重要部件，分别是操作系统、数据库和软件平台。

1. 操作系统

监控系统使用的操作系统主要有Unix、Linux、Windows NT。关于这三种操作系统的争论已经由来已久，一般认为Unix更为稳定可靠，但目前事实已发生了变化。无数实践证明无论是从商业价值还是从技术性能上看，Windows都具备了“满足企业用户需求”的条件。与Unix相比，它能节省40%～50%的总拥有成本；最受关注的“安全性”问题，微软年投入研发经费69亿美元，做了大量工作，在中国还专门建立了Unix到Windows移植中心，以适应Unix向Windows迁移的趋势。再加上，国外一些地铁线路已将Windows投入综合监控，并已看到良好收益。可见，综合监控系统的服务器、工作站的操作系统采用Windows已不成问题。

2. 数据库

综合监控系统需要使用两种类型的数据库：实时数据库、历史数据库。

实时数据库是系统平台的核心服务部件，用于实时监控动态数据的管理、存取等，它具有分布式结构、面向对象、事件驱动的特点。历史数据库用于管理系统的静态数据和历史数据，大多采用成熟的商用数据库。目前大型数据库的主流品牌中均有满足系统容量要求的产品。

3. 软件平台

软件平台是软件结构的核心，关系到综合监控能否顺利实施。平台应基于分层分布式体系结构，系统容量可以按对象及其属性点数衡量，高层协议应具有开放性。该平台至少应包含通用系统控制模块、中间件产品、报警和事件管理模块、实时数据库模块、历史数据库模块、时钟管理模块。

1）通用系统控制模块：数据采集、现场设备遥控、分布式数据订阅、实时数据库访问、趋势曲线服务、软件监测、文件传输、操作员权限管理等。

2）中间件产品：基于第三方开发的成熟中间件产品或自主开发的开放协议的中间件产品。

3）报警和事件管理模块：具有与实时数据库相连接的报警服务器，实时数据库定义了报警出现和消失的条件，外部报警可以由任何应用模块产生而不刷新数据库。

4）实时数据库：用于实时监控动态数据的管理、存取等。

5）历史数据库：负责历史档案管理、用户数据管理。

6）时钟管理：和外部时钟相连，实现系统内部的时钟同步。

五、构建枢纽安全监控中心

（一）枢纽监控中心构建原则

多层地下交通枢纽中，不仅拥有多线地铁，可能还有其他交通线路。可以轨道交通为骨架，将多种交通方式联系起来，建立“枢纽安全监控中心”，实现同一车站不同线路（或不同交通方式）的站台监控系统间的信息共享与联动。从安全角度，以火灾系统防灾、减灾为主要目的，设立专门的针对于两条线换乘车站的多层地下交通枢纽的安全应急处理工作站。此中心及其内部的工作站的地理位置可选在枢纽内部，它与两条地铁线的综合监控系统建立一种分层递阶的信息交互模式，它与枢纽内的各个车站及两条线路之间都具有近似直接的信息沟通。在发生安全事故的情况下，可监视并向枢纽内的工作人员提供各系统救灾第一手信息，协调枢纽内各交通方式子系统的运作，实现信息的互通和准确处理，有利于进一步控制事态的发展，掌握主动权。

安全监控中心信息共享应遵循以下原则：

（1）资源共享必须以满足轨道交通本身的功能要求为前提，不能过分强调资源共享而忽视其功能的本质要求；

（2）资源共享要充分考虑各地铁线路实施的时间差异，资源共享设施的配置要考虑技术的发展和可持续；

（3）轨道交通是城市交通的主要组成部分，除要考虑轨道线路之间的资源共享外，要重视与枢纽内其他交通方式的信息共享，做到统一协调；

（4）监控中心的建立与功能应基于公共安全优先，以环境及设备的防灾和安全为核心，共享资源也应以关于安全的系统资源为主要内容。

（二）枢纽监控中心功能和特点

基于公共安全优先的枢纽监控中心的管理可分为预防管理与应急管理两大部分。预防管理是安全管理第一步，也是能从根本上解决安全问题的重要过程。有效的预防管理需要组织、技术和管理 3 个方面的保障，其中，技术为组织提供支持和保障，而管理需要通过组织来实施。应急管理面对的是一个无法挽回的损失或灾难事件，只能通过努力减少损失或者终止损失事件的蔓延，发生之前使干扰情形或危机状态恢复到正常状态。

枢纽监控中心在预防管理中的主要功能包括：

（1）通过包括 FAS、BAS 等在内的综合监控系统对枢纽全区域进行有效监控；

（2）通过综合监控系统获得大量信息和数据，掌握各系统的设备运行情况，以便及时发现干扰情形和危机状态并进行处理。

（3）对枢纽周边道路交通情况进行监视，并将该信息发布给枢纽内的乘客，以引导乘客选择合适的途径离站。

枢纽监控中心在应急管理中的主要功能包括：

（1）通过综合监控系统对枢纽内的动力照明、FAS、BAS、广播、电视监控等设备系统进行监视，掌握各设备系统的运行状态，以获得灾害事件准确的状态信息；

（2）辅助轨道指挥控制中心判定灾害事件的严重程度，确定最优的应急处理方案；

（3）通过监视获得的信息对灾害事件的发展趋势进行跟踪，从而根据需要及时调整应急措施；

（4）指挥枢纽范围内的各交通系统的相关部门和工作人员进行应急救灾。

发生灾害事件时，指挥控制中心应与涉及的各交通方式的监控中心进行直接、实时的信息交换，对各交通方式的运行进行有效的协调控制，实现各种交通方式的联动配合。另一方面可与城市公共安全的消防公安、交管、市应急中心等部门联系协调，以便快速准确地将灾害情况向有关部门汇报。

枢纽安全监控中心具有如下特点：

（1）它凭借地理和网络优势，以环境及设备的防灾和安全为核心，通过共用信息平台为安全行车和调度指挥提供丰富的信息，实现枢纽内各车站信息地相互沟通。

（2）服务对象为各车站、线路控制中心及总指挥调度中心各调度员。

（3）硬件配置和数据组织形式以车站综合监控系统为单位，一个车站就是一个模块，是基础的数据源。

（4）它可以承担该枢纽网络化运营下各交通设施的协调管理职能，进一步解决了各交通设施由于没有网络连接，在突发事故情况下造成的通信不便、协调不利。

（5）在发生紧急情况时，能将信息及时有效地提取出来，为快速落实应急处置方案提供保证。

（6）它是一个以枢纽为单位的网络运营协调单元，日后可成为轨道交通网络化运营管理的一个节点。

（三）信息流控制模式

按照监控中心的功能，在中心内部设立以防灾、减灾为主要任务的枢纽安全监控工作站，该工作站具有同时与多个站台信息交互的双向通道，即同时接收来自两个站台的关于火灾警示系统工作状态的信息。发生灾害时，可向不同站台发送状态信息，使得其他站台产生自动处理的联动，而不仅仅只是依靠打电话的联络方式。

纵向上，该中心垂直分布，处于TCC管理系统之下，与两线路的控制中心OCC之间仍存在信息沟通。发生灾害时，TCC将对枢纽内两条线路的控制指令转发给安全监控工作站。各线路控制中心及车站分别按照各级责任要求进行救灾控制，同时，将枢纽站的救灾运行状态通告给安全工作站。安全监控工作站协调、监督枢纽站的救灾，并将枢纽站的灾害进行状态与救灾联动情况上报给TCC，并与城市消防公安、交管、市应急中心等部门联系协调，以便快速准确地将枢纽的灾害情况向有关部门汇报。数据流程如图7-3-7所示。

在以后的进一步建设中，可在城市轨道交通指挥中心TCC设立对枢纽站的应急救灾预案，并将其存储在枢纽安全监控工作站内。发生灾害时，枢纽监控中心便可按照预案加强集中调度和指挥的应急救灾分系统，其优势在于以最快的速度实现信息的互通和准确处理。

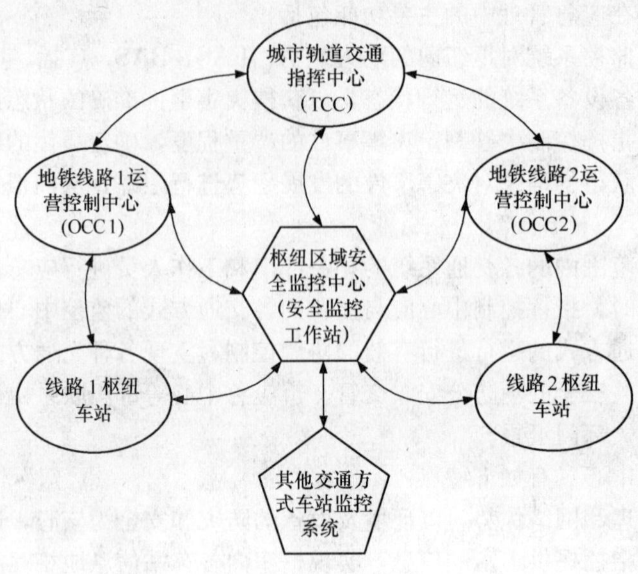

图 7-3-7 枢纽安全监控中心信息流程图

（四）枢纽监控中心的集成平台

采用现有的地下轨道交通系统中普遍采用的网络结构，构建具有两层站台的地下交通枢纽的信息集成平台。对于监控中心集成平台的设计，由于各运输方式有特定的边界、分离的子系统，而这些子系统有自己的控制/管理中心、语言、数据库和通信协议，有特定的实施计划和管理机构，集成时可不要求对这些系统本身做大的修正，通过网络做到与枢纽内两线地铁的综合监控系统互联，通过综合监控系统对枢纽区域进行监控。同理，其他交通方式信息资源的获取可互联其监控中心。集成平台使用与地铁运营架构相似的计算机网络，应用 TCP/IP 协议、C/S 结构。硬件方面，区域安全监控中心的监控系统可用一套硬件，可以是多个服务器连接，多个大屏幕并列设置等，如图 7-3-8 所示。如果与商场或

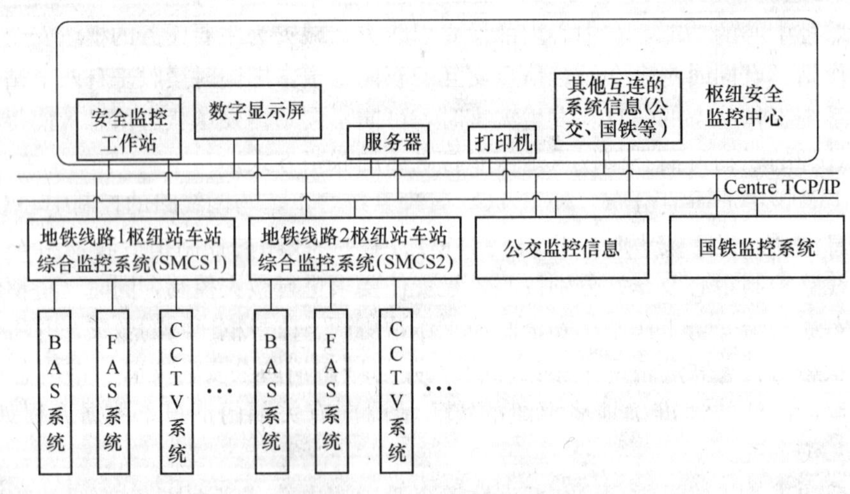

图 7-3-8 枢纽安全监控系统网络结构图

写字楼相通，则与该安保监控室建立设备接口联系，可以共享所有相通楼层的 CCTV、FAS、BAS 等设备信号。软件方面，使用统一的软件平台，能够高效地完成紧急模式的控制。枢纽安全监控平台与地铁综合监控系统的信息资源共享，如图 7-3-9 所示。

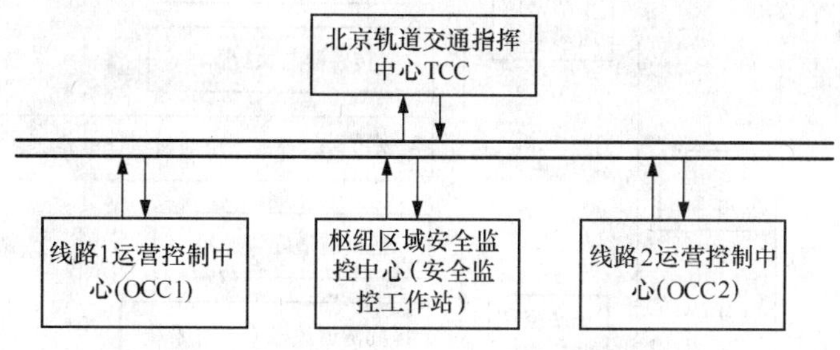

图 7-3-9　枢纽安全工作站与地铁综合监控的信息交互

第四节　枢纽安全监控系统的联动控制设计

车站枢纽安全监控中心依托地铁综合监控系统构建，是一个功能庞大的信息系统，它为枢纽提供了资源共享平台。在众多的集成子系统中，环境与设备监控系统（BAS）和火灾自动报警系统（FAS）的火灾事故预测及应对灾害的自动化处理直接关系到广大乘客的生命安全，这使得 BAS、FAS 两系统从安全警示角度看，在所有子系统中处于特别重要的地位，是地铁运营防灾、救援体系中关键的一环。

BAS 具有开放的系统构架、集成的性质与特点和有待挖掘的潜在功能，值得研究和总结；而火灾自动报警系统（FAS）的构架一般遵从国家和地方的消防规范。目前，国内投入运营的地铁基本采用两系统独立设置方式，这种结构加重了全线通讯网络的负担，造成计算机硬件和软件资源的严重浪费，而且由于不能形成统一管理，限制了地铁的运营管理。

一、安全监控子系统

（一）环境与设备监控系统（BAS）

BAS 是对地铁建筑物内的环境与空气条件、通风、给水排水、照明、乘客向导、自动扶梯及电梯、屏蔽门、防淹门等设备和系统进行集中监视、控制和管理的系统。BAS 是以环境状态检测为基础的、面向工况的防灾自动化。BAS 系统的控制范围及相互关系如图 7-4-1 所示。

典型的环境与设备监控系统结构如图 7-4-2 所示，可分为中央级、车站级和就地级三个层次。车站级环控系统控制原理如图 7-4-3 所示。BAS 系统除了具有常规的设备监控与管理、运营调度功能外，还具有防灾联动控制的重要功能。在车站发生火灾的情况下，须完成对车站防排烟系统的火灾模式控制。

对于 BAS 的控制器，通常采用分布式控制系统（Distributing Control System，DCS）或可编程序逻辑控制器（Programmable Logic Controller，PLC）系统，对这两类系统的分析比较见表 7-4-1。

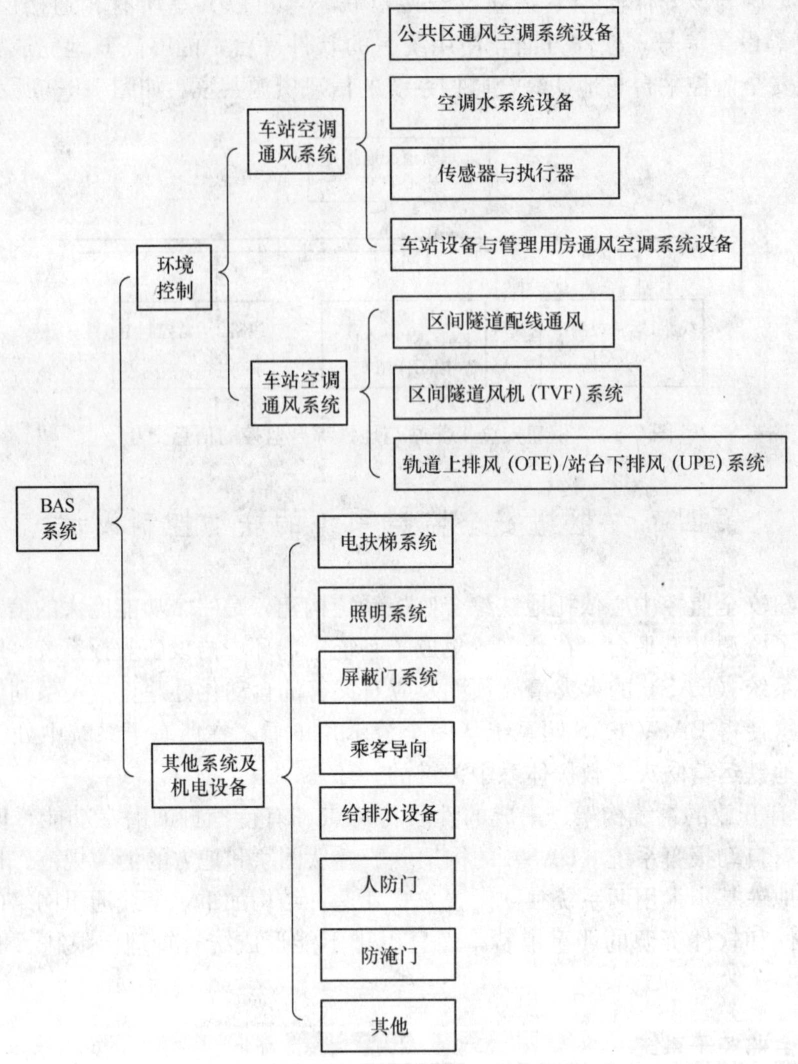

图 7-4-1　环境与设备监控系统（BAS）图

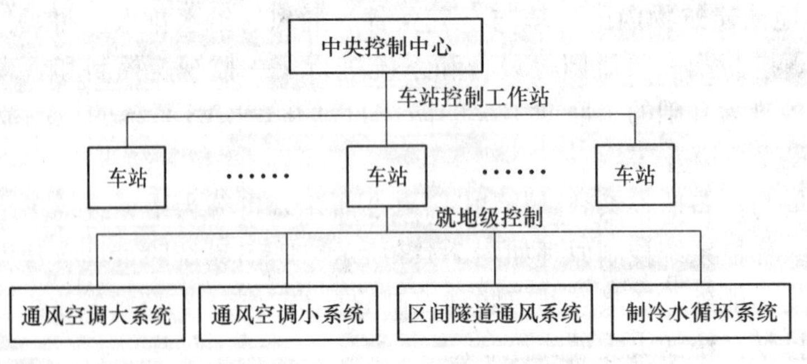

图 7-4-2　环控系统结构图

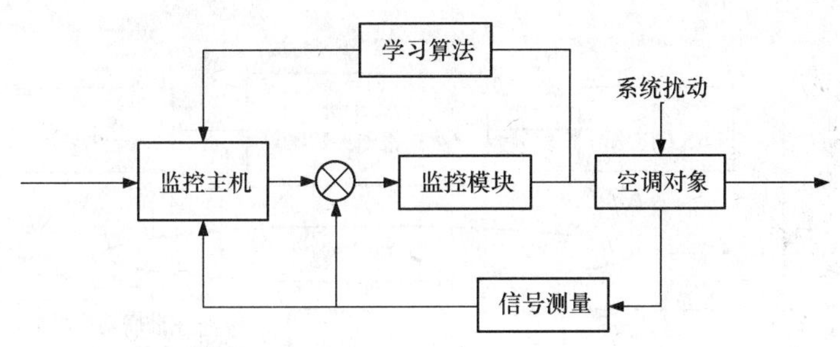

图 7-4-3　车站环控监控原理图

DCS 系统和 PLC 系统的比较　　**表 7-4-1**

比较内容	DCS 系统	PLC 系统
基本特点	需要分散设置多台计算机工作站，通信是关键，有复杂的通信规约	用 PLC 做主控制器，下层可用 PLC 或 I/O 设备，编程容易
开关量处理能力	弱	强
模拟量处理能力	强	弱
可靠性	高	高
开放性	一般	高
设备维护	难	易

在地铁系统中，被监控对象以开关量为主，PLC 系统相对于 DCS 系统更为适合。

（二）火灾自动报警系统（FAS）

火灾自动报警系统（FAS）能探测出火灾的发生并发出火灾警报，启动有关防火、灭火装置，是防灾、救灾体系关键的一环。它一般由火灾探测器件、火灾报警控制装置、火灾警报装置以及火灾联动控制装置组成。

在火灾发生初期，系统通过设置在现场的感温、感烟和感光火灾探测器等火灾探测器件自动接收火灾燃烧所产生的烟雾、温度变化和热辐射等物理量信号，并将其变换成电信号输入火灾报警控制器；也可以通过手动报警按钮向火灾报警控制器通报火警。火灾报警控制器对输入的报警信号进行处理、分析，判断为火灾时，立即以声、光信号等火灾警报装置发出火灾警报，并记录、显示火灾发生的时间和位置。同时，它向防排烟系统、自动喷水灭火系统、室内消火栓系统、泡沫灭火系统、干粉灭火系统以及防火门、防火卷帘、挡烟垂壁等防烟防火设施发出控制命令，启动各种消防装置，指挥人员疏散、控制火灾蔓延。

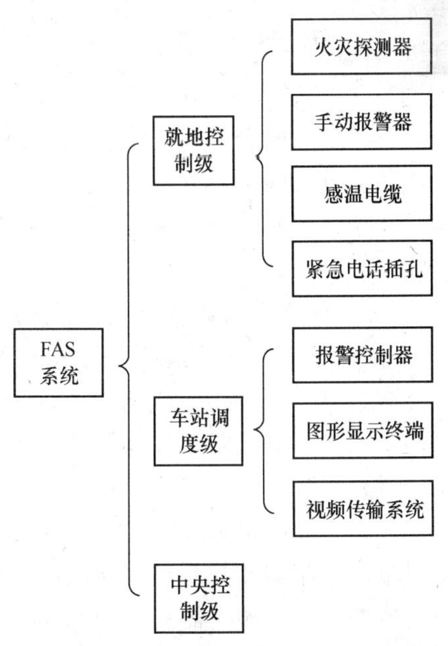

图 7-4-4　火灾报警系统（FAS）组成图

根据设备使用环境的不同，火灾报警系统的监控与报警设备设置了就地级、车站调度室级、中央控制级三级，系统组成图如图 7-4-4 所示，结构图如图 7-4-5 所示。

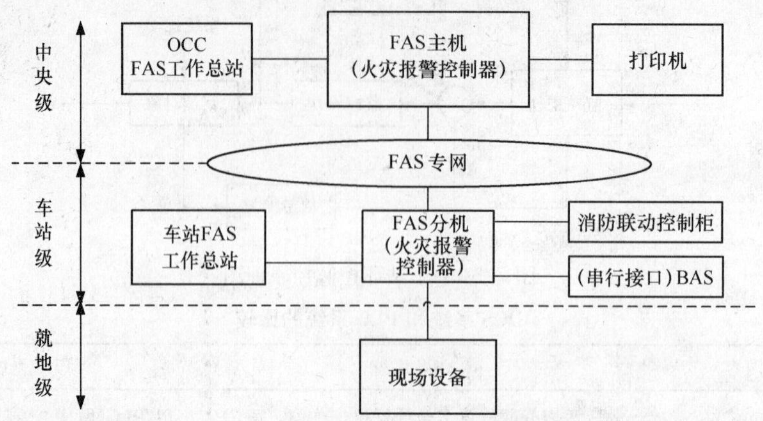

图 7-4-5　火灾报警系统（FAS）结构图

从结构图可以看出，中央监控管理级在 OCC 配备防灾报警主机，FAS 主机由两套消防通信机（火灾报警控制器）和 OCC 两台互为热备用的 FAS 监控总站（即操作员工作站）组成。FAS 主机通过专用网卡与整个系统 FAS 专网相连，并作为网络的一个结点与各防灾报警分机保持通信。在 OCC 设 FAS 大屏幕显示屏，以图形的方式直观地显示全线各区域的火灾报警及故障信息，支持全线的防灾、救灾指挥。同时，防灾指挥中心设置了与消防、防汛、地震预报中心等部门联系的专用外部电话，设置了与车站设备监控系统共用的调度电话总机；各车站（车辆段、停车场、主变电所）等设置了调度分机，设置了与列车司机联系的无线电话。

车站控制室设 FAS 分机（火灾报警控制器），通过总线与现场设备相连，并通过 FAS 网络与其他车站的火灾报警控制器及控制中心操作工作站进行通信，报告火灾报警、系统故障、联动控制及各消防设备的运行状态等信息。火灾报警控制器与中央操作工作站直接通信，不受其他网络影响。

各站点火灾报警分机通过专用接口与系统骨干网相连，形成独立的全线火灾报警网络系统。各站点的分机均为该网络上的结点，各分机具有与控制中心信息交换的功能。同时，各分机之间也具有信息交换的功能，特别是相邻车站之间可相互进行火灾报警的信息传送，相邻车站也可同时接到火灾报警信息，并根据信息及时进行行车组织和必要的救灾措施。

（三）BAS 的分层递阶控制功能

分布式递阶 BAS 系统控制功能分为过程层、控制层、协调层和上位监控层。

车站 BAS 系统中冷冻水系统的远程 I/O 设备运行状态、环境温湿度信息和电梯、照明导向系统、屏蔽门、防淹门、空调通风系统、冷水机组控制器的传感器及执行机构，均属于过程层。

车站中冷冻水系统的 PLC 控制器、电梯、照明导向系统、屏蔽门、防淹门、冷水机组自带的控制器和控制空调通风系统分别运行本设备或本系统的连锁和控制程序，保证本设备或本系统按照控制指令正确运行，属于执行控制层，其功能可由 HSIC 中的 UC 来完成。

车站所有设备在地铁运营时是一个需要协调的相互关联的整体。所有的设备必须相互配合，按照一定的正常运行模式或火灾处理模式运行，以满足正常运营时不同季节、不同时间、不同模式的节能运行目的，和火灾发生时不同地点、不同等级、不同处理模式的减灾要求。同时，需要有一个控制单元采集整个车站所有系统的运行信息，与火灾报警系统通信，协调整个车站所有设备按照正常运行模式和火灾处理模式运行，执行设备间的闭锁和顺序运行逻辑运算，向控制层发送设备运行指令。因此，需要建立车站级运行模式管理、设备闭锁和顺序控制的车站级监控工作站作为协调层。此级可等同与 HSIC 的组织协调级 OC，负责各单元控制器协调一致工作。

中央级监控系统采集全线所有车站机电设备的运行信息，进行数据处理和登录，提供方便友好的人机界面给调度运行管理人员使用，是上位人机监控系统。此级是中枢司令级 CC，负责各车站之间的协调工作。

整个控制系统运作过程符合 Saridis 的"精度随智能提高而降低"原理。中央级调度中心分配运行指标，低层的单元控制器只负责根据上级的指令，具体实施对本单元内设备的控制。层次越低被控量、控制量和参考值等指标越具体。

二、BAS 和 FAS 集成方案设计

(一) 集成方案设计

综合监控系统整体采用集中分布模式框架，并且采用 FEP 接口集成，将所有的子系统首先接入前端处理器 FEP，再接入车站局域网，并通过系统骨干网与控制中心联系。此时，对于一个 FEP 可以同时连接三个客户系统，一个是本车站（图 7-4-6），一个是线路监控中心（图 7-4-7），还有一个就是枢纽区域监控中心（图 7-4-8）。

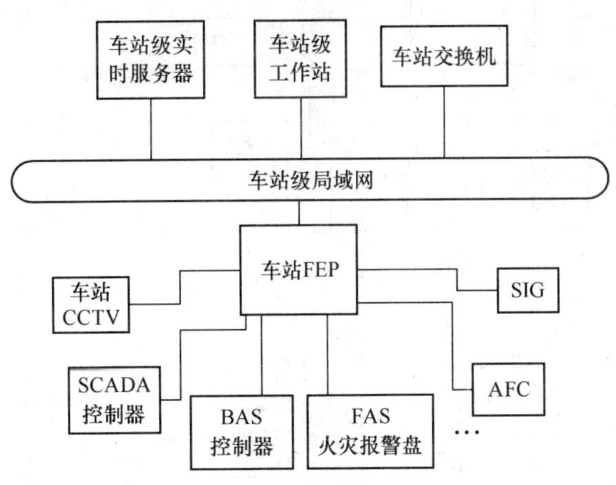

图 7-4-6　车站 FEP 集成

FAS 在车站、车辆段、停车场连接到 FEP，主变电站 FAS 直接接入邻近车站 FAS 的火灾报警控制盘，再由车站连接至中央级的 FEP。通过 FEP 将信息上传给综合监控平台，以完成 FAS 中央级和车站级监控功能。车站 FAS 接口示意图如图 7-4-9 所示。

BAS 的主控制器连接到综合监控的 FEP，在车站一端配置冗余的主控制器，在车站另一端配置冗余从控制器。冗余主控制器与冗余从控制器之间用现场总线连接，实现车站

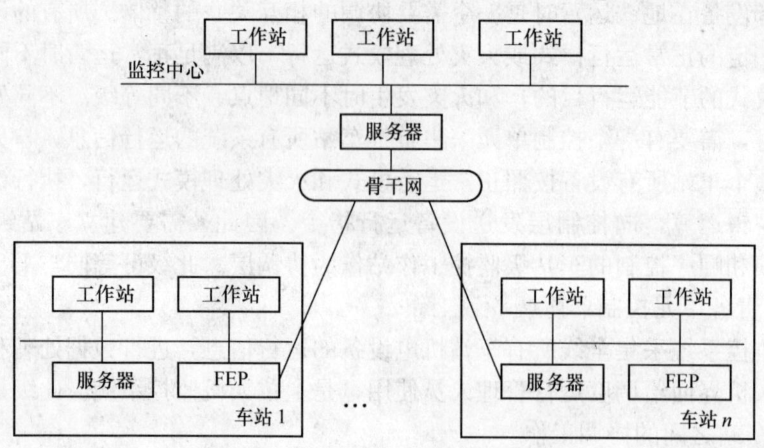

图 7-4-7　中心 FEP 集成

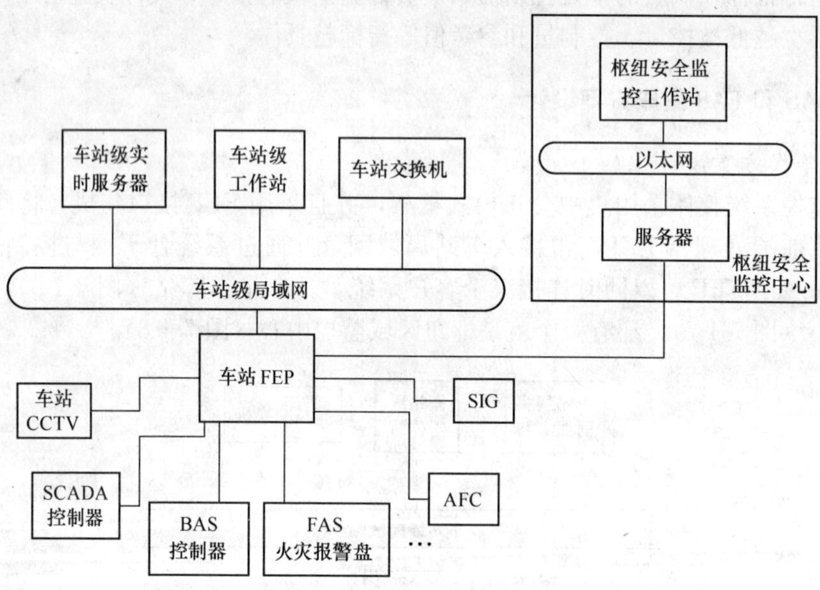

图 7-4-8　枢纽 FEP 集成

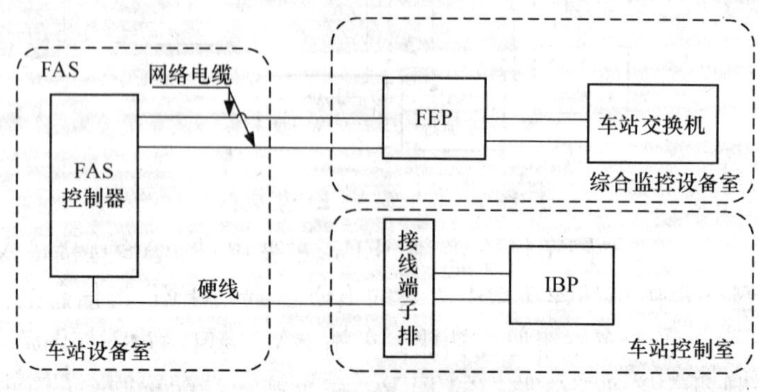

图 7-4-9　车站 FAS 接口示意图

两端控制器之间的数据通讯。系统网络方案示意见图 7-4-10。

此集成方案的特点：

（1）打破了 FAS 单独组网的模式，将之集成进综合监控系统；

（2）接口清晰，FEP 将不同的协议转换成统一的协议；

（3）FAS 又具有一定的独立性，用 FEP 隔开，与其他系统相互没有干扰；

（4）容易实现数据分级和过滤。

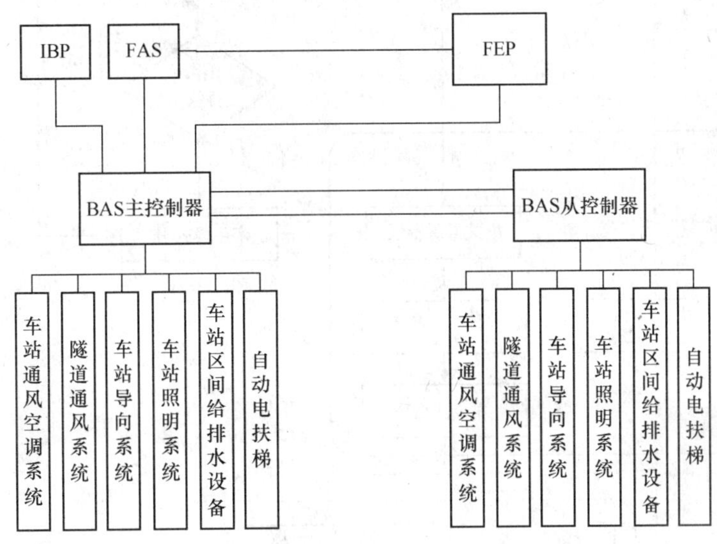

图 7-4-10 车站 BAS、FAS 与 FEP 接口图

（二）BAS 与 FAS 的联动控制设计

一般情况下地铁不设置专门的防排烟系统设备，多数情况下采用通风系统的共同设备作为防排烟系统设备，它们在正常工况下实现通风换气的功能，由 BAS 系统实现控制，火灾情况下则用于防排烟，这里讨论的是由 BAS 系统实施控制。这时，BAS 需要解决何时进行联动控制的问题，因为火灾工况的探测是由 FAS 系统实现的，它们之间的接口已经讨论过了。当 BAS 系统正确接收 FAS 信息后，BAS 将迅速整理分析、分拣信息，判断并生成控制命令，协调系统内相关控制器动作，从而实现联动控制。

实现联动控制有 3 个过程：①接收有效的报警信息；②模式优先级及冲突判断；③发布模式命令，实现火灾模式控制。具体流程如图 7-4-11 所示。

为确保 BAS 能及时可靠地读取 FAS 信息，在 PLC 应用中专门建立一个周期性的（定时中断）接口数据处理任务，用于读取并处理 PLC 共享内存数据。由于底层链路的数据传递较快，则 PLC 周期任务时间以底层链路数据更新周期为基准，可将该接口处理任务的周期设定为 20ms（即 20ms 的定时中断）。

设计中，BAS 系统只响应 FAS 的模式控制命令，而 FAS 系统不直接传递模式命令。BAS 必须对 FAS 数据进行整理和过滤，分拣出代表模式命令的信息。FAS 输出的信息是其所有的事件，如火警、手报、温感、矩阵、故障等，而 BAS 关心的只是有效的逻辑与组编号。FAS 事先针对不同防火/烟分区的烟感或温感探头，设置不同的逻辑与组。当该组内相邻 2 个探头报警时，FAS 将输出不同于该组的编号，作为确认的火灾报警信息，

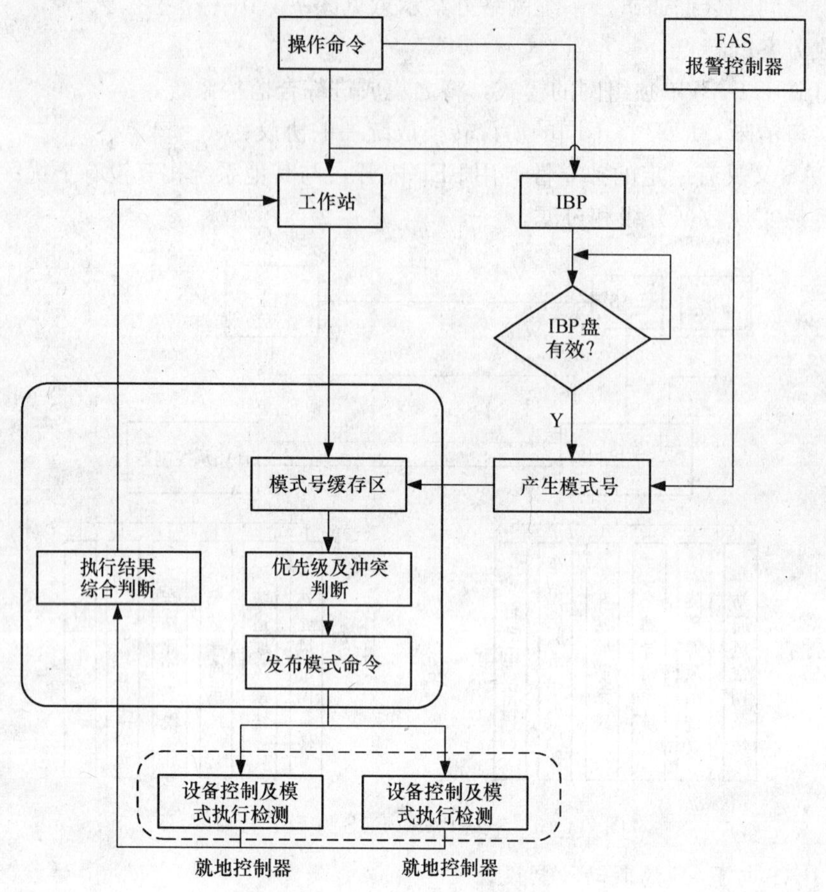

图 7-4-11　联动控制流程图

与组编号代表特定的防火/烟分区的模式命令。BAS 将在 FAS 传递的众多信息中分拣与组号信息，查表确定对应的防排烟模式命令编号，取出对应的设备命令分解传输到各个就地级控制器中，由就地级控制器实现对防排烟设备的控制。

BAS 一般有 3 类风系统：隧道风系统、车站公共区风系统（大系统）和设备及管理用房风系统（小系统），这些风系统设备在不同的运营工况下动作是不一样的，不同工况下多设备不同的运行状态组合即所谓的模式。BAS 将对这些设备进行群组控制，以适应不同工况。地铁工况一般有火灾、阻塞、正常等，对应 BAS 有防排烟模式、阻塞模式和正常模式等，其中防排烟模式具备最高的执行优先级。当火灾报警系统发出火灾报警信号后，BAS 系统首先根据事件队列里的模式号来判断工况，以决定能否优先执行该模式，看是否和当前同级别的模式冲突。

BAS 联动动作有：

（1）风机多种模式运行。按火灾发生的位置，控制隧道通风装置的转动方向或停止运行；启动或关闭隧道射流风机；控制相应的风机按模式预定进行关闭或打开。

（2）直升电梯的火灾控制迫降其到首层，并开门控制疏散用自动扶梯按疏散方向运转或停止。

（3）切断非消防电源。

（4）接通紧急照明电源。

（5）控制防火阀按消防控制模式进行关闭，并监视其动作状态。

第五节　枢纽安全监控系统的设计实例

目前，国内现有的城市轨道交通多层地下交通枢纽中的安全警示综合监控系统，多是基于已有的单一车站的综合监控系统构建。为了进一步开展针对于枢纽安全的相关课题的研究提供实验条件，使用现有的地铁综合监控系统中通用的设备，构建了枢纽安全警示综合监控系统。该系统包括综合监控系统功能服务器系统、监控工作站系统、运行状态显示屏阵列、底层工控设备等分系统。

在构建中，突出枢纽工作的典型特征，并依据前述分析，设立了枢纽安全工作站等功能子系统。

一、系统总体设计

轨道交通监控管理系统从下至上应包括车站级监控系统、中央级监控系统、线路级之上的指挥调度系统以及换乘线路的枢纽安全监控系统，是一个大型的分布式递阶控制系统，如图 7-5-1 所示。

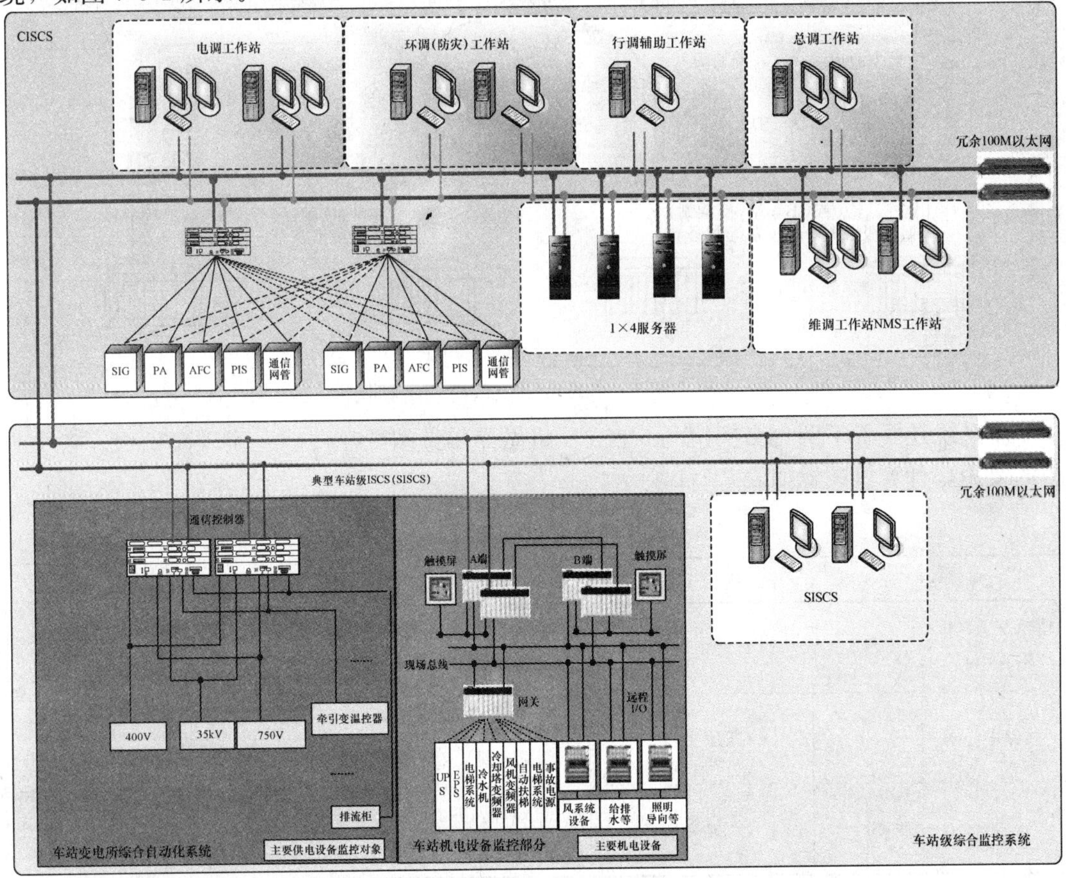

图 7-5-1　轨道交通综合监控系统设备架构

（一）硬件构成

本系统配置八台服务器，模拟由两条地铁线路组成的轨道交通监控管理系统，如图7-5-2所示。这八台实时服务器是实现数据提取、存储和共享的关键，分别模拟地铁线路1的两个车站a、b的车站服务器S11和S12，地铁线路1的中心实时服务器S1，地铁线路2的两个车站c、d的车站服务器S21和S22，地铁线路2的中心实时服务器S2，两条地铁线路级之上的指挥调度中心服务器SC，地下交通枢纽安全监控中心服务器SN。其中，设车站b、c是换乘枢纽站。

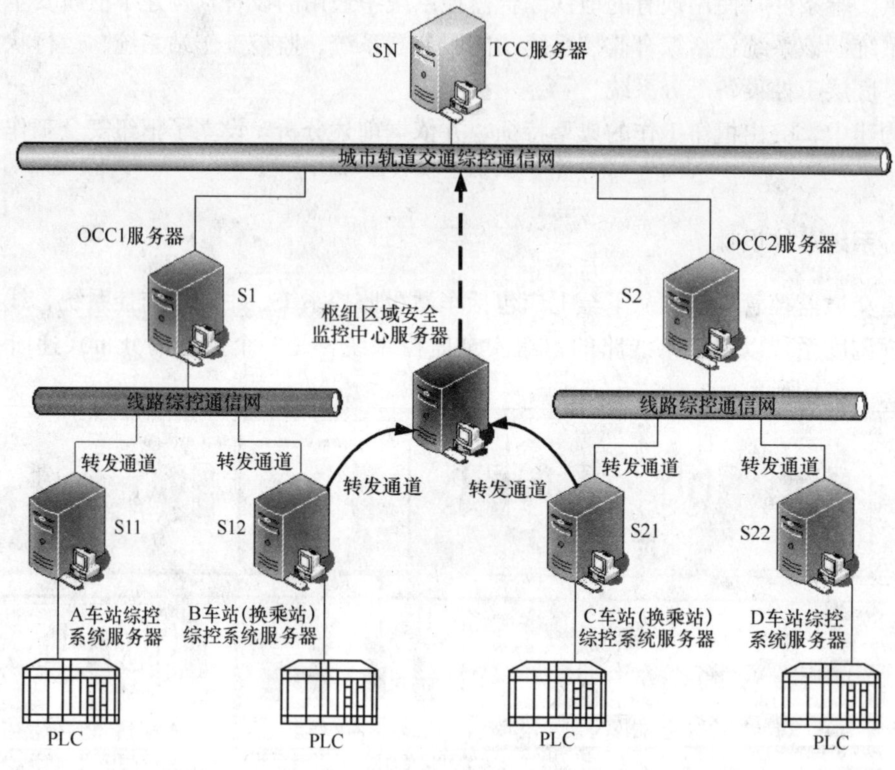

图7-5-2　实验室模拟系统网络结构

本系统还配置了两台交换机和6台PC机做操作员站，在功能上实现车站级、各中心级的复用，计算机配置如表7-5-1所示。

实验室计算机配置表　　　　**表7-5-1**

厂　站	主机名	用　途	IP 地 址
轨道交通调度指挥中心	SC	TCC服务器	IP地址：192.168.1.1 192.168.2.1 组播地址：224.16.16.16224.17.17.1717
线路中心1	S1	OCC1服务器	IP地址：192.168.1.2192.168.2.2 组播地址：224.16.16.26224.17.17.27
a	S11	1号车站1服务器	IP地址：192.168.1.21192.168.2.21 组播地址：224.16.16.36224.17.17.37

续表

厂　站	主机名	用　　途	IP　地　址
b	S12	1号车站2服务器	IP地址：192.168.1.22192.168.2.22 组播地址：224.16.16.46224.17.17.47
线路中心2	S2	OCC2服务器	IP地址：192.168.1.3192.168.2.3 组播地址：224.16.16.56224.17.17.57
c	S21	2号车站1服务器	IP地址：192.168.1.33192.168.2.33 组播地址：224.16.16.66224.17.17.67
d	S22	2号车站2服务器	IP地址：192.168.1.34192.168.2.34 组播地址：224.16.16.76224.17.17.77
枢纽中心	SN	枢纽安全监控中心实时服务器	IP地址：192.168.1.4192.168.2.4 组播地址：224.16.16.86224.17.17.87
	CLIENT1	操作员站1	IP地址：192.168.1.101
	CLIENT2	操作员站2	IP地址：192.168.1.102
	CLIENT3	操作员站3	IP地址：192.168.1.103
	CLIENT4	操作员站4	IP地址：192.168.1.104
	CLIENT5	操作员站5	IP地址：192.168.1.105
	CLIENT6	操作员站6	IP地址：192.168.1.106

（二）软件与资源分配

在本系统中，采用Cyber Control通用图形组态软件（简称Cyber Control组态软件）作为系统平台软件。它能以灵活多样的“组态方式”而不是编程方式来进行系统集成，提供了良好的用户开发界面和简捷的工程实现方法（图7-5-3），可以非常容易地实现和完成监控层的各项功能，大大地提高了集成效率。该软件主要的软件层包括：

（1）数据接口层：由数据管道和I/O服务器2个组件组成；

（2）数据处理层：实时数据库组件（服务端/客户端）、事件服务器组件（服务端/客户端）、计算组件、历史数据组件、文件服务器组件（服务端/客户端）等；

（3）数据展现层：人机界面组件和报表组件。

系统软件的部署形式如图7-5-4所示。部署了软件的计算机配置和装载相关的数据有：

（1）数据接口：用于定义各种设备通道和通讯参数。

（2）实时数据库：分布式数据库定义和分布的基本单位是“数据库单元”。一个数据库单元一个或多个外部设备系统在综合监控系统中的映象，也可以由综合监控系统内部点组成一个数据库单元。

（3）报警和事件服务：用于管理报警表格和事件日志。

（4）历史数据库：用于管理短期历史库并作为长期历史库（关系数据库）的客户端。

（5）HMI：每个部署了HMI的机器匹配显示框架、图形、对话和操作权限定义，并组织到一个“HMI工程”下。

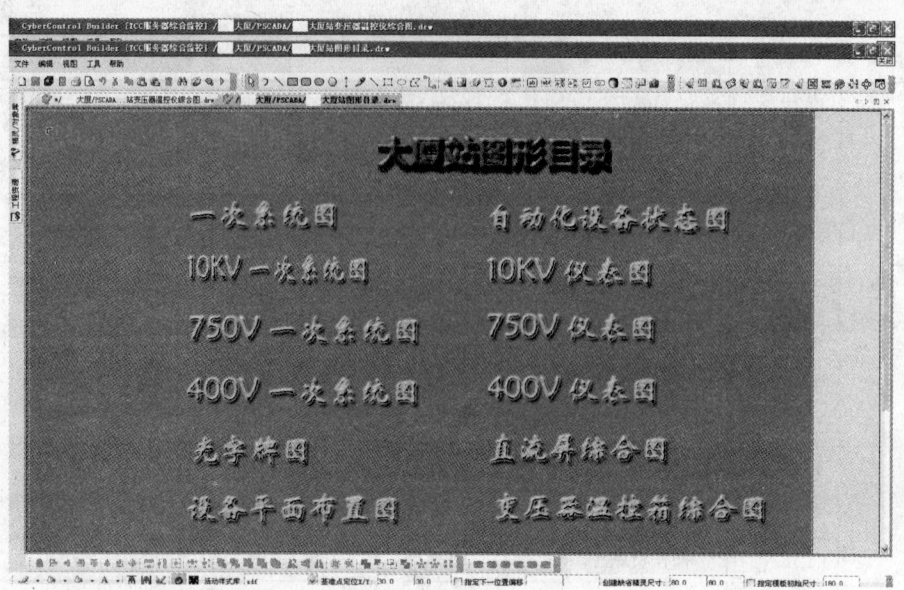

图 7-5-3　Cyber Control 分站监控主界面

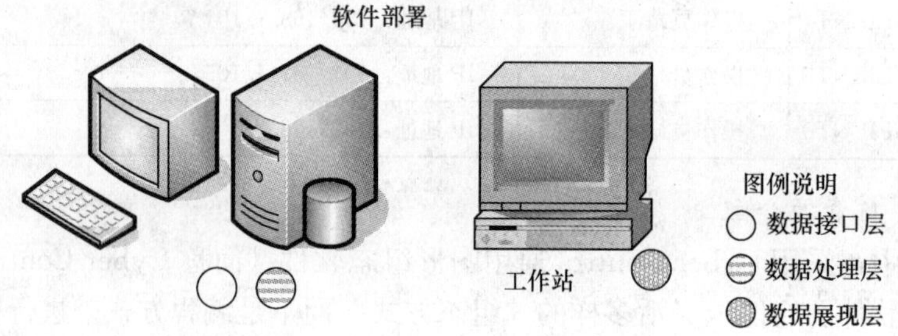

图 7-5-4　软件部署

作为分布式系统，地铁综合监控系统平台软件结构如图 7-5-5 所示。

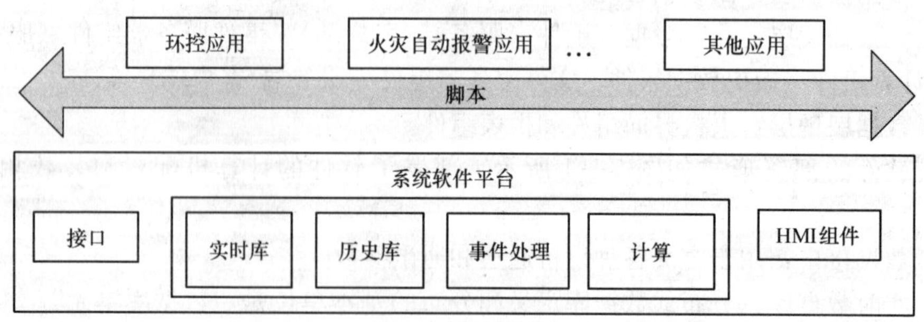

图 7-5-5　系统软件平台

二、实时数据库分系统设计

（一）系统实时数据库主要特征

实时数据库是综合监控软件平台体系结构的核心。与传统的数据库不同的是，实时数据库所支持的应用具有很强的时间性要求，即处理活动和数据要求在确定的时间内完成。分布式数据库系统是数据库技术与计算机网络技术的产物。它是由分布于计算机网络上的多个逻辑相关的数据库组成的集合，网络中的每个结点具有独立处理的能力（称为本地自治），可执行局部应用，同时每个结点通过网络通信系统也能执行全局应用。局部应用即仅对本结点的数据库执行某些应用；全局应用（或分布应用）对两个以上结点的数据库执行某些应用。因此，它是一个具有管理分布数据库功能的计算机系统。

在综合监控系统中需要实现的分布式实时数据库除了以上特征，在本实验室系统中还具备以下主要特征：

1. 面向对象

这里的“对象”主要指“设备对象”，即用户或操作员所能看到的各种工艺设备，如开关、阀门（图 7-5-6）、风机（图 7-5-7）、电扶梯等，当然也包括系统构成设备，如计算机、网络等。

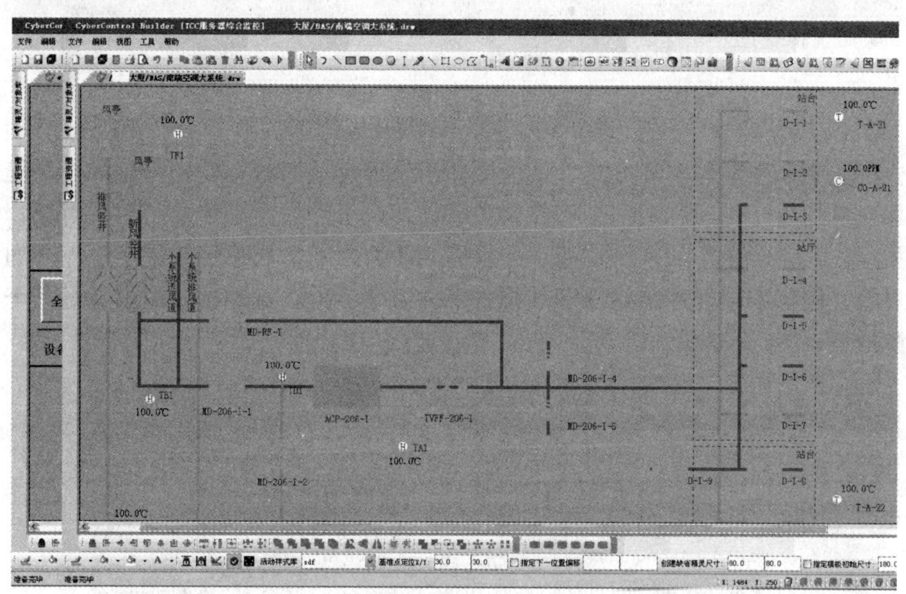

图 7-5-6　分站控制设备阀门运行状态图

对象数据库提供的服务有：

（1）支持重要的面向对象特征，如封装、对象标识、对象关系、继承和多态。

（2）基本数据库操作，支持对象创建、修改和删除的基本操作。

（3）通用的数据查询，获取接口、对象暴露的操作接口。

（4）多对象行为，支持多对象复合行为。

2. 分布特征

对特定的功能结点工作站和服务器，使用的每个本地数据库可以只是全局数据库的部分映象。这些数据可以是工作站或服务器的真实状态，或只是本地维护的一个副本或映象，这样就无须每次都通过网络访问数据。

3. 事件驱动

作为地铁综合监控系统的需求，数据库应能处理每个站 8000～10000 个数据点，应用

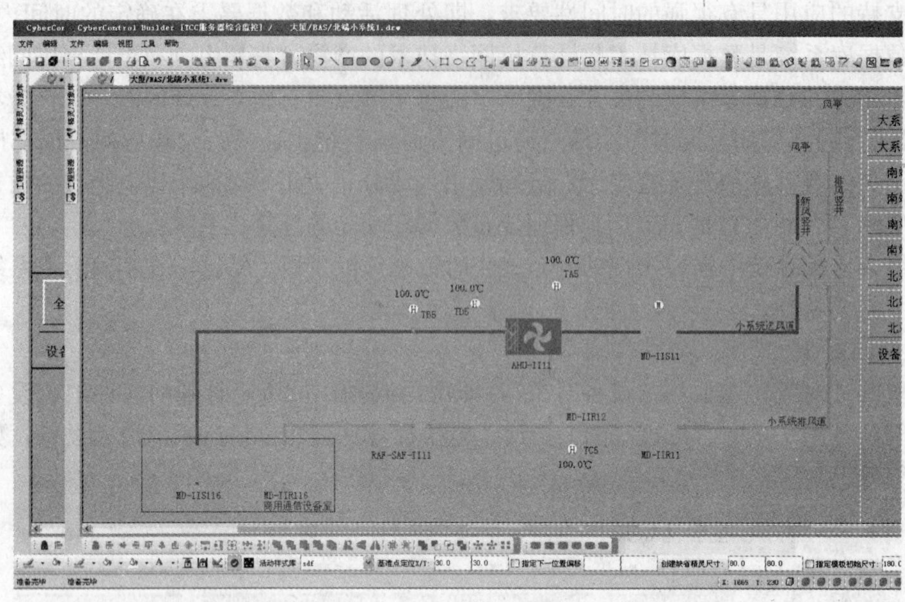

图 7-5-7　风机系统运行状态图

功能的执行主要采用事件驱动方式，事件源在于外部变量的状态变化。例如，采集系统探测到外部变量的值变化，产生一个例外报告事件，该事件被主动传递给相关对象，触发对象的相关动作，完成一定的系统功能，如报警判断、启动事故追忆或进历史库。如该对象还有父对象，则将本层处理结构以例外报告事件继续上报，直到顶层对象，是一个从下至上的串激过程（图 7-5-8）。

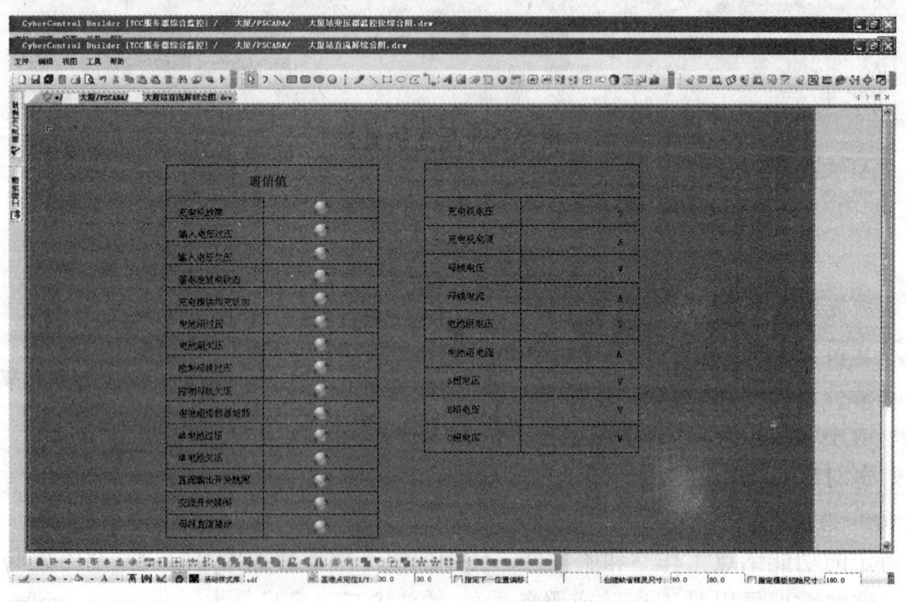

图 7-5-8　Cyber Control 状态检测与报警界面

4. 内存数据库

考虑到系统运行的实时性要求，数据库将主要实现为内存数据库，但也允许某些非实时性信息驻留硬盘，内存数据库只保留这些文件的连接。

（二）实时数据库组织

各监控中心、车站系统都存在一个实时数据库，全系统分布式实时数据库的组织原则为：

（1）I/O站是车站数据库的子集，每个I/O站装载本站必须的数据库定义，采集和存放本站全部实时数据。各I/O站作为直接数据源提供本站的实时数据访问服务，并通过分布式数据库的数据通讯模块定时或按变化将全部实时数据上传给本车站工作站。

（2）车站实时服务器装载本域全部的数据库定义，并接收和集中存放来自本车站I/O站上传的全部实时I/O数据，再进行进一步的加工处理。因此，车站服务器中保存的是本车站所有I/O站分散数据库的总和。缺省情况下，车站服务器作为应用访问本车站实时数据的代理，即使有冗余服务器组件之间也通过数据通讯模块达到数据一致性。

车站本身就是一个自治性较强的监控系统，各应用处理与实时数据库耦合紧密，而监控中心和各域之间的连接则较为松散，在车站服务器与I/O站之间采用复制性上传，而在监控中心服务器与各车站之间采用订阅方式。

（3）中央服务器，与车站服务器和I/O站之间的关系不同，监控中心并不保存下属所有车站的数据库总和，也不采集所有车站的全部基础实时数据，而只是装载、存放和处理全系统重要的高层实时数据和相关数据库定义。实时数据来源于各车站的服务器，它通过动态的订阅/发布机制向各车站服务器请求自己想要的数据，而不是规定全部数据都要上传。采用这种方式旨在减少通过系统骨干网的无谓的数据传输。

（4）调度指挥服务器的组织原理与中央服务器相同，不同之处仅是监控中心装载、存放和处理几条地铁线路重要的高层实时数据库和相关数据库定义。实时数据可以来源于中央服务器或车站服务器，通过动态的订阅/发布机制获得数据。

（5）枢纽服务器，与调度指挥服务器不同的是，它存放和处理的是关于枢纽换乘站的两个车站的有关安全的实时数据和相关数据库定义。它的实时数据可通过动态的订阅/发布机制获得两个车站的数据。同时，通过分布式数据库的数据通讯模块将全部实时数据上传给调度指挥工作站。

从综合监控系统监控角度看，各级监控中心根据不同应用需要，只是关心本级相关的宏观数据和部分重要的基础数据。这种方式同时也可减少各监控中心服务器的处理负荷和数据冗余及其带来的数据一致性问题。

其中，数据订阅/发布是指由客户应用一次性向本域实时数据库服务器发出订阅数据要求，服务器登陆该请求，并周期性将实时数据的最新值发布给客户，直到客户应用取消订阅。当服务器本身不能提供所订阅的实时数据时，则再向下级服务器或数据源站订阅，这种逐级订阅能力使得各监控中心的操作员站也能读到最底层的I/O站实时数据。服务器可以归并应用请求，如当2个操作员站显示同一画面而服务器仍需向下层数据源站订阅时，相同点数据只发送一次。

（三）实时数据库服务器配置

实时数据库服务器主要负责实时数据库中数据的采集、管理和服务，包括对遥信、遥测、遥控、遥调等信号的采集、处理和输出等管理，并向操作员站提供快速高效的实时数据库访问接口函数。它具有一般数据库管理系统的基本功能：数据库的定义、存储、维护；有效的数据存取各种数据操作、查询处理、存取方法、完整性检查；通讯模块负责分布/分散数据库冗余数据之间的一致性；实时事务处理，调度与并发控制、执行管理；存取控制安全性检验；数据库的可靠性恢复机制。

实时数据的基本单位是（T，Q，V）的三元组（T 为时标，Q 为数据质量，V 为值），表示某点在某个时刻的值和质量状态，这个时刻是通过采集、计算或通讯得到该点值和质量状态时打的时标，三元组作为一个整体存在于实时数据库和数据传输包中。

实时数据库分布在 I/O 站、车站服务器、各监控中心服务器上，实时数据库的最小组织单位为 I/O 站实时数据库。多个 I/O 站实时数据库在车站服务器中建立映象，由车站实时数据库管理。多个车站实时数据库在各监控中心服务器中建立映象，由各监控中心实时数据库管理。各 I/O 站实时数据库可以动态地加入车站实时数据库管理，各车站实时数据库也可以动态的加入各监控中心实时数据库的管理，如图 7-5-9 所示。

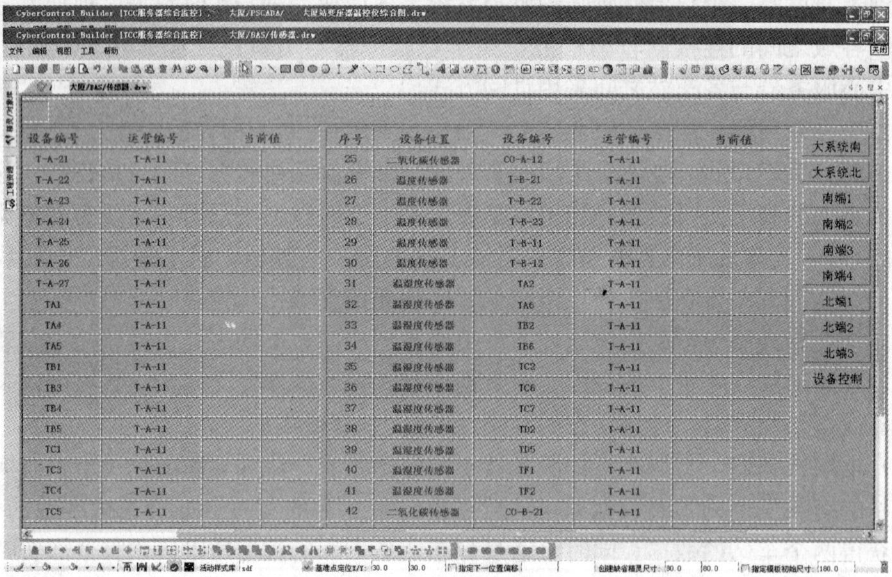

图 7-5-9　分站传感器实时数据

（四）报警和事件服务

1. 事件

（1）内部事件：系统内探测到实时数据变化，经过应用处理后产生的格式化数据。实时数据库和接口层都可能产生内部事件，实时数据库产生的事件主要是报警、人工操作记录和控制操作结果；接口层产生的事件主要是采集过程中的异常，包括信号方面和外部通讯方面。

（2）外部事件：外部系统直接报来的事件数据，如 SOE（Sequence of Event）或外部系统传入的报警事件，如火灾报警等。

2. 报警

各车站和监控中心都自有报警和事件服务组件。车站服务器负责车站的报警和事件处理及服务，各监控中心服务组件负责各自范围内的报警和事件处理及服务。其基本原则是：I/O 站负责本机的管理设备报警，车站实时服务器负责本车站的工艺报警和系统报警，监控中心实时服务器负责全线的系统报警，调度指挥中心实时服务器负责多条线路的系统报警。产生的报警信息通过统一的接口“推”给本地的报警和事件服务器。报警和事件服务器对报警信息进行加工、分类、排序、记录和通知。整个报警处理过程是事件驱动方式，如图 7-5-10 所示。

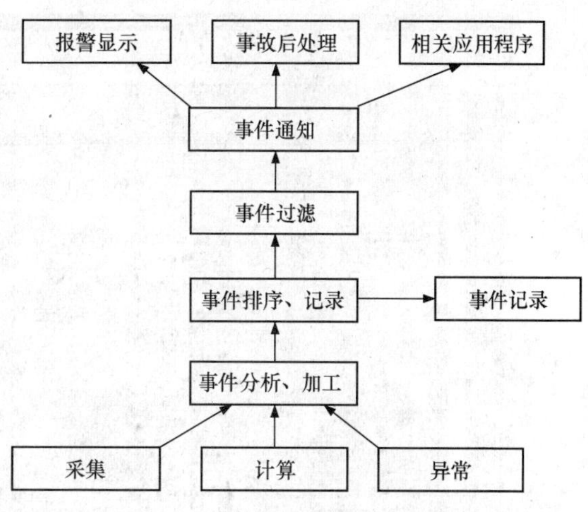

图 7-5-10　报警和事件处理

对于车站服务器，接收本车站其他应用任务产生的报警事件，经分析加工产生报警信息描述后分类记录到本车站报警表格，同时将事件历史保存到本车站各类日志中。因此，车站服务器管理本车站全部报警和日志信息，提供对本车站所有事件信息的查询服务。

中央级监控中心和调度指挥中心服务器除对本地报警事件处理和域服务器相同外，还接收下面各车站产生的主要报警信息进行重新排序和记录，形成全局报警提供给操作员。各监控中心操作员可以跟踪和查询全局重要报警，也可以详查每个车站的详细报警信息。

其中，各中心日志可以如实记录全线或几条线路所有事件。这时，各车站服务器除实时上报中心所预定的重要报警外，还需要周期上传本车站产生的新日志信息，由中心的服务器进行日志信息的排序和记录，其过程如图 7-5-11～图 7-5-13 所示。

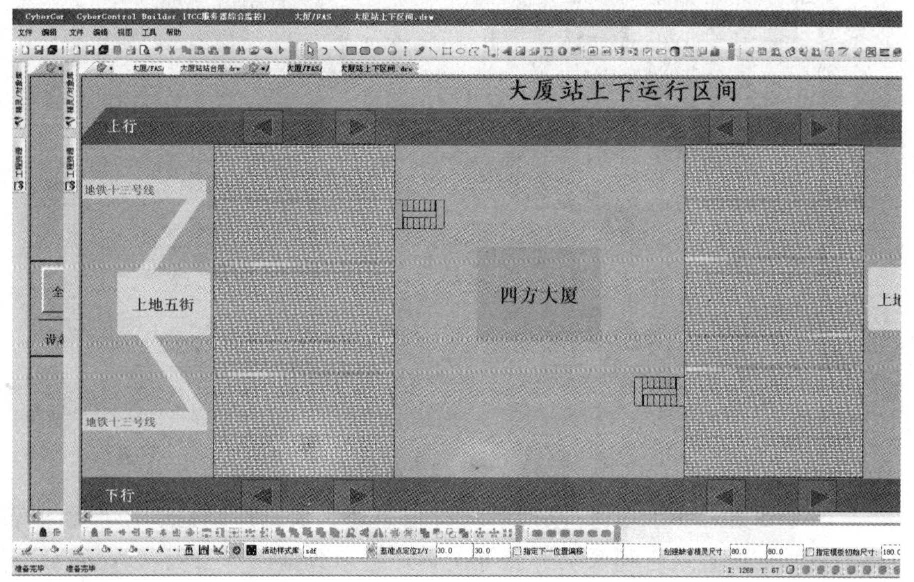

图 7-5-11　区间火灾警示图

三、系统功能设计

综合监控系统软件组态的目的是为软件配置数据，构建目标应用系统。系统组态后将产生应用系统的数据库结构、控制运算方案、历史数据库、监控流程图以及各类生产管理

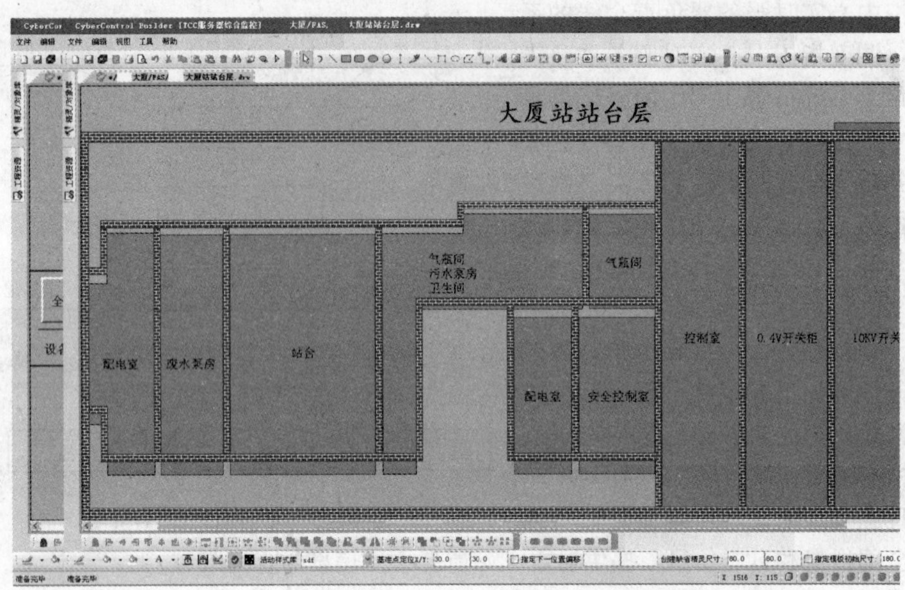

图 7-5-12　站台布置及警示图

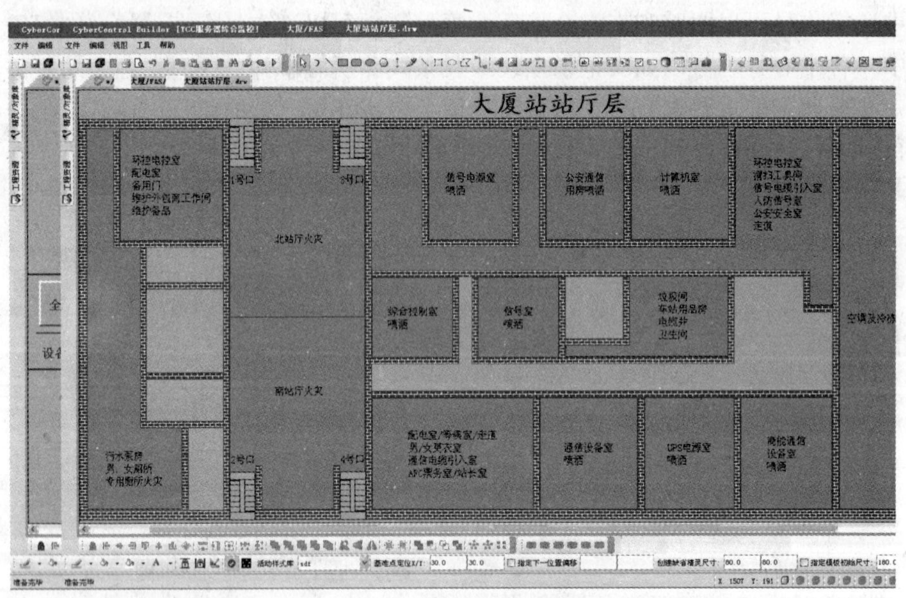

图 7-5-13　站厅布置及警示图

报表。Cyber control 组态软件主要包括系统设备组态、数据库组态、图形和报表组态、系统服务器软件功能配置组态和系统下装等工具。组态数据以“工程（Project）”为单位组织，每个车站是一个工程，各监控中心也作为工程来设计。

（一）系统设备组态

系统设备组态是对整个系统的所有设备进行定义。I/O 设备表组态采用在“通信链路”上挂接“设备”的思想，即一个 I/O 控制站可以包含多条通信链路，每条通信链路上可挂接多个设备，每个设备上有若干不同种类的点。系统设备组态包括配置系统的网络节点、功能设备、通讯链路和I/O设备等，具体如下：

（1）网络节点：系统网络上所连接的能完成独立功能的单元，包括服务器节点、I/O控制站节点、操作员站节点、打印站节点、历史服务器节点等，每个节点对应有节点类型、站号、节点说明。

（2）功能设备：系统网络上每个节点中所挂接的硬件设备，包括主机、网卡、打印机设备等。

（3）通讯链路：相同通信介质、通信参数和通信端口的物理线路。如ETHERNET、CAN、DP、FF、PLC、LONWORKS、RS-232和RS-485等，每个链路都称为一条通信链路。对于每种链路，都需要设置完成该链路通信所需要的参数及设备配置信息，包括链路地址、链路特定参数等。

（4）I/O设备：挂接在通信链路上，可以独立寻址的I/O设备，如各种类型的I/O单元。每个设备对应有设备地址、设备说明，以及不同的设备属性。

系统设备组态完成并经过编译检查后，系统将自动生成外部物理采集点的数据库点记录，对这些点记录可以进行修改，但与设备相关联的属性如设备地址、采集通道、信号类型等不能在数据库组态中进行修改。

（二）系统数据库组态

系统实时数据库生成是对系统中所管理的应用对象进行定义，包括对外部采集对象的定义和内部计算对象的定义，系统提供了一组基本的数据库记录类型，定义的内容有点说明、采集位置、采集周期、量程转换参数、报警属性、处理要求和处理顺序等。

（三）系统报表组态

系统提供的报表生成工具为用户提供了报表组态系统，组态过程采用“所见即为所得”的方式。用户在报表生成系统中，可利用操作系统提供的各种输入方式，在单元格中录入说明性文字、定义需打印动态数据的点，再根据需要修改表格格式，即完成了一幅报表的编辑。

用户利用报表生成软件既可将所需的实时数据在表格中打印出来，也可打印特定的历史报表，通过观察数据，用户可以分析系统趋势，及时发现现场运行中出现的问题。

（四）系统图形画面组态

系统图形组态工具用来生成应用系统所需的各种总貌图、流程图和工况图。采用矢量绘图方法，提供了方便的绘图工具和多种动态显示方式，通过图形操作员可以对现场的运行一目了然，可以方便地监控现场。图形组态系统给用户提供了多种图形静态操作工具，包括图形的生成、填充、旋转、拉伸、剪切、拷贝和粘贴等，可以灵活地对图形进行变换和加工；可以设置图形对象的动态特性，包括闪烁、填充、平移、旋转、显和隐藏、缩放、曲线显示等。

系统提供系统图形对象库和用户定义图形对象库。系统对象库中存放系统预先定义好的常用固定图形对象，此库中的对象不允许修改。用户定义图形对象库存放用户自己定义的图形对象，用户可以用绘图工具生成各种图形对象，并将其加入对象库中，也可以从对象库中直接调出已有的对象编辑成新的对象写入对象库。

图形组态系统以文件为单位编辑，每幅画面都对应一个文件。图形生成后需要一个下装的过程，才能在操作员站上调出。

（五）系统管理工具

系统管理工具提供对系统进行管理的功能，包括系统运行数据的下装、系统服务器的远程启动、系统服务器软件的配置。系统服务器是一个软件概念上的服务器，故需要对系统服务器功能进行配置，与硬件进行绑定，指明每个功能或者进程在哪个计算机节点上运行，对于冗余配置的任务，还需要分出节点间的优先级。

四、人机界面

（一）概述

人机界面是综合监控系统软件 Cyber control 运行在中文 Windows 平台上的实时监控组件，该组件允许多进程同时运行，支持多个显示屏幕，每个屏幕的显示和操作互不干扰。主要功能如下：

1. 图形显示和会话

（1）可以通过多种途径切换到各个工艺流程图监视画面；

（2）在一幅流程图上可显示平面图形和动态对象，可重叠开窗口，并实现会话操作；

（3）可对画面进行不失真放大与缩小等；

（4）显示图形可以在图形打印机上打印，也可以存为标准图形文件（如 JPG，BMP 等）。

2. 综合变量的趋势和历史显示：用曲线显示方式显示物理采集点或者内部计算点最近时间内的变化趋势。

3. 报警

（1）显示报警列表信息，报警可以按 6 种级别分类，不同的级别以不同的颜色显示，报警信息可以分别按专业、按车站、按系统、按报警级和时间段查询。系统按报警属性进行分类显示，如工艺报警信息显示、超量程报警信息显示、计算机系统设备故障信息显示等，显示结果可以打印、存储；

（2）系统还提供语音报警、声光报警、报警自动寻呼等功能。

Cyber Control 报警记录产生时首先由实时数据库处理和保存，然后由组态界面系统显示和确认。运行软件的工作站可以分布运行在不同的网络节点上，任意一台工作站的 HMI 界面系统都可以同步显示报警记录，并且能够同步确认报警记录，即操作人员在任何一个网络节点上的工作站都可以对当前报警记录进行确认。

4. 日志显示

（1）可以显示系统发生的所有历史事件，包括测点状态变化和异常情况备故障、人工操作记录、系统内部提示信息以及其他系统有关的事件；

（2）可按全日志、SOE 日志、简化日志、设备故障日志和操作记录日志分类查询；

（3）对每种类型还可按专业、按车站、按系统、按报警级和按时间段等查询；

（4）显示结果可以打印、存储。

5. 系统管理功能

实时查询系统的工作状况、系统节点的信息（如节点类型、站号、IP 地址、工作状况）等。

6. 操作员权限分配与管理功能

系统对每一位进入系统操作的人将进行严格的权限审核，可以对每一个操作员进行权限分配、口令字设置、操作权限审核等，以保证系统的安全性。

7. 信息发布功能

操作员可以在线输入文字信息或图文并茂的信息，发送到其他的操作员站，也可以接收、管理和查询来自其他站的图文信息。

（二）功能界面

按照系统的功能要求，可设计针对于某车站的监控系统数据组态，其重点包括以下分系统界面。

1. 测量仪表虚拟图像界面（图 7-5-14）

2. 分站 10kV 一次接线图（图 7-5-15）

图 7-5-14　测量仪表虚拟图像界面

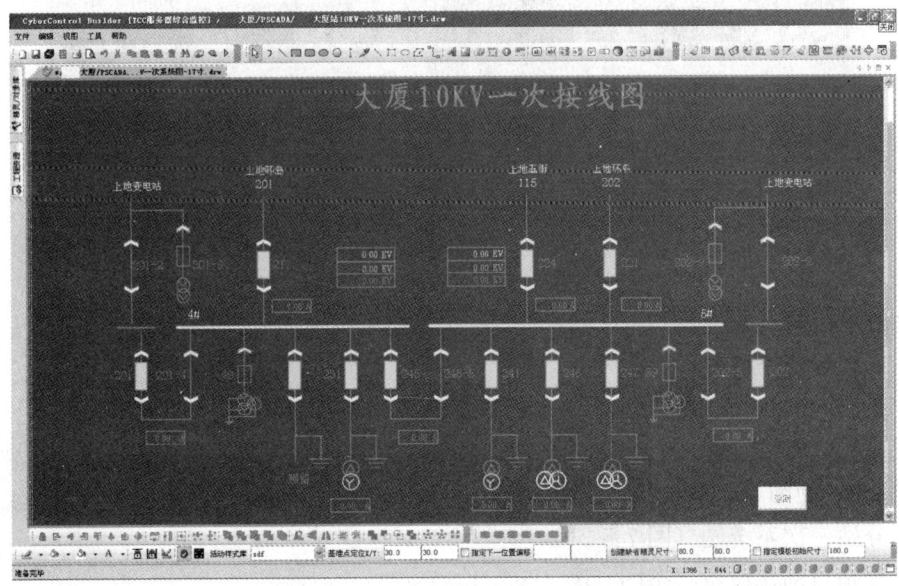

图 7-5-15　分站 10kV 一次接线图

3. 分站直流电路接线图（图 7-5-16）

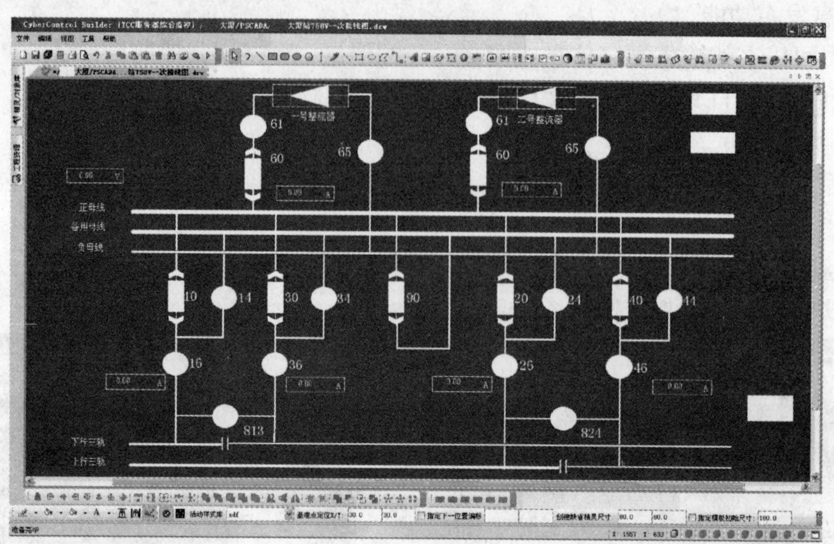

图 7-5-16　分站直流电路接线图

4. 车站照明系统图（图 7-5-17）

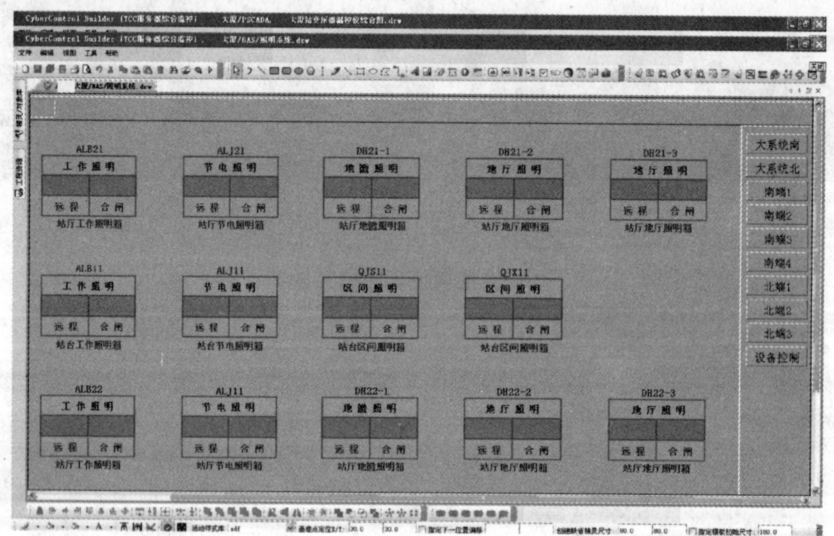

图 7-5-17　车站照明系统图

5. 车站变压器温控仪综合图（图 7-5-18）

6. 车站扶梯图（图 7-5-19）

7. 分站光报警图（图 7-5-20）

8. 分站系统分配图（图 7-5-21）

9. 分站平面图（图 7-5-22）

10. 分站一次系统图（图 7-5-23）

11. 分站自动化设备状态图（图 7-5-24）

五、安全性控制

系统建立 4 级访问安全性控制机制（图 7-5-25）：对每一级，一般用户具有某个基本系统的全部和部分操作权限，由组态定义，通过超级用户权限可在线修改。网络上任何一台操作员站，一般既可以监控中心操作站的身份登陆，操作某个基本系统，也可以车站操作站的身份登陆，操作这个站的某个基本系统。

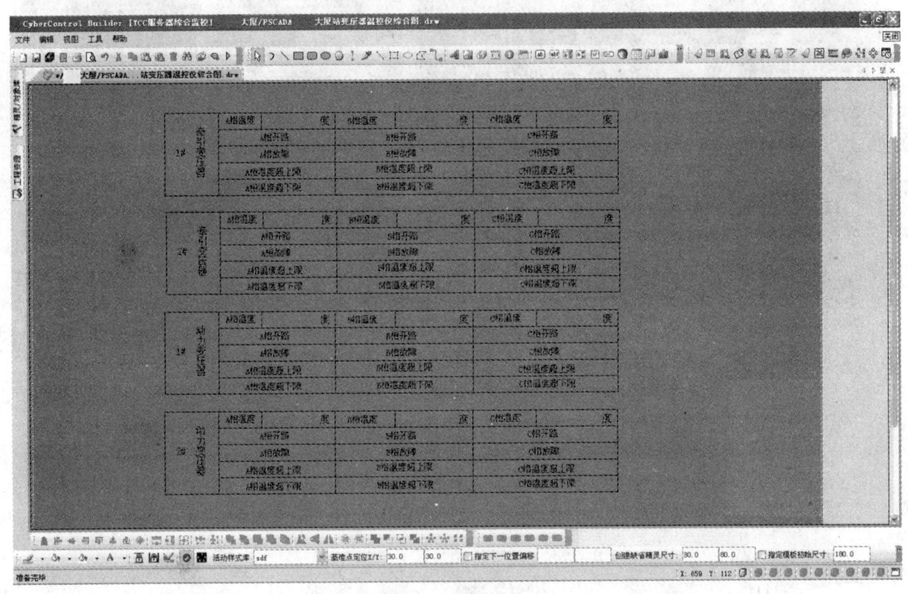

图 7-5-18　车站变压器温控仪综合图

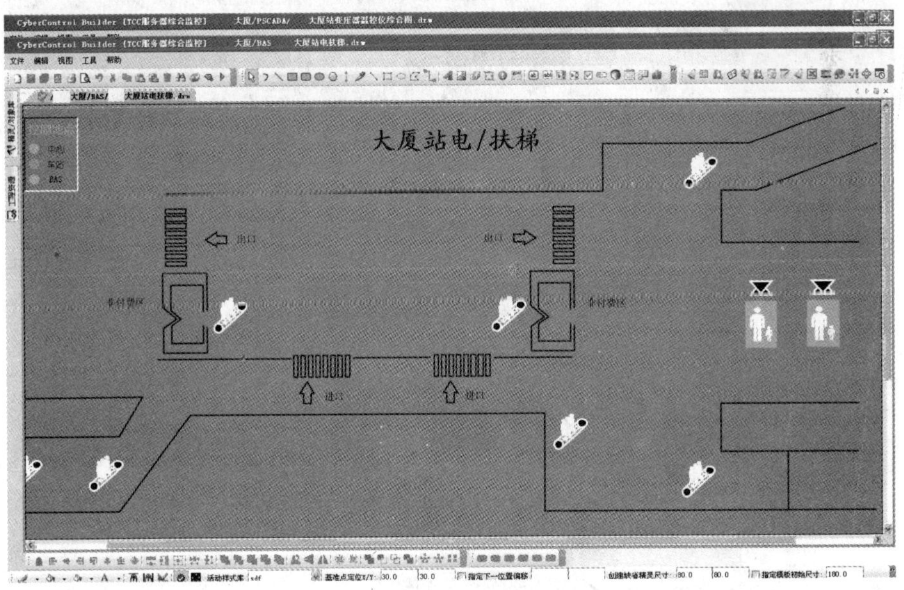

图 7-5-19　车站扶梯图

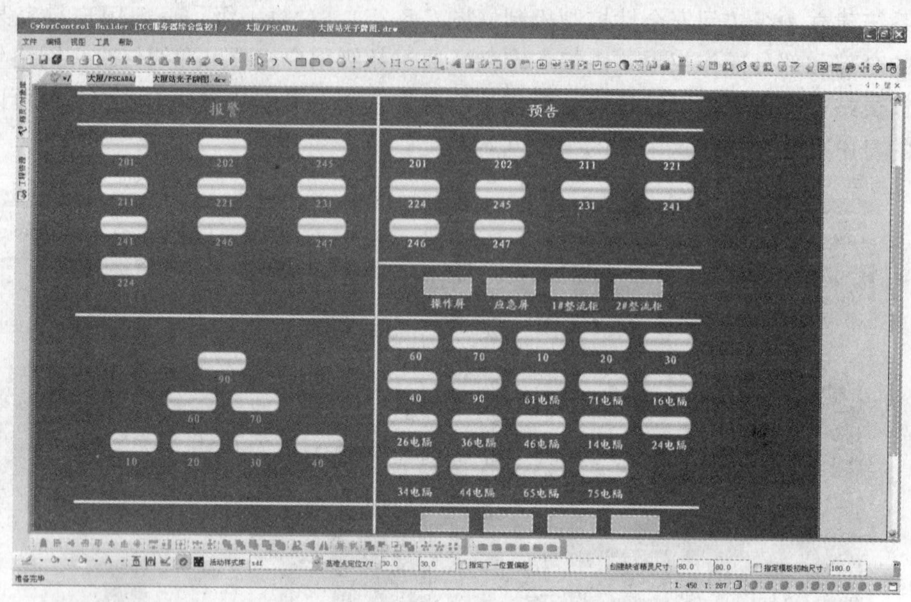

图 7-5-20　分站光报警图

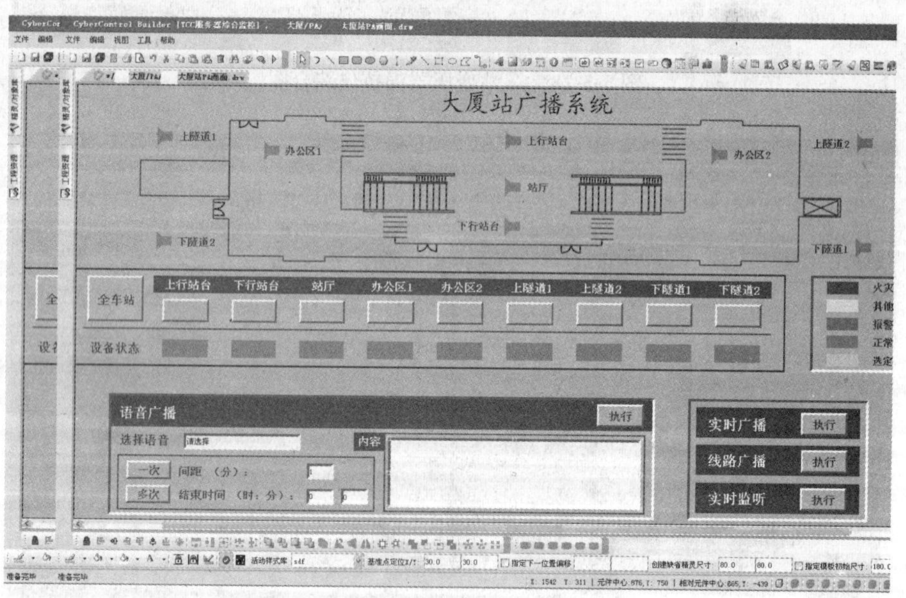

图 7-5-21　分站系统分配图

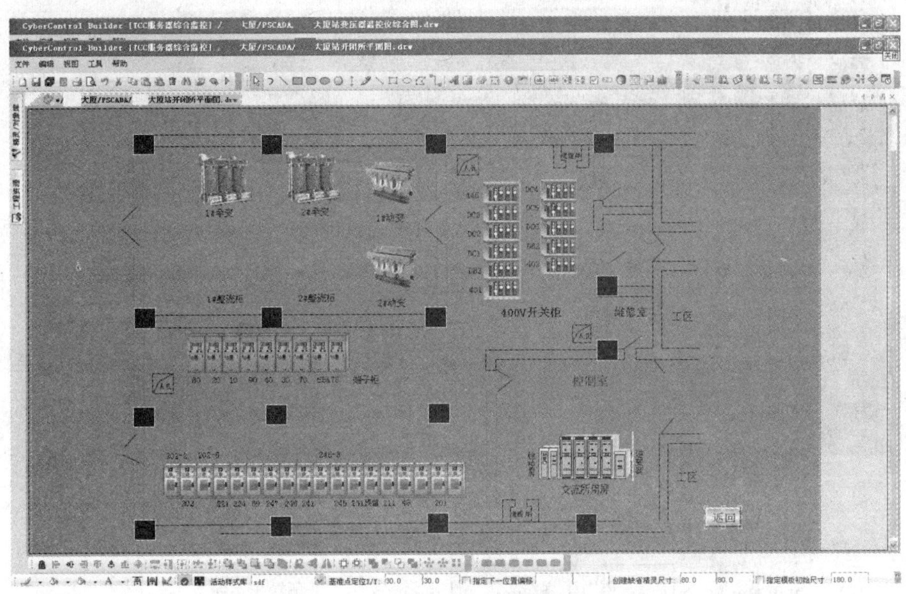

图 7-5-22　分站平面图

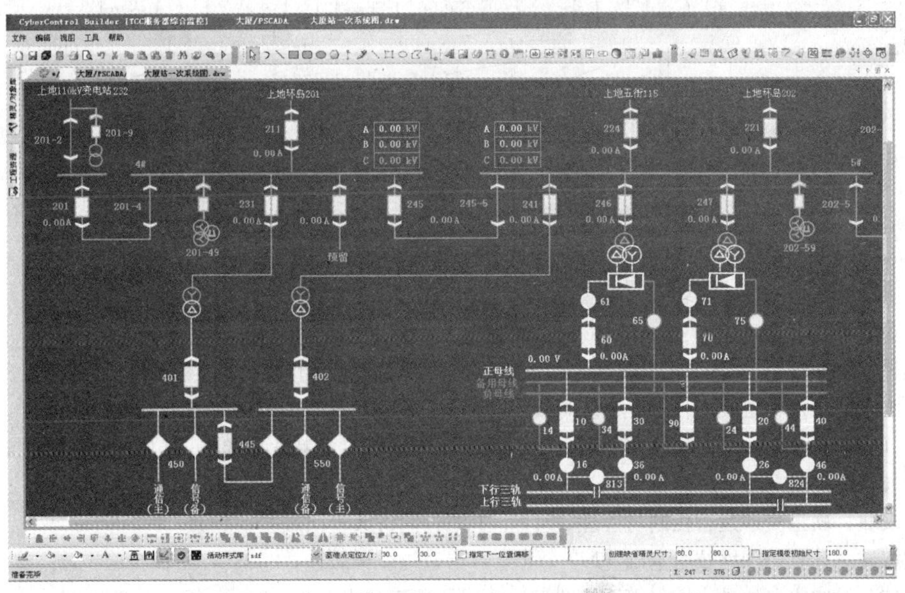

图 7-5-23　分站一次系统图

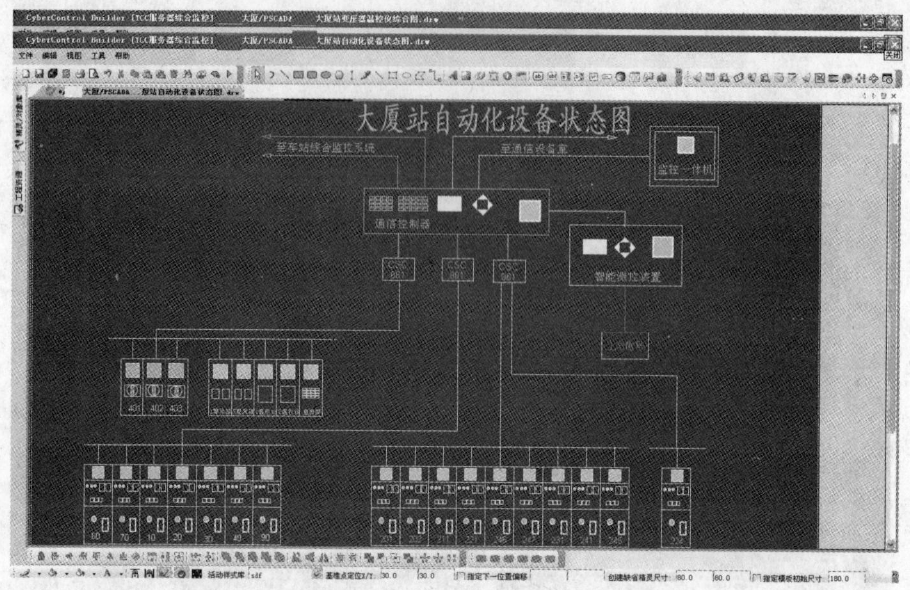

图 7-5-24　分站自动化设备状态图

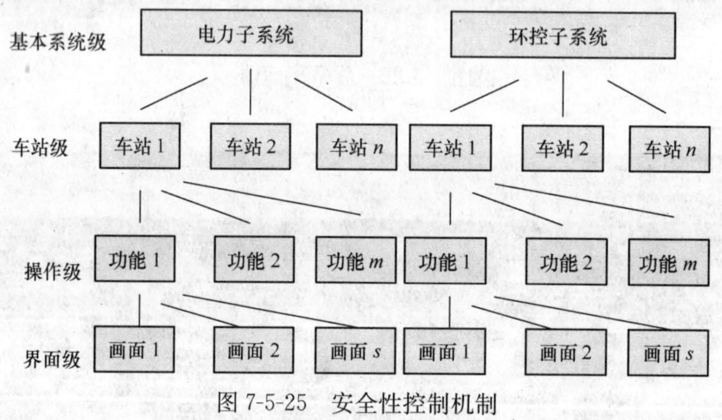

图 7-5-25　安全性控制机制

参考文献

［1］ 彭辉，徐志修，周文华．城市轨道交通智能综合监控系统设计［J］．铁道工程学报，2006（1）：15～18.

［2］ 魏晓东．城市轨道交通自动化系统与技术［M］．北京：电子工业出版社，2004.

［3］ 王开满，张慎明，江平．轨道交通自动化监控系统的特点及其发展趋势［J］．城市轨道交通研究，2006（2）：1.

［4］ 吴汉麒，轨道交通运行控制与管理［M］．上海：同济大学出版社，2004.

［5］ 黄智诚．计算机网络技术基础［M］．北京：冶金工业出版社，2003.

［6］ 王佳，尹晓宏．地铁火灾报警系统的设计［J］．电工技术杂志，2004，（12）：87～88.

［7］ 陈众，徐国禹，王官洁等．分层递阶控制理论与电力系统自动化［J］．电机与控制学报，2003，7（4）：352～355.

［8］ 王飞，陈卫东，席裕庚．高可靠性地铁供电监控系统的分布式递阶结构设计［J］．电气自动化，2004，26（4）：51～54.

［9］ 王倩．基于客户/服务器模式的SCADA系统的性能分析［J］．铁道学报，2000.22（3）：113～115.

［10］ 朱继洲．故障树原理和应用［M］．西安：西安交通大学出版社，1989.

第八章　安全综合评价方法

第一节　绪　　论

一、引言

安全评价，国外也称为风险评价或危险评价，是以实现工程、系统安全为目的，应用安全系统工程原理和方法，对工程、系统中存在的危险、有害因素进行识别与分析，判断工程、系统发生事故和急性职业危害的可能性及其严重程度，提出安全对策建议，从而为工程、系统制定防范措施和管理决策提供科学依据。

安全评价的目的是查找、分析和预测工程、系统存在的危险、有害因素及可能导致的危险、危害后果和程度，提出合理可行的安全对策措施，指导危险源监控和事故预防，以达到最低事故率、最少损失和最优的安全投资效益。

安全综合评价首先在对安全要求较高的生产领域或场所被强制性进行，如矿山生产、危险品运输、发电厂、锅炉房等，在这些领域，大量的现场数据和工程经验得到积累，逐渐形成了较为成熟的安全评价方法和流程。在地下交通领域，安全综合评价还没有得到广泛的开展。随着人们对地下综合交通枢纽安全问题的关注，运用安全综合评价理论和方法对其进行分析和评价，建立安全评估指标体系，形成综合风险评估方法，对降低事故率、减少损失、提高地下综合交通枢纽系统安全性具有重要的意义，也是十分必要和紧迫的。

二、国内外研究现状

安全评价最早起源于20世纪30年代的保险业，其发展不但为保险公司提供了收取费用的依据，也使客户企业事故风险得到降低，从而促使政府加强了对安全评价理论和技术的研究，并开发相应的风险评价方法。

20世纪60年代，系统安全工程的发展大大推动了安全评价技术的发展。1961年美国Watson在研究导弹发射控制系统的安全性评价时提出FTA（事故树分析）方法，对以后的安全评价发展推动很大。英国在20世纪60年代中期建立了故障数据库，可靠性服务咨询机构也对企业开展了概率风险评价工作。1964年道（DOW）化学公司开发了“火灾、爆炸危险指数评价法”，并先后修订了七版，使该方法趋于成熟。1967年，F. R. Farmer针对核电站安全性提出了定量风险评价方法（QRA）。1972年美国原子能委员会委托麻省理工学院的专家组对商用核电站进行安全评价，1974年发表了“WHSH-1400”评价报告书，采用事件树和事故树分析方法，对“核反应堆堆芯熔化”事故的概率、危险后果进行了定量评价，引起了各国的关注和重视。1974年英国帝国化学公司（ICI）蒙德（Mond）部在道化学公司评价方法的基础上提出了“蒙德火灾、爆炸、毒性危险指标评价法”。日本劳动省在 1976 年也提出了化学工厂六阶段评价方法。1976 年，荷兰劳动安全总局根据 DOW 化学公司火灾爆炸指数法第四版也提出了化学工厂危险评价法。

20 世纪 70 年代以后，世界范围内发生了许多重大安全事故，造成严重的人员伤亡和财产损失，促使各国政府、议会立法或颁布规定，规定工程项目、技术开发项目都必须进行安全评价，并对安全设计提出了明确要求。

对于如核电站、化工厂等复杂系统、动态系统在系统安全工程的指导下发展了概率风险（PRA）评价法。1975 年，J. Rusmusen 利用 PRA 法对核电站安全性进行危险评价，取得了非常令人满意的结果。随着人类社会对安全要求的提高，各国已相继开展了危险评价的进一步研究工作，欧盟在 1982 年颁布的"塞维索法案"中列出了 180 种物质及其临界量标准，并对正在运行的 180 多个危险装置进行了概率危险评价。荷兰应用科学研究院（TNO）、英国健康安全执委会（HSE）、日本安全工学学会、加拿大安大略大学等机构相继开展了危险评价的研究并提出了一些的危险评价方法。美国 K. J. 格雷尼姆和 G. F. 金妮提出"多因子评分法"，即 LEC 法，半定量地评价人们在具有潜在危险环境中作业时的危险程度。由此可见，发达国家对安全评价工作非常重视，对安全评价理论及技术研究的投入也很大。

20 世纪 50 年代初期，安全系统工程引入我国，受到许多大中型企业和行业管理部门的高度重视。为推动和促进危险评价方法在我国企业管理中的实践和应用，1986 年劳动人事部分别向有关科研单位下达了机械工厂危险程度分级、化工厂危险程度分级、冶金工厂危险程度分级、工厂危险程度分级等科研项目。1987 年机械电子部首先提出了在机械行业内开展机械工厂安全评价，并于 1988 年颁布了第一个安全评价标准《机械工厂安全性评价标准》。由原化工部劳动保护援救所提出的化工厂危险程度分级方法是在吸收道化学公司火灾、爆炸危险指数评价方法的基础上，通过计算物质指数、物量指数和工艺系数、设备系数、厂房系数、安全系数、环境系数等，得出工厂的固有危险指数，进行固有危险性分级，用工厂安全管理的等级修正工厂固有危险等级后，得出工厂的危险等级。

除上述危险程度分级方法外，我国有关部门还颁布了《医药工业企业安全性评价通则》、《航空航天工业工厂安全性评价规程》、《石化企业安全性综合评价办法》、《电子企业安全性评价标准》、《兵器工业机械工厂安全性评价方法和标准》等。

1991 年国家"八五"科技攻关课题中，将危险评价方法列为重点攻关项目。由劳动部劳动保护科学研究所等单位完成的我国"八五"国家科技攻关专题"易燃、易爆、有毒重大危险源辨识、评价技术研究"，在事故严重度评价中建立了伤害模型库，采用了定量计算方法。

尽管国内外已研究开发出几十种危险评价方法，但由于危险评价不仅涉及技术科学，而且涉及管理学、伦理学、心理学、法学等社会科学的相关知识，另外，危险评价指标及其权值的选取与生产技术水平、安全管理水平、生产者和管理者的素质以及社会和文化背景等因素密切相关，因此，每种评价方法都有一定的适用范围和限度。定性评价方法主要依靠经验判断，不同类型评价对象的评价结果没有可比性。定量评价方法中，指数评价方法在指标选取和参数确定等方面还存在缺陷。概率评价方法以人机系统可靠性分析为基础，要求具备评价对象的元部件和子系统以及人的可靠性数据库和相关的事故后果伤害模型，然而，这在很多情况下很难实现。可见，定量评价方法也多有不足。

随着数学知识的发展，某些数学理论与系统安全相结合起来，例如灰色理论和安全系统。采用数学模型的方法也开始应用于安全评价中，如层次分析方法、模糊评价方法等。

目前，国内针对交通枢纽的研究主要集中在枢纽的规划设计、建筑设计和交通换乘，而对多层地下综合交通枢纽的安全问题重视不够，缺乏专门而系统的研究，在多层地下交通枢纽多灾种安全评价方面的研究基本处于空白，国际上的研究与应用也只是处于起步阶段。鉴于地下多层交通枢纽的特殊性和重要性，其安全是国家经济发展和稳定急需解决的重大难点问题，应对地下多层交通枢纽安全综合评价展开全面的研究。

三、安全评价的主要内容与技术路线

（一）主要内容

1. 确定单元划分标准，建立地下综合交通枢纽风险评价指标体系

确定地下综合交通枢纽系统的单元划分、评价单元的组织形式、基于不同原则建立的评价指标体系适用的对象。

分析地下综合交通枢纽系统的特性，建立风险评价指标体系。评价指标体系的划分采取不同的原则和方法，目前采用的划分方法包括基于目标的指标体系划分、基于功能的指标体系划分以及基于破坏和抵御能力分析的指标体系划分，不同的评价指标体系适用不同的评价目标，应用在不同层面上的风险评价工作中。

2. 研究适合目前社会发展水平的地下综合交通枢纽风险评价方法

风险评价可能是微观的安全事故分析，也可能是宏观安全水平评价，针将对不同的目标层次可建立不同的评价方法。在地下综合交通枢纽整体系统的风险评价中，综合采取专家打分、层次分析、模糊数学等数学工具，建立起有效、操作性强的风险评价方法体系。

3. 根据评价结果确定地下综合交通枢纽风险等级的标准

不同的定量化评价结果代表不同的风险水平，根据风险的不同等级划分，及不同风险等级的特征描述，根据评价结果确定地下综合交通枢纽风险等级的标准。

（二）技术路线

鉴于地下多层交通枢纽的重要地位与独特作用，其在未来大型城市交通系统中的应用将越来越广泛。然而，由于枢纽处于地下，而且运量极大，因此，一旦发生灾害，损失将非常严重。以往地下交通系统发生的灾难包括火灾、空气污染、爆炸和水灾等，其中较为典型的事件有日本地铁沙林毒气袭击、韩国大邱地铁火灾、英国伦敦地铁爆炸、日本神户地铁震害、韩国首尔及日本福冈的地铁遭受的洪水水灾害等。

从以上灾难事件可以发现，火灾、空气污染、爆炸和水灾是地下交通系统最常发生的灾害。此外，地下空间的地震灾害也不可忽视，采用这些灾种进行安全评价完全可以反映地下交通枢纽的总体安全情况，因此，根据多层地下综合交通枢纽的特点，针对其火灾、水灾、炸弹和生化恐怖袭击和震灾开展了多灾种安全评价研究，各灾种的安全评价流程如图 8-1-1 所示。

对于不同类型灾害的危险性与总体危险性的关系，一般可以有两种处理方法：一是把

各种类型灾害危险性的评价结果进行比较，取评价结果中危险程度最高的作为地下交通枢纽的总评价结果；另一种处理方法是将各种类型灾害危险性评价结果值合成，得出地下交通枢纽的总评价结果。

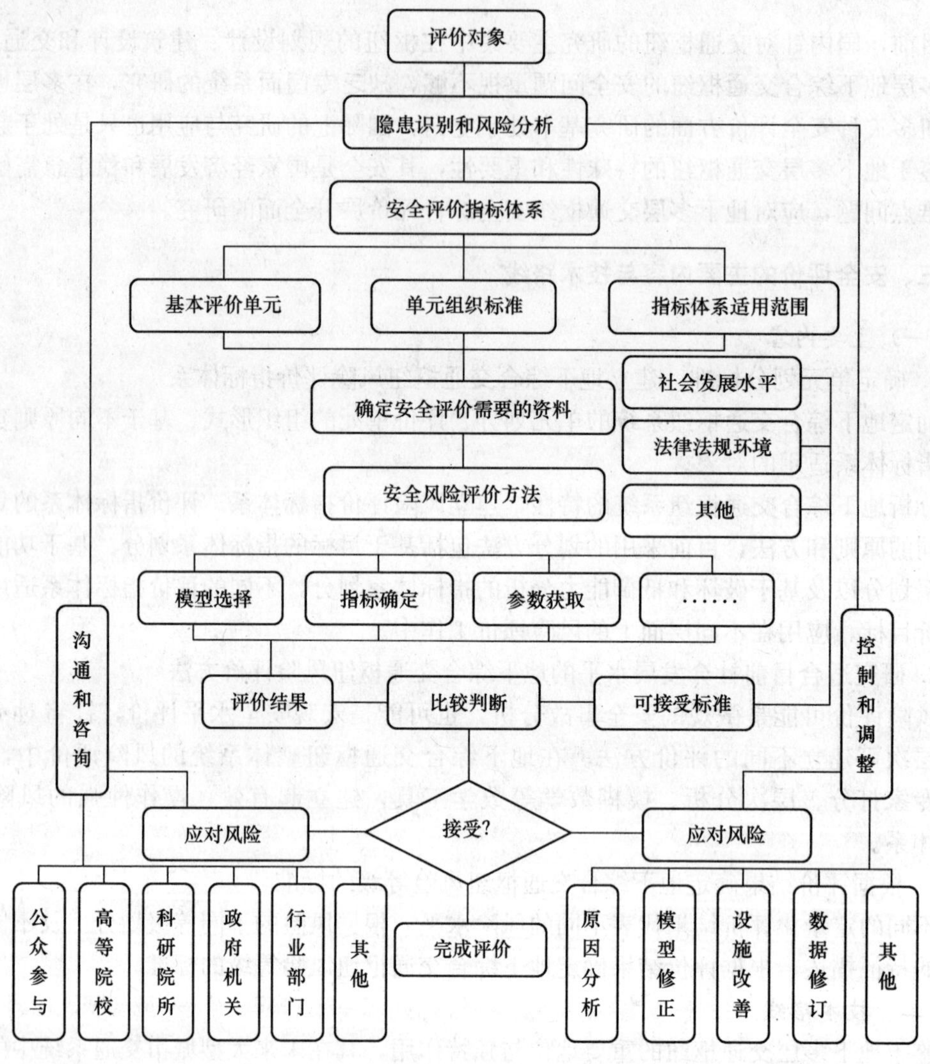

图 8-1-1　安全评价流程图

由于爆炸、生化袭击、火灾、水灾、震灾等事故危险性的评价结果是表示灾害的相对风险值，且各个灾种评价方法和评价指标是不同的，因此，不同类型灾害的危险性评价结果不具有可比性，将地下多层交通枢纽各种类型灾害危险性评价结果合成为一个值是不合理的。另外，对于火灾、水灾、恐怖袭击等在灾害控制措施上存在较大的不同，将不同类型灾害中危险程度最高的作为地下交通枢纽的总评价结果或将各种类型灾害危险性评价结果值合成起来，不利于分门别类地控制各种灾害。因此，对于不同类型灾害的危险性，应分别进行研究和评价，将不同类型灾害的危险性评价结果分别应用于各自类型灾害的预防与控制，从而提高交通枢纽的总体防灾减灾水平。

第二节　地下多层综合交通枢纽危险因素辨识

一、概述

危险源是指一个系统中具有潜在能量和物质释放危险的、在一定的触发因素作用下可转化为事故的部位、区域、场所、空间、岗位、设备及其位置。实际上，危险源的种类繁多、非常复杂，它们在导致事故发生、造成人员伤害和财产损失方面所起的作用很不相同，相应地，控制它们的原则、方法也不相同。根据危险源在事故发生、发展中的作用，危险源可划分为两大类，即第一类危险源和第二类危险源。系统中客观存在的、可能发生意外释放的能量或危险物质称作第一类危险源；导致约束、限制能量屏蔽措施失效或破坏的各种不安全因素称作第二类危险源。危险源辨识是构建地下交通枢纽安全体系的关键内容之一。

二、火灾危险源辨识

（一）第一类火灾危险源辨识

第一类火灾危险源包括可燃物、火灾烟气及燃烧产生的有毒有害气体成分。

1. 可燃物

火灾发生的可能性与严重性都与其中存在的可燃物有密切的关系，可燃物的数量、类型以及分布都对火灾的发生和蔓延有决定性的作用，要对建筑中火灾的发生及其危险性、火灾的救治进行控制，必须对其中的可燃物有一定的把握。一般常用建筑内的火灾荷载密度来评估建筑内可燃物的危险等级。

火灾科学中将着火空间内所有可燃物燃烧时所产生的总热量值称为火灾荷载，火灾荷载是预测可能出现的火灾大小和严重程度的基础，它可用一公斤的木材燃烧时的发热量来衡量。

火灾荷载分成三种，固定火灾荷载、活动火灾荷载、临时火灾荷载。固定火灾荷载是指房间中内装修用的、基本固定不变位置的可燃材料，如可燃性墙体和墙纸、顶棚、地板装饰材料、门、窗和通风设施等；活动火灾荷载是指为了房间的正常使用而另外布置的，包括可燃性家具，设备和货物，还有金属家具、容器里放置和本身包含的可燃物等；临时火灾荷载主要是由建筑的使用者临时带来并且在此停留时间极短的可燃物构成，这在火灾危险性的评估中是难以估计和预料的，它具有的不确定性使我们很难去准确界定，因此常被忽略。

2. 烟气及有毒有害气体

统计结果表明：火灾中85%以上的死亡者是由于烟气造成的，因此有毒烟气的吸入是造成火灾中人员伤亡的主要原因。火灾烟气的危害性主要表现在毒害性、减光性和恐慌性三个方面。

1）火灾烟气的毒害性

火灾烟气可使受灾人员或救援人员直接中毒死亡，或使受灾人员或救援人员因缺氧或一氧化碳中毒晕倒后而被火烧死。火灾烟气的毒害性具体表现在四个方面：（1）烟气中含氧量低；(2) 烟气中的各种有害气体；(3) 烟气中的悬浮微粒；(4) 火灾烟气的高温。

2) 火灾烟气的减光性

可见光波长为$\lambda=0.4\sim0.7\mu m$，一般火灾烟气中烟粒子直径d为几微米到几十微米，即$d>2\lambda$，这些烟粒子对可见光有完全的遮蔽作用。当烟气弥漫时，可见光因受到烟粒子的遮蔽而大大减弱，能见度大大降低，这就是烟气的减光性。同时，加上烟气中的一些气体对人的肉眼有极大的刺激性，使人们在疏散过程中的行进速度大大降低。

3) 火灾烟气的恐慌性

发生火灾时，特别是发生轰燃时，火焰和烟气以很大的速度冲出门窗孔洞，并时常伴随着巨响，使人产生恐怖感，给疏散过程造成混乱，使人失去活动能力，有的甚至失去理智，惊慌失措，造成人员挤死或踩伤的严重后果。

(二) 第二类火灾危险源辨识

为了防止建筑火灾的发生、减少火灾损失，人们总要采取各种消防对策和消防管理手段控制或改变火灾过程。理想化的情况是这些措施完全能够约束、限制火灾危险源，则采用了这些措施的建筑就不会发生火灾。但是根据系统安全理论，绝对安全的系统是不存在的，这些消防对策和管理手段中总会存在一些隐患，这些隐患导致了建筑发生火灾的可能。这些隐患从性质来看，属于第二类危险源。

控制起火是防止或减少火灾损失的第一个关键环节，为此应当了解各类可燃材料的燃烧特性，将其控制在危险范围之外。具体实施手段包括严格控制建筑物内的火灾荷载密度；对建筑装修材料的燃烧等级进行严格限定，对容易着火的场所或部位采用难燃材料或不燃材料；控制可燃物与点火源的接触；通过阻燃技术改变某些材料的燃烧性能等。在实施这些措施时，由于对可燃物的性能了解不够，对可燃物的控制不严格，可能会导致建筑物发生火灾的可能性增大。

火灾自动探测报警系统是防止火灾的另一关键环节，自动探测报警系统可在火灾发生早期探测到火情并迅速报警，为人员安全疏散提供宝贵的信息，且可以通过联动系统启动有关消防设施来扑灭或控制火灾。但是自动探测报警系统存在一定的故障率，存在误报和漏报的情况；另外如果自动报警系统安装不合理，会出现报警死角，影响自动报警系统的工作。

自动灭火系统可以及时将火灾扑灭在早期或将火灾的影响控制在限定范围内，并能有效地保护室内的某些设施免遭损坏，同样自动灭火系统存在一定的故障率，这对控制火灾的发展和蔓延影响很大。

建筑内人员疏散通道的设计和发生火灾时人员疏散的组织对保证人员能在火灾到达危险状态前安全地疏散出建筑物至关重要。

建筑火灾中，防止烟气蔓延是一个极为重要的问题。机械排烟系统、自然排烟系统等都是人们为了防止烟气蔓延而采取的消防措施。在建筑设计中，不合理的建筑结构可能会导致烟气聚积、排烟不通畅等问题；由于对烟气运动的规律认识不足，在排烟系统的设计中也可能存在一些不合理的地方；另外为了防止火灾蔓延建筑内常常喷涂防火涂料，这些防火涂料在受火时往往具有较高的发烟率及毒性，可能对人员生命安全构成威胁。

对于较大规模的火灾，一般需要消防队来扑救，消防队到达火灾现场的时间越快，越有利于控制火灾。影响消防队到达火灾现场展开扑救的因素包括建筑物与最近的消防队的距离、建筑物与消防队之间的路况、建筑物内消防通道的顺畅情况、消防队伍的专业素质和熟练程度、建筑物内及周围消火栓的情况等。

（三）地下综合交通枢纽火灾风险分析

1. 可燃物风险分析

地下综合交通枢纽设计区域众多，不同的区域包含不同的可燃物载荷，对各个区域的危险源辨识及火灾危险性分析见表 8-2-1 和表 8-2-2。

地下综合交通枢纽各区域危险源辨识及火灾危险性分析 **表 8-2-1**

位 置	危 险 性 分 析	备 注
出站层	出站通道和自由联系通道主要的火灾风险来自旅客行李火灾； 商业货品火灾； 出站通道和自由联系通道可能受到地铁区域火灾的影响，建议地铁区域采取独立的防火措施	商业店铺建议设置“防火舱”
站台层站台区域	该区域存在几个可能的火灾包括： （1）列车本身的火灾，由于车厢之间的防火分隔，火灾只限于一节车厢，但其可能的火灾荷载大，可能对本层及上层人员的疏散产生不利影响，中部区域对候车区与本层的分隔构件可能产生影响； （2）行李：仅限于手提行李； （3）可能建有流动售货商亭，成为潜在的火源	火车内部和站台区未设置自动灭火系统
站台层除站台外的其他区域	该层存在几个可能的火灾区域包括贵宾候车、普通候车、售票厅、办公设备区等。贵宾休息室装修档次一般较高，其家具火灾在无灭火系统保护情况下火灾规模大（按规范设置防火分区）	按规范设置自动喷水灭火系统
商业夹层	行李火灾、家具火灾	控制固定可燃荷载

地铁及地下铁路各区域危险源辨识及火灾危险性分析 **表 8-2-2**

位 置	危险性分析	备 注
地铁站台层	（1）移动商摊火灾； （2）行李火灾； （3）列车火灾； （4）设备机房火灾； （5）旅客携带危险品或人为纵火	低载荷，低概率
地铁站厅层	（1）行李火灾； （2）设备火灾； （3）办公和售票区火灾	人员流动性强
轨道及隧道区	（1）列车火灾； （2）电线电缆火灾； （3）人为纵火的高发区域	人员疏散和防排烟困难

2. 人的危险行为风险分析

人的危险行为是导致火灾发生的重要原因之一，人员危险行为的危险性分析如表8-2-3所示。

人的危险行为火灾危险性分析　　表 8-2-3

危险行为	危险性分析	备　注
携带危险品	乘客携带危险品是最容易出现的危险行为之一，对于安检行为较为严格的机场、火车站携带危险品的可能性较低，而对于汽车客运和地铁等安检较为放松的区域携带危险品的可能性较大，携带危险品进站为火灾的发生埋下隐患	仅仅针对在交通枢纽公共区，不包括危险品上车
吸烟行为	旅客火灾工作人员的吸烟行为是导致火灾发生的重要原因，尤其在人员较少、可燃物较多的贵宾区、机房、办公区等，应严格控制吸烟行为，设置吸烟室并严格监督	吸烟专区严格监督
人为纵火	人为纵火行为受到越来越广泛的关注，这种行为一旦发生，往往造成重大后果，火灾是袭击行为的直接后果或次生灾害	强化安检群防群治
违规操作	作业人员对设备设施的违规操作也可能是导致火灾的重要原因，违规操作可能导致设备短路起火等	加强管理和培训
违规动火	移动商摊、商铺、餐饮区、厨房、办公用房等商业区违规使用明火常常能导致火灾的发生	严格动火制度

3. 建筑防火设计风险分析

良好的建筑防火设计可以有效地控制和避免火灾的发生，同样，不合理的建筑防火设计同样能导致火灾的发生和蔓延，表 8-2-4 列举了主要建筑防火设计元素的防火性能分析。

建筑防火设计火灾危险性分析　　表 8-2-4

防火设计	设计单元	防火的作用和意义
被动防火设计	防火分隔	控制火灾在不同防火分区之间的蔓延
	防烟分区	控制或延缓烟气在不同防烟分区间的蔓延
	耐火等级	通过提高建筑材料耐火时间，有效提高建筑结构安全，为人员疏散提供更多的时间
	防火间距	防止不同建筑物之间通过辐射和对流蔓延火灾
	扑救条件	外部救援条件，包括消防车通道和扑救面等
	疏散通道	疏散的宽度、距离等，使人员能快速疏散
主动防火设计	防排烟系统	包括防烟和排烟，主要作用是为人员疏散提供基本的环境
	自动报警系统	发现火灾，联动控制
	自动灭火系统	包括自动喷水，大空间灭火、气体灭火等不同的形式
	灭火器	火灾初期的有效灭火装备
	诱导系统	具有集中控制功能的人员疏散导引系统、包括光、声音等多种形式

三、地下多层综合交通枢纽水灾风险分析

（一）第一类危险源辨识

城市水灾的第一类危险源包括暴雨、潮水、地下水文上升和地面沉降。全球变暖使海水温度升高和海平面上升，导致水循环加快，降雨量增多，降水分布也越来越不均匀，大暴雨这样的极端降水事件频率明显增多。随着近年来大规模的城市开发，地下空间所受到的工程扰动越来越严重，由此引起的地面沉降问题也逐渐显现。考虑到海平面上升及地面沉降等因素，我国南方一些江河流域和沿海的城市的潮水水位可能在地下交通枢纽的15～20m之上，万一遭遇洪水，将会危及整个地下交通系统的安全。

（二）第二类危险源辨识

防控水灾的对策和手段中所存在的一些隐患属于第二类危险源。面对水灾的威胁，一旦地下交通枢纽口部防灌措施或地铁沿线防水措施不利导致建筑物内部大量进水，造成重要设备的损害或停止运行，进而可能导致人员的恐慌，甚至可能引起人群的拥堵踩踏。

防止洪水或雨水进入地下空间是水灾防护的重要环节，具体实施手段包括根据当地的防洪要求严格控制建筑物口部的地面高度，完善建筑物口部安装临时防水挡板的构造，改进建筑物内部的防水措施。

水位监测系统是防止水灾的另一重要环节。监测系统可在早期发现险情，为灾害的防控提供宝贵的信息，但是如果系统存在一定的故障率，存在误报和漏报的情况，另外如果系统安装不合理，多会影响监测系统的正常工作。

防淹门系统和排水系统可以将灾害的影响控制在限定范围内，并能有效地保护室内的某些设施免遭损坏，同样上述系统存在一定的故障率，这对控制水灾的发展和蔓延影响很大。

地下建筑内部疏散通道的设计和发生水灾时人员疏散的组织对保证人员安全是十分关键的。另外，运营部门应根据天气预报及时做好临时防洪措施，当遇到特殊灾害性天气时，及时做到关闭防淹门、中断运营、疏散乘客等措施，从而使灾害的危害程度降到最低程度。

对于突发的大规模洪水，救援队到达现场的时间越快，越有利于控制灾害。影响扑救的因素包括救援力量的分布、建筑物周围的路况、建筑物内通道的顺畅程度、救援队伍的专业素质和熟练程度等。

（三）主要防水设计元素的性能分析

合理的建筑设计是减少和控制地下综合交通枢纽发生水灾的关键，表8-2-5列举了地下多层综合交通枢纽主要防水设计元素的性能分析。

地下多层综合交通枢纽防水设计的危险性分析　　表8-2-5

防水设计	设计单元	作用和意义
被动防护	口部防淹措施	防止地下建筑口部进水
	内部防渗漏措施	防止建筑内部渗水
	疏散通道	疏散的宽度、距离等，使人员能快速疏散
	防水物资储备	临时防水挡板、手电、步话机等

续表

防水设计	设计单元	作用和意义
主动防护	防淹门系统	控制水灾发生的区域
	诱导系统	具有集中控制功能的人员疏散导引系统，包括光、声音等多种形式
	排水系统	防止水灾的蔓延
	水位监视系统	及时发现险情
	通讯设备	信息沟通，有助于实时了解灾害情况

四、地下综合交通枢纽恐怖袭击风险分析

（一）第一类危险源辨识

恐怖袭击的第一类危险源包括炸药爆炸的破坏作用、爆炸造成的烟气、生化物质产生的有毒有害气体。爆炸对建筑物的破坏通常有直接的爆破作用、冲击波作用和热作用三种。目前可被用于生化袭击的生物、化学毒剂至少有 70 多种，如沙林、炭疽菌、贝氏柯克斯体和肉毒毒素等。这些生化制剂在建筑内直接释放就可能造成巨大的危害，如采用喷雾器、灭火器等简单的器材将其进一步分散成气溶胶状态，则危害更大。此外，恐怖分子还可能利用一些小型的武器化的爆炸型、喷雾型、喷粉型生化武器以进一步增强生化制剂的杀伤效果。

（二）第二类危险源辨识

针对城市地下综合交通枢纽采取多种防控措施，可以防止袭击事件的发生，在上述措施和对策中存在的薄弱环节或隐患，如内部设施设计不当、设备失灵或故障、人员失误、管理漏洞等，将形成恐怖袭击的第二类危险源。

地下空间的人员流动性大、组成复杂，出入口的安全措施是防止袭击者进入的关键，也是保证人员安全疏散的重要手段。

袭击发生时，地下交通枢纽内部的生命线系统构成了维持人员疏散和建筑自救的重要屏障，整个系统包括机电设备、通信设备、灾害自救装置等，因此建筑生命线系统是需要考察的重要环节之一。

对于突发性的恐怖袭击，需要救援队到达现场实施救援。影响救援的因素包括救援力量的分布和反应时间、建筑物周围的路况、建筑物内通道的顺畅程度、救援队伍的专业素质等。

（三）防炸弹和生化袭击设计要素

地下多层综合交通枢纽应对恐怖袭击的防控中，可引入被动防护及主动防护的手段和措施，表 8-2-6 列举了地下多层综合交通枢纽防炸弹和生化袭击的主要建筑设计要素。从预防恐怖袭击的角度看，地下多层综合交通枢纽建成后即成为袭击的目标，但是恐怖袭击具有预谋性、偶发性等特点，在交通枢纽的营运管理中，相关部门应加强情报搜集、安全教育、反恐演习等措施，主动做好安全预防工作。

防炸弹和生化袭击设计要素 表 8-2-6

防恐怖袭击设计	设计单元	作用和意义
被动防护措施	口部防护措施	设置障碍物阻止或延缓恐怖袭击
	结构与材料	提高建筑物抗爆性能，减少人员损失
	疏散通道	疏散的宽度、距离等，使人员能快速疏散
	专用避难空间	紧急情况下为人员提供安全庇护场所
主动防护措施	安全检查设备	辨别爆炸品和毒剂，防止其流入建筑
	通讯设备	情报交流和灾情通报，降低人员恐慌
	防排烟系统	排放有毒物质，为人员疏散提供基本环境
	自动报警系统	发现可疑人员或物品后警示乘客和工作人员
	自动灭火系统	防止爆炸后产生的次生灾害
	毒物探测系统	鉴别可疑物品的危害程度
	诱导系统	具有集中控制功能的人员疏散导引系统

五、地下综合交通枢纽地震灾害风险分析

（一）震灾危险源辨识

显然，震灾的第一类危险源是导致建筑物破坏甚至倒塌的地震动。降低地震危害所采取的措施中存在的种种隐患和缺陷属于第二类危险源。目前，地下空间面对地震时的防灾对策尚有待进一步研究，同时，防控地下空间地震灾害的各项措施在诸如工程技术水平、管理水平和人员素质等诸多方面存在不足。然而，上述措施仍然是影响震灾第二类危险源的主要因素，对其进行改进对于地下空间的防震减灾具有重要的价值。从已有的研究成果并结合未来的发展方向，建筑物的抗震措施、建筑物内部防灾设施、灾害救援等因素共同构成了地下交通枢纽震灾防护体系，其中每一个环节都起着不可替代的约束和限制作用，其作用大小和效果影响着第二类危险源危险性程度的高低。

（二）防震灾设计要素

由于受到周围岩体和土层的约束，地下结构一直被认为具有良好的抗震性能，1995 年的阪神地震中，地铁结构的破坏是世界地震史上大型地下工程在地震中遭受严重破坏的首例。尽管各国在世界各主要地震带建立了较为完备的地震台网，然而地下岩层产生震动不可避免，导致破坏性地震的发生也具有的突然性和不可预测性。因此，多层地下交通枢纽这一类重要的建筑物应该从自身情况入手，在设计和运营过程中尽可能改进和完善安全措施，弥补安全漏洞，减少隐患的出现。相应地，针对地下多层交通枢纽震灾风险评价应该是基于地震灾害的第二类危险源的风险分析，在具体实施时，可以通过建筑防护特性、安全管理和救援力量等几个方面的因素进行综合评价，其设计要素见表 8-2-7。

地下多层交通枢纽防震灾设计要素　　表 8-2-7

防震灾设计	设计单元	作用和意义
被动防护措施	抗震等级	采取抗震措施的依据
	所处烈度区	建筑物及其内部设备受到地震影响的强弱程度
	抗震构造	提高罕遇地震时结构整体抗震能力，延迟破坏
	概念设计	总体上把握结构的薄弱环节
	物资储备	临时性救援物资，包括急救药品和水
主动防护措施	通讯设备	信息交流、灾情通报和引导救援
	诱导系统	具有集中控制功能的人员疏散导引系统，避免人群拥堵

第三节　地下多层综合交通枢纽安全评估指标体系

一、指标体系建立的原则和方法

地下多层综合交通枢纽安全评价指标体系的选取与建立是多灾种安全评价的重要基础，是有效地进行系统评估的保证。在确定指标体系时，考虑了如下原则：

1. 科学性

指标体系要能够全面反映所评区域灾害风险的各主要方面，其主要指标能够准确反映某一方面的具体内容，体现科学性。只有这样，获取的信息才具有客观性和可靠性，评估的结果才有较高的可信度。

2. 可行性

从地下综合交通枢纽的实际运行特性出发，所选择评估指标的检查考核方式要简便易行，尽量简化评估工作的程序，容易实现量化，要有可行性，这样，评估的实施方案才容易被各级部门所接受。

3. 可比性

所选指标要具有可比性，这样，便于各区域间进行横向比较，也便于防灾部门及时总结共性问题，及时调整有关安全管理工作。

4. 全面性

地下多层综合交通枢纽是一个复杂的系统，影响其安全的因素众多，指标体系必须全面反映交通枢纽的安全状况。

5. 主导性

在全面性的基础上，评价指标应选择影响安全的关键因素。

6. 独立性

同层次上的指标不应具有包含关系，每个指标都必须具有自己的影响特性，不能被其他的指标代替。

7. 定性和定量分析相结合

以定量分析为基础，定性分析和定量分析相结合。

二、火灾风险评估指标体系的组成和说明

在对地下交通枢纽火灾风险进行详细分析的技术上，并根据地下综合交通枢纽的运行特点，将评价对象进行评价指标划分，具体的评价单元划分如图 8-3-1 所示。

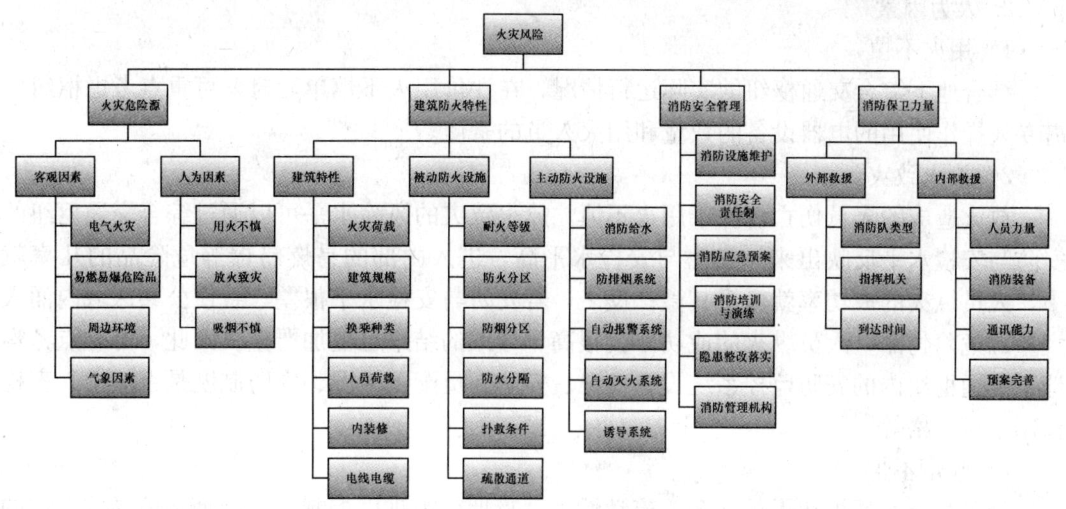

图 8-3-1　地下综合交通枢纽火灾风险评价指标体系

（一）火灾危险源

1. 客观因素

1）电气火灾

地下综合交通枢纽电气火灾设计电线、电缆、电气设备的老化、短路和不正当使用等几个方面。

对电气火灾风险评价可从电气线路、用电设备和系统防护入手，主要依据为最近一次的电气检查报告结果。电气线路主要考查电线投入使用时间；用电设备主要考虑最大使用载荷与设计载荷比值；系统防护主要考虑漏电保护系统安装情况。

2）易燃易爆危险品

地下综合交通枢纽可能发生燃烧爆炸类的场所一般为锅炉房、发电机房和其他化学品存放间，其内部燃料存储安全与否对整体火灾风险起到很重要的作用。

3）周边环境

大型地下综合交通枢纽周边可能建筑包括：

（1）具有较大火灾危险性的建筑。指邻近有易燃易爆化学物品的生产、充装、储存、供应、销售单位，如：生产易燃化学物品工厂；易燃易爆气体和液体罐装站、调压站；储存易燃易爆化学物品的专用仓库、堆场；营业性汽车加油、加气站；液化石油供应站（换瓶站）；化工试剂商店；可燃油油浸变压器等。

（2）临时建筑。包括与建筑相连的建筑高度不超过 24m 的附属建筑（裙房）、临时工棚，仓库，违章建筑等，重点考察该类建筑的类型、耐火等级、与枢纽的距离等。

（3）可燃绿化带。指松、柏、易燃灌木、草皮等。

（4）临时用房。重点考察临时用房的耐火等级以及与枢纽的距离等。

4）气象因素

气象指的是大气的状态和各种现象，主要包括空气温度、相对湿度、风向和风速以及降水情况等，而这些因素之间是相互影响的。气象条件与消防工作有着直接关系，一般来讲，火灾发生的次数和危害程度以冬、春季最多、最严重，秋季次之，夏季最少。

2. 人为因素

1）用火不慎

结合地下综合交通枢纽的实际运行情况，在评价用火不慎单元时，可重点考虑枢纽内需专人操作使用的电器设备的数量和用火人员的素质。

2）放火致灾

放火造成的人员伤亡仅次于用火不慎。放火致灾的风险水平可以通过综合交通枢纽的安防与安检水平反映出来，安防与安检水平高，进入内部的易燃易爆等危险品的几率就小，人员纵火的成功率就微乎其微；反之，若安防与安检水平很差，致使公共区域内涌入大量的危险物品，人员纵火的成功率就很高，导致的结果也更加严重。因此，可重点考察地下交通枢纽内的安防监控系统设置情况、安防人员配备情况、安防制度是否健全、安检控制是否严格等。

3）吸烟不慎

地下综合交通枢纽人员众多、流动性大，吸烟行为难以控制，由吸烟不慎导致火灾的可能性也较大。吸烟不慎导致火灾的可能性可通过交通建筑内是否禁止吸烟、是否设置专用吸烟区以及吸烟区是否有专人巡视等方面来判断。

（二）建筑防火特性

1. 建筑特性

建筑特性包括火灾荷载、建筑规模、换乘种类、人员荷载、内装修和电线电缆等六部分。

1）火灾荷载

对于地下综合交通枢纽的公共候车区、贵宾休息区和售票和交通转换区、机房和设备区、办公区等，应注意不同区域的火灾荷载密度。

2）建筑规模

地下综合交通枢纽一般建筑规模较大，包含地上和地下部分的建筑面积一般在几万到十多万平方米的规模，建筑层数包括地面和地下两部分，地面部分一般3～4层，地下部分1～2层居多，个别大型枢纽存在地下3层的情况。

3）换乘种类

换乘种类直接影响到人员安全疏散的复杂程度，还会对火灾时消防人员的扑救产生影响。目前一般地下交通枢纽均涉及多种交通方式的换乘，如铁路、地铁、出租、公交、机场等。

4）人员荷载

人员荷载确定是决定疏散分析结论的基础，是评估建筑疏散安全性的前提条件。疏散设计是建立在正确的人员荷载统计的基础之上，不同区域人员密度指标不仅与国家、地区、地段以及空间场所的类型和使用因素有关，而且还受其平面布置、空间布局、使用面积和内部物体的配置等因素的制约。

大型公共交通枢纽人员荷载一般在几千～几万人的规模，特殊时期流动人员可达到更大的规模。

5）内装修

交通枢纽内装修比较复杂，不同的部分装修材料差别较大，其中公共区域顶棚、墙面、地面一般为不燃烧材料；空间吸声体一般为难燃材料。休息区顶棚、墙面、地面均一般为不燃烧材料；空间吸声体一般为难燃材料。贵宾用房地面一般为阻燃地毯。

6）电线电缆

地下交通枢纽电线电缆和电气设备数量众多，由电线电缆短路引发的火灾占有较大的比例，目前部分大型交通枢纽设有设备层。

2. 被动防火设施

被动防火措施包括耐火等级、防火分区、防烟分区、扑救条件、防火分隔和疏散通道等六部分。

1）耐火等级

为了保证建筑物的安全，必须采取必要的防火措施，使之具有一定的耐火性，即使发生了火灾也不至于造成太大的损失，通常用耐火等级来表示建筑物所具有的耐火性。

一般交通枢纽建筑耐火等级不能低于 2 级。

2）防火分区

通过划分防火分区这一措施，在建筑物一旦发生火灾时，可以有效地把火势控制在一定的范围内，减少火灾损失，同时可以为人员安全疏散、消防扑救提供有利条件。防火分区主要是通过能在一定时间内阻止火势蔓延，且能把建筑内部空间分隔成若干较小防火空间的防火分隔设施来实现的，常用防火分隔有防火墙、防火门、防火卷帘等。

交通枢纽的最大防火分区面积较大，部分建筑通过性能化防火设计进行评估。

3）防烟分区

防烟分区在建筑内部屋顶或顶板、吊顶下采用具有挡烟功能的构配件进行分隔所形成的，具有一定蓄烟能力的空间。地下综合交通枢纽一般借助顶梁进行防烟分区划分，部分高大空间可不进行防烟分区划分，仅划分逻辑分区。

4）防火分隔

防火分隔能在一定时间内阻止火势蔓延，且能把建筑内部空间分隔成若干较小的防火空间。常用防火分隔有防火墙、防火门、防火卷帘等。部分功能单元采用防火门和防火卷帘。

5）扑救条件

建筑的消防扑救条件可根据消防通道和消防扑救面的实际情况进行衡量。主要可分析交通建筑有无穿越建筑消防通道、有无环形消防车道、有无消防电梯、有无消防专用通道等。

6）疏散通道

安全疏散设施的目的主要是使人能从发生事故的建筑中，迅速撤离到安全部位（室外或避难层、避难间等），及时转移室内重要的物资和财产，同时，尽可能地减少火灾造成的人员伤亡与财产损失，也为消防人员提供有利的灭火救援条件等。

3. 主动防火设施

1）消防给水

消防给水系统完善与否，直接影响火灾扑救的效果。据火灾统计，在扑救成功的火灾案例中，93%的火场消防给水条件较好，水量、水压有保障；而在扑救失利的火灾案例中，81.5%的火场消防供水不足。许多大火失去控制，造成严重后果，大多与消防给水系统不完善、火场缺水有密切关系。

2）防排烟系统

排烟方式主要有机械排烟和自然排烟两种；防烟方式主要有固体防烟、加压送风防烟和空气流防烟三种。

3）火灾自动报警系统

火灾自动报警系统是一套不需要人工操作的智能化系统，一旦建筑物内某个部位发生火灾，火灾探测器就可以检测到现场的火焰、烟雾、高温和特有气体等信号，并转换成电信号，经过与正常状态阈值比较后，给出火灾的报警信号，通过自动报警控制器上的报警显示器显示出来，告知值班人员某个部位失火。同时通过自动报警控制器启动报警装置报警。

4）自动灭火系统

此处自动灭火系统主要指水自动灭火系统，是指以水为主要灭火介质的灭火系统，它包括自动喷水灭火系统、水喷雾灭火系统、细水雾灭火系统和水炮灭火系统。

5）灭火器材配置

灭火器材在很大程度上相当于一线的卫士，担负着扑灭或控制初期火灾的重任。灭火器材的配置是否符合要求，以及是否能够及时维护，保持其完好可用性，都将决定着潜在火势的发展状况。

6）疏散诱导系统

疏散指示标志的合理设置，对人员安全疏散具有主要作用。国内外实际应用表明，在疏散走道和主要疏散路线的地面上或靠近地面的墙上设置发光疏散指示标志，对安全疏散起到很好的作用，可以更有效地帮助人们在浓烟弥漫的情况下，及时识别疏散位置和方向，迅速沿发光指示标志顺利疏散，避免造成伤亡事故。

（三）消防安全管理

1. 消防设施维护

目前，公共建筑内大多采用消防中介机构对消防设施进行维护保养，因此定期对此类消防中介服务组织行抽查、测试、考核，是强化建筑消防设施维护保养资质管理的重要组成部分。同时还要统一维护保养技术标准，定期向消防部门报告建筑消防设施维护保养的状况。消防部门应会同有关部门尽快制定建筑消防设施维护保养技术标准，以技术参数为核心定量定性地反映建筑消防设施的运行状态和维护保养的情况，整体提高维护保养的水平。另外，消防设施单位制度要健全，建立责任制，落实责任人。

2. 消防应急预案

一般来讲，消防应急预案应包括以下内容：事故和紧急状态的确定；应急机构及其职责和权限应急总指挥的职责和权限；应急期间特殊人员的职责；对内报警和对外通报；疏散路线和疏散组织；重要设备和文件的保护；易燃易爆等危险品的处理；应急联络，包括对外部相关人员和组织的联系电话和联系方法；应急设备；应急救护等。

3. 消防培训与演练

要定期对场馆内工作人员进行消防培训与演练，使其掌握专业的安全知识，提高其消防安全意识和自救互救能力，预防和减少重特大火灾，特别是群死群伤事故的发生。

要做好消防培训与演练工作，一般从以下几个方面入手：

1）严格按照《消防法》和各项消防法律法规的规定，建立健全消防组织，层层落实消防安全责任制，制定出切实可行的消防安全教育和训练计划。

2）严格执行员工岗前培训和特殊工种人员持证上岗制度，经常性地教育和培训要立足实际，注重实效。对于特别重要的岗位，必须参加消防部门统一组织的消防安全培训并经考核合格后，持证上岗。

3）宣传教育与灭火技能训练要相辅相成，做到理论与实践相结合。要结合本单位实际情况，制定灭火疏散预案，定期组织实施灭火预案的演练。

4. 隐患整改落实

火灾隐患是指违反消防法律、法规，有可能造成火灾危害的隐蔽的祸患。评估一个单位能否保障消防安全，不在于是否存在火灾隐患，而是能否及时发现、认真整改并及时消除火灾隐患。

5. 消防管理组织机构

建立消防安全管理组织即是实施领导小组，单位的法人代表或主要负责人应对单位的消防安全工作负完全责任。规模较大的可设置防火安全委员会，较小的可设置防火领导小组。消防安全管理的必要条件就是消防安全管理的任务和职能必须由一定形式的组织机构来完成。一般单位的消防安全领导机构是防火安全委员会或防火安全领导小组。

（四）消防保卫力量

1）外部救援力量

（1）消防队类型

消防队类型包括普通消防站和特勤消防站，对于一个城市来说，消防站类型直接决定了消防站的人员、设备的配置。

（2）消防指挥机关

指的是指挥控制系统的完善性、消防指挥人员的业务素质。

（3）到达时间

如果地下综合交通枢纽内发生较大的火灾，需要外围消防力量进行增援，这时可以由消防指挥中心统一调度指挥中心区内的所有临时消防队和区域内消防队进行增援。只要在外围响应的消防力量在火警出动时，与公安交管部门协调顺畅，确保行进路线上的道路畅通，消防站可以迅速到达火灾现场参与灭火救援战斗。

2）内部救援力量

（1）人员力量

消防员数量的多少，可以直接反映出突发火灾事故时的处置能力。

（2）消防装备

指消防员配备的消防装备，包括消防车辆、灭火救援装备和防护装备等。

(3) 通讯能力

内部消防救援的通讯装备和控制协调能力，包括对内的指挥和对外的信息交换能力。

(4) 预案完善

内部消防团队只有制定完善的应急预案并不断地组织演习才能使得应急预案发挥应有的作用。

三、炸弹和生化袭击风险评估指标体系的组成和说明

炸弹和生化袭击风险评价体系可分为内部建筑物防护特性、内部安全管理、紧急救援力量三个方面，评价单元划分和框架形式如图 8-3-2 所示。

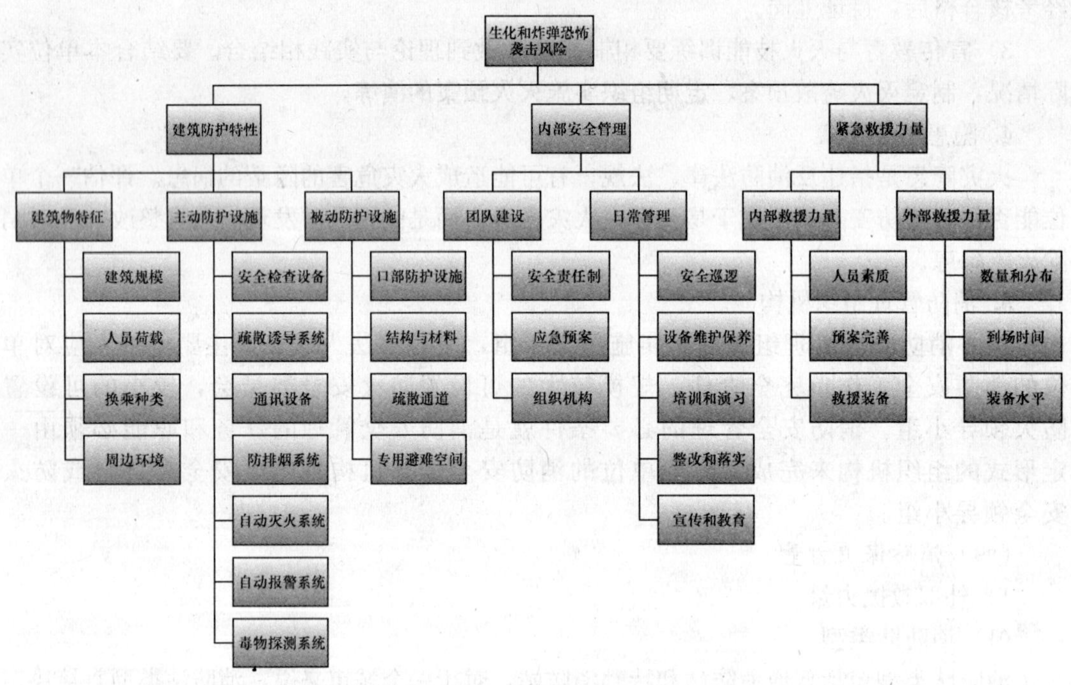

图 8-3-2　炸弹和生化恐怖袭击风险评价指标体系

鉴于建筑物防护特性中的建筑物特征、内部安全管理、紧急救援力量的基层指标含义类似于火灾风险评价指标体系，下文仅就炸弹和生化恐怖袭击风险中主动防护设施和被动防护设施的基层评价指标作出说明。

(一) 主动防护设施评价指标含义如下：

1. 安全检查

安防与安检水平高，进入地下综合交通枢纽的爆炸物、燃油等危险品的几率就小，犯罪的成功率就微乎其微。

2. 疏散诱导系统

国内外实际应用表明，在疏散走道和主要疏散路线的地面上或靠近地面的墙上设置发光疏散指示标志，对安全疏散起到很好的作用，可以更有效地帮助人们在浓烟弥漫的情况下，及时识别疏散位置和方向，迅速沿发光指示标志顺利疏散。

3. 通信设备

地下多层交通枢纽的通信系统是为交通工具与人员的运营和管理服务的，它是保证乘客安全、车辆高效运作的必不可少的信息传输系统。性能良好、设计合理的通讯设备可在灾害或事故发生时为人员安全疏散和抢救救援提供可靠的信息沟通，同时，也有助于实时建筑内外的人员实时了解灾害发展的情况。

4. 防排烟系统

防烟、排烟的目的是要及时排除火灾产生的大量烟气或毒剂，阻止其向外扩散，确保建筑物内人员的顺利疏散和安全避难，并为救援创造有利条件。建筑内的防烟、排烟是保证建筑内人员安全疏散的必要条件。

5. 火灾自动报警系统

恐怖分子在地下综合交通枢纽内部引爆炸弹或引燃汽油，都可能引起火灾。当灾害发生时，火灾探测器就可以检测到现场的火焰、烟雾、高温和特有气体等信号，并转换成电信号，经过与正常状态阈值比较后，给出报警信号，并通过自动报警控制器上的报警显示器显示出来，告知值班人员某个部位发生火灾。同时通过自动报警控制器启动报警装置报警，为防灾中心判断灾情、启动防灾预案，进行疏散和救援争取时间。

6. 自动灭火系统和灭火器材

地下综合交通枢纽内部的自动灭火系统主要指水自动灭火系统，是指以水为主要灭火介质的灭火系统，它包括自动喷水灭火系统、水喷雾灭火系统、细水雾灭火系统和水炮灭火系统等。此外，灭火器材则担负着扑灭或控制初期火灾的重任，会对潜在火势的发展产生重大的影响。

7. 生化探测系统

为了抵御地下综合交通枢纽内部的生化袭击，可采用经济有效的生化探测系统。该系统在正常运行的情况下，当生化传感器探测到可能的生化袭击的情况下开始启用污染物消除设备，控制污染物随建筑物的气流扩散，启用备用过滤系统。当传感器的信号得到证实后开始疏散人群，并及时消除污染源。

（二）被动防护设施评价指标含义为：

1. 出入口设施

在出入口设计方面，可通过一定的设计手法降低犯罪概率，主要包括：建立真正或象征性的障碍物，在心理上威慑犯罪分子；改善对出入口的自然监视机会，较好的照明可以使出入口空间一览无遗。此外，紧急情况下检票机闸门设施的无障碍通行能力也会对地下交通枢纽内部的人员安全产生影响。

2. 结构与材料

地下多层综合交通枢纽中，位于人员密集区的承重柱可采用密集的排布方式，可以有效遮挡爆炸所产生的碎片，另外，在结构设计时应考虑承重墙柱抗爆措施。为避免产生此生灾害，地下多层综合交通枢纽中的建筑装饰和广告牌，应避免采用可能在爆炸后产生大量碎片的材料。交通枢纽内部地面材料不防滑或防滑效果不好，可能在人员疏散时导致踩踏事件。

3. 专用避难空间

在应对恐怖袭击时，特别是遭到生化袭击时，可在公共区设置紧急避难区，为人群提供安全场所。避难空间内应保证正常的通风、照明及供水，同时应该与外界隔绝以阻止有害物质的侵袭。

4. 疏散通道

如果疏散通道设置不合理、出入口存在缺陷，那么当灾害事件发生时可能造成人员拥挤踩踏。人员疏散设施的目的主要是使人能从发生事故的建筑中，迅速撤离到安全部位（室外或避难层、避难间等），尽可能地减少火灾造成的人员伤亡与财产损失，也为救援人员提供有利的救援条件。

四、水灾风险评估指标体系

地下多层综合交通枢纽的水灾风险评价体系炸弹和生化袭击风险评价体系可分为内部建筑物防护特性、内部安全管理、紧急救援力量三个方面，评价单元划分和框架形式如图8-3-3所示。

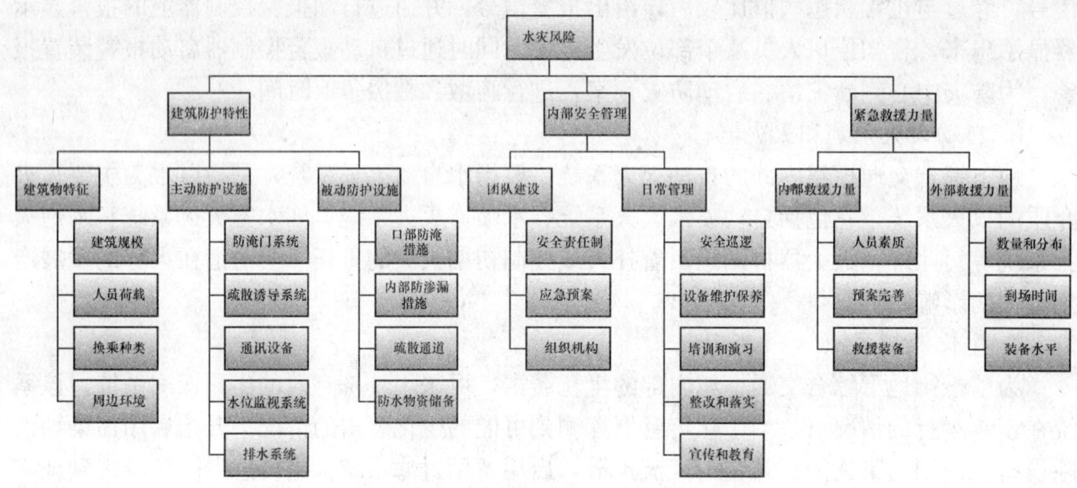

图 8-3-3　水灾风险评价指标体系

在水灾风险评价指标体系中，考虑到建筑物防护特性中的建筑物特征、内部安全管理、紧急救援力量的基层指标含义容易为评价人员所理解，因此，仅就其中技术性较强的主动防护设施和被动防护设施的基层评价指标作出说明。

（一）主动防护设施

1. 防淹门系统

位于水域下的轨道交通隧道，在汛期高潮位，地面水通过隧道可能倒灌进入综合交通枢纽内部，威胁人民的生命财产安全。为避免这种风险，在水下区间的隧道中设置防淹门，以便一旦发生紧急情况能够迅速关闭，阻止江水或河水的进入，使灾害控制在最小范围内，确保交通枢纽及其内部人员的安全。

2. 疏散诱导系统

交通枢纽进水可能导致停电，因此疏散指示标志的合理设置，对人员安全疏散具有重要作用。在疏散走道和主要疏散路线的地面上或靠近地面的墙上设置发光疏散指示标志，对安全疏散起到很好的作用，可以更有效地帮助人们在浓烟弥漫的情况下，及时识别疏散位置和方向，迅速沿发光指示标志顺利疏散。

3. 排水系统

综合交通枢纽的排水系统是防灾体系的主要内容之一，及时排放积水，对于综合交通枢纽的正常运营、保护交通枢纽内部的各类电器设备具有重要的意义。

4. 水位监视系统

水位监测系统能够自动监视区间的水位，在发生灾情时能够提供早期的预警信息供管理部门进行决策时作为参考。

5. 通信设备

高效的通设备有助于工作人员顺利地实施疏散，地下人员也能够及时了解地面情况，有利于减少不必要的恐慌。

（二）被动防护设施

1. 口部防淹措施

在出入口设计方面，应使出入口和通风口下沿标高高于室外地面标高 150～450mm；出入口应设置防水挡板插槽在突发大水或暴雨时提供临时防护。

2. 内部防渗漏措施

为保护建筑内部重要的电器设备，地下综合交通枢纽的顶板不允许渗漏水，侧墙也需要采取必要的防渗漏措施控制其渗漏水量。

3. 疏散通道

人员疏散设施的目的主要是使人能从发生水害事故的建筑中，迅速撤离到安全区域，尽可能地减少水灾造成的人员伤亡与财产损失，同时为救援人员提供有利的救援条件。

4. 防水物资储备

地下交通枢纽内部应备有一定数量的救援物资，包括在灾难发生时提供通讯的便携通话设备，以及必要的急救药品、防水挡板和沙袋、断电时的照明器材，以及绳索、救生衣和五金工具等。

五、地震灾害风险评价

多层地下交通枢纽的震灾风险评价体系可分为内部建筑物防护特性、内部安全管理、紧急救援力量三个方面，评价单元划分和框架形式如图 8-3-4 所示。

（一）建筑防护特性

1. 建筑物特征

（1）周边土体和岩层

实际震害表明，地层断裂、砂土液化、软土震陷等引起的震害损失是巨大的。将地下综合交通枢纽建于均匀、稳定地基中，远离断层，避免过分靠近山坡坡面，避免山坡不稳定地段，尽量避免饱和砂土地基而减少地震液化等都有利于减少震害。

（2）地面建筑物状况

当地下多层交通枢纽与地面建筑相连时，应考虑灾害发生时地面建筑物的抗震能力和人员状况对交通枢纽的人员的疏散和救援所产生的产生影响。此外，不应忽视地下交通枢纽出入口的抗震能力，防止出现口部封闭的情况。

（3）周边环境

地下综合交通枢纽的周边环境，如：交通枢纽周围的地面自然环境、交通枢纽周边的

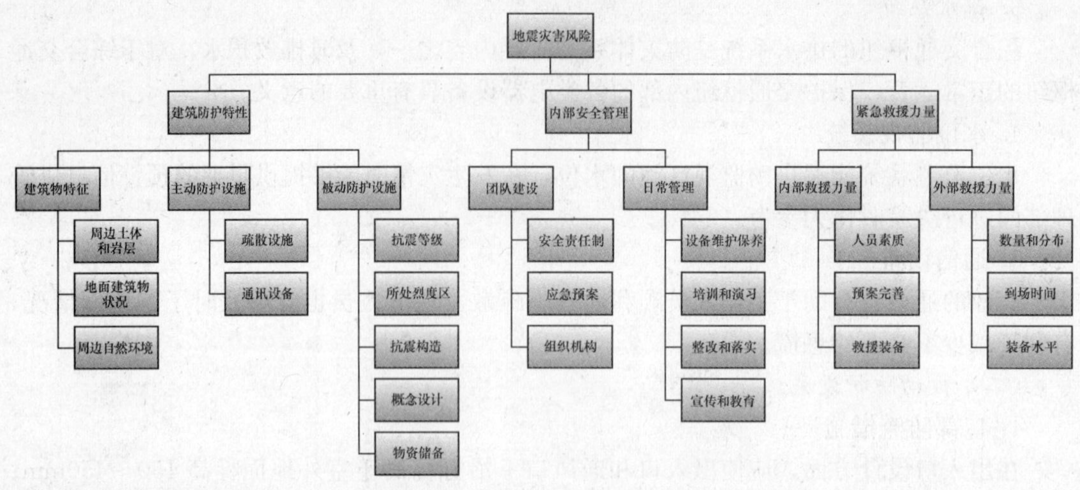

图 8-3-4　震灾风险评价指标体系

生命线工程，应包含在震灾风险的影响因素中。

2. 主动防护设施

(1) 疏散设施

人员疏散是地下交通枢纽运营的一个重要方面。地震可能导致建筑物内部的电力设施损坏，一旦交通枢纽内部停电，那么疏散指示标志和疏散通道的合理设置对人员安全疏散将发挥重要作用。

(2) 通信设备

高效的通信设备有助于地下综合交通枢纽内部的人员了解灾害信息，减少不必要的恐慌。同时，良好的通信设备也有助于地下人员与地面人员及时沟通信息，使救援行动顺利实施。

3. 被动防护设施

(1) 抗震等级

为了体现不同情况下抗震设计要求的差异，达到经济合理的目的，应对地下综合交通枢纽的抗震等级进行合理的划分。

(2) 所处烈度区

设防烈度是按国家的权限批准作为一个地区抗震设防的依据，应根据所在城市、建筑物的类别以及当地的设防小区划进行调整。

(3) 抗震构造

抗震构造措施是提高罕遇地震时结构整体抗震能力、保证其实现预期设防目标、延迟结构破坏的重要手段，它可以充分发掘结构的潜力。地下综合交通枢纽抗震构造措施的重点应在改善薄弱部件的受力和提高结构构件的延性及耗能能力上。

(4) 概念设计

多层地下交通枢纽的抗震概念设计指的是根据地震灾害和工程经验形成的基本设计原则和设计思想，进行建筑和结构的总体布置并确定细部构造。

(5) 物资储备

交通枢纽内部应备有一定数量的救援物资，包括在灾难发生时提供通讯的便携通话设备，以及必要的急救药品、断电时的照明器材等。

（二）内部防灾管理

1. 团队建设

（1）安全责任制

震灾防护工作的基本制度是实行安全责任制，保证安全法规的贯彻执行，保证安全措施落到实处。

（2）应急预案

应急预案是保证地下综合交通枢纽运营安全的重要组成部分之一，针对可能发生的地震灾害，要制定各项操作流程，并切实执行。

（3）组织机构

地下综合交通枢纽必须设有完善的安全管理机构，这是实施安全管理的必要条件。

2. 日常管理

（1）设备维护保养

应根据防灾部管理门制定施维护保养技术标准，对主要设备进行维护，并定期检查，以保证设备在紧急状态下的可靠性。

（2）培训与演练

定期对综合交通内工作人员进行震灾防护的培训与演练，使其掌握必要的安全知识，提高其安全意识和自救互救能力。

（3）隐患整改落实

隐患整改落实是最大限度降低人员和财产损失的前提，应通过安全检查及时发现、认真整改并及时消除隐患。

（4）宣传和教育

应利用各种形式向工作人员和旅客宣传安全知识，使他们树立“安全第一”的意识，并了解和掌握必要的安全知识和技能。

（三）紧急救援力量

1. 内部救援力量

（1）人员素质

多层地下交通枢纽的救援是一项复杂、经验性很强的技术工作，一支高素质的抢险救援队伍是保证应急预案得以顺利实施的关键。

（2）预案完善

针对地震导致的二次灾害，救援队伍应制定专项的抢救救援方案，不断通过演练予以完善。预案的制定应具体，可操作性强，同时要考虑预案的演习方案和及时更新。

（3）救援装备

指地下综合交通枢纽建筑内的抢险救援队伍所配备的灭火救援装备、防护装备、通讯设备等。

2. 外部救援力量

（1）数量和分布

合理的外部救援队伍数量和分布，有助于把地震灾害造成的人员和财产损失降到最低程度。

(2) 到达时间

当发生破坏性的地震灾害时，需要外部的抢险救援力量进行增援。外部救援力量出动后，应争取在第一时间到达现场实施抢险救援。

(3) 装备水平

指抢险救援队伍的装备情况，包括救援装备、防护装备和医疗救护设备等。

第四节　地下多层综合交通枢纽的多灾种风险评价方法

一、评估方法的选择

灾害风险评估方法很多，具有多种分类方式，根据分析结果的量化方式和评估方法的结构可进行如下分类。

1. 按分析结果分类

按分析结果的形式，风险分析方法分为定性、半定量和定量分析三类。

定性分析是对分析对象的火灾危险状况进行系统、细致的检查，并根据检查结果对其火灾危险性做出大致的评估，分析结果可以为“是或非”、“合格或不合格”等。

引进“量”的概念是进行比较的基础，然而对于灾害问题定量方式比较复杂。例如，计算火灾风险需要了解事故概率，但由于火灾数据的缺乏以及费用、时间等方面的限制，准确算出火灾事故的概率是困难的，并且对于相当多的场合根本无法得到这种概率。在风险分析中经常采取以危险级别或风险指数为基础的半定量分析法。

若能得到分析对象的相关事故概率，则可将事故发生概率和事故严重程度综合起来计算，以风险度的形式定量表示风险。

模拟计算是一类更精确的定量分析方法。通过某种模拟软件针对某些有代表性场景的火灾过程进行计算，进而用特定物理量对系统的火灾风险给出定量评估。随着计算机技术和软件的发展，模拟计算在危险分析中的应用越来越广泛。

2. 按分析方法结构分类

按照分析方法的结构，风险分析方法可分为以下几类：

(1) 经验系统化方法

通过分析以往发生的事故，总结出系统化的经验，然后根据这些经验对预定对象进行检查，确定其危险。目前广泛应用的有安全检查表法、危险预先分析法、道-蒙德化工危险分析法等。

(2) 逻辑推导法

这类方法的主要特点是采取逻辑推理。可以某个事故为起点，通过逐步分析，找到该事故的所有基本原因，其代表方法是事故树（FTA）。也可选定某个原因作为初始事件，通过推导其发展过程，了解其可能的事故后果，如事件树（ETA）法。也可以将以上两种方法综合起来运用，如原因－结果（C-C）法。

(3) 系统解剖分析法

这类方法以层次分析为基础，根据分析对象的组成特点，将其加以解剖，研究各个部分的作用及其发生火灾事故时对整个系统的影响。主要有故障类型与影响分析（FMEA）、危险操作分析（HAZOP）、危险度分析和模糊判断分析等。在人们对系统的危险性尚无足够认识时，这种分析是很有帮助的。

（4）模拟计算法

模拟计算法是依据质量、动量、能量和组分守恒等基本物理定律，编制成一定的计算软件，算出某种灾害的发展过程。由于模拟计算是依据客观物理定律进行的，因此能够较好地排除人们主观判断的偏差。

表 8-4-1 给出了几种常用分析方法的特点及适用场合。

风险评价的常用分析方法 **表 8-4-1**

名　称	目　的	适 用 范 围	效　果
安全检查表	检查系统是否符合标准要求	各个阶段	定性，辨识危险性，并使系统与标准一致若对项目赋值
危险性预先分析	开发阶段，早期辨识出危险性	开发时分析原材料、工艺、设备设施及能量失控时出现的危险性	得出供设计考虑的危险性
故障类型和影响分析	辨识单个故障类型造成的事故后果	设备和机器故障的分析，也用于连续生产工艺	定性及定量，找出故障类型对系统的影响
事故树分析	找出事故发生的基本原因和基本原因组合	分析事故或设想事故	定性、定量，找出事故的基本原因及预防事故的措施
事件树分析	辨识初始事件发展成为事故的各种过程及后果	设计时找出适用的安全装置，操作时发现设备故障及误操作将导致的事故	定性及定量，找出初始事件的各种结果，分析严重性从而在发展阶段采取措施
可操作性研究	辨识静态和动态过程中危险性	对新技术新工艺无经验时辨识危险性	定性，并能发现新的危险性
因果分析	辨识事故的可能结果及其原因	设计操作时	定性、定量
指数评价法	对系统、子系统进行危险度分级	设计时找出薄弱环节，生产时提供危险性信息	定性、定量，定出工厂、车间工艺、单元危险度等级
数学模型计算	计算出火灾、爆炸、中毒后果的可能伤害范围	设计和现场	定量，可算出人员伤害和财产损失的范围

每种风险分析方法都有各自的优缺点，不同的评估方法适应于对生产过程的不同阶段进行风险评估。对不同的对象，应选用最合适的方法。选用分析方法应考虑下述几个因素：

（1）分析的目的。考虑所选用方法的评估结果是否能达到预定的分析目的和动机。

（2）分析结果的体现形式。分析结果可以是危险性一览表、危险控制措施一览表、危险分级、定量危险数值等，应考虑所选用的结果形式能否满足对象危险分析的需要。

（3）相关的信息资料。进行分析时需要多种信息资料，包括评估对象的建筑特征、建筑规模、外部环境等。

（4）分析人员。要考虑可投入分析的技术人员及其素质、分析专家和管理人员的知识结构及水平、评估费用、完成期限等。

(5) 分析结果的适用性。要对分析方法所提供的分析结果及其适用性作进一步分析，包括适用时限、适用范围等。

根据综合地下交通枢纽的建筑特性，通过综合分析比较，选择基于层次分析的模糊综合评估法进行风险评估，属于半定量的系统剖析分析法。

二、评估单元划分

基于层次分析的危险度评估方法原则上需要把一个系统分为多个层次，一般取为二、三层，并分别称为系统、单元、因素。也就是说，需要把分析对象（系统）划分为若干单元，每个单元根据需要进一步划分为若干因素，再从灾害可能和危害等方面来分析各因素的灾害危险度，各个组成因素的危险度是进行系统危险分析的基础，在此基础上用加权平均的方式确定系统的灾害危险等级。不同单元和因素的作用和性能往往大不相同，它们对系统灾害危险性的影响程度存在很大差别。常用的修正办法是分别给予它们适当的权重，权重通过综合足够多专家的意见确定。

以地下综合交通枢纽火灾评估单元划分为例，火灾风险评估体系可分为火灾危险源评估系统、建筑防火性能评估系统、消防安全管理评估系统和消防保卫力量评估系统评估四部分，这四个二级指标可以继续进行系统划分，产生三级指标甚至四级指标，由这些不同层次的评估单元构成对评价对象的系统分解。

三、基本单元危险度量化方法

在地下多层交通枢纽多灾种风险评估中，采取专家打分系统对其风险评价指标体系各指标权重进行打分，专家系统评价活动是在熟悉评价指标体系的基础上进行的。对于多人决策来说，权重分为如下2类：第一类为指标体系中各指标权重，用以确定破坏力量和抵御力量的水平；第二类为各决策者（专家）权重，用以衡量各评审专家在本次评审过程中所占决策份额，即各评审专家的决策不是均权，而由以下两个方面来决定：(1) 专家的学术地位K1，参数K1在每次评审时可根据实际情况确定，例如高校可按职称状况确定。若有企业家或甲方负责人或评审机构领导参与决策，K1应综合比较后取值；(2) 对项目熟悉程度K2，参数K2可根据专家自己主持开发该类项目的数量与质量来确定，目前评审中往往由专家自己评价熟悉程度。如果专家库的数据全面，则可由计算机确定专家对项目的熟悉程度。

四、基于层次分析法的各级指标权重计算

各灾种风险评价指标体系确立以后，还需要确定各指标的权重。只有不同层次、各重要影响因素的权重合理地确定以后，才能以此设计和编写计算程序，实现定量评价。

采用一种改进的层次分析法计算各指标的权重。层次分析法（Analytic Hierarchy Process，简称AHP法）是美国匹兹堡大学教授T. L. Saaty提出的一种系统分析方法。该方法的特点：

(1) 将复杂问题分解为各个组成因素的层次结构；

(2) 把人的主观判断用数量形式表达和处理；

(3) 进行一致性检验，保证两两判断之间的一致性。这种定性与定量相结合方法，既可以用于系统综合评价与决策，也可以评价系统各要素的权重大小。

传统的层次分析法计算权重的实施步骤如下：

1. 建立层次结构模型

2. 判断矩阵的标度

层次分析结构模型建立以后，将问题转化为层次中各因素相对于上层因素相对重要性的排序问题。在排序计算中，采取成对因素的比较判断，并根据一定的比率标度，形成判断矩阵。最常采用的标度含义如表 8-4-2 所示。

判断矩阵标度及含义　　**表 8-4-2**

标度 a_{ij}	含　义	标度 a_{ij}	含　义
1	i 和 j 因素相同重要	9	i 比 j 因素极端重要
3	i 比 j 因素稍微重要	2，4，6，8	以上判断之间的中间状态对应的标度值
5	i 比 j 因素明显重要	倒　数	若 i 和 j 比较，得到判断值 $a_{ji}=1/a_{ij}$，$a_{ii}=1$
7	i 比 j 因素强烈重要		

3. 构造判断矩阵

设问题 A 中有 B_1，B_2，…，B_n 个指标，则构造的判断矩阵 A 为：

$$\begin{bmatrix} a_{11} & a_{12} & \cdots & a_{1n} \\ a_{21} & a_{22} & \cdots & a_{2n} \\ \cdots & \cdots & \cdots & \cdots \\ a_{n1} & a_{n2} & \cdots & a_{nn} \end{bmatrix} \tag{8-4-1}$$

式中：a_{ij} 表示纵列指标 B_i 与横行指标 B_j（i，$j=1$，2，…，n）的相比较结果。

4. 计算判断矩阵的最大特征根和特征向量

采用根法计算，其步骤为：

1）计算判断矩阵每一行元素的乘积 M_i

$$M_i = \prod_{j=1}^{n} b_j, j = 1,2,3,\cdots,n \tag{8-4-2}$$

2）计算 M_i 的 n 次方根 $\overline{W}_i$

$$\overline{W}_i = \sqrt[n]{M_i} \tag{8-4-3}$$

3）对向量 $\overline{W} = [\overline{W}_1, \overline{W}_2, \cdots, \overline{W}_n]$ 正规化，即

$$W_i = \frac{\overline{W}_i}{\sum_{j=1}^{n} \overline{W}_j} \tag{8-4-4}$$

则 $W = [W_1, W_2, \cdots, W_n]^{\mathrm{T}}$，即为所求的特征向量。

4）计算判断矩阵的最大特征根

$$\lambda_{\max} = \sum_{i=1}^{n} \frac{(AW)_i}{nW_i} \tag{8-4-5}$$

式中 $(AW)_i$——向量 AW 的第 i 个元素。

5）一致性判断

根据矩阵理论，判断矩阵 A 在满足上述完全一致性条件下，具有唯一非零的，也是最大的特征根 $\lambda_{max}=n$，且除 λ_{max} 外，其余特征根均为零。而当判断矩阵具有满意的一致性时，它的最大特征根稍大于矩阵阶数 n，且其余特征根接近于零，这样基于层次分析法得出的结论才是基本合理的。但是，由于客观事物的复杂性和人们认识上的多样性，以及可能产生的片面性，要求每一个判断都有完全的一致性显然是不可能的，特别是因素多、规模大的问题更是如此。因此，为了保证应用层次分析法得到的结论基本合理，还需要对构造的矩阵进行一致性检验。

λ_{max} 比 n 大得越多，A 的不一致程度越严重，用特征向量作为权向量引起的判断误差越大，因而可以用 $\lambda_{max}-n$ 数值的大小来衡量 A 的不一致程度。Saaty 将

$$CI=\frac{\lambda_{max}-n}{n-1} \tag{8-4-6}$$

定义为一致性指标。$CI=0$ 时，A 为一致阵；CI 越大，A 的不一致程度越严重。注意到 A 的 n 个特征根之和等于 A 的对角元素之和，而 A 的对角元素均为 1，所以特征根之和 $\sum_{i=1}^{n}\lambda_i=n$。由此可知，一致性指标 CI 相当于除 λ_{max} 外，其余 n-1 个特征根的平均值（绝对值）。

为了确定 A 的不一致程度的允许范围，需要找出衡量 A 的一致性指标 CI 的标准。Saaty 又引入随机一致性指标 RI，见表 8-4-3。

随机一致性指标 *RI*　　**表 8-4-3**

n	1	2	3	4	5	6	7	8	9	10	11
RI	0	0	0.58	0.90	1.12	1.24	1.32	1.41	1.45	1.49	1.51

注：表中 $n=1$，2 时 $RI=0$，是因为 1，2 阶的正互反阵总是一致阵。

对于 $n\geqslant3$ 的成对比较阵 A，将它的一致性指标 CI 与同阶（指 n 相同）的随机一致性指标 RI 之比称为一致性比率 CR。当 $CR=CI/RI<0.10$ 时，认为 A 的不一致性程度在允许范围内，可用其特征向量作为权向量。否则要重新进行成对比较，对 A 进行调整。

实践表明，Saaty 提出的 1～9 标度虽然对定性问题进行定量分析提出了一种可行的方法，但由于一般的打分人员对“稍微重要”、“明显重要”、“强烈重要”、“极端重要”这些模糊概念把握不准，同时，按照 1～9 标度确定判断矩阵时容易出现不满足一致性的情况。为了弥补上述不足，选择使用三标度判断法，即采用 2、0、1 三个数描述“i 因素比 j 因素重要”、“j 因素比 i 因素重要”、“i 因素和 j 因素同等重要”，代替原来的 1～9 标度，这样用层次分析法的计算公式算出的权重更符合打分人员心目中的权重。

按照上述三标度法建立初始判断矩阵后，需作如下的变换以构造真正的三标度判断矩阵 A：

$$\begin{aligned}a_{ij}&=\frac{r_i-r_j}{r_{max}-r_{min}}\times(b_m-1)+1(r_i\geqslant r_j)\\a_{ij}&=1(r_{max}=r_{min})\\a_{ij}&=\left[\frac{|r_i-r_j|}{r_{max}-r_{min}}\times(b_m-1)+1\right]^{-1}(r_i<r_j)\end{aligned} \tag{8-4-7}$$

其中：$r_i=\sum b_{ij}$，其中 b_{ij} 为初始判断矩阵中第 i 行第 j 个元素；$r_{max}=\max(r_i)$；$r_{min}=$

$\min(r_i)$；$b_m = \dfrac{r_{\max}}{r_{\min}}$。

使用三标度判断法确定判断矩阵后，还需要确定各因素权重，才能够进行安全评价。通过最优传递矩阵 C 和经过一致性调整的判断矩阵 A^* 可直接计算权重。该方法不需要作一致性检验，算法较为简便。

首先，按下式确定最优传递矩阵 C 中的元素：

$$c_{ij} = \frac{1}{n}\sum_{k=1}^{n}\left(\lg\frac{a_{ik}}{a_{jk}}\right) \qquad \forall i,j \qquad k=1,2,\cdots,n \tag{8-4-8}$$

式中，a_{ik} 表示判断矩阵中第 i 行第 k 个元素，a_{jk} 表示判断矩阵中第 j 行第 k 个元素。

然后按下式计算得到经过一致性调整后的判断矩阵 A^*，

$$a_{ij}^* = 10^{c_{ij}} \tag{8-4-9}$$

最后按如下公式可求得各指标的权重向量 w_j：

$$w_j = 1\Big/\sum a_{ij}^* \tag{8-4-10}$$

五、模糊综合评价步骤

（一）建立因素集

首先，确定评判对象的因素集合 U，即评价指标体系。设因素集 $U=\{u_1,u_2,\cdots,u_n\}$，其中的各个因素通常都是具有不同程度的模糊性，在确定因素集时，要注意其各个因素能从各个侧面描述评判对象的属性，同时要注意抓住主要因素。

（二）建立判断集

判断集是以评判者对判断对象可能做出的各种总的评判结果为元素组成的集合 $V=\{V_1,V_2,\cdots,V_m\}$，各元素 V_i 代表各种可能的总的评判结果。模糊综合评判的目的就是在综合考虑所有影响元素的基础上，从判断集中得出最佳的评判结果。在城市地下多层交通枢纽多灾种风险评估中，判断集取为 $V=\{V_1,V_2,V_3,V_4,V_5\}$，其中 V_1 表示低风险，V_2 表示较低风险，V_3 表示中等风险，V_4 表示较高风险，V_5 表示极高风险。

（三）建立权重集

一般而言，各个因素的重要程度是不一样的。为了反映各因素的重要程度，对各个因素 u_i 应赋予相应的权数 a_i，由各权数所组成的集合：

$$\Lambda = (a_1,a_2,\cdots,a_n) \tag{2-4-11}$$

称为因素权重集，简称为权重集。

通常，各权数 a_i 应归一化和满足非负条件，即：$\sum\limits_{i=1}^{n}a_i = 1$ 且 $a_i \geqslant 0(i=1,2,\cdots,n)$，其中 a_i 可视为各个因素 u_i 对“重要”的隶属度，因此权重集 A 可视为因素集上的模糊集合。

（四）模糊综合评判

1. 单因素模糊综合评判

单独从一个因素出发进行评判，以确定评判对象对评价集 V 的隶属程度，即为单因素模糊评判。

因素 u_i 对评价集 $V=\{V_1,V_2,V_3,V_4,V_5\}$ 的隶属程度为 $R_i=\{r_{i1},r_{i2},r_{i3},r_{i4},r_{i5}\}$，$R_i$

称为单因素评判集，r_{ij} 为 u_i 对 V_j 的隶属度，由此得出模糊关系的评判矩阵：

$$R=\begin{bmatrix}R\\R_2\\\vdots\\R_n\end{bmatrix}=\begin{bmatrix}r_{11}&r_{12}&r_{13}&r_{14}&r_{15}\\r_{21}&r_{22}&r_{23}&r_{24}&r_{25}\\\cdots&\cdots&\cdots&\cdots&\cdots\\r_{n1}&r_{n2}&r_{n3}&r_{n4}&r_{n5}\end{bmatrix} \tag{2-4-12}$$

单因素评判集，实际上可视为因素集 U 和判断集 V 之间的一种模糊关系，因此单因素评判矩阵 R 可视为从 U 到 V 的模糊关系矩阵。

设综合因素 u_i（$i=1$，2，…，n）的模糊权向量为 $A=$（a_1，a_2，…，a_n），a_i 是第 i 个因素对应的权重，$\sum_{i=1}^{n}a_i=1$ 且 $a_i\geqslant 0(i=1,2,\cdots,n)$，给定因素集 $U=\{u_1,u_2,\cdots,u_n\}$，得到综合评价：

$$B=A\circ R=(a_1,a_2,\cdots,a_n)(R_1,R_2,\cdots,R_n)^T$$

$$=(a_1,a_2,\cdots,a_n)\begin{bmatrix}r_{11}&r_{12}&r_{13}&r_{14}&r_{15}\\r_{21}&r_{22}&r_{23}&r_{24}&r_{25}\\\cdots&\cdots&\cdots&\cdots&\cdots\\r_{n1}&r_{n2}&r_{n3}&r_{n4}&r_{n5}\end{bmatrix} \tag{2-4-13}$$

式中，“∘”表示某种合成运算；B 称为模糊综合评判集，当因素权重集合 A 及单因素评判关系矩阵 R 确定后，便可以按照一定的模糊运算规则进行模糊综合评判，以求得模糊综合评判集合 B，显然称为模糊综合评判集 B 为判断集 V 上的模糊集合。

2. 多因素模糊综合评判

在复杂系统中，由于要考虑的因素很多，各因素之间往往还有层次之分，并且许多因素还具有比较强烈的模糊性，若用一级模糊综合评判模型，则难以比较系统中事物之间的优劣次序，得不出有意义的评判结果，因此需要进行多层次模糊综合评判。

多层次模糊综合评判即把因素集 U 按某些属性分成几类，此时每一类中因素的个数相对较少，这样可先就每一类中的因素进行评价，然后再就评价结果进行类之间的高层次模糊综合评价。多层次模糊综合评判的步骤如下：

1）设因素集 $U=\{u_1,u_2,\cdots,u_n\}$，灾害危险性的评价集 $V=\{V_1,V_2,V_3,V_4,V_5\}$，其中 V_1 表示低风险，V_2 表示较低风险，V_3 表示中等风险，V_4 表示较高风险，V_5 表示极高风险。

2）将因素分类，先根据因素集中因素间的关系将 U 分为 k 类，即：

$$U=\{U_1,U_2,\cdots,U_k\}$$

式中 $U_i=\{U_{i1},U_{i2},\cdots,U_{im_i}\}(i=1,2,\cdots,k)$，即 U_i 中含有 m_i 个因素，并且满足以下条件：

$$\bigcup_{i=1}^{k}U_i=U,U_i\cap U_j=\varnothing\quad(i\neq j)$$

3）一级模糊综合评判

对每个 $U_i=\{U_{i1},U_{i2},\cdots,U_{im_i}\}(i=1,2,\cdots,k)$ 的 m_i 个因素，按一级模糊综合评判模型进行综合评判，得：

$$B_i=A_i\circ R_i(i=1,2,\cdots,k)$$

式中　A_i——U_i 上的权重集，且 $A_i=(a_{i1},a_{i2},\cdots,a_{im_i})$；

R_i——对 U_i 的单因素评判矩阵。

4）二级模糊综合评判

U 的总的评价矩阵 R 为

$$R=\begin{bmatrix}B_1\\B_2\\\vdots\\B_k\end{bmatrix}=\begin{bmatrix}A_1\circ R_1\\A_2\circ R_2\\\vdots\\A_k\circ R_k\end{bmatrix}$$

根据各类因素的重要程度，赋予每个因素相应的权重，设为：

$$A=(a_1,a_2,\cdots,a_n)$$

则总的综合评判结果为

$$B=A\circ R=(a_1,a_2,\cdots,a_n)(R_1,R_2,\cdots,R_n)^{\mathrm{T}}$$

$$=(a_1,a_2,\cdots,a_n)\begin{bmatrix}r_{11}&r_{12}&r_{13}&r_{14}&r_{15}\\r_{21}&r_{22}&r_{23}&r_{24}&r_{25}\\\cdots&\cdots&\cdots&\cdots&\cdots\\r_{n1}&r_{n2}&r_{n3}&r_{n4}&r_{n5}\end{bmatrix}$$

式中，“$\circ$”表示某种合成运算；B 称为模糊综合评判集，当因素权重集合 A 及因素评判关系矩阵 R 确定后，便可以按照一定的模糊运算规则进行模糊综合评判，以求得模糊综合评判集合 B。

如果因素集 U 的元素非常多时，依照上述步骤还可以进行三级甚至更多级的模糊综合评判。

5）评判结果的处理

求得综合评价结果 b_j（$j=1，2，\cdots，m$）后，为了给出确定的评判结果，主要运用的方法是最大隶属度法。最大隶属度法主要考虑最大评价指标的贡献，对评判评价等级问题较为适用。如果最后得到的结果为 $B=$（b_1，b_2，b_3，b_4，b_5）（$\sum b_i=1$），与之对应的评价集 $V=$｛V_1，V_2，V_3，V_4，V_5｝，假设 b_2 最大，按照最大隶属度法，则对应的评价等级为 V_2，即为较低风险。

评估指标特征值的估计区间　　**表 8-4-4**

评估专家	评估指标					
	u_1	u_2	…	u_i	…	u_m
p_1	$[a_{11}，b_{11}]$	$[a_{21}，b_{21}]$	…	$[a_{i1}，b_{i1}]$	…	$[a_{m1}，b_{m2}]$
p_2	$[a_{12}，b_{12}]$	$[a_{22}，b_{22}]$	…	$[a_{i2}，b_{i2}]$	…	$[a_{m2}，b_{m2}]$
⋮	⋮	⋮	⋮	⋮	⋮	⋮
p_j	$[a_{1j}，b_{1j}]$	$[a_{2j}，b_{2j}]$	…	$[a_{ij}，b_{ij}]$	…	$[a_{mj}，b_{mj}]$
⋮	⋮	⋮	⋮	⋮	⋮	⋮
p_q	$[a_{1q}，b_{1q}]$	$[a_{2q}，b_{2q}]$	…	$[a_{iq}，b_{iq}]$	…	$[a_{mq}，b_{mq}]$

六、风险度判断的专家打分法

专家打分法是一种实用性较好、易于操作的评价方法，可用来对上述模糊综合评价法的结果进行校核。在实际使用时，安全评价人员根据影响地下多层交通枢纽各灾种的主要因素，将风险评估系统进行层次划分，然后对所有基本因素进行专家打分，并根据打分情况判断评估对象的灾害风险。

对于指标 u_i，专家 p_j 依据其评估标准和对该指标有关情况的了解给出一个特征值区间 $[a_{ij}, b_{ij}]$，由此构成一集值统计系列：$[a_{i1}, b_{i1}]$，$[a_{i2}, b_{i2}]$，…，$[a_{ij}, b_{ij}]$，…，$[a_{mq}, b_{mq}]$，如表 8-4-4 所示。

根据基本指标的分值范围，可以通过下述公式计算上层指标的风险分值：

$$x_i = \frac{1}{2}\sum_{j=1}^{q}[b_{ij}^2 - a_{ij}^2] \Big/ \sum_{j=1}^{q}[b_{ij} - a_{ij}] \tag{8-4-14}$$

最终应用线性加权方法计算某一灾害的风险度：

$$R = \sum_{i-1}^{n} W_i F_i \tag{8-4-15}$$

式中　R——上层指标风险；

W_i——下层指标权重；

F_i——下层指标评估得分。

根据 R 值的大小可以确定评估目标所处的风险等级。根据所得分值，对各种灾害风险进行分级，如表 8-4-5 所示。

灾害风险分级标准　　**表 8-4-5**

风险等级	名　称	量化范围	风险等级特征描述
Ⅰ级	低风险	(85, 100]	几乎不发生灾害，灾害风险性低，安全风险处于可接受的水平，风险控制重在维护和管理
Ⅱ级	较低风险	(65, 85]	可能发生一般灾害，安全风险较低，处于可控制的水平，在适当采取措施后可达到接受水平，风险控制重在局部整改和加强管理
Ⅲ级	中风险	(45, 65]	可能发生一般灾害，安全风险中等，处于较难控制的水平，应采取必要的措施加强基础设施和安全管理水平
Ⅳ级	较高风险	(25, 45]	可能发生较大灾害，安全风险性较高，处于较难控制的水平，应采取全面措施加强基础设施和管理水平
Ⅴ级	高风险	[0, 25]	可能发生重大或特大灾害，安全风险性极高，处于很难控制的水平，应当采取全面的措施对建筑的设计、主动防护、危险源、安全管理和救援力量全面加强

第五节　应用案例——某地下多层交通枢纽多灾种风险评估

一、概述

（一）评估的对象、目的和范围

通过对某地下多层交通枢纽的多灾种风险评估，使建设方、使用方和安全管理部门能够较为准确地认识其灾害风险，掌握评估对象的主动、被动防护能力以及外部救援能力，进而有针对性地提出消防对策，降低建筑灾害风险，同时，论证课题提出的风险评价方法体系在实际工程中应用的可行性。

（二）评估内容

评估内容包括如下几方面：

（1）分析评估对象内可能存在的危险源，合理划分评估单元，建立全面的评估指标体系；

（2）对评估单元进行定性及定量分级，并结合专家意见建立权重系统；

（3）对评估对象的风险做出客观公正的评估结论；

（4）提出合理可行的安全技术对策与措施和安全管理建议。

（三）评估流程

灾害风险评估按照以下几个步骤来进行。

（1）信息采集；（2）风险识别；（3）风险评估；（4）风险控制。

在完成评估之后，按照当前通行的风险规避、风险降低、风险转移以及风险自留等四种风险控制措施，根据当前经济、技术、资源等条件下所能采用的控制措施，提出针对性的处置建议。

二、评估依据

评估过程中参照的资料包括：

（1）建筑平面图；

（2）通风空调平面图；

（3）电气平面图；

（4）动力系统图；

（5）BAS 系统图；

（6）FAS 系统图；

（7）各系统图设计说明；

（8）现场信息采集。

三、某地下多层交通枢纽工程概况

（一）平面布局

该交通枢纽以轨道交通衔接换乘为主、地面公交衔接换乘为辅的集多种交通体系和综合服务功能为一体的综合性大型客运交通枢纽。枢纽中的主要交通设施包括城市轻轨铁路、地铁、公交首末站、国铁等。

（二）地下空间立面布局

该地下交通枢纽共分为地下三层。

1. 地下一层：轨道交通换乘大厅

城铁的站厅设在地上 2 层，站台在地上 3 层，换乘人流在地下 1 层与地铁换乘。地下 1 层地铁付费区内为步行转换大厅，通过地面铺装颜色标示出换乘方向。旅客可从地下 1 层直通地上 2 层的轨道换乘通道完成换乘。

2. 地下 2 层和 3 层：地铁站台层

地铁 4 号线位于 2 号线的下方，此段为东西走向，与南北向的 2 号线垂直相交，地铁 2 号线和 4 号线的空间布局如图 8-5-1 所示。

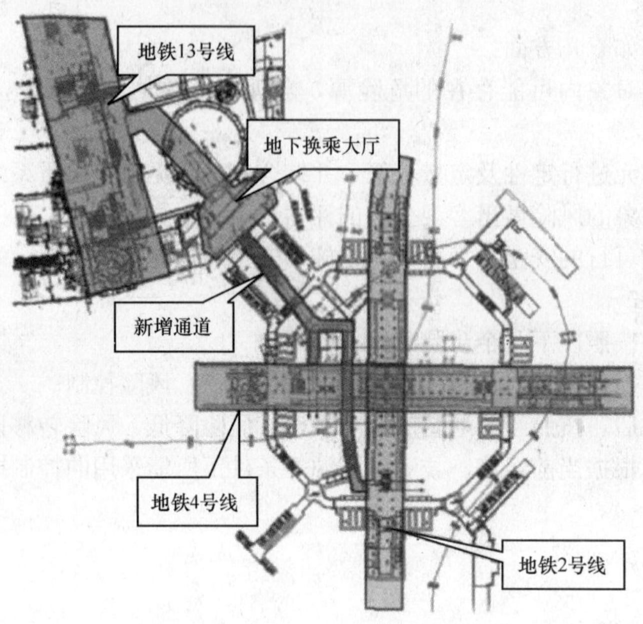

图 8-5-1　某地下多层交通枢纽的布局

（三）多灾种安全概况

1. 消防设计

1）防火分区划分

车站主体为地下三层结构，地下一层为车站设备层，地下二层为车站站厅层，地下三层为车站站台层。车站共分 5 个防火分区：站台层及两端站厅公共区为一个防火分区；站厅层东端设备管理用房为一个防火分区；站厅层西端设备管理用房为一个防火分区；设备层东端车站风道为一个防火分区；设备层西端管理用房为一个防火分区。

墙体采用 200 厚蒸压加气混凝土砌块防火墙分隔防火分区，综合控制室面向站厅公共区的玻璃窗采用 C 类甲级防火玻璃的甲级防火窗。变电所、通信及信号机房、通风和空调设备室、气体消防设备室等重要设备房间，采用 200 厚蒸压加气混凝土砌块墙（耐火极限不低于 3h）与其他部位隔开，隔墙上的门采用甲级防火门，防火门应具有自行关闭的功能，双扇防火门应具有按顺序关闭的功能。管道穿过防火墙、楼板及防火分隔物时，均采用非燃材料将管道周围的空隙填塞密实，封堵应达到分隔物的耐火极限。

2）防烟分区

每个防烟分区面积小于 750m^2，且防烟分区不得跨越防火分区。在设备管理用房区，采用隔墙到顶的形式分隔。在公共区，顶棚下方设挡烟垂壁分隔，挡烟垂壁均为顶棚下边 500，并升至结构顶板底面。东区站厅站台之间在轴⑦右侧设挡烟垂壁，西区站厅层与站台层之间的 2 号楼梯上方设挡烟垂壁。

3）改造站说明

车站为20世纪70年代与2号线同时建成的既有车站，由于建成年代较长，车站在改造设计中存在一些无法满足现行设计规范、标准的地方。为满足运营使用的要求，设计将不满足现行规范的区域设置为空调、通风机房等无工作人员职守的房间或备用房间。

4）地面出入口消防间距

（1）西北出入口接入金融街开发的下沉式换乘广场内。

（2）新建东北出入口，周边平房均已拆迁，满足建筑防火间距要求。

（3）新建东南出入口，距成铭大厦21m，满足建筑防火间距要求。

（4）西南出入口地面厅，与地面建筑合建，为既有建筑。

2. 火灾自动报警系统（FAS）

采用共用设备，火灾时FAS发火灾模式指令，BAS完成消防联动控制方案（专用消防设备仍维持由FAS独立联动）。FAS采用中心、车站两级控制模式（简称为中心级和分控级）。车站FAS分控级由消防主机、联动控制盘、图形显示终端、消防专用电话系统、火灾报警控制器、报警探测器、报警模块等报警设备组成，通过控制器的回路接口设备和传输总线构成多回路的车站FAS系统，系统功能主要包括：

1）火灾报警功能：火灾报警控制器通过对现场探测器和手报按钮的巡检，及时发现火情，并迅速将报警信息传送至控制中心。

2）显示功能：在车站综合控制室FAS图形显示终端上按照本车站建筑平面布置显示火灾报警信息和设备状态信息。

3）火灾模式的控制功能：火灾发生时，车站FAS将火灾报警模式指令发送给BAS（经人工确认），BAS接收火灾报警后，根据火灾模式指令联动相关设备，将正常模式切换至火灾模式。

4）共用风机和风阀控制：火灾时，共用设备由BAS实现联动控制。

3. 环境与设备监控系统

该多层地下交通枢纽采用BAS，采用计算机技术、网络通信技术、自动控制等现代化的先进技术实现机电设备的智能化和可视化监控，用于车站安全的监控功能包括：（1）对站内温度、湿度、二氧化碳进行实时监控；（2）对车站空调与通风系统、设备管理用房通风与空调系统进行联动控制和监视；（3）对节电照明、工作照明、广告照明等进行控制和监视，对应急照明之监不控；（4）对电梯、扶梯进行监控；（5）收到火灾指令时，按照火灾模式对共用设备进行模式控制，火灾后复位至正常工作状态。

4. 通风排烟系统

该地下多层交通枢纽中地铁2号线和4号线共用风道，两条线在车站均只设排风兼排烟系统。当启动车站火灾控制模式时，如果2号线站厅和站台发生火灾，4号线接到火灾报警指令，4号线大型轴流风机应停止运行，同时关闭风阀。如果4号线站厅和站台发生火灾，当接到火灾报警指令，大型轴流风机如在正常通风应转为工频运行，高速排烟；如大型轴流风机没工作，应先开启风阀，再工频启动风机，高速排烟，同时通过火灾控制系统通知2号线关闭电动组合风阀，大型轴流风机停止工作。

车站火灾时防排烟控制模式为：车站站厅、站台层火灾→站厅、站台层的回/排风系统执行排烟→关闭4号线和2号线台-台换乘口，通过出入口和区间隧道补风，乘客由出入口向地面撤离。

5. 车站消火栓和手动报警按钮

每个防火分区设置手动报警按钮，从一个防火分区内的任何位置到最邻近的一个手动报警按钮的距离不大于30m；手动报警按钮均带对讲电话插孔；重要设备机房设置消防专用分机。消火栓箱内设消火栓报警启泵按钮；消防泵启动后，指示灯被点亮。

6. 通信系统

车站公共区的消防广播系统与车站广播系统共用，发生火警时由综控室值班员通过通信专业提供的广播系统强制切换至消防广播状态。车站非公共区火灾时采用由FAS提供的警铃设备，当发生火警时由FAS控制警铃发出报警。车站闭路电视其功能可覆盖车站防灾闭路电视与行车闭路电视，发生火警时由综控室值班员完成行车至火灾画面的手动切换，通过闭路电视系统监视火灾发生地点。

7. 供电系统

该枢纽的地铁线路采用双路电源同时供电，若一路电源出现故障，另外一路供电设备将在3s后自动重新合闸。由于备有蓄电池供电，在大部分情况下，地铁的指挥系统，如调度电话、通信系统即使在没有电力供应的情况下仍能正常使用。一旦发生停电事故，地铁指挥中心可迅速下达指令，通知司机及车站执行紧急疏散预案。

8. 疏散诱导标志

该枢纽的疏散导流标志分布在站台的柱子底部、车站台阶、车站大厅及出入口处。当发生紧急情况时，乘客可以沿着导流标志进行疏散，并按紧急出口指示标志箭头所示方向寻找安全出口。

9. 安全检查

该枢纽配备了X光检测机、手持金属探测仪、液体检验仪和爆炸物检验仪等安检设备。此外，各站还专门备有可以紧急处理易爆物品的防爆毯和防爆罐。所有安检人员全部经过专业培训后持证上岗。

10. 安全保卫力量

该枢纽设有警务力量，负责交通枢纽的安全保卫工作，其主要职责是：(1) 侦查处置站区内的危害安全的案（事）件；(2) 侦查审理发生在地铁、轨道交通站区内的刑事案件，查处治安案件，预防违法犯罪；(3) 对地铁、轨道交通站区进行治安管理，实施消防监督。

11. 结构与材料

该地下交通枢纽为明挖岛式车站，结构形式为矩形框架，站台和站厅的钢筋混凝土柱纵向间距为5m，横向间距为7.2m，柱布置较为密集。西直门地铁4号线站台设有屏蔽门，此外，西直门地下多层换乘通道和站厅中设置有大量玻璃广告牌。

12. 出入口防淹设施

出入口标高高于室外地面标高，在出入口应设有防水挡板插槽，交通枢纽内部备有防水挡板。

四、多灾种风险评价指标权重

参照上文中的评价指标体系权重，并考虑实际情况，由从事安全工程、地下工程、轨道交通、电气设备、机电设备、采暖通风等多个领域的专家，对所建立的风险评价指标体系各指标权重进行打分，得到该工程各灾种安全评价指标权重分别如表8-5-1～表8-5-4所示。

火灾风险指标权重　　表8-5-1

一级指标	二级指标	权　重	三级指标	权　重	四级指标	权　重
火灾风险	火灾危险源	0.268	客观因素	0.539	电气火灾	0.363
					易燃易爆危险品	0.302
					周边环境	0.203
					气象因素	0.132
			人为因素	0.461	用火不慎	0.36
					放火致灾	0.278
					吸烟不慎	0.362
	建筑防火特性	0.271	建筑特性	0.315	火灾载荷	0.203
					建筑规模	0.144
					换乘种类	0.12
					人员荷载	0.156
					内装修	0.182
					电线电缆	0.195
			被动防火设施	0.331	防火间距	0.119
					耐火等级	0.147
					防火分区	0.147
					防烟分区	0.139
					防火分隔	0.141
					扑救条件	0.149
					疏散通道	0.158
			主动防火设施	0.354	消防给水	0.174
					防排烟系统	0.177
					自动报警系统	0.169
					自动灭火系统	0.174
					灭火器	0.148
					诱导系统	0.158
	消防安全管理	0.24			消防设施维护	0.171
					消防安全责任制	0.163
					消防应急预案	0.171
					消防培训与演练	0.17
					隐患整改落实	0.171
					消防管理机构	0.154

续表

一级指标	二级指标	权　重	三级指标	权　重	四级指标	权　重
火灾风险	消防保卫力量	0.221	外部救援	0.475	消防队类型	0.315
					指挥机关	0.32
					到达时间	0.365
			内部救援	0.525	人员力量	0.234
					消防装备	0.261
					通信能力	0.243
					预案完善	0.262

炸弹和生化恐怖袭击风险指标权重　**表 8-5-2**

一级指标	二级指标	权　重	三级指标	权　重	四级指标	权　重
炸弹和生化恐怖袭击	建筑防护特性	0.374	建筑物特征	0.312	建筑规模	0.279
					人员荷载	0.249
					换乘种类	0.221
					周边环境	0.251
			主动防护设施	0.370	安全检查设备	0.157
					疏散诱导系统	0.164
					通讯设备	0.164
					防排烟系统	0.172
					自动灭火系统	0.173
					自动报警系统	0.170
					毒物探测系统	—
			被动防护设施	0.318	口部防护设施	0.312
					结构与材料	0.340
					疏散通道	0.348
					专用避难空间	—
	内部安全管理	0.325	团队建设	0.498	安全责任制	0.325
					应急预案	0.364
					组织机构	0.311
			日常管理	0.502	安全巡逻	0.200
					设备维护保养	0.213
					培训和演习	0.200
					整改和落实	0.200
					宣传和教育	0.187

续表

一级指标	二级指标	权　重	三级指标	权　重	四级指标	权　重
炸弹和生化恐怖袭击	紧急救援力量	0.301	外部救援	0.503	人员素质	0.312
					预案完善	0.339
					救援装备	0.349
			内部救援	0.497	数量和分布	0.311
					到场时间	0.351
					装备水平	0.338

水灾风险指标权重　　**表 8-5-3**

一级指标	二级指标	权　重	三级指标	权　重	四级指标	权　重
水灾风险	建筑防护特性	0.375	建筑物特征	0.309	建筑规模	0.254
					人员荷载	0.230
					换乘种类	0.220
					周边环境	0.296
			主动防护设施	0.367	防淹门系统	0.208
					疏散诱导系统	0.192
					通信设备	0.186
					水位监视系统	0.186
					排水系统	0.228
			被动防护设施	0.324	口部防淹措施	0.277
					内部防渗漏措施	0.254
					疏散通道	0.246
					防水物资储备	0.223
	内部安全管理	0.303	团队建设	0.498	安全责任制	0.325
					应急预案	0.358
					组织机构	0.317
			日常管理	0.502	设备维护保养	0.289
					培训和演习	0.246
					整改和落实	0.248
					宣传和教育	0.217
	紧急救援力量	0.322	外部救援	0.515	人员素质	0.311
					预案完善	0.349
					救援装备	0.340
			内部救援	0.485	数量和分布	0.313
					到场时间	0.355
					装备水平	0.332

震灾风险指标权重　　表 8-5-4

<table>
<tr><th>一级指标</th><th>二级指标</th><th>权　重</th><th>三级指标</th><th>权　重</th><th>四级指标</th><th>权　重</th></tr>
<tr><td rowspan="22">地震灾害风险</td><td rowspan="10">建筑防护特性</td><td rowspan="10">0.390</td><td rowspan="3">建筑物特征</td><td rowspan="3">0.341</td><td>周边土体或岩层</td><td>0.371</td></tr>
<tr><td>地面建筑物状况</td><td>0.350</td></tr>
<tr><td>周边自然环境</td><td>0.279</td></tr>
<tr><td rowspan="2">主动防护设施</td><td rowspan="2">0.322</td><td>疏散诱导系统</td><td>0.489</td></tr>
<tr><td>通信设备</td><td>0.511</td></tr>
<tr><td rowspan="5">被动防护设施</td><td rowspan="5">0.337</td><td>抗震等级</td><td>0.212</td></tr>
<tr><td>所处烈度区</td><td>0.223</td></tr>
<tr><td>抗震构造</td><td>0.216</td></tr>
<tr><td>概念设计</td><td>0.180</td></tr>
<tr><td>物资储备</td><td>0.169</td></tr>
<tr><td rowspan="7">内部安全管理</td><td rowspan="7">0.280</td><td rowspan="3">团队建设</td><td rowspan="3">0.495</td><td>安全责任制</td><td>0.323</td></tr>
<tr><td>应急预案</td><td>0.357</td></tr>
<tr><td>组织机构</td><td>0.320</td></tr>
<tr><td rowspan="4">日常管理</td><td rowspan="4">0.505</td><td>设备维护保养</td><td>0.253</td></tr>
<tr><td>培训和演习</td><td>0.253</td></tr>
<tr><td>整改和落实</td><td>0.242</td></tr>
<tr><td>宣传和教育</td><td>0.252</td></tr>
<tr><td rowspan="6">紧急救援力量</td><td rowspan="6">0.330</td><td rowspan="3">外部救援</td><td rowspan="3">0.481</td><td>人员素质</td><td>0.323</td></tr>
<tr><td>预案完善</td><td>0.340</td></tr>
<tr><td>救援装备</td><td>0.337</td></tr>
<tr><td rowspan="3">内部救援</td><td rowspan="3">0.519</td><td>数量和分布</td><td>0.318</td></tr>
<tr><td>到场时间</td><td>0.344</td></tr>
<tr><td>装备水平</td><td>0.338</td></tr>
</table>

五、多灾种风险模糊综合评价

（一）火灾风险模糊综合评估计算

采用自编的风险评价软件进行计算，软件界面如图 8-5-2 所示。计算所需的基本数据

图 8-5-2　安全评价软件界面

的指标因素权重值，采用上节层次分析法所得的计算结果。五位专家针对要素层指标提供的风险判断矩阵见表 8-5-5。

火灾风险专家评判情况表　　表 8-5-5

评判因素	风险判断情况					转化	相对频率				
	专家一	专家二	专家三	专家四	专家五		1级风险	2级风险	3级风险	4级风险	5级风险
电气火灾	2	2	2	2	2		0	1	0	0	0
易燃易爆危险品	1	1	1	1	1		1	0	0	0	0
周边环境	4	4	4	4	4		0	0	0	1	0
气象因素	2	2	2	3	2		0	0.8	0.2	0	0
用火不慎	1	1	2	1	2		0.6	0.4	0	0	0
放火致灾	1	1	1	1	1		1	0	0	0	0
吸烟不慎	1	1	1	1	1		1	0	0	0	0
火灾载荷	2	2	2	2	2		0	1	0	0	0
建筑规模	3	3	2	3	3		0	0.2	0.8	0	0
换乘种类	1	1	1	1	1		1	0	0	0	0
人员荷载	1	1	1	1	1		1	0	0	0	0
内装修	3	3	3	3	3		0	0	1	0	0
电线电缆	1	2	2	1	1		0.6	0.4	0	0	0
防火间距	2	2	2	2	2		0	1	0	0	0
耐火等级	1	1	1	1	1		1	0	0	0	0
防火分区	2	2	2	2	2		0	1	0	0	0
防烟分区	2	2	2	2	2		0	1	0	0	0
防火分隔	2	2	2	2	2		0	1	0	0	0
扑救条件	2	2	2	2	2		0	1	0	0	0
疏散通道	2	2	2	2	2		0	1	0	0	0
消防给水	1	1	1	1	1		1	0	0	0	0
防排烟系统	2	2	2	2	2		0	1	0	0	0
自动报警系统	2	2	3	2	3		0	0.6	0.4	0	0
自动灭火系统	2	2	2	2	2		0	1	0	0	0
灭火器	2	2	2	2	2		0	1	0	0	0
诱导系统	1	1	1	1	1		1	0	0	0	0
消防设施维护	1	1	2	1	1		0.8	0.2	0	0	0
消防安全责任制	1	2	2	1	1		0.6	0.4	0	0	0
消防应急预案	2	1	1	2	2		0.4	0.6	0	0	0
消防培训与演练	2	2	1	1	1		0.6	0.4	0	0	0

续表

评判因素	风险判断情况					转化	相对频率				
	专家一	专家二	专家三	专家四	专家五		1级风险	2级风险	3级风险	4级风险	5级风险
隐患整改落实	1	2	2	1	1		0.6	0.4	0	0	0
消防管理机构	1	1	1	1	1		1	0	0	0	0
消防队类型	2	2	2	2	2		0	1	0	0	0
指挥机关	2	2	2	2	2		0	1	0	0	0
到达时间	2	2	2	2	2		0	1	0	0	0
人员力量	2	2	2	2	2		0	1	0	0	0
消防装备	2	1	1	1	1		0.8	0.2	0	0	0
通信能力	1	1	1	1	1		1	0	0	0	0
预案完善	1	2	1	1	1		0.8	0.2	0	0	0

针对每一级指标计算，按照逐级计算上传的方式，最终得出三级、二级指标评判隶属度，见表8-5-6。

各级指标风险计算隶属度汇总　　**表8-5-6**

评判指标	相对频率				
	Ⅰ级	Ⅱ级	Ⅲ级	Ⅳ级	Ⅴ级
客观因素C1	0.302	0.469	0.026	0.203	0
人为因素C2	0.856	0.144	0	0	0
建筑特性C3	0.393	0.31	0.297	0	0
被动防火设施C4	0.147	0.853	0	0	0
主动防火设施C5	0.332	0.6	0.068	0	0
消防安全管理C6	0.662	0.338	0	0	0
外部救援C7	0	1	0	0	0
内部救援C8	0.661	0.339	0	0	0
火灾危险源B1	0.557	0.319	0.014	0.109	0
建筑防火特性B2	0.29	0.592	0.118	0	0
消防安全管理B3	0.662	0.338	0	0	0
消防保卫力量B4	0.347	0.653	0	0	0

按照模糊综合评估方法计算，依据最大隶属度原则，火灾风险综合评估结果为(0.463，0.471，0.036，0.029，0)，最大隶属度为0.471，属于二级风险级别，软件计算结果见图8-5-3。

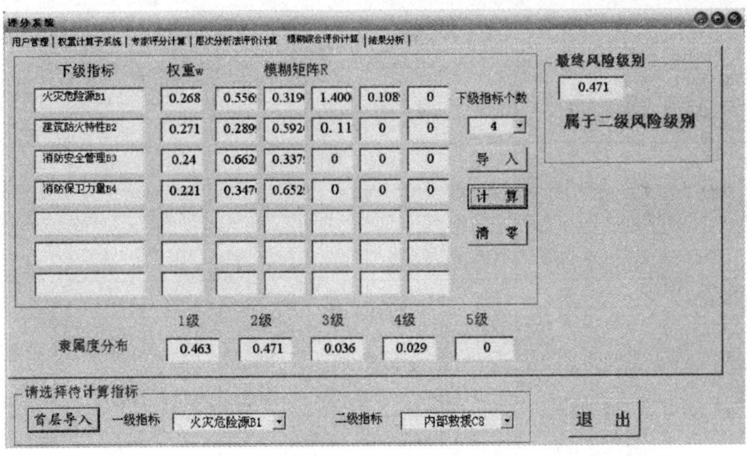

图 8-5-3 火灾风险模糊综合评价计算结果

（二）恐怖袭击风险模糊综合评估计算（表 8-5-7）

恐怖袭击风险专家评判情况表 **表 8-5-7**

评判因素	风险判断情况					转化	相对频率				
	专家一	专家二	专家三	专家四	专家五		1级风险	2级风险	3级风险	4级风险	5级风险
建筑规模	2	2	2	2	2		0	1	0	0	0
人员荷载	1	1	1	1	1		1	0	0	0	0
换乘种类	1	1	1	1	1		1	0	0	0	0
周边环境	4	4	4	4	4		0	0	0	1	0
安全检查设备	1	1	1	1	1		1	0	0	0	0
疏散诱导系统	1	1	1	1	1		1	0	0	0	0
通信设备	1	1	1	1	1		1	0	0	0	0
防排烟系统	2	2	2	2	2		0	1	0	0	0
自动灭火系统	2	2	2	2	2		0	1	0	0	0
自动报警系统	2	2	2	2	2		0	1	0	0	0
口部防护设施	3	3	3	3	3		0	0	1	0	0
结构与材料	1	2	1	1	2		0.6	0.4	0	0	0
疏散通道	2	2	2	2	2		0	1	0	0	0
安全责任制	2	2	2	1	1		0.4	0.6	0	0	0
应急预案	2	2	2	2	2		0	1	0	0	0
组织结构	1	1	1	1	1		1	0	0	0	0
安全巡逻	2	2	2	1	1		0.4	0.6	0	0	0
设备维护保养	1	2	2	1	2		0.4	0.6	0	0	0
培训与演习	2	2	2	1	1		0.4	0.6	0	0	0

续表

评判因素	风险判断情况					转化	相对频率				
	专家一	专家二	专家三	专家四	专家五		1级风险	2级风险	3级风险	4级风险	5级风险
整改和落实	2	2	1	2	1		0.4	0.6	0	0	0
宣传与教育	2	2	1	2	2		0.2	0.8	0	0	0
人员素质	2	2	2	2	2		0	1	0	0	0
预案完善	2	2	1	2	2		0.2	0.8	0	0	0
救援装备	2	2	1	1	2		0.4	0.6	0	0	0
数量和分布	2	2	2	2	2		0	1	0	0	0
到场时间	2	2	2	2	2		0	1	0	0	0
装备水平	2	1	1	1	2		0.6	0.4	0	0	0

按照模糊综合评估方法计算，依据最大隶属度原则，恐怖袭击灾风险综合评估结果为(0.338，0.595，0.037，0.029，0)，最大隶属度为0.595，属于二级风险级别，软件计算结果见表8-5-8和图8-5-4。

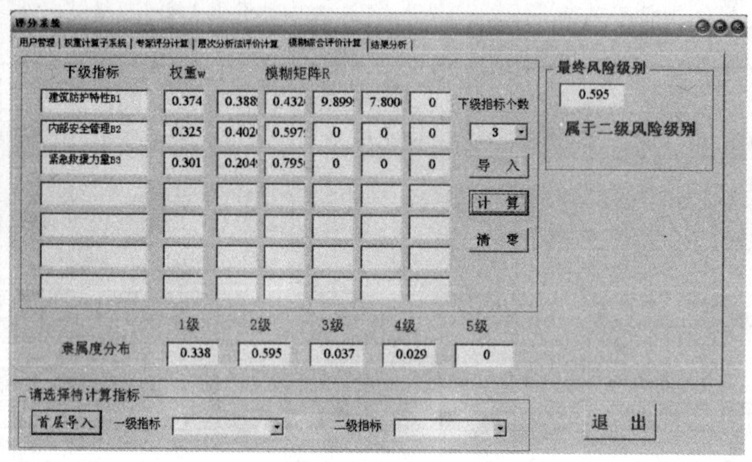

图8-5-4　恐怖袭击风险模糊综合评价计算结果

各级指标风险计算隶属度汇总　　　　表8-5-8

评判指标	相对频率				
	Ⅰ级	Ⅱ级	Ⅲ级	Ⅳ级	Ⅴ级
建筑物特性C1	0.47	0.279	0	0.251	0
主动防护设施C2	0.481	0.515	0	0	0
被动防护设施C3	0.204	0.484	0.312	0	0
团队建设C4	0.441	0.559	0	0	0
日常管理C5	0.363	0.637	0	0	0
内部救援力量C6	0.207	0.793	0	0	0

续表

评判指标	相对频率				
	Ⅰ级	Ⅱ级	Ⅲ级	Ⅳ级	Ⅴ级
外部救援力量 C7	0.203	0.797	0	0	0
建筑防护特性 B1	0.389	0.432	0.099	0.078	0
内部安全管理 B2	0.402	0.598	0	0	0
紧急救援力量 B3	0.205	0.795	0	0	0

（三）水灾风险模糊综合评估计算（表 8-5-9）

水灾风险专家评判情况表　　**表 8-5-9**

评判因素	风险判断情况					转化	相对频率				
	专家一	专家二	专家三	专家四	专家五		1级风险	2级风险	3级风险	4级风险	5级风险
建筑规模	2	2	2	2	2		0	1	0	0	0
人员荷载	1	1	1	1	1		1	0	0	0	0
换乘种类	1	1	1	1	1		1	0	0	0	0
周边环境	4	4	4	4	4		0	0	0	1	0
疏散诱导系统	1	1	1	1	1		1	0	0	0	0
通信设备	1	1	1	1	1		1	0	0	0	0
水位监视系统	1	2	1	1	2		0.6	0.4	0	0	0
排水系统	1	2	2	1	1		0.6	0.4	0	0	0
口部防淹设施	2	2	2	2	1		0.2	0.8	0	0	0
内部防渗漏措施	2	2	1	1	2		0.4	0.6	0	0	0
疏散通道	2	2	3	2	2		0	0.8	0.2	0	0
防水物资储备	1	2	1	1	2		0.6	0.4	0	0	0
安全责任制	2	2	2	1	1		0.4	0.6	0	0	0
应急预案	2	2	2	2	2		0	1	0	0	0
组织结构	1	1	1	1	1		1	0	0	0	0
设备维护保养	1	2	2	1	2		0.4	0.6	0	0	0
培训与演习	2	2	2	1	1		0.4	0.6	0	0	0
整改和落实	2	2	1	2	1		0.4	0.6	0	0	0
宣传与教育	2	2	1	2	2		0.2	0.8	0	0	0
人员素质	2	2	2	2	2		0	1	0	0	0
预案完善	2	2	1	2	1		0.4	0.6	0	0	0
救援装备	2	1	1	1	2		0.6	0.4	0	0	0
数量和分布	2	2	2	2	2		0	1	0	0	0
到场时间	2	2	2	2	2		0	1	0	0	0
装备水平	2	1	1	1	2		0.6	0.4	0	0	0

按照模糊综合评估方法计算，依据最大隶属度原则，水灾风险综合评估结果为（0.407，0.553，0.006，0.034，0），最大隶属度为0.553，属于二级风险级别，软件计算结果见表8-5-10和图8-5-5。

各级指标风险计算隶属度汇总　　**表8-5-10**

评判指标	相对频率				
	Ⅰ级	Ⅱ级	Ⅲ级	Ⅳ级	Ⅴ级
建筑物特性C1	0.45	0.254	0	0.296	0
主动防护设施C2	0.791	0.209	0	0	0
被动防护设施C3	0.291	0.66	0.049	0	0
团队建设C4	0.447	0.553	0	0	0
日常管理C5	0.357	0.643	0	0	0
内部救援力量C6	0.344	0.656	0	0	0
外部救援力量C7	0.199	0.801	0	0	0
建筑防护特性B1	0.524	0.369	0.016	0.091	0
内部安全管理B2	0.402	0.598	0	0	0
紧急救援力量B3	0.274	0.726	0	0	0

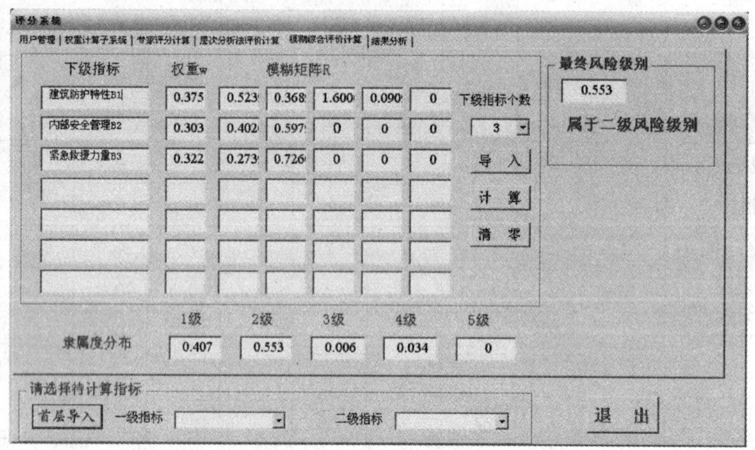

图8-5-5　水灾风险模糊综合评价计算结果

（四）震灾风险模糊综合评估计算（表8-5-11）

震灾风险专家评判情况表　　**表8-5-11**

评判因素	风险判断情况					转化	相对频率				
	专家一	专家二	专家三	专家四	专家五		1级风险	2级风险	3级风险	4级风险	5级风险
周边土体或岩层	2	2	2	2	2		0	1	0	0	0
地面建筑物状况	1	1	1	1	1		1	0	0	0	0
周边自然环境	2	2	1	2	1		0.4	0.6	0	0	0

续表

评判因素	风险判断情况					转化	相对频率				
	专家一	专家二	专家三	专家四	专家五		1级风险	2级风险	3级风险	4级风险	5级风险
疏散设施	2	2	3	2	2		0	0.8	0.2	0	0
通信设备	1	1	1	1	1		1	0	0	0	0
抗震等级	2	2	2	2	2		0	1	0	0	0
所处烈度区	2	2	3	2	2		0	0.8	0.2	0	0
抗震构造	3	2	3	2	3		0	0.4	0.6	0	0
概念设计	3	2	3	2	3		0	0.4	0.6	0	0
物资储备	2	1	1	1	2		0.6	0.4	0	0	0
安全责任制	2	2	2	1	1		0.4	0.6	0	0	0
应急预案	2	2	2	2	2		0	1	0	0	0
组织结构	1	1	1	1	1		1	0	0	0	0
设备维护保养	1	2	2	1	2		0.4	0.6	0	0	0
培训与演习	2	2	2	1	1		0.4	0.6	0	0	0
整改和落实	2	2	1	2	1		0.4	0.6	0	0	0
宣传与教育	2	2	2	2	2		0	1	0	0	0
人员素质	2	2	2	2	2		0	1	0	0	0
预案完善	2	2	1	2	1		0.4	0.6	0	0	0
救援装备	2	1	1	1	2		0.6	0.4	0	0	0
数量和分布	2	2	2	2	2		0	1	0	0	0
到场时间	2	2	2	2	2		0	1	0	0	0
装备水平	2	1	1	1	1		0.8	0.2	0	0	0

按照模糊综合评估方法计算，依据最大隶属度原则，震灾风险综合评估结果为(0.343，0.607，0.05，0，0)，最大隶属度为0.607，属于二级风险级别，软件计算结果见表8-5-12和图8-5-6。

各级指标风险计算隶属度汇总 **表8-5-12**

评判指标	相对频率				
	Ⅰ级	Ⅱ级	Ⅲ级	Ⅳ级	Ⅴ级
建筑物特性C1	0.462	0.538	0	0	0
主动防护设施C2	0.511	0.391	0.098	0	0
被动防护设施C3	0.101	0.616	0.282	0	0
团队建设C4	0.449	0.551	0	0	0
日常管理C5	0.299	0.701	0	0	0

续表

评判指标	相对频率				
	Ⅰ级	Ⅱ级	Ⅲ级	Ⅳ级	Ⅴ级
内部救援力量 C6	0.338	0.662	0	0	0
外部救援力量 C7	0.27	0.73	0	0	0
建筑防护特性 B1	0.356	0.517	0.127	0	0
内部安全管理 B2	0.373	0.627	0	0	0
抢救救援力量 B3	0.303	0.697	0	0	0

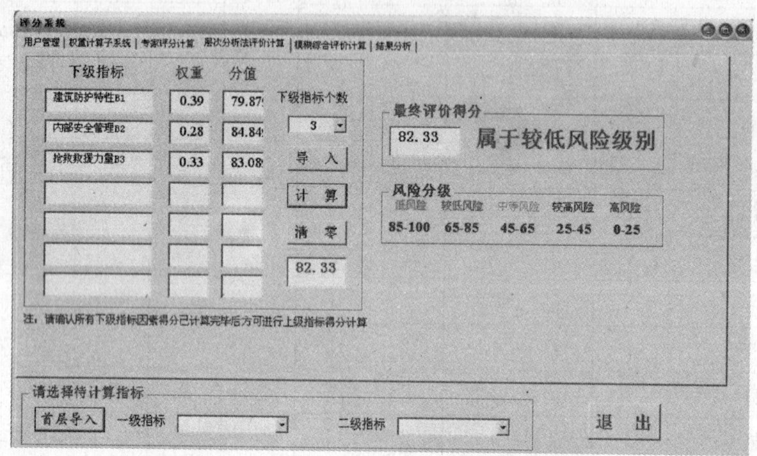

图 8-5-6　震灾风险模糊综合评价计算结果

六、基于专家打分法的某地下多层交通枢纽多灾种安全评价

采用专家打分法对模糊综合评价的结果进行对比和校核，评估指标的权重与上文中模糊综合评判法所使用的相同。

（一）火灾风险评价

1. 评价结果

基本指标专家打分表汇总、基本指标评估结果、三级指标评估结果、二级指标评估结果分别如表 8-5-13～表 8-5-16 所示。

专家打分统计表　　**表 8-5-13**

专　　家	专家 1		专家 2		专家 3		专家 4		专家 5	
评价指标	下限	上限	下限	上限	下限	上限	下限	上限	下限	上限
电气火灾	70	75	70	75	70	75	70	75	70	80
易燃易爆危险品	80	95	85	90	85	90	85	90	85	90
周边环境	40	45	40	45	40	45	40	45	35	50
气象因素	65	70	60	75	60	75	60	75	65	70
用火不慎	85	90	85	90	80	90	85	90	80	90

续表

专　家	专家 1		专家 2		专家 3		专家 4		专家 5	
评价指标	下限	上限	下限	上限	下限	上限	下限	上限	下限	上限
放火致灾	80	95	80	95	80	95	80	95	85	90
吸烟不慎	95	100	95	100	90	100	95	100	95	100
火灾载荷	75	90	80	85	80	85	80	85	75	90
建筑规模	60	70	60	70	65	70	60	70	60	70
换乘种类	90	95	90	95	90	95	90	95	85	100
人员荷载	85	100	85	100	95	100	90	100	95	100
内装修	55	70	55	70	55	65	55	65	55	65
电线电缆	85	90	80	90	80	90	80	95	85	90
防火间距	70	80	75	80	70	85	70	85	70	80
耐火等级	85	100	85	100	90	95	85	95	85	100
防火分区	65	80	65	80	65	75	70	75	65	75
防烟分区	75	85	75	90	80	85	80	85	75	85
防火分隔	80	85	80	85	80	85	75	85	75	90
扑救条件	70	80	70	80	70	80	70	75	65	80
疏散通道	70	80	70	80	70	80	70	75	65	80
消防给水	90	95	90	95	85	100	90	95	90	95
防排烟系统	75	90	75	85	75	90	80	85	80	85
自动报警系统	65	70	65	70	60	70	60	75	60	70
自动灭火系统	75	80	75	80	70	80	70	80	75	80
灭火器	65	80	70	75	70	75	65	75	70	75
诱导系统	85	100	90	95	85	95	90	95	85	100
消防设施维护	85	90	85	90	80	90	85	90	85	90
消防安全责任制	80	95	80	90	80	90	85	90	80	95
消防应急预案	80	90	80	95	85	90	80	90	80	90
消防培训与演练	80	90	80	90	85	90	85	90	85	90
隐患整改落实	85	90	80	90	80	90	85	90	85	90
消防管理机构	90	95	90	95	85	95	85	100	85	100
消防队类型	75	80	75	80	75	80	70	85	70	80
指挥机关	80	85	80	85	75	90	80	85	75	85
到达时间	80	85	75	85	80	85	75	85	75	85
人员力量	80	85	75	85	80	85	75	90	75	90
消防装备	80	90	80	95	85	90	85	90	80	95
通信能力	80	95	85	90	85	90	80	95	85	90
预案完善	85	90	80	90	80	95	85	90	80	95

续表

专　　家	专家 6		专家 7		专家 8		专家 9		专家 10	
评价指标	下限	上限	下限	上限	下限	下限	上限	下限	上限	下限
电气火灾	70	75	70	75	70	70	75	70	75	70
易燃易爆危险品	80	95	80	95	80	80	95	80	95	80
周边环境	35	50	35	45	35	35	50	35	45	35
气象因素	65	70	60	70	60	65	70	60	70	60
用火不慎	85	90	80	90	85	85	90	80	90	85
放火致灾	80	95	80	95	85	80	95	80	95	85
吸烟不慎	95	100	95	100	90	95	100	95	100	90
火灾载荷	80	85	75	85	75	80	85	75	85	75
建筑规模	65	70	60	75	65	65	70	60	75	65
换乘种类	85	100	85	95	85	85	100	85	95	85
人员荷载	95	100	95	100	90	95	100	95	100	90
内装修	60	65	60	65	60	60	65	60	65	60
电线电缆	85	90	85	90	85	85	90	85	90	85
防火间距	75	80	70	80	75	75	80	70	80	75
耐火等级	90	95	85	100	90	90	95	85	100	90
防火分区	65	80	70	75	65	65	80	70	75	65
防烟分区	80	85	80	85	75	80	85	80	85	75
防火分隔	75	85	75	85	75	75	85	75	85	75
扑救条件	70	75	70	75	65	70	75	70	75	65
疏散通道	70	75	70	75	65	70	75	70	75	65
消防给水	85	95	85	95	85	85	95	85	95	85
防排烟系统	75	85	80	85	80	75	85	80	85	80
自动报警系统	65	70	65	70	65	65	70	65	70	65
自动灭火系统	70	80	70	85	75	70	80	70	85	75
灭火器	65	75	65	75	70	65	75	65	75	70
诱导系统	90	95	85	100	90	90	95	85	100	90
消防设施维护	85	90	85	90	80	85	90	85	90	80
消防安全责任制	85	90	80	90	80	85	90	80	90	80
消防应急预案	80	90	85	90	85	80	90	85	90	85
消防培训与演练	85	90	80	90	85	85	90	80	90	85
隐患整改落实	85	90	80	90	85	85	90	80	90	85
消防管理机构	90	95	90	95	85	90	95	90	95	85
消防队类型	70	80	70	80	75	70	80	70	80	75
指挥机关	80	85	80	85	80	80	85	80	85	80

续表

专　家	专家6		专家7		专家8		专家9		专家10	
评价指标	下限	上限	下限	上限	下限	下限	上限	下限	上限	下限
到达时间	75	85	80	85	80	75	85	80	85	80
人员力量	75	85	80	85	80	75	85	80	85	80
消防装备	85	90	80	90	80	85	90	80	90	80
通信能力	80	90	85	90	80	80	90	85	90	80
预案完善	80	95	80	95	80	80	95	80	95	80

基本指标评价结果汇总 **表 8-5-14**

一级指标	二级指标	三级指标	四级指标	权　重	分　值	贡献值
火灾风险	火灾危险源	客观因素	电气火灾	0.363	73.7	26.75
			易燃易爆危险品	0.302	87.5	26.43
			周边环境	0.203	41.9	8.51
			气象因素	0.132	67.0	8.84
		人为因素	用火不慎	0.36	86.1	31.00
			放火致灾	0.278	87.7	24.38
			吸烟不慎	0.362	96.7	35.01
	建筑防火特性	建筑特性	火灾载荷	0.203	81.9	16.63
			建筑规模	0.144	66.2	9.53
			换乘种类	0.12	91.6	10.99
			人员荷载	0.156	95.0	14.82
			内装修	0.182	61.6	11.21
			电线电缆	0.195	86.3	16.83
		被动防火设施	防火间距	0.119	76.6	9.12
			耐火等级	0.147	92.0	13.52
			防火分区	0.147	72.0	10.58
			防烟分区	0.139	81.3	11.30
			防火分隔	0.141	81.7	11.52
			扑救条件	0.149	73.3	10.92
			疏散通道	0.158	91.9	14.52
		主动防火设施	消防给水	0.174	81.4	14.16
			防排烟系统	0.177	66.9	11.84
			自动报警系统	0.169	76.5	12.93
			自动灭火系统	0.174	71.5	12.44
			灭火器	0.148	92.2	13.65
			诱导系统	0.158	86.9	13.73

续表

一级指标	二级指标	三级指标	四级指标	权　重	分　值	贡献值
火灾风险	消防安全管理		消防设施维护	0.171	86.3	14.76
			消防安全责任制	0.163	86.4	14.08
			消防应急预案	0.171	86.3	14.76
			消防培训与演练	0.17	86.5	14.71
			隐患整改落实	0.171	92.2	15.77
			消防管理机构	0.154	76.3	11.75
	消防保卫力量	外部救援	消防队类型	0.315	82.1	25.86
			指挥机关	0.32	81.1	25.95
			到达时间	0.365	81.9	29.89
		内部救援	人员力量	0.234	86.2	20.17
			消防装备	0.261	87.2	22.76
			通信能力	0.243	86.8	21.09
			预案完善	0.262	86.5	22.66

三级指标评价结果汇总　　**表 8-5-15**

三级指标	权　重	分　值	对上级贡献
客观因素	0.539	70.53	38.02
人为因素	0.461	90.39	41.67
建筑特性	0.315	80.01	25.20
被动防火设施	0.311	81.48	25.34
主动防火设施	0.354	78.75	27.88
外部救援	0.475	81.70	38.81
内部救援	0.525	86.68	45.51

二级指标评价结果汇总　　**表 8-5-16**

二级指标	权　重	分　值	对上级贡献
火灾危险源	0.268	79.69	21.36
建筑防火特性	0.271	78.42	21.25
消防安全管理	0.240	85.83	20.60
消防保卫力量	0.221	84.32	18.63

该地下多层综合交通枢纽火灾风险中得分 $R=21.36+21.25+20.60+18.63=81.8$，根据风险等级判定标准，火灾风险等级为较低，与模糊综合评价法所得结果一致。

2. 结论与建议

1）结论

该交通枢纽的整体火灾风险等级为Ⅱ级，处于较低风险水平。

位居前列的基本指标风险包括周边环境、人员载荷、防排烟系统、防火分区、气象因素、疏散通道、火灾载荷等。

影响火灾风险水平的主要因素总结如下：

（1）火灾危险源主要集中在一些特殊区域，如设备机房、办公室、电线电缆、移动商摊以及各种活动器具等，这些重点区域火灾危险源的控制和管理在很大程度上影响着西直门地下多层综合交通枢纽火灾风险水平。

（2）地下多层综合交通枢纽的建筑特征也存在一些不利于火灾控制的地方，如防排烟分区面积较大、封闭的地下环境不利于烟气的排出、乘客密度大、疏散难度较大等。

2）建议

（1）维护和保持消防设施功能的完整性

消防设施功能的维护和保持可从以下几个方面考虑。

①维护保养制度的完善

形成严格、规范的消防产品维修和保养计划，由专业技术人员负责定期对重要消防产品进行维修和检查，并根据相关要求，对维修过程和维修质量进行监督检查。

②重点设施的特殊管理

针对交通枢纽运行过程中人员荷载大、疏散路径复杂等特点，应该对相关的消防设施进行重点监督。

对于该地下多层综合交通枢纽来说，部分区域为封闭的地下空间，采取机械防排烟系统，其火灾报警和防排烟设备的有效运作十分重要，建议在运行期间对这些设备进行重点监管，布置专门的人员值守。

③运行期间的监督值守

在运行期间应对关键环节进行值守，将火灾事故控制在最小的影响范围，如火灾事故的发现和报警、火灾初期的扑救、人员疏散的引导等均需要运行期间监督和巡检的力度。

（2）严格控制火灾发生的危险源

危险源是火灾发生的必要条件，危险源的有效控制对控制火灾的发生具有重要意义，针对西直门地下多层综合交通枢纽火灾危险源的评估结果，建议采取如下危险源控制措施。

①危险源的排查和识别

从以往地下综合交通枢纽的发生火灾调查结果看，多数火灾事故发生在有易燃品堆放的房间、电线电缆区、人员集中区、车厢内等。

②危险源的控制和管理

在辨识到危险源和危险因素的基础上，加强危险源的控制和管理是十分重要的，控制部分包括对乘客携带危险品的控制、系统内外不必要危险品的清除等；对于必须存在的易燃品和操作环节，应该加强这些场所和环节的管理；注意避免不同活动之间的交叉影响，减少多环节的交叉致灾。

③人为因素

人为因素引发火灾包括两个方面，一方面是人为疏忽大意造成的，如误操作电气设备、吸烟引起火灾、携带易燃易爆危险品等，这方面的控制应该严格安检要求，系统内禁止吸烟、禁止携带危险品进入等；另一方面，故意的纵火也会造成严重的火灾事故，这种危险因素的控制应该加强系统的安保力量，并且制定严格的应急措施，把危险控制到最低限度。

(3) 完善消防管理制度，加强消防工作的监察和监督

风险控制水平除了物的因素之外，人的因素也发挥重要作用，消防设施和相关控制措施作用的发挥在很大程度上取决于各种管理制度的落实和完善，消防管理可从以下几个方面加强。

①消防管理的责任制的完善

消防管理制度是指挥和调整消防安全运行的中枢，对于消防安全工作，应该责任到人，分工协作。

层层签订责任状，严格落实消防安全和隐患整改责任。要做到一级抓一级，一级对一级负责，确保消防工作层层有人抓、处处有人管。在火灾隐患集中整治行动中，安全检查组成员、车站负责人应逐一签订火灾隐患整改责任状和监督整改责任书。建立健全防火档案、各项规章制度，制定灭火应急疏散预案。

②应急预案的制定

消防安全的最高目标是控制不发生火灾，但是实际上，对于这样的复杂系统，完全杜绝事故发生的可能性是不现实的。所以，制定各种应对事故发生的应急预案是十分重要的，可以有效地降低事故发生时的损失，尽量将事故控制在最小的影响范围。

③消防培训与演练

加强消防管理制度和消防技能的培训工作，应进行报警预警、消防灭火、人员疏散诱导的演练。

（二）炸弹和生化恐怖风险评价

1. 评估结果

基本指标专家打分表汇总、基本指标评估结果、三级指标评估结果、二级指标评估结果分别如表 8-5-17～表 8-5-20 所示。

专家打分统计表　　**表 8-5-17**

专　家	专家 1		专家 2		专家 3		专家 4		专家 5	
评价指标	下限	上限	下限	上限	下限	上限	下限	上限	下限	上限
建筑规模	60	70	60	70	65	70	60	70	60	70
人员荷载	85	100	85	100	95	100	90	100	95	100
换乘种类	90	95	90	95	90	95	90	95	85	100
周边环境	40	45	40	45	40	45	40	45	35	50
安全检查设备	90	95	90	95	90	95	90	95	90	95
疏散诱导系统	85	90	90	95	85	95	90	95	85	100
通信设备	80	95	85	90	85	90	80	95	85	90
防排烟系统	75	90	75	85	75	90	80	85	80	85
自动灭火系统	75	80	75	80	70	80	70	80	75	80
自动报警系统	65	70	65	70	60	70	60	75	60	70

续表

专　家	专家1		专家2		专家3		专家4		专家5	
评价指标	下限	上限	下限	上限	下限	上限	下限	上限	下限	上限
口部防护设施	50	55	45	50	40	45	40	45	45	50
结构与材料	85	90	80	90	85	90	85	90	80	90
疏散通道	75	80	70	80	70	80	70	75	65	80
安全责任制	80	90	80	90	80	90	85	90	80	95
应急预案	70	80	80	85	75	80	80	85	70	80
组织机构	90	95	90	95	85	95	85	100	85	100
安全巡逻	80	95	80	90	80	90	85	90	80	95
设备维护保养	85	90	80	90	80	90	85	90	80	90
培训和演习	80	90	80	90	80	90	85	90	85	90
整改和落实	80	90	80	90	85	90	80	90	85	90
宣传和教育	80	85	80	90	85	90	80	90	80	85
人员素质	80	85	80	85	80	85	75	90	75	85
预案完善	80	90	80	90	80	95	80	90	80	95
救援装备	80	90	80	95	85	90	85	90	80	90
数量和分布	75	80	75	80	75	80	70	85	75	80
到场时间	80	85	75	85	80	85	75	85	75	85
装备水平	80	90	85	90	85	90	80	95	80	90

专　家	专家6		专家7		专家8		专家9		专家10	
评价指标	下限	上限	下限	上限	下限	上限	下限	上限	下限	上限
建筑规模	60	70	60	70	65	70	60	70	60	70
人员荷载	85	100	85	100	95	100	90	100	95	100
换乘种类	90	95	90	95	90	95	90	95	85	100
周边环境	40	45	40	45	40	45	40	45	35	50
安全检查设备	90	95	90	95	90	95	90	95	90	95
疏散诱导系统	85	90	90	95	85	95	90	95	85	100
通信设备	80	95	85	90	85	90	80	95	85	90
防排烟系统	75	90	75	85	75	90	80	85	80	85
自动灭火系统	75	80	75	80	70	80	70	80	75	80
自动报警系统	65	70	65	70	60	70	60	75	60	70
口部防护设施	50	55	45	50	40	45	40	45	45	50
结构与材料	85	90	80	90	85	90	85	90	80	90
疏散通道	75	80	70	80	70	80	70	75	65	80
安全责任制	80	90	80	90	80	90	85	90	80	95

续表

专　家 评价指标	专家6		专家7		专家8		专家9		专家10	
	下限	上限	下限	上限	下限	上限	下限	上限	下限	上限
应急预案	70	80	80	85	75	80	80	85	70	80
组织机构	90	95	90	95	85	95	85	100	85	100
安全巡逻	80	95	80	90	80	90	85	90	80	95
设备维护保养	85	90	80	90	80	90	85	90	80	90
培训和演习	80	90	80	90	80	90	85	90	85	90
整改和落实	80	90	80	90	85	90	80	90	85	90
宣传和教育	80	85	80	90	85	90	80	90	80	85
人员素质	80	85	80	85	80	85	75	90	75	85
预案完善	80	90	80	90	80	95	80	90	80	95
救援装备	80	90	80	95	85	90	85	90	80	90
数量和分布	75	80	75	80	75	80	70	85	75	80
到场时间	80	85	75	85	80	85	75	85	75	85
装备水平	80	90	85	90	85	90	80	95	80	90

基本指标评价结果汇总 **表 8-5-18**

一级指标	二级指标	三级指标	四级指标	权　重	分　值	贡献值
炸弹和生化恐怖袭击风险	建筑防护特性	建筑物特征	建筑规模	0.279	66.25	18.48
			人员荷载	0.249	96	23.90
			换乘种类	0.221	91.75	20.28
			周边环境	0.251	47	10.54
		主动防护设施	安全检查设备	0.157	92	14.44
			疏散诱导系统	0.164	91.25	14.47
			通信设备	0.164	87	14.27
			防排烟系统	0.172	81.5	14.02
			自动灭火系统	0.173	76.75	13.28
			自动报警系统	0.170	67	11.39
			毒物探测系统	—	—	—
		被动防护设施	口部防护设施	0.312	46.75	14.59
			结构与材料	0.340	86.5	29.41
			疏散通道	0.348	75	25.73
			专用避难空间	—	—	—
	内部安全管理	团队建设	安全责任制	0.325	86	27.95
			应急预案	0.364	79.75	29.03
			组织机构	0.311	90.25	28.07

续表

一级指标	二级指标	三级指标	四级指标	权　重	分　值	贡献值
炸弹和生化恐怖袭击风险	内部安全管理	日常管理	安全巡逻	0.200	86.5	17.30
			设备维护保养	0.213	86.5	18.42
			培训和演习	0.200	86.25	17.25
			整改和落实	0.200	86.25	17.25
			宣传和教育	0.187	83.5	15.61
	紧急救援力量	内部救援力量	人员素质	0.312	82	25.58
			预案完善	0.339	86.25	29.24
			救援装备	0.349	86	30.01
		外部救援力量	数量和分布	0.311	77	23.95
			到场时间	0.351	79.5	27.82
			装备水平	0.338	86.5	29.24

三级指标评价结果汇总　　　**表 8-5-19**

三级指标	权　重	分　值	对上级指标贡献
建筑物特性	0.312	73.20	22.84
主动防护设施	0.370	82.37	30.48
被动防护设施	0.318	69.23	22.02
团队建设	0.498	85.05	42.35
日常管理	0.502	85.83	43.09
内部救援	0.503	84.83	42.67
外部救援	0.497	81.01	40.26

二级指标评价结果汇总　　　**表 8-5-20**

二级指标	权　重	分　值	对上级指标贡献
建筑防护特性	0.374	75.34	28.18
内部安全管理	0.325	85.44	27.77
救援抢救力量	0.301	82.93	24.96

该枢纽得分 $R=28.18+27.77+24.96=80.9$。根据风险等级判定标准，恐怖袭击风险等级为较低，与恐怖袭击风险模糊综合评价所得结果一致。

2. 结论及建议

1）结论

该枢纽的炸弹和生化恐怖袭击风险等级为Ⅱ级，处于较低风险水平。

位居前列的基本指标风险包括周边环境、疏散通道、口部防护、自动报警、宣传和教育等。

影响炸弹和生化恐怖袭击风险水平的主要因素总结如下：

（1）疏散通道转弯和方向变化较多，疏散距离较长，2 号线和 4 号线地铁站台之间上下台阶处较为狭窄，同时上行和下行人流往往混杂，收到袭击后易造成混乱，从而加重损失。

（2）内部标识不够清楚直观，空间导向性差，紧急情况下不利于人群的寻向和定位。

（3）外部交通拥堵，社会车辆较为无序，外部环境不利于对恐怖分子实施威慑。

（4）枢纽人流密度大，相当部分的乘客对恐怖袭击带来的后果缺乏心理准备。

2）建议

（1）加强安检，将爆炸物进入地下多层交通枢纽的危险性降到最低程度。

（2）对站厅、站台、换乘通道等人群密集的区域进行重点监测，加强巡查，避免疏忽大意。

（3）制订详细的应急预案，并根据外界条件的变化随时进行更新和改善，并按照计划进行演练。

（4）涉及多家运营管理部门的地下多层交通枢纽，各方人员通过群策群力形成有效的联动机制和灾害防控网络。

（5）加强地下交通枢纽工作人员的安全培训和演习，同时，通过各种现代技术普及防灾知识，使乘客掌握必要的逃生和自救手段。

（6）严格日常管理，对重点设施和设备进行系统的维护保养，保证其可靠性。

（7）吸收先进的安全管理理念，及时引入新型反恐安全技术和设备。

对今后新建的地下多层交通枢纽，除了以上措施外，还应考虑：

（1）追踪国际上反恐新技术，例如新型探测器和专用安全舱，将新技术及时运用到新建工程的设计和施工中。

（2）工程设计单位在提出新建地下交通枢纽的设计方案时应进一步加强反恐安全方面的考虑，并在施工图阶段通过具体技术措施予以体现。

（3）加强现代化综合防灾控制中心的制度创新研究，形成科学合理的地下多层交通枢纽反恐安全管理机制。

（三）水灾风险评价

1. 评价结果

基本指标专家打分表汇总、基本指标评估结果、三级指标评估结果、二级指标评估结果分别如表 8-5-21～表 8-5-24 所示。

专家打分统计表 **表 8-5-21**

专　家	专家 1		专家 2		专家 3		专家 4		专家 5	
评价指标	下限	上限	下限	上限	下限	上限	下限	上限	下限	上限
建筑规模	60	70	60	70	65	70	60	70	60	70
人员荷载	85	100	85	100	95	100	90	100	95	100
换乘种类	90	95	90	95	90	95	90	95	85	100
周边环境	40	45	40	45	40	45	40	45	35	50
疏散诱导系统	85	90	90	95	85	95	90	95	85	100

续表

专　　家	专家1		专家2		专家3		专家4		专家5	
评价指标	下限	上限	下限	上限	下限	上限	下限	上限	下限	上限
通信设备	80	95	85	90	85	90	80	95	85	90
水位监视系统	85	90	80	85	85	90	85	90	80	90
排水系统	85	90	80	90	80	90	85	90	85	95
口部防淹措施	80	85	80	90	80	90	80	90	80	95
内部防渗漏措施	80	85	80	90	85	90	85	95	80	90
疏散通道	70	75	70	80	60	70	70	75	65	80
防水物资储备	85	90	85	95	85	90	85	90	80	90
安全责任制	80	90	80	90	80	90	85	90	80	95
应急预案	70	80	80	85	75	80	80	85	70	80
组织机构	90	95	90	95	85	95	85	100	85	100
设备维护保养	85	90	80	90	80	90	85	90	80	90
培训和演习	80	90	80	90	80	90	85	90	85	90
整改和落实	80	90	80	90	85	90	80	90	85	90
宣传和教育	80	85	80	90	85	90	80	90	80	85
人员素质	80	85	80	85	80	85	75	90	75	85
预案完善	80	90	80	90	80	95	80	90	80	95
救援装备	80	90	80	95	85	90	85	90	80	90
数量和分布	75	80	75	80	75	80	70	85	75	80
到场时间	80	85	75	85	80	85	75	85	75	85
装备水平	80	90	85	90	85	90	80	95	80	90

专　　家	专家6		专家7		专家8		专家9		专家10	
评价指标	下限	上限	下限	上限	下限	下限	上限	下限	上限	下限
建筑规模	65	70	60	75	65	65	70	60	75	65
人员荷载	95	100	95	100	90	95	100	95	100	90
换乘种类	85	100	85	95	85	85	100	85	95	85
周边环境	35	50	35	45	35	35	50	35	45	35
疏散诱导系统	90	100	90	95	85	90	100	90	95	85
通信设备	80	90	80	90	80	80	90	80	90	80
水位监视系统	80	90	80	85	85	80	90	80	85	85
排水系统	85	90	80	95	85	85	90	80	95	85
口部防淹措施	80	90	80	95	80	80	90	80	95	80
内部防渗漏措施	80	90	80	95	80	80	90	80	95	80
疏散通道	75	80	70	80	70	75	80	70	80	70

续表

专　　家	专家6		专家7		专家8		专家9		专家10	
评价指标	下限	上限	下限	上限	下限	下限	上限	下限	上限	下限
防水物资储备	80	90	80	95	85	80	90	80	95	85
安全责任制	85	90	80	90	80	85	90	80	90	80
应急预案	75	80	80	85	75	75	80	80	85	75
组织机构	90	95	90	95	85	90	95	90	95	85
设备维护保养	85	90	85	90	80	85	90	85	90	80
培训和演习	85	90	80	90	85	85	90	80	90	85
整改和落实	80	90	80	90	85	80	90	80	90	85
宣传和教育	80	85	80	90	85	80	85	80	90	85
人员素质	80	85	80	85	80	80	85	80	85	80
预案完善	80	95	80	95	80	80	95	80	95	80
救援装备	85	90	80	90	80	85	90	80	90	80
数量和分布	75	80	75	80	75	75	80	75	80	75
到场时间	80	85	75	80	80	80	85	75	80	80
装备水平	80	90	85	90	85	80	90	85	90	85

基本指标评价结果汇总　　**表 8-5-22**

一级指标	二级指标	三级指标	四级指标	权　重	分　值	贡献值
水灾风险	建筑防护特性	建筑物特征	建筑规模	0.254	66.25	16.83
			人员荷载	0.230	96	22.08
			换乘种类	0.220	91.25	20.19
			周边环境	0.296	47	13.91
		主动防护设施	防淹门系统	—	—	—
			疏散诱导系统	0.242	91.25	22.09
			通信设备	0.235	87	20.45
			水位监视系统	0.235	85.5	20.09
			排水系统	0.288	87.5	25.20
		被动防护设施	口部防淹措施	0.277	85.5	23.68
			内部防渗漏措施	0.254	86	21.84
			疏散通道	0.246	75	18.45
			防水物资储备	0.223	87	19.40
	内部安全管理	团队建设	安全责任制	0.325	86	27.96
			应急预案	0.358	79.75	28.55
			组织机构	0.317	90.25	28.61

续表

一级指标	二级指标	三级指标	四级指标	权　重	分　值	贡献值
火灾风险	内部安全管理	日常管理	设备维护保养	0.289	86.5	24.99
			培训和演习	0.246	86.25	21.22
			整改和落实	0.248	86.25	21.39
			宣传和教育	0.217	83.5	18.12
	紧急救援力量	内部救援力量	人员素质	0.311	82	25.50
			预案完善	0.349	86.25	30.10
			救援装备	0.340	86	29.24
		外部救援力量	数量和分布	0.313	77	24.10
			到场时间	0.355	79.25	28.13
			装备水平	0.332	86.5	28.72

三级指标评价结果汇总　　**表 8-5-23**

三级指标	权　　重	分　　值	对上级指标贡献
建筑物特性	0.309	73.01	22.56
主动防护设施	0.367	87.83	32.23
被动防护设施	0.324	83.37	26.99
团队建设	0.498	85.12	42.39
日常管理	0.502	85.77	43.03
内部救援	0.515	84.84	43.69
外部救援	0.485	80.95	39.26

二级指标评价结果汇总　　**表 8-5-24**

二级指标	权　　重	分　　值	对上级指标贡献
建筑防护特性	0.375	81.78	30.67
内部安全管理	0.303	85.42	25.88
救援抢救力量	0.322	82.95	26.71

该枢纽得分 $R=30.67+25.88+26.71=83.3$。根据风险等级判定标准，水灾风险等级为较低，与水灾风险模糊综合评价所得结果一致。

2. 结论及建议

1）结论

该枢纽的水灾风险分值为 83.3，等级为Ⅱ级，处于较低风险水平。

位居前列的基本指标风险包括周边环境、疏散通道、水位监视系统、宣传和教育等。

影响水灾风险水平的主要因素总结如下：

（1）该枢纽地处城市中心地带，不透水面积较大，暴雨天气下易形成地表径流造成水流灌入地下空间。

（2）相当部分的乘客对水灾风险缺乏心理准备，一旦出现紧急情况易导致场面失控造成拥堵踩踏。

2）建议

（1）制订详细的水灾应急抢险预案，注意实时进行更新和改善，并按照计划进行实地演练。

（2）加强地下交通枢纽工作人员的防水安全培训和演习。

（3）根据天气预报及时做好地下交通枢纽出入口的防水淹措施。同时，应完善地下交通出入口的防水构造，使灾害的危害程度降到最低程度。

（4）地下交通枢纽一旦进水，入侵的水流将聚集到地下空间最低处，因此可以在此处应设置高效的排水泵站，将水量及时排出。

我国南方沿海或沿江城市的地下多层交通枢纽，还应注意：

（1）建立现代化综合防灾控制中心，形成科学合理的防水灾安全管理机制。

（2）轨道交通越江隧道应设置高效的防淹门系统，防淹门在发生灾害时能快速关闭，控制地下交通枢纽免遭水淹。

（四）震灾风险评估

1. 评价结果

基本指标专家打分表汇总、基本指标评估结果、三级指标评估结果、二级指标评估结果分别如表 8-5-25～表 8-5-28 所示。

专家打分统计表　　**表 8-5-25**

专家评价指标	专家 1		专家 2		专家 3		专家 4		专家 5	
	下限	上限	下限	上限	下限	上限	下限	上限	下限	上限
周边土体或岩层	80	85	80	90	80	90	80	90	80	90
地面建筑物状况	80	95	90	95	90	95	90	95	85	90
周边自然环境	80	90	80	85	85	90	80	90	85	90
疏散设施	70	75	70	80	60	70	70	75	65	80
通信设备	80	95	85	90	85	90	80	95	85	90
抗震等级	70	75	70	75	65	70	70	75	65	80
所处烈度区	65	75	70	75	60	70	70	75	65	70
抗震构造	60	70	70	75	60	70	70	75	60	70
概念设计	60	70	60	75	60	70	60	75	60	70
物资储备	80	90	85	90	85	90	85	90	80	90
安全责任制	80	90	80	90	80	90	85	90	80	95
应急预案	70	80	80	85	75	80	80	85	70	80
组织机构	90	95	90	95	85	95	85	100	85	100
设备维护保养	85	90	80	90	80	90	85	90	80	90
培训和演习	80	90	80	90	80	90	85	90	85	90
整改和落实	80	90	80	90	85	90	80	90	85	90

续表

专家评价指标	专家 1		专家 2		专家 3		专家 4		专家 5	
	下限	上限	下限	上限	下限	上限	下限	上限	下限	上限
宣传和教育	80	85	75	85	80	85	80	90	80	85
人员素质	80	85	80	85	80	85	75	90	75	85
预案完善	80	90	80	90	80	95	80	90	80	95
救援装备	80	90	80	95	85	90	85	90	80	90
数量和分布	70	80	75	80	75	80	70	85	70	80
到场时间	80	85	75	85	80	85	75	85	75	85
装备水平	80	90	85	90	85	90	80	95	80	90

专家评价指标	专家 6		专家 7		专家 8		专家 9		专家 10	
	下限	上限	下限	上限	下限	上限	下限	上限	下限	上限
周边土体或岩层	80	90	80	95	80	80	90	80	95	80
地面建筑物状况	80	90	85	95	85	80	90	85	95	85
周边自然环境	80	90	85	90	80	80	90	85	90	80
疏散设施	75	80	70	80	70	75	80	70	80	70
通信设备	80	90	85	90	80	80	90	85	90	80
抗震等级	75	80	70	80	70	75	80	70	80	70
所处烈度区	75	80	70	80	70	75	80	70	80	70
抗震构造	75	80	70	80	65	75	80	70	80	65
概念设计	60	70	70	80	65	60	70	70	80	65
物资储备	80	90	80	95	85	80	90	80	95	85
安全责任制	85	90	80	90	80	85	90	80	90	80
应急预案	75	80	80	85	75	75	80	80	85	75
组织机构	90	95	90	95	85	90	95	90	95	85
设备维护保养	85	90	85	90	80	85	90	85	90	80
培训和演习	85	90	80	90	85	85	90	80	90	85
整改和落实	80	90	80	90	85	80	90	80	90	85
宣传和教育	75	85	80	90	70	75	85	80	90	70
人员素质	80	85	80	85	80	80	85	80	85	80
预案完善	80	95	80	95	80	80	95	80	95	80
救援装备	85	90	80	90	80	85	90	80	90	80
数量和分布	75	80	75	80	75	75	80	75	80	75
到场时间	80	85	75	80	80	80	85	75	80	80
装备水平	80	90	85	90	85	80	90	85	90	85

基本指标评价结果汇总　　表 8-5-26

一级指标	二级指标	三级指标	四级指标	权　重	分　值	贡献值
地震灾害风险	建筑防护特性	建筑物特征	周边土体或岩层	0.371	85.25	31.62
			地面建筑物状况	0.350	90	31.5
			周边环境	0.279	86.25	24.06
		主动防护措施	疏散设施	0.489	72.5	35.45
			通信设备	0.511	87	44.46
		被动防护措施	抗震等级	0.212	72.25	15.32
			所处烈度区	0.223	71.25	15.89
			抗震构造	0.216	70.75	15.28
			抗震概念设计	0.180	68	12.24
			物资储备	0.169	86.5	14.62
	内部安全管理	团队建设	安全责任制	0.323	86	27.78
			应急预案	0.357	79.75	28.47
			组织机构	0.320	90.25	28.88
		日常管理	设备维护保养	0.253	86.5	21.88
			培训和演习	0.253	86.25	21.82
			整改和落实	0.242	86.25	20.87
			宣传和教育	0.252	83.5	21.04
	抢救救援力量	内部救援力量	人员素质	0.323	82	26.49
			预案完善	0.340	86.25	29.33
			救援装备	0.337	86	29.98
		外部救援力量	数量和分布	0.318	77	24.49
			到场时间	0.344	79.25	27.26
			装备水平	0.338	86.5	29.24

三级指标评价结果汇总　　表 8-5-27

三级指标	权　重	分　值	对上级指标贡献
建筑物特性	0.341	87.18	29.73
主动防护设施	0.322	79.91	25.73
被动防护设施	0.337	73.35	27.72
团队建设	0.495	85.13	42.14
日常管理	0.505	85.61	43.23
内部救援	0.481	84.80	40.79
外部救援	0.519	80.99	42.03

二级指标评价结果汇总　　表 8-5-28

二级指标	权　重	分　值	对上级指标贡献
建筑防护特性	0.390	80.18	31.27
内部安全管理	0.280	85.37	23.90
救援抢救力量	0.330	82.82	27.33

该枢纽得分 $R=31.27+23.90+27.33=82.5$。根据风险等级判定标准，震灾风险等级为较低，与震灾风险模糊综合评价所得结果一致。

2. 震灾风险评价结论及建议

1）结论

该枢纽的震灾风险分值为 82.5，等级为Ⅱ级，处于较低风险水平。

该枢纽于 20 世纪 70 年代建成，当时尚未考虑抗震设防，另外，经过几十年的发展和变迁，目前该交通枢纽的内部状况和外部环境都发生了巨大的变化，这是当时的规划和设计所无法预计的，因此，其震灾评价中位于前列的风险是疏散设施、周边环境和抗震概念设计。

影响地下多层交通枢纽震灾风险水平的主要因素总结如下：

（1）内部空间分布复杂，通道较多，在结构断面形状和刚度发生明显变化的部位易形成抗震薄弱环节。

（2）疏散通道导向性较差，路经变化较多，较难实现人员快速脱离地下空间震害区域。

（3）该枢纽地处城市繁华地带，毗邻大量地面建筑，地震时可能造成出入口的封闭。

2）建议

（1）制订详细的抗震救灾应急抢险预案，按照计划严格实施实地演练，同时，要注意预案的实时更新和改善。

（2）地下交通枢纽定期举行人员疏散培训和演习，并通过宣传教育使乘客掌握必要的逃生和自救手段。

（3）严格管理，对重点设施和设备进行系统的维护保养并加强监测，防止出现二次灾害。

（4）利用现代抗震设计理念和技术措施，对既有地下多层交通枢纽进行必要的抗震加固。

（5）加强地下建筑抗震主动和被动防护的科学研究，尽快形成国家技术规范以指导新建地下多层交通枢纽的工程设计和建设。

本章结合地下多层交通枢纽的致灾特点选取了火灾、爆炸与生化袭击、水灾、震灾等四个灾种作为影响其安全的主要灾种。由于上述多个灾种在致灾原理和控制措施上具有较大的不同，因此对不同类型的灾种分别进行研究和评价。在充分听取专家意见和建议的基础上，构建了地下多层交通枢纽涉及上述四个灾种的多层次安全评价指标体系，并运用改进的层次分析法确定了指标体系中各层次指标的权重。进而，基于所建立的评价指标体系，选用模糊综合评价法对地下多层综合交通枢纽的多灾种安全进行评价，并完成了自编的安全评价电算程序。作为实例验证，选择了北京市某地下多层交通枢纽作为研究对象，运用模糊综合评价法进行了火灾、爆炸与生化恐怖袭击、水灾、震灾的安全评价，并采用工程实用方法进行了对比验证。结果表明，本章建立的安全评价指标体系是可行和有效的，该指标体系和相配套的评价方法对于已建成和新设计的地下多层交通枢纽的防灾减灾具有重要的理论意义和实用价值。

参考文献

[1] 霍然，杨振宏，柳静献．火灾爆炸预防控制工程学［M］．北京：机械工业出版社．2007.

[2] 范维澄，等．火灾风险评估方法学［M］．北京：科学出版社．2004.

[3] 宋波，黄世敏．图说现代城市灾害与减灾对策［M］．北京：中国建筑工业出版社，2007.

[4] 王江．地铁运营评估［M］．北京：中国铁道工业出版社，2004.

[5] 周云，汤统壁，廖红伟．城市地下空间防灾减灾回顾与展望［J］．地下空间与工程学报，2006，2（3）：467-474.

[6] 邱丽丽，顾保南．国外综合交通枢纽布局设计实例剖析［J］．城市轨道交通研究，2006，3：55-59.

[7] 孙猛，吴宗之，张宏元．煤矿重大危险源辨识评价若干问题的研究与探讨［J］．中国安全科学学报，2003，13（5）：35-37.

[8] 李祥茂，唐文勇，张圣坤．舰船火灾爆炸危险源风险评估［J］．中国舰船研究，2008，3（2）：21-26.

[9] 孙殿阁，孙佳，蒋仲安．面向对象思想在民用机场危险源辨识中的应用［J］．中国安全科学学报，2009，19（3）：144-148.

[10] 奚江琳，王海龙，张涛．地铁应对恐怖袭击的安全设计及建筑措施探讨［J］．现代城市研究，2005，8：9-13.

[11] 蔡浩，孔玲娟，龙惟定，等．生化及放射性恐怖袭击与地下环境安全研究（1）［J］．地下空间与工程学报，2005，1：171-177.

[12] 彭小勇，李桦，胡非，等．公共大空间建筑生化恐怖袭击模式和通风技术分析［J］．中国安全科学学报，2006，16（11）：64-69.

[13] 田志敏，张相柏，杜修力．防恐怖爆炸重要建筑物的概念设计［J］．土木工程学报，2007，40（1）：34-41.

[14] 孙建运，李国强．建筑结构炕爆设计研究发展概述［J］．四川建筑科学研究，2007，33（2）：4-10.

[15] 宋有国．地铁恐怖爆炸袭击事件的紧急援救与防范启示［J］．现代城市轨道交通，2008，5：55-58.

[16] 奚江琳，李晓东，王海龙．全球化背景下地下公共空间的反恐问题［J］．地下空间与工程学报，2008，4（2）：380-382.

[17] 郑健吾．地铁工程的防洪对策与措施研究［J］．城市道桥与防洪，2004，3：6-8.

[18] 孙增田．广州地铁 2 号线防淹门系统的设计分析［J］．都市快轨交通，2004，17（增刊）：73-76.

[19] 罗英杰．地铁车站给排水及消防设计探讨［J］．建筑技术与应用，2008，7：25-28.

[20] 浦伟庆．城市地下空间防洪与对策研究［J］．水运工程，2008，10：223-233.

[21] 何海健，刘维宁，王霆．地下铁道抗震研究的现状与探讨［J］．中国安全科学学报，2005，15（8）：3-7.

[22] 王正林．北京地铁十号线呼家楼站建筑结构型式的选定［J］．隧道建设，2006，26（2）：22-26.

[23] 孙铁成，高波，叶朝良．地下结构抗震减震措施与方法研究［J］．现代隧道技术，2006，44（3）：

1-5.
[24] 刘晶波，李彬．地铁地下结构抗震分析及设计中的几个关键问题［J］．土木工程学报，2006，39 (6)：106-110.
[25] 刘爱华，施式亮，吴超．高层建筑火灾风险评估的指标体系研究［J］．中国工程科学，2006，8 (9)：90-94.
[26] 杜红兵．建筑火灾风险评价中定性指标的模糊灰色评价方法研究［J］．太原理工大学学报，2007，38 (5)：442-444.
[27] 胡蒙运，张雷．地铁车站出入口规划设计问题探讨［J］．城市轨道交通研究，2007，4：4-7.
[28] 宋波，张娜，汪彤，等．北京、东京及釜山地铁防灾应急设施现状调查研究［J］．中国安全科学学报，2007，17 (7)：107-114.
[29] 林岭，周铁军，左进．公共建筑安全评价研究—以重庆国际会议展览中心为例［J］. New Architecture，2008，5：22-26.
[30] 左军．层次分析法中判断矩阵的间接给出法［J］．系统工程，1988，6 (6)：56-63.
[31] 孙威武．确定评价因素权重向量的一种实用方法［J］．中南财经大学学报，1993，(1)：112-115.
[32] 宋飞，赵法锁．地下工程风险分析的层次分析法及 MATLAB 应用［J］．地球科学与环境学报，2008，30 (3)：292-296.
[33] 李兴钢，苗苗．北京西直门交通枢纽设计研究［J］．世界建筑，2008，8：51-60.

尊敬的读者：

感谢您选购我社图书！建工版图书按图书销售分类在卖场上架，共设22个一级分类及43个二级分类，根据图书销售分类选购建筑类图书会节省您的大量时间。现将建工版图书销售分类及与我社联系方式介绍给您，欢迎随时与我们联系。

★建工版图书销售分类表（详见下表）。

★欢迎登陆中国建筑工业出版社网站www.cabp.com.cn，本网站为您提供建工版图书信息查询，网上留言、购书服务，并邀请您加入网上读者俱乐部。

★中国建筑工业出版社总编室　电　话：010—58337016

传　真：010—68321361

★中国建筑工业出版社发行部　电　话：010—58337346

传　真：010—68325420

E-mail：hbw@cabp.com.cn

建工版图书销售分类表

<table>
<tr><th>一级分类名称（代码）</th><th>二级分类名称（代码）</th><th>一级分类名称（代码）</th><th>二级分类名称（代码）</th></tr>
<tr><td rowspan="5">建筑学
（A）</td><td>建筑历史与理论（A10）</td><td rowspan="5">园林景观
（G）</td><td>园林史与园林景观理论（G10）</td></tr>
<tr><td>建筑设计（A20）</td><td>园林景观规划与设计（G20）</td></tr>
<tr><td>建筑技术（A30）</td><td>环境艺术设计（G30）</td></tr>
<tr><td>建筑表现・建筑制图（A40）</td><td>园林景观施工（G40）</td></tr>
<tr><td>建筑艺术（A50）</td><td>园林植物与应用（G50）</td></tr>
<tr><td rowspan="5">建筑设备・建筑材料
（F）</td><td>暖通空调（F10）</td><td rowspan="5">城乡建设・市政工程・
环境工程
（B）</td><td>城镇与乡（村）建设（B10）</td></tr>
<tr><td>建筑给水排水（F20）</td><td>道路桥梁工程（B20）</td></tr>
<tr><td>建筑电气与建筑智能化技术（F30）</td><td>市政给水排水工程（B30）</td></tr>
<tr><td>建筑节能・建筑防火（F40）</td><td>市政供热、供燃气工程（B40）</td></tr>
<tr><td>建筑材料（F50）</td><td>环境工程（B50）</td></tr>
<tr><td rowspan="2">城市规划・城市设计
（P）</td><td>城市史与城市规划理论（P10）</td><td rowspan="2">建筑结构与岩土工程
（S）</td><td>建筑结构（S10）</td></tr>
<tr><td>城市规划与城市设计（P20）</td><td>岩土工程（S20）</td></tr>
<tr><td rowspan="3">室内设计・装饰装修
（D）</td><td>室内设计与表现（D10）</td><td rowspan="3">建筑施工・设备安装技
术（C）</td><td>施工技术（C10）</td></tr>
<tr><td>家具与装饰（D20）</td><td>设备安装技术（C20）</td></tr>
<tr><td>装修材料与施工（D30）</td><td>工程质量与安全（C30）</td></tr>
<tr><td rowspan="4">建筑工程经济与管理
（M）</td><td>施工管理（M10）</td><td rowspan="2">房地产开发管理（E）</td><td>房地产开发与经营（E10）</td></tr>
<tr><td>工程管理（M20）</td><td>物业管理（E20）</td></tr>
<tr><td>工程监理（M30）</td><td rowspan="2">辞典・连续出版物
（Z）</td><td>辞典（Z10）</td></tr>
<tr><td>工程经济与造价（M40）</td><td>连续出版物（Z20）</td></tr>
<tr><td rowspan="3">艺术・设计
（K）</td><td>艺术（K10）</td><td rowspan="2">旅游・其他
（Q）</td><td>旅游（Q10）</td></tr>
<tr><td>工业设计（K20）</td><td>其他（Q20）</td></tr>
<tr><td>平面设计（K30）</td><td colspan="2">土木建筑计算机应用系列（J）</td></tr>
<tr><td colspan="2">执业资格考试用书（R）</td><td colspan="2">法律法规与标准规范单行本（T）</td></tr>
<tr><td colspan="2">高校教材（V）</td><td colspan="2">法律法规与标准规范汇编/大全（U）</td></tr>
<tr><td colspan="2">高职高专教材（X）</td><td colspan="2">培训教材（Y）</td></tr>
<tr><td colspan="2">中职中专教材（W）</td><td colspan="2">电子出版物（H）</td></tr>
</table>

注：建工版图书销售分类已标注于图书封底。